·最新修订图文典藏版·

孙中山传 上

宋庆龄题

尚明轩 著

金城出版社
GOLD WALL PRESS
·北京·

图书在版编目（CIP）数据

孙中山传：最新修订图文典藏版 / 尚明轩著． -- 北京：金城出版社有限公司，2023.4（2025.4重印）
ISBN 978-7-5155-2321-7

Ⅰ．①孙… Ⅱ．①尚… Ⅲ．①孙中山（1866-1925）-传记 Ⅳ．① K827=6

中国国家版本馆 CIP 数据核字（2023）第 035363 号

孙中山传：最新修订图文典藏版

作　　者	尚明轩
责任编辑	李凯丽
责任校对	李明辉
责任印制	李仕杰
开　　本	710毫米×1000毫米　1/16
印　　张	44.75
字　　数	800千字
版　　次	2023年4月第1版
印　　次	2025年4月第3次印刷
印　　刷	天津旭丰源印刷有限公司
书　　号	ISBN 978-7-5155-2321-7
定　　价	98.00元（上、下册）

出版发行	金城出版社有限公司　北京市朝阳区利泽东二路3号　邮编：100102
发 行 部	(010) 84254364
编 辑 部	(010) 84250838
总 编 室	(010) 64228516
网　　址	http://www.jccb.com.cn
电子邮箱	jinchengchuban@163.com
法律顾问	北京市安理律师事务所　（电话)18911105819

孙中山（1866—1925）

1916年4月24日,孙中山与宋庆龄在东京合影。

1921年7月24日，孙中山与宋庆龄在广州"出征军人慰劳会"开会前留影。

① 1924年12月，孙中山与宋庆龄在天津合影。
② 1924年11月22日，孙中山在"上海丸"上。

1924年11月24日，孙中山与宋庆龄在日本神户合影。

宋庆龄飞同志:

《孙中山传》守副委员长已经看过了。

根据守副委员长和此通信,稿中所写与的都是事实。

守副委员长感谢你给此书看的看运所提出的意见,让我们挂号寄给你审阅,请经同志审阅。

此致

敬礼

一九七六年七月廿七日

宋庆龄给作者关于《孙中山传》意见的复函。

再 版 说 明

屈指算来，我从事孙中山研究工作已时逾一个多甲子了。用历史的年代来衡量，过去的一个多甲子只不过是白驹过隙一刹那而已；用人的生命来计算，一个多甲子的时光确实不算短促。在这半个多世纪的时日里，我在孙中山研究方面做过些微工作，与孙学研究凝成了难解的特殊情结，孜孜矻矻，潜心探究，始终无怨无悔。现虽已年过百岁，耄耋老迈，仍以这一课题为伴，老骥骋蹄，夕霞奋耕，迄未辍笔。

孙中山先生是伟大的民族英雄、伟大的爱国主义者和中国民主革命的伟大先驱，是一位世界伟人。"文，爱国若命"——这是他的自述。他40年奋斗的历程证明，此言绝无虚夸。爱国，是孙中山全部事业的出发点和归宿。他的一生，都是为着"振兴中华"的目的，为着中华民族独立、民主和富强开辟一条广阔道路。

诚如习近平总书记在纪念孙中山先生诞辰150周年大会上的重要讲话中所指出的："孙中山先生的伟大，不仅在于他领导了辛亥革命，而且在于他为了实现革命理想，与时俱进完善自己的革命理念和斗争方略，毫不妥协同逆时代潮流而动的各种势力进行斗争。他坚决反对军阀分裂割据，坚定维护民主共和制度和国家完整统一。十月革命爆发后，马克思列宁主义传入中国，为孙

中山先生认识世界和中国打开了新的视野。中国共产党成立后，孙中山先生同中国共产党人真诚合作，在中国共产党帮助下，把旧三民主义发展为新三民主义，实行联俄、联共、扶助农工三大政策，改组中国国民党，推动北伐战争取得胜利，把反帝反封建的民主革命推向前进。"

也正因如此，孙中山是中外学者、亿万人民热衷关注和进行研究的人物，对他的研究也是近代历史人物中最有特色、开拓面最宽、成果最多的一个领域。但学习无止境，研究更无止境。孙中山的事业和思想有着极为丰富的内容，有着广阔的研究领域，还有不少内容需要继续深入探索，所以，摆在研究者面前的工作仍是任重而道远。

旧著《孙中山传》（先后出过四版，六次印刷；有日文、朝鲜文、蒙文等译本）、《民国之父孙中山》和《中华名人孙中山》等，分别出版于1979年至1998年间，迄今也均已经过了四十或二十多个寒暑。

在这几十年中，中外学者对孙中山的研究可谓如火如荼，日益活跃，内容更加深入，陆续出版和发表了数量可观的专著、论文、论集、年谱长编等；挖掘的新资料亦先后披露和整理出版；并先后在国内外举办过十多次有关孙中山专题的国际学术研讨会。与此同时，仅我在近三十多年中孙中山研究这一课题上，也先后出版了《孙中山的历程》（解放军文艺出版社，1998年至2004年间出过三版，四次印刷）、《孙中山与辛亥革命论丛》（东方红书社，2001年）、《晚清风云人物孙中山》（民族出版社，2003年）、《孙中山图文全传》（新星出版社，2016年）诸书，并在国内外学术报刊上发表了《孙中山与废除不平等条约》《孙中山振兴亚洲的思想与实践》《孙中山与中华民族的崛起》《孙中山与祖国的和平统一》《辛亥革命与20世纪中华民族的复兴》

和《中国大陆半个多世纪来的孙中山研究的回顾与展望》等150多篇有关孙中山的专题论文和文章。众多学者和本人的这些工作，就为这几本旧稿的增订修补提供了很好的条件。2013年2月曾由西苑出版社出版了增订新版。

此次再版，仍采用《孙中山传》书名，基本保留了前几版本的韵调，对全书的架构、章节以及写法，进行了较多的增补、修改和变动，增多了评论，充实了内容，使其更为丰富和准确。书中以孙中山的思想和生平活动为主线，按照时间顺序分为六章，在每一章中再分为若干节，共有二十六节、计九十小节。在写法上，为增强学术著作的可读性，采用生动活泼的笔墨描绘历史，力求深入浅出，风格平易，做到学术性与可读性的统一，既能为中国近代史的专门研究工作者所用，又能够适合广大愿意了解这一段历史的读者，满足他们的需要。

对原书中的一些疏漏、不妥之处，均予以认真的补充、校勘和修订，并增补或更换了某些新的史料或研究成果，除篇幅扩大外，增添了三百多幅照片和墨迹等文物资料，与正文相互对照，以求严谨又不失生动。总之，力争使它成为更为全面的传记，更加准确地反映一代伟人的真实面貌。

本书封面题签，仍为宋庆龄生前1980年10月9日应著者出版《孙中山传》之请亲笔所书，现谨借本书修订再版，再次表示对她的深切怀念。

2022年10月，是辛亥革命111周年纪念日。由于2013年的增订版久已售罄，如今已是难觅。为纪念辛亥革命和缅怀孙中山先生，特将《孙中山传》予以重新出版。

在当今充满希望和挑战的21世纪里，我衷心祝愿人们能够继承和光大孙中山的革命精神和远大理想，深思他在世时对中国、亚洲以至世界的发展所揭示的真理，从中得到启迪和力量，

共同推进祖国和平统一大业，实现中华民族伟大复兴，并促进世界的和平与发展。

借此修订再版之机，希望能得到读者们的再批评与帮助。

2023年元月于北京芳城园书斋

孙中山爱国主义思想的特征

(代序)

孙中山先生是一位伟大的爱国主义者和民族英雄。"文，爱国若命"——这是他的自述，他40年奋斗的历程证明此言绝无虚夸。爱国，是孙中山全部事业的出发点和归宿。

在19世纪末叶，孙中山目睹民族危机，激发出巨大的爱国热忱。《檀香山兴中会章程》里指出："方今强邻环列，虎视鹰瞵，久垂涎于中华五金之富，物产之饶。蚕食鲸吞，已效尤于接踵；瓜分豆剖，实堪虑于目前。"[①] 正是强烈的爱国热忱促使他走上了挽救祖国危亡的道路。他放弃个人舒适的生活环境，冒着生命危险，聚集同志，前赴后继，反抗帝国主义的侵略，推翻清王朝的统治；辛亥革命后，又继续领导了反对袁世凯、段祺瑞、曹锟、吴佩孚等北洋军阀统治的斗争，历尽艰辛，百折不挠。所有这一切，都是为着"振兴中华"的目的，要为中华民族独立、民主和富强开辟一条广阔道路。也正是从这种追求出发，他在晚年寻求与中国共产党合作，毅然实行"联俄、联共、扶助农工"三大政策，改组国民党，重新解释三民主义，使中国革命走向一个新的阶段。

爱国主义，是贯穿于孙中山思想和行为的一条主线。孙中山的所有著述和活动，无不体现爱国主义的激情和所追求的爱国主义崇高目标。考察孙中山爱国主义思想，可以清晰地看出，它显

[①]《孙中山全集》第一卷，中华书局1981年版，第19页。

示着四个基本特征，即：爱国，必须反对帝国主义的侵略；爱国，必须进行推翻封建统治的革命；爱国，必须热衷于祖国的建设；爱国，必须维护祖国的统一。介绍和剖析孙中山爱国主义的四个基本特征，可以加深对这位伟大革命先驱者的理解。

（一）

反抗帝国主义侵略，是孙中山爱国主义思想的基本特征之一。

在近代中国的110年中，帝国主义和中华民族的矛盾是社会最主要的矛盾。自1840年英国用鸦片和大炮打开中国大门后，帝国主义列强通过侵略战争迫使中国签订了一连串的不平等条约，从1842年的《中英南京条约》至1901年的《辛丑条约》，主要的就有12个之多。也就是说，近代中国从鸦片战争到1945年的抗日战争结束，每九年里，就要签订一个割地赔款的不平等条约。中国遭受着一个接一个不平等条约的束缚，民族独立受到威胁，社会逐渐走上半殖民地的道路。由于资本主义列强的入侵，封建经济结构发生了解体，新兴的民族资本主义在中国有了初步发展，社会变成具有资本主义成分的半封建社会。因此，要爱国，首先就要反对帝国主义的侵略，从外国侵略压迫下解放出来，以求得中国的民族独立。反对帝国主义侵略，是近代中国爱国主义的主要特色。从一定意义上说，帝国主义和封建主义相结合，变中国为半殖民地半封建社会的过程，就是中国人民反帝反封建的过程，这个结论是正确的。离开了反抗帝国主义侵略，就谈不上爱国主义。

孙中山就是在帝国主义侵略所造成的民族屈辱和苦难、国家贫弱和残破的激发下，走上革命道路的。强烈的热爱祖国的感情，使孙中山在中学读书时代就有反抗帝国主义侵略的意识。甲午战争中，中国一败涂地，帝国主义对中国领土、主权一步步加紧侵略的现实，使孙中山反对帝国主义侵略的意识更加明确。这就促使他联络同志，成立兴中会、同盟会，要立志"拯斯民于水火"，"扶大厦之将倾"。他曾在《支那保全分割合论》一文中，揭露和谴责帝国主义侵略中国和破坏中国革命的阴谋活动，驳斥帝国主义的侵略论调。他警告帝国主义者，如果胆敢瓜分中国，中国"四万万之众"，定会"同仇敌忾"，奋起"自卫其乡族，自保其身家"，使他们"无安枕之时"。① 孙中山所从事的革命事业，一开始就是与帝国主义的利益相对立的。

孙中山对待帝国主义的认识有一个逐步深化的过程。孙中山在领导中国革命的实践中，一直十分重视寻找同情和支持中国革命的外国朋友和组织，并且曾得到日、英、美等国进步势力和人士的较大援助。在中国共产党提出统一战线思想之前，他能这样做，与他的前人比起来，是具有远见卓识的一个巨大进步。然而，他不能把这些进步势力同这些国家的反动的帝国主义政府及其实行的反动政策区别开来，甚至对待后者有时还寄予着种种不切实际的幻想，这也是无须讳言的。这正是民主主义革命家在认识上的幼稚、模糊的表现。在实际中，帝国主义各国政府一次又一次支持的都是中国反动派，孙中山得到的只是一次又一次的嘲弄、轻侮、失败和吃亏上当。随着痛苦教训的积多和形势的发展，他的认识才逐渐明朗。

孙中山在思想上和政治上明确把帝国主义作为中国人民的最主要敌人，把反帝斗争作为中国革命的首要任务，还是在五四运动以后，尤其是在酝酿建立第一次国共合作的过程中。他说："吾人前此革命之口号曰排满，至今日吾人之口号当改为推翻帝国主义者之干涉，以排除革命成功之最大障碍。"② 他还认为中国连年内乱的祸根，除了封建军阀以外，就是列强的侵略在作祟。

---

① 《孙中山全集》第一卷，中华书局1981年版，第19页。
② 《国父全集》第二册，台湾近代中国出版社1989年版，第161页。

他说:"现时国民革命的口号是'打倒军阀,打倒帝国主义',其实拆穿西洋镜,军阀便是帝国主义的傀儡,帝国主义便是军阀的牵线。"[1] 因此,他积极响应列宁的反帝号召,公开向帝国主义宣战:"现在,中国同世界帝国主义展开公开斗争的时刻已经到来了。"[2] 还向全世界的弱小民族呼吁,联合起来组成反帝联合阵线,以便"共同奋斗,反抗帝国主义国家之掠夺与压迫"。[3]

在新的历史时期中,孙中山不但在言论上坚决表示反帝,同时在实际行动中,他决不为帝国主义的威胁所慑服,所吓倒,而是毅然给予坚决回击。其中1923年冬的"关余事件"和1924年秋的"商团事件",就是最突出的两个事例。前者,不仅取得了经济上的胜利,并且打击了美、英、法、日、意、葡等帝国主义的反动气焰;后者,孙中山号召用革命武力平定商团叛乱,粉碎了英帝国主义的阴谋。

孙中山不愧为一位坚决反对帝国主义侵略,为祖国的独立自由而奋斗的爱国战士。毛泽东在谈到孙中山晚年的革命主张时说:"孙中山和我们具有各不相同的宇宙观,从不同的阶级立场出发去观察和处理问题,但在20世纪20年代,在怎样和帝国主义作斗争的问题上,却和我们达到了这样一个基本上一致的结论。"[4] 这一评论无疑是正确的。

(二)

主张通过革命道路,彻底推翻清王朝的封建统治,建立民主、共和的国家,是孙中山爱国主义思想的基本特征之二。

中国积贫积弱,蒙受着前所未有的灾难和痛苦,忍受着帝国

---

[1] 《国父全集》第二册,台湾近代中国出版社1989年版,第166页。

[2] 《孙中山致加拉罕的信》,载《纪念孙中山诞生一百周年(1866—1966年)论文、回忆录与资料汇编》,莫斯科1966年俄文版。

[3] 《形成反帝国主义联合战线》,北京《晨报》1924年1月8日。

[4] 《论人民民主专政》,《毛泽东选集》合订本,人民出版社1966年版,第1477页。

主义的百般欺凌，问题的症结何在？要使祖国走出半殖民地、半封建的泥潭，而登独立、自由、民主和富强之衽席，到底采用何种方法？走什么道路？孙中山在回答这些问题时，比前人高明得多，他深刻认识到，必须推翻清王朝，走革命救国的道路，中国才会有救。

中国贫弱的根源在于丧权辱国的清朝封建统治者。《檀香山兴中会章程》一开篇就指出："中国积弱，非一日矣！上则因循苟且，粉饰虚张；下则蒙昧无知，鲜能远虑。近之辱国丧师，剪藩压境，堂堂华夏不齿于邻邦，文物冠裳被轻于异族。有志之士，能不抚膺！夫以四百兆苍生之众，数万里土地之饶，固可发奋为雄，无敌于天下。乃以庸奴误国，涂（荼）毒苍生，一蹶不兴，如斯之极。"① 清朝政府是封建地主阶级的总代表，维持着腐朽没落的社会关系，阻碍着社会的进步。在帝国主义入侵之后，它逐渐变成帝国主义在中国统治的代理人，扼杀民族的生机。孙中山清醒地看到了这一点，指出："由满洲人来将国家加以改革，那是绝对不可能的，因为改革意味着给他们以损害。实行改革，那他们就会被中国人民所吞没，就会丧失他们现在所享受的各种特权"，"想由这样的政府和其官吏厉行改革，会有什么希望呢？"② 所以，他将推翻清朝统治同祖国的独立、民主、富强紧密地联系在一起了。"欲免瓜分，非先倒满清政府，别无挽救之法也。"③ 因此孙中山提出了彻底推翻清政府，走革命救国的道路。

在通过什么手段和道路来救国的问题上，以孙中山为代表的民主革命派和以康有为、梁启超为代表的维新派之间，发生了一场激烈的论争。康、梁一派维新志士是近代改良思想的继承人，他们同样看到了民族危机的严重性，同样有着爱国情怀，倡言救国。但是，他们将救国的希望寄托在清朝统治者实行的自上而下

---

①②③《孙中山全集》第一卷，中华书局1981年版，第19、251—252、234页。

的改良上，发动了戊戌变法，六君子还为此献出了生命；然而，在变法失败的惨痛教训面前，他们却依然"不能忘记今上"，变成了顽固的保皇派，死死抱着保皇—爱国不放。孙中山则坚持以革命暴力推翻清朝统治，走革命爱国的道路。他尖锐地指出："革命、保皇二事，决分两途，如黑白之不能混淆，如东西之不能易位。革命者志在扑满而兴汉，保皇者志在扶满而臣清，事理相反，背道而驰，互相冲突，互相水火，非一日矣。"① 在帝国主义、封建主义统治下的中国，爱国必须革命，这就是孙中山的结论，这也正是他与其他爱国者有高下之分的分水岭。

　　走革命救国的道路，在孙中山的晚年，变得更加自觉。辛亥革命后，帝国主义和封建势力仍然统治着中国。孙中山继续领导了反袁斗争和反对北洋军阀的斗争，但他一度不再将他的行动叫作革命，而是代之以"护法""护国"等口号。他在不断遭受挫折后，重新感到必须走革命救国的道路，他说："救国之业仅能出他一途，即重行革命是也。"② 1919年五四运动后，中国革命发生了新旧民主主义革命的交替，无产阶级领导的人民大众的反帝反封建的革命，代替了旧的民主革命。在这一转变过程中，孙中山的爱国主义思想有了新的发展。他明确提出："今天我们要来救这个中国，要从哪一条路走呢？我们就是要从革命这条路去走，拿革命的主义来救中国。"③ 他从全民族的利益出发，决心"适乎世界之潮流，合乎人群之需要"，同中国共产党携手，改组国民党，重新解释三民主义，将国民革命的目标明确指向帝国主义及其走狗南北军阀。

　　爱国的问题和革命的问题紧密地联系在一起，要做真诚的爱国者必须成为真正的革命者，这是中国近代社会历史条件所决定

---

　　① 《孙中山全集》第一卷，中华书局1981年版，第232页。
　　② 《孙中山全集》第五卷，中华书局1983年版，第140—141页。
　　③ 孙中山：《同胞都要奉行三民主义》（1942年5月30日）；《国父全集》第三册，台湾近代中国出版社1989年版，第470页。

的，是近代爱国主义的一个重要特征。孙中山在近代史上最早自觉地认识到这一点，并付诸实践，这正是他的伟大之处。

（三）

热衷于经济建设，渴望把祖国建设成一个繁荣富强的国家，是孙中山爱国主义思想的又一特征。

革命的根本问题是解放生产力。推翻腐朽、卖国的反动政权之后，必须随之进行国家建设。孙中山对祖国的热爱，不仅体现在从政治上改造国家，使国家赢得独立、解放和领土完整，而且还表现在以高度的热情关心国家的建设上。

孙中山在领导革命斗争期间，就曾经多次向人民说明：中国要改变国贫民瘠的状况，必须清除愚昧和落后。他把自己的这种理想和计划规定为革命的纲领，构成"民生主义"的重要内容。孙中山说："要解决民生问题，一定要发达资本，振兴实业。振兴实业的方法很多：第一是交通事业，像铁路、运河都要兴大规模的建设；第二是矿产，中国矿产极其丰富，货藏于地，实在可惜，一定要开辟的；第三是工业，中国的工业非要赶快振兴不可。"① 他还从改善和提高人民生活水平的角度，说明必须彻底解决吃饭、穿衣这些根本问题。

当革命成功以后，孙中山认为，即应着手进行经济建设，发展生产力，发展实业，使国家和人民臻于强大、富裕。只有这样才能真正救中国。他说："中国乃极贫之国，非振兴实业不能救贫"，"机器可以灌输文明，可以强国，我中国如不速起研究机器，我四万万同胞俱不能生存"。② 他在致宋教仁的一封信中说：治理国家"必先从根本下手，发展物力，致民生充裕，国势不摇"。③

---

① 《民生主义》，《孙中山全集》第九卷，中华书局1986年版，第391页。
② 《国父全集》第二册，台湾近代中国出版社1989年版，第339、560页。
③ 《国父全集》第二册，台湾近代中国出版社1989年版，第339、560页。

重视经济建设，这正是孙中山坚持彻底的爱国主义立场的表现，也正是一个革命家从国家民族的根本利益出发的深谋远虑。

孙中山对于如何开展经济建设，有一系列合理主张，其中最重要的是强调要实行开放搞建设，要全面利用外资搞建设。孙中山是继魏源、林则徐、康有为、梁启超之后，能够睁眼看世界，深通世界情况的人，他懂得如果不改变过去清政府闭关锁国的愚昧政策，不实行开放，经济建设很难着手进行。他说："仆之意最好行开放主义"，[①]"今急欲求发达，则不得不持开放主义。利用外资，利用外人，皆急求发达我国家之故，不得不然者"。[②]在利用外资方面，他不但赞同借资、合资开办的两种办法，尤其主张批给外人包办，定以期限，到期收归国有的办法。他特别强调必须在维护和保持国家主权和独立的情况下借用外资；借用外资可通过民间的、私人的往来进行，不通过政府间的关系，以免引起国际纠纷，动辄掣肘外交，丧失国家主权。

1919年，孙中山经过考察、总结其他国家的经验，深入研究后，制订了一个宏伟的建设国家的方案——《实业计划》。他在祖国大地上，远至西藏、新疆边陲，都绘制了修筑铁路、公路的蓝图，还要兴建北方、东方和南方三个巨港和许多新商埠；建立和发展包括钢铁、煤炭、石油、电力、机械制造、有色金属、水泥等在内的大工厂、大企业；同时还要治理河流，兴修水利，大力发展农、林、牧业；发展纺织、食品加工等多种轻工业等等。总之，他是从加强国家经济实力、国防实力和满足人民生活需要考虑，而提出的一系列具体设想和方案。《实业计划》是一个以国家工业化为中心，使国民经济全面近代化的大规模建设规划，目的是要把贫穷落后的中国改造成繁荣富强的大国。这个计划充分显示了孙中山伟大的爱国主义思想感情。

[①][②]《国父全集》第二册，台湾近代中国出版社1989年版，第340、481页。

（四）

孙中山的爱国主义还有一个重要特征，就是：要爱国，就必须赞同祖国的统一。为祖国的统一而奋斗，反对分裂祖国。

中国是一个统一的国家。千百年来，中国历史发展的主流和中国人民意向之所趋，就是反对国家分裂，主张谋求和维护国家的统一。中华民族在几千年的历程中已具备了一种统一的胶合力和凝聚力，是能够团结一致的。任何其他国外势力想分裂这个民族，可能在某个时期或某个阶段得逞于一时，但中华民族最终必定是排除分裂，归于统一。

当孙中山投身革命的时候，由于帝国主义对华侵略日益加剧，列强"瓜分豆剖"中国的危机日益严重；在辛亥革命以后，又由于帝国主义在中国各自扶植一部分军阀充当代理人，使中国处于分裂割据的状态中。因此，孙中山始终把维护祖国的统一作为救国、革命的一项迫切任务，始终把争取民族独立、解放同捍卫祖国统一紧紧地联结在一起。

孙中山有一个牢不可破的观念，就是中国只应该统一，不应该分裂。早在1903年他就说，中国虽然幅员很广、人口很多、乡音各异，但是"文字俗尚则举国同风"，"同情关切之感，国人兄弟之情，以日加深"，中华民族"有统一之形，无分割之势"，如果列强硬要分割这个国家，"是无异毁破人之家室，离散人之母子"，是伤天和、拂人性的伤天害理之事，全中国人民"必以死抗之矣"。[①]

1906年，孙中山提出革命者不要像过去的草莽英雄那样，"彼此相争"、"各据一方"，否则，就会"往往弄到分裂一二百年"的可悲局面。他号召大家要去掉皇帝思想，进行平民革命，推翻卖国的封建专制政府。他说："今日中国，正是万国眈眈虎

[①]《孙中山全集》第一卷，中华书局1981年版，第223页。

视的时候，如果革命家自己相争，四分五裂，岂不是自亡其国？近来志士都怕外人瓜分中国，兄弟的见解却是两样，外人断不能瓜分我中国，只怕中国人自己瓜分起来，那就不可救了！所以我们定要由平民革命，建国民政府。这不止是我们革命之目的，并且是我们革命的时候所万不可少的。"①

在创建南京临时政府时，孙中山一再宣布新成立的共和国"当成为统一独立与兴盛之国家"。他在就任大总统职位的宣言中，提出的对内施政方针就是要实现国家的五大统一：民族统一、领土统一、军政统一、内政统一、财政统一。他坚决反对任何企图分裂中国的阴谋。当时，帝国主义提出"划中国为二"，实行南北分裂而治。他果断地驳斥说："不，那不行。我国人民的情绪是一致的。"②他并且严厉谴责这种"两个中国"论调的制造者是"中国之仇敌"。③孙中山正是为了维护国家的统一，避免南北分裂，方毅然辞去临时大总统职位，让位于袁世凯。

辛亥革命失败以后，南北军阀统治着中国，使中国出现了四分五裂的局面，孙中山为了打倒军阀，统一中国，不屈不挠地领导了一次又一次的革命斗争。他一再表示，要"竭志尽诚，以求民国，破除障碍，促成统一"。④他曾豪迈地宣称："中国是一个统一的国家，这一点已牢牢地印在我国历史意识之中，正是这种意识才使我们能作为一个国家而被保存下来，尽管它遇到了许多破坏的力量。"⑤

当有人提出，中国应该像美国那样，各省先实行独立，然后再实行"联邦"或"联省"的问题时，孙中山1924年在《民权主义》的演说里，给予了严厉的驳斥。他说："这种见解和思想，

---

① 《孙中山全集》第一卷，中华书局1981年版，第326页。
②③ 黄季陆等：《研究中山先生的史料与史学》，台湾近代中国出版社1989年版，第360、388页。
④ 上海《民国时报》1921年5月21日。
⑤ 伦敦国家档案局藏英国外交部档案英文原件影印件：《孙逸仙宣言》(Statement By Dr. Sun Yat-Sen)，转引自《孙中山年谱长编》下册，中华书局1991年版，第1494页。

真是谬误到极点。可谓人云亦云，习而不察。"① 他指出："美国之所以富强，不是由于各邦之独立自治，还是由于各邦联合后的进化所成的一个统一国家。所以美国的富强，是各邦统一的结果，不是各邦分裂的结果。"至于中国，清朝近三百年中是统一的，明朝、元朝、宋朝是统一的，更向上推到唐朝、汉朝，中国各省没有不是统一的。他得出结论说，中国"在历史上向来都是统一，不是分裂的"，"而且统一之时就是治，不统一之时就是乱的"。中国现时之所以不能统一，完全是"武人的割据"造成的，如果不尽早结束这种割据局面，"中国是再不能富强的"②。因此，他一针见血地指出："提倡分裂中国的人一定是野心家。"③

孙中山不仅热心地追求中国统一，为中国统一而奋斗，而且能洞察到造成中国分裂的根源就在于封建军阀及其背后的帝国主义。他说："中国现在祸乱的根本，就是在军阀和那援助军阀的帝国（主义）。"要"解决中国问题"，"第一点就要打破军阀，第二点就要打破援助军阀的帝国（主义）。打破了这两个东西，中国才可以和平统一，才可以长治久安"。他把实现祖国统一与救国，与反帝反封建斗争紧紧结合起来了。爱国，就要反对分裂，维护国家统一，就要进行反帝反封建的革命斗争。这些道理讲得多么深刻、多么精辟啊！

孙中山关于维护祖国统一、反对分裂的遗训至为宝贵！然而，孙中山逝世九十多年来，他希望祖国统一的遗愿还未实现。半个多世纪以来台湾、大陆海峡两岸的阻隔，只是历史发展中的一个曲折。统一祖国，是包括台湾人民在内的全中国各族人民的共同愿望。今天，我们正在进行振兴中华的伟业，更加需要中华民族的大团结、大统一。我们相信，在爱国主义旗帜下，所有中华儿女紧密团结起来，共同努力，就一定能够早日实现祖国的统

---

①② 《孙中山全集》第九卷，中华书局1986年版，第303、964页。
③ 《孙中山全集》第十一卷，中华书局1986年版，第338页。

一，使金瓯无缺。

综上所述，可以充分说明，具有着四个鲜明特征的孙中山爱国主义思想，是一个不朽的思想宝库，是一份优秀的民族遗产。总结和继承这笔遗产，对于发扬爱国主义传统，对于弘扬中国人民不甘屈辱的反抗精神，激扬后继者去为振兴中华统一祖国奋勇前进，是很有帮助的。

1995年初稿，2011年修订

前　言

一个民族不能忘却自己的历史，也不能忘却引导人民前进的伟大历史人物。若忘却历史或伟大历史人物，忘却过去，我们就无法创造未来。只有铭记历史，才能深刻了解过去，全面把握现在，正确创造未来。

近一百多年来，中国人民为了从帝国主义和封建势力的严重压迫下解放出来，前仆后继，进行了可歌可泣的革命斗争。无数的革命先行者苦心积虑地摸索救国救民的真理，寻找祖国独立、民主、统一和富强之路，并且为实现他们当时所能提出的革命理想而英勇奋斗。中国人民是永远尊崇和缅怀这些优秀人物的。在中国近代史上，一个赫然醒目的名字——孙中山，就是他们之中杰出的代表。

中国的封建社会延续了两千多年，到了18世纪末的清朝中期已经十分腐朽。1840年鸦片战争后，随着外国资本主义的侵入，我国逐步沦为半殖民地半封建社会。旧有的封建主义压迫加上新来的帝国主义侵略，使祖国灾难日益深重，人民处于水深火热之中，无法生活下去。革命已经成为不可避免。经过1851年至1864年的太平天国革命和1900年的义和团运动，革命风暴席卷全国，一浪高过一浪。在这风起云涌的革命浪潮中，孙中山登上了中国民主革命的舞台。他是第一个振臂高呼"振兴中华"的倡导者，这一响亮口号曾经深深打动和激励了几代中华儿女。他领导人民经过长期曲折和艰苦的斗争，终于推翻了封建专制制度

的最后一个王朝，缔造了民主共和国——中华民国，实现了20世纪中国历史上的第一次飞跃。孙中山为中国的历史翻开了崭新的一页。他在近代中国人民反帝反封建的历史上，谱写了光辉的篇页。

孙中山是中国民主革命的伟大先驱，是杰出的爱国主义者和民族英雄，是对中国近代历史发展起过巨大推动作用的革命家。并且，他在世界上也享有巨大的声誉，是受人们景仰的具有崇高威望的世界性的伟大政治家，不仅如此，孙中山还是一位与时俱进的思想家。他追求真理，坚持革命，随着时代的发展而不断更新、发展自己的思想。尤其是晚年，他果敢地吸取历次革命失败的教训，毅然抛弃某些过时的观点，"适乎世界的潮流，合乎人群的需要"，将其思想和实践提到一个新的高度。他把三民主义做了新的发展，实行革命的"联俄、联共、扶助农工"三大政策，改组中国国民党，建立三民主义和共产主义的革命统一战线，实现了第一次国民党和共产党合作。从此，兴起大革命的风暴，成功地打击帝国主义和封建势力，推动了国民革命战争的发展，促使中国革命走向新的高潮。

为了改变中国衰败落后的命运，孙中山献出了毕生的精力。近40年艰苦卓绝的奋斗，最终目的是力图使祖国摆脱殖民主义和封建主义的双重枷锁，并尽快从中世纪进入近代先进国家之林，与世界先进国家"并驾齐驱"。他亲手规划设计了中国现代化的发展蓝图，体现了作为革命领导人的宏图大志和远见卓识。他有着放眼世界的博大胸怀，向往"天下为公""世界大同"，以"世界潮流，浩浩荡荡，顺之则昌，逆之则亡"为自己的座右铭，希望世界各民族能够和睦相处，携手共进。他在政治思想和理论上，留给后人许多值得回味和思考的历史遗产，其中有不少理论与构想在现今仍然有着很强的建设性与指导意义，仍旧带有开拓未来的潜力，它将永远是中国人民的珍贵财富。孙中山在中国民主革命时期的丰功伟绩，将永垂青史。他在中华民族发展史上的历史地位和作用是不会动摇的。

总而言之，孙中山是中国民主革命之父，是中国现代化的开创人，又是国家统一的坚定捍卫者，也是社会主义先行者。他是中国人民的伟大儿子，又是世界性的巨人。可以说，孙中山所起的作用和影响是无人可以替代，也是经得起历史检验的。

但是，在对孙中山的评价问题上，不同的社会集团、政治派别和人物从不同立场和角度作出了种种截然相反的答案，在社会上产生了令人迷惑难解的作用。因此，运用历史唯物主义的观点，根据翔实史料和认真研究，介绍、分析和总结孙中山一生的革命实践和革命思想，全面地了解孙中山的革命事业，正确地认识和评价孙中山，对于我们了解近一百多年来中国人民争取解放的复杂斗争过程，并从中吸取有益的经验和教训，无疑是很有帮助的，也是十分必要的。尤其是今天，当14亿中国人齐心协力，立志实现中华民族伟大复兴之际，继承和发扬孙中山的爱国主义及革命思想，学习他的与时俱进、不断进步精神，深思他在世时对中国、亚洲以至世界的发展所揭示的真理，从中得到启迪和力量，会有助于人们为完成祖国统一大业、实现中华民族伟大复兴、促进世界的和平与发展贡献聪明和才智。

本书就是试图从上述角度撰写的一本孙中山传记。

目　录（上）
Contents

第一章　青少年时代（1866—1892）

第一节　家世探源 / 3
一、准确的名号 / 3
二、家乡与家世 / 7

第二节　"贫困之农家子" / 16
一、凄风苦雨的年代 / 16
二、苦难的童年 / 17
三、勇敢机智的"石头仔" / 19
四、记忆中的幼年故事 / 20
五、少年的愤慨 / 23

第三节　在黑暗中探索 / 27
一、首次出洋 / 27
二、中国的小留学生 / 28

三、大闹北极殿 / 33
　　四、"切慕耶苏之道" / 36
　　五、革命思想的酝酿 / 39

第四节　大学生涯 / 44
　　一、"财富不足以动我的心" / 44
　　二、升学方向的抉择 / 45
　　三、入广州博济医院医校学医 / 46
　　四、转学香港西医书院深造 / 48
　　五、大学时期的广泛交游 / 55

第二章　推翻封建帝制，创建共和民国（1892—1911）

第一节　踏上民主革命的征途 / 63
　　一、行医与思索 / 63
　　二、上书李鸿章 / 70
　　三、创立兴中会 / 74
　　四、首次武装起义——乙未广州之役 / 79

第二节　流亡中失志不移 / 83
　　一、避难日本，远奔美洲 / 83

二、伦敦蒙难 / 88
　　三、考察欧洲社会 / 90

第三节　努力开拓革命新局面 / 95
　　一、广交日本朝野人士 / 95
　　二、和康、梁会谈合作救国 / 102
　　三、再举义旗——惠州三洲田之役 / 107
　　四、援助菲律宾独立运动 / 112

第四节　创建中国同盟会 / 118
　　一、推动革命高潮的到来 / 118
　　二、各地的革命潮 / 123
　　三、联系知识界 / 129
　　四、"华侨为革命之母" / 135
　　五、中国同盟会的成立 / 139
　　六、提出三民主义 / 157

第五节　"与保皇派大战" / 163
　　一、同盟会成立前的早期论战 / 163
　　二、1905年后的大论战 / 172

第六节 "兄弟阋于墙" / 181
　　一、首次"倒孙"风潮 / 181
　　二、再次"倒孙"风潮 / 195
　　三、光复会的重建和倒退 / 201

第七节 坚持武装斗争 / 208
　　一、革命风潮鼓荡全国 / 208
　　二、萍、浏、醴起义 / 211
　　三、起义起义再起义 / 214
　　四、广州新军之役 / 225

第八节 可歌可泣的广州"三二九"起义 / 231
　　一、起义的准备工作 / 231
　　二、"碧血横飞，浩气四塞" / 237

第三章　中国第一个总统（1911—1912）

第一节 辛亥革命 / 249
　　一、四川保路运动 / 249
　　二、武昌首义与各省响应 / 257
　　三、辛亥革命的世界意义 / 261

第二节　"革命时代的政府" / 270
　　一、就任临时大总统 / 270
　　二、临时政府的立法建制和除旧布新 / 280
　　三、平民总统 / 298

第三节　被迫让位 / 302
　　一、同盟会的涣散 / 302
　　二、让位袁世凯 / 309

第一章

青少年时代（1866—1892）

第一节 家世探源

一、准确的名号

公元1866年11月12日晨4时（清同治五年农历丙寅十月初六寅时），在中国广东省香山县大字都（今中山市南朗镇）翠亨村，伟大的民主革命先驱者、中华民国的创始人孙中山先生诞生了。

孙中山这位历史巨人的名字是人们非常熟悉的，在中国可谓家喻户晓。但他的各种名号，并不为一般人所知晓，并且在现有各类成书中对其名号的记载也颇不一致，还出现有程度不等的颠倒错乱之处。

例如：在《辞海》（历史分册，上海辞书出版社1979年版）的有关条目说："孙中山……名文，字逸仙。"

而在《辛亥革命辞典》（武汉出版社1991年版）的有关条目则说："孙中山名文，字德明，号日新，改号逸仙。1897年在日本化名中山樵以从事革命，后遂以中山名世。"

另在《民国人物大辞典》（河北人民出版社1991年版）的有关条目又说："孙中山幼名帝象、日新，名文，字德明，号逸仙，又号中山……"

至于在《中华民国史》（中华书局1981年版）中则说："孙中山名文，字德明，号逸仙。1897年在日本流亡时，化名中山樵，后来人们都习惯地称呼他为孙中山。"在该书的注释中还指出："他幼名帝象，1876年，塾师为他取名文，稍长取号日新，字德明，1886年改号逸仙（日新的粤语谐音）。"

此外，还有不少成书或文章中均有此类似的情况，致使学者讹以传讹，谬以袭谬。

因此，实宜于有个经过认真考证后的准确记述。

粗略一算，孙中山一生取用过的名、字、号和化名、笔名确实很多，据不完全统计，总数竟达五十多个。其数目之多，并世政治人物中似无出其右者。他的取名、改字、择号、化名、笔名等，都有内在的含义。所有这些名号都反映了他所进行的斗争和他的意向。从这一侧面，也可以在一定程度上窥视出孙中山一生的斑斓多彩和奋斗历程的艰苦辛劳，并为后人理解他的思想、活动和人生观念变化轨迹，开启了一扇小小的窗口。

▲ 1883年17岁时的孙中山。

准确地说，孙中山的谱名（即上族谱的名）是德明，他幼名帝象，稍长读书时取名文，字载之。

1883年底，他在香港拔萃书室读书入基督教受洗礼时，取号日新。1886年在香港补习国语时国学老师区凤墀为其改号逸仙（日新的粤语谐音），以后在广州、香港、澳门学医、行医及游历欧美各国时常用化名，有时也把名号"孙文逸仙"连在一起并用，如给人书写"序""跋"之文以及签署某种个别委任状时曾是如此。1897年，他在日本进行秘密革命活动时，一位掩护他的日本友人平山周在旅馆登记簿上为他写了"中山樵"的化名，孙则言其意为"中国的山樵"。"中山"既是日本人的姓，也是"中山樵"的省略，孙中山的名字由此得来。在此前后，又化名为陈文、陈载之、林行仙、兴公、中山二郎、中山平八郎、高野长雄、张宣、吴仲、山月、翠溪、高达生、杜嘉偌、东山、艾斯高野、萧大江、武公、逸人、孙方、高野方、阿路夏、Sr. Alaha、Dr. Nakayama、Longsang等。曾用笔名中原逐鹿士、南洋小学生、杞忧公子等。他在公文、函电及书写条幅等时，多自署孙文，家书则署德明。

辛亥革命以来，在中国，人们习惯地称呼他为孙中山；在日本，统称孙文；在欧美各国，则称孙逸仙（Sun Yat-sen）。

孙中山的名字中"中山"二字，平山周曾有专文回忆，录之如下：

> 1896年秋，弟与宫崎自暹罗归，有一友介绍犬养先生，弟等见先生直述怀抱，先生赞之，荐引周旋，使弟等行其志。明年5月，弟等为外务省嘱托，将游支那，适宫崎有恙，弟独先发。初到上海，过书肆见《伦敦被难记》，乃购归而读之，喜极不能眠。是时宫崎见陈少白，又得《伦敦被难记》，西东隔海，如合符节又一奇也。弟知总理是广东人，因欲入广东究其情形，前往香港，偶见《北支日报》伦敦来电，某月某日，总理发利物浦向东洋，始知总理之行止。宫崎次到，相携游广东，由少白之介绍，见何君树龄。何君胆小似畏之者，去游澳门，有一日友介绍张君寿波，弟等问以知否总理？张君曰："香港普济会堂区君凤墀应知之。"弟等回港访之，问以总理之近状，区君曰："不识。"然欢待具至，弟等以为区君必知之，相见再三。一日，区君开宴于会堂，王君煜初亦在座，区君曰："总理有来书，欲回港，然港回粤太危险，今见两君热心诚意，敢以实告，愿两君留总理于日本保护之。"弟等诺之，匆匆返国。船入横滨，上陆趋谒总理，总理到滨正一礼拜云。弟等传以区君之语，总理曰："好意，多谢！惟我欲从安南入内地，实行革命。"天真流露，不设城府，弟等前闻其名，今见其人，益倾慕之。是日，谈未尽，约再会而辞，收行归京。翌早，总理来京曰："昨夜熟虑，欲且留于日本。"即同车访犬养，归途过日比谷中山侯爵邸前，投宿寄屋桥外对鹤馆，掌柜不知总理之为中国人，出宿泊帖（旅客登记簿）求署名。弟想到中山侯爵门标，乃执笔书（姓）中山，未书名；总理忽夺笔自署（名）樵。曰："是中国山樵之意也。"总理号中山，盖原如此。[①]

孙中山一生中除曾用过许多名号外，还有过一些尊称和绰号。这些

[①] 贝毕：《中华革命史》，上海光明书局1933年8月版，第28—30页。

名号和尊称等的来源，说来颇有意思，也饶有兴味。兹择要者，略述其来由的梗概——

谱名德明，是最先之名。孙中山长兄谱名德彰，名眉；次兄谱名德祐，名典。1885年，孙中山在家乡与卢慕贞结婚时，使用的是谱名。他平时与亲属通信，多用此名。

孙中山出生不久，就由他的长辈取"象"为乳名，家人则昵称"阿象"，嗣即惯称"帝象"。据冯自由《革命逸史》第二册（中华书局1981年版）载："其帝象二字之称谓，乃由其母杨太夫人平日信奉乡人所崇祀之神祇有所谓北方真武玄天上帝者，因以此名赐之。"在封建社会神权思想的束缚下，一些人为了求助神灵的保佑，总让新出生的孩子契某神某佛，拜为谊父（母）的。孙中山的母亲杨氏也不能免俗，她把两个儿子于满月时都拜"北方真武玄天上帝"为"契爷"，长子取名帝眉，次子取名帝象，藉获神明保佑，健康成长。孙中山自己则说："因我母向日奉关帝像，生平信佛，取号'帝象'者，望我将来像关帝耳。"[①] 此即孙中山幼名帝象的由来。尚有一说：该名是孙中山的祖母黄氏所起的，"象之意义系取义于某山形状"。一直到1884年4月15日孙中山在香港中央书院注册入学时，还是用"孙帝象"这个名字。

文，是孙中山的正式名字。乃1876年孙中山读村塾时，塾师为他取的名字；另一说是他父亲所取学名；尚有一说，它是孙中山"立志革命时，自改名文，取义于前有武子，以兵法而垂后世；己则以文治而改革……"（《总理故乡调查纪要》，台湾国民党党史会藏档）最早使用此名见于1890年上郑藻如书，此后至1925年3月11日逝世前在遗嘱上签字，三十多年间所颁发的各种政令、文告、通讯、题签等，大抵皆用此名。

"载之"之字，据孙中山自述："系由成语'文以载道'而来，并无别情。"

"日新"之号，则是从《大学》中"汤之盘铭'苟日新，日日新，又日新'"一语取义的。改号"逸仙"，出自于"日新"的粤语谐音。孙在与友人、亲属通信中常用此名。1895年孙中山亲自发动的第一次广州起义失败后，清政府悬赏缉拿的通缉令中注明孙文即孙逸仙。

因为革命斗争的需要和在流亡生活期间为摆脱清政府派出的密探的

[①] 《孙中山全集》第一卷，中华书局1981年版，第26页。

跟踪，孙中山曾先后用过前已提明的三十多个化名，都分别反映着他自己的意向。

在此之前，孙中山18岁在香港中央书院读书时，由于他爱读诸子百家的著述，涉猎群书，知识广博，同学们给取了一个绰号叫"通天晓"。同时，由于他思想激进，鼓吹革命，崇拜太平天国革命领袖和英雄，人们便给他起了"洪秀全"的绰号。稍后，又誉称他为"反清英雄"。他与陈少白、尢列、杨鹤龄四人志同道合，经常抨击清朝的黑暗统治，倡言革命，被人称为"四大寇"。孙中山志高言大，曲高和寡，有人误认为他徒尚理想，不切实际，而被某些人敌视致呼称曰"孙大炮"，意思是只会吹牛。实际上孙中山并非是只尚理想不重实行的人。有一则逸事生动地说明了这一问题：胡适亦曾看不起孙中山，认为他虽然能说会道，但肚里恐怕是空的。有一次胡适故意去拜见孙中山。看到满架子的书，心里暗自好笑："孙文倒会装面子!"趁孙中山有事走开，便迅速从书架上抽出一本书来，想看看主人有没有翻阅过。打开一看，只见里面几乎每页都圈圈点点，不由吓了一跳。转而又想："这也许是碰巧。"便又抽出一本，还是如此。抽出一本又一本，竟没有一本不熔铸着孙中山的心血！胡适汗颜而归，事后悄悄对人说："'孙大炮'可是门不可轻视的实炮！"

民国成立以后，在各个不同时期，人们又以孙中山的职衔相称。由于孙中山在中国同盟会、中华革命党和中国国民党中都担任过总理职务，所以人们称他为孙总理。他又于1912年在南京就任中华民国临时大总统及1921年在广州就任中华民国非常大总统，1917年以后曾在广州就任中华民国军政府大元帅，所以人们又尊称他为孙大总统或孙大元帅。

孙中山为中国的独立、民主、富强奋斗了终生，他领导的辛亥革命推翻了两千多年的封建帝制，创建了中华民国，对中国人民的革命事业作出了杰出的贡献。中华民国建立后，国民党内及民间已有尊称他为国父者。为了表彰和纪念孙中山的伟大功勋，国民党中央常务委员会于1940年3月作出决议，同年4月1日国民政府通令全国正式尊崇孙中山为"中华民国国父"。从此以后，人们皆尊称他为国父。

二、家乡与家世

孙中山出生在香山县的大字都（今中山市南朗镇）翠亨村。

香山县，位于广东省中南部，富饶美丽的珠江三角洲南部，濒临南海，属于亚热带气候，物产丰富，交通便利，南达香港、澳门，北通广州，有着独特和优越的地理位置。相传"香山"二字，是由于该县山中盛产"沉香"而得名。翠亨村在县城之东南，距县治石歧镇29公里，位于穗、港、澳三大埠之间，南行37公里可达澳门，离广州116公里，东南方隔海与香港遥遥相对。它濒临波澜壮阔的珠江和南海，四面丘陵起伏，东有黄牛山，南临金槟榔山，北靠梨头尖山，群山环抱，峰峦挺秀。由于背山临海，村前清溪潺潺流过，绿树苍翠成荫，虽非风景胜区，景色也相当宜人。但这里地多沙碛，土质硗劣，耕作技术落后，粮食产量甚低，加之村中绝大多数土地集中在杨、陆两姓地主手中，他们对翠亨一带农民进行十分残酷的封建剥削，更由于在封建王朝的黑暗统治下官府苛捐杂税繁多，群众生活水平极其低下。不少农民忍受不了沉重剥削和贫困生活的煎熬，离乡背井，出外劳动谋生，有的还漂洋过海侨居美国、菲律宾、檀香山等异国他乡。当时全村的居民约六七十户，是一个贫穷落后的普通小山村。

孙中山先世迁来香山县以前的祖籍在何地？

根据《孙氏家谱》的记载：孙家的"始祖、二世、三世、四世俱在东莞县长沙乡（今上沙乡）居住。五世祖礼赞（墓碑作瓒）公在东莞县迁居来涌口村居住。妣莫氏太安人生下长子乐千、次子乐南，乐千

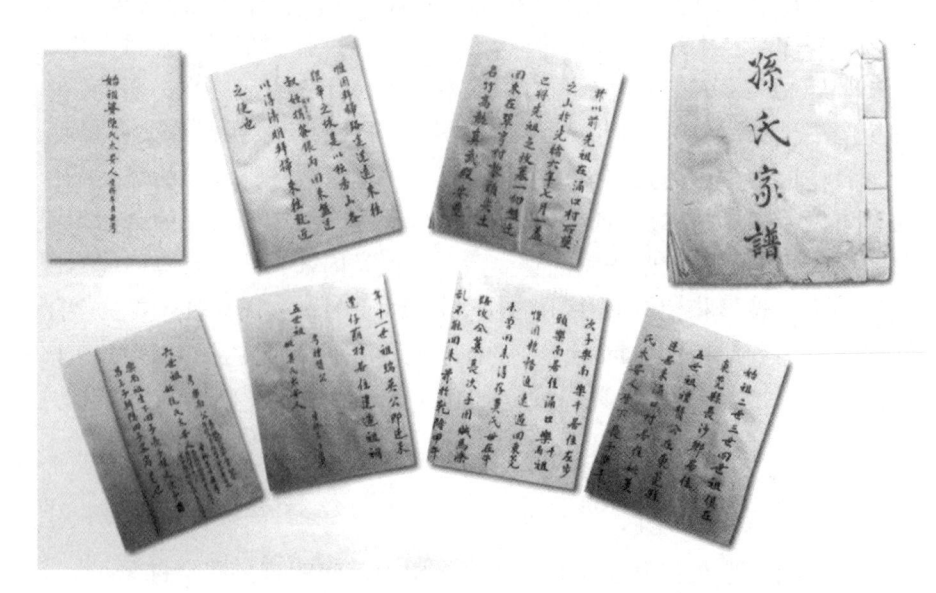

▲ 记载孙中山家族来源的翠亨《孙氏家谱》。

居左埗头，乐南居涌口……"以往，从翠亨孙氏历代口碑相传及《孙氏家谱》，人们都认为孙中山祖先是在明代从广东东莞县迁移到香山县来的。20世纪30年代一些刊物所发表的关于孙中山先世状况的文章，以及一些成书如《总理事略》等，均采是说。因此，这一说法已成定论。但是，自从1942年广州中山大学教授罗香林著《国父家世源流考》一书出版后，长期以来关于孙中山的祖籍问题，便出现有东莞、紫金两说。罗香林否定孙中山祖先从东莞县迁来香山的成说，提出孙氏十二世连（琏）昌公于清初始从广东省紫金县经增城辗转移居香山的论点。在近半个世纪中，这一问题一直有争论，到80年代，海内外均有学者发表著作研究孙中山的祖籍问题，东莞、紫金也分别公布一些史料。饶富兴味的是，事隔四十多年后，还是广州中山大学的教授邱捷等，依据翠亨孙中山故居的文物及其他可靠文献和调查材料，在前人研究的基础上对此问题作了一次全面的认真研究，明确地指出：罗香林"对引起自己假设的各种资料并未仔细研究。由误会引出假设，用经不起推敲的孤证资料来证明假设，证明的方法又纯为推测，这样，当然不可能得出合乎实际的结论来。因此，即使没有反证，罗先生的论点仍是难于成立的。何况，有大量可靠的文物资料证明罗先生的论点是错误的"。从而辨析了罗书的错误，又否定了紫金说，再次认定孙氏先世于明代已从东莞迁居香山，并非清初始从紫金迁来。[①]

邱捷、李伯新的《关于孙中山的祖籍问题——罗香林教授〈国父家世源流考〉辨误》一文中指出："从目前可以见到的比较可靠的文物资料来看，翠亨孙氏在明代由东莞迁居香山是可以肯定的，孙氏在香山定居后各代名讳，是大致清楚的。"上述结论，无论如何较之罗先生的翠亨孙氏在清初始从紫金迁来的说法更有根据。罗先生提出的自唐代孙俐开始的河南陈留——江西——宁都——福建长汀——广东紫金——广东增城——广东香山的所谓"国父家世源流"，"是缺乏根据，不能成立的"。他们还说得好，孙中山"由一个农家子而成为近代中华民族的伟大革命领袖，是他所处的时代造成的，也是他自己'适乎世界之潮流，合乎人群之需要'，奋斗终生的结果。家世的影响，主要是使他从

---

① 参见邱捷、李伯新《关于孙中山的祖籍问题——罗香林教授〈国父家世源流考〉辨误》，载《中山大学学报》哲学社会科学版1986年第4期；邱捷：《关于孙中山家世源流的资料问题》，载中山大学《孙中山研究论丛》第5辑，1987年；邱捷：《再谈关于孙中山的祖籍问题——兼答〈孙中山是客家人，祖籍在紫金〉一文》，载《中山大学学报》哲学社会科学版1990年第3期。

幼年起便体察到人民的苦难,植根于人民群众之中,培养了一些中华民族固有的优秀品质。……如果硬要从不存在或不确切的远祖那儿去寻找孙中山'聪明睿智'的根源,未必对尊崇孙中山有何种益处"。

据有关资料记载,孙中山家族原来源于中原和江浙,在广东省和香山县分为若干个支系。资料并显示,从清初到清末近两个半的世纪中,"翠亨孙氏曾是一个较有规模、较有社会地位的家庭体系,其族人大多富有努力改善家庭生活环境、勇于外出开辟生活新路的传统"。① 孙中山就是这样的人。从他后来的言行中,体现了他的家族和宗族观念,也使他可以站在"国族"利益的高度来看问题,来领导他的革命事业。

兹将翠亨孙敬贤房系世系列表(含女性)如下:

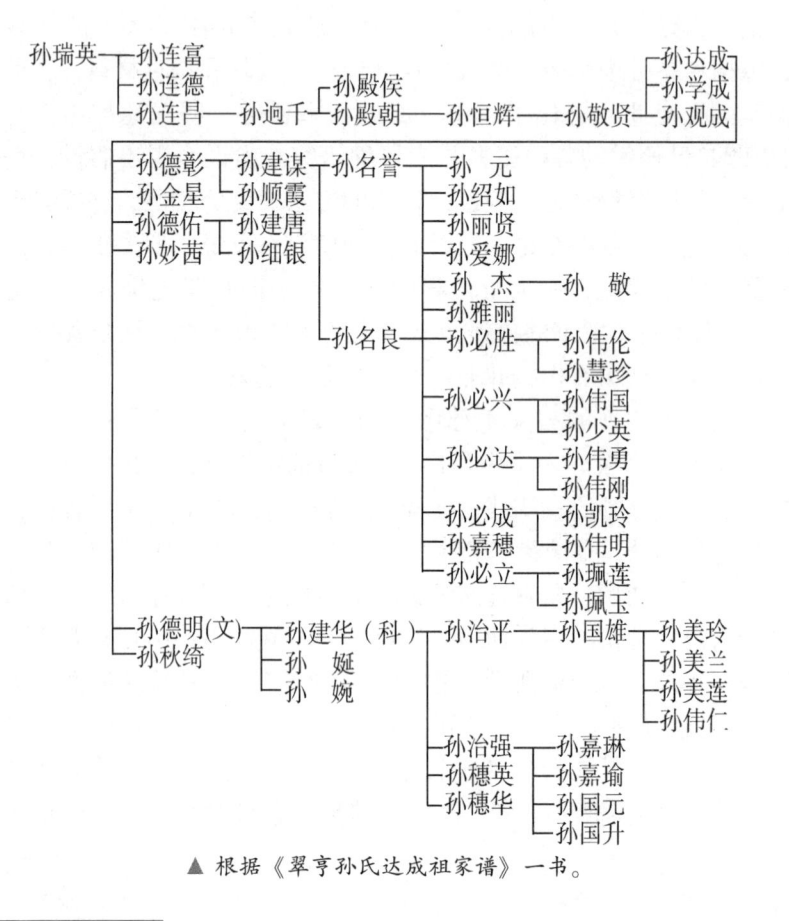

▲ 根据《翠亨孙氏达成祖家谱》一书。

---

① 邹佩丛:《孙中山家世之史料考述与说法辨析》,山西人民出版社,2011年版,第288—289页。

至于孙中山是不是客家人呢？也是一个长期以来颇有争论而又迄今尚未完全认识一致的问题。

所谓客家，是汉族的民系之一，一般泛指在4世纪初（西晋末年）、9世纪末（唐朝末年）和13世纪（两宋之间）这三次，中国历史上因战乱和灾荒从黄河流域大规模辗转迁徙到南方，最后于明清之际定居于闽粤赣毗邻地区的汉人。由于这些地区交通闭塞，相对安定，使数以万计的客家先民能在战乱中得以生息发展，并形成了稳定群体——客家民系。客家作为汉民族内的一个特定方言群体，总体上是北方汉族人民南迁的产物。

对于孙中山是否是客家人的问题，近年来肯定者与否定者各抒己见，进行了专题深入的探讨，发表了一些针锋相对的文章。应该说，上世纪八九十年代之交，邱捷根据孙家的语言、风俗习惯传统等各种资料，与客家独特的方言和宗教信仰、生活礼俗相对照所作的考证，例如孙家讲本地白话而不是讲客家话；孙家居住在讲白话的翠亨村而不住在附近的客家村，孙氏上世住过的涌口村也不是客家村；孙家连续几代与本地讲白话的人通婚而不与附近的客家人通婚；孙家的风俗习惯（像妇女有缠足陋习等）与一般客家人不同等，而得出结论：孙中山不是客家人。这符合于历史的事实，是可信的。

最近，仍有人把孙中山作为"客家先贤"，说孙中山"身上就体现了客家精神"等，似乎就有点过于强调"名人效应"之嫌了。其实，孙中山不是客家人，既不会降低他具有的开拓进取、艰苦奋斗和爱国主义等精神（华侨也同样具有这种崇高精神），也不会影响客家人对中华历史和中华文化的杰出贡献。

孙中山的先世、亲属与子孙的情况如何呢？

孙中山自述说："文之先人躬耕数代。"他的曾祖父孙恒辉（1767—1801年），娶程氏，有田产十余亩，堪称小康之家。他的祖父孙敬贤（1789—1850年），娶黄氏（1792—1868年），继承父业，亦务农，起初薄有田产，由于笃信堪舆学，醉心术士们的风水之说，常登山玩水，致后来家道中落，成为一个没有土地的佃农。他的父亲孙达成（1813—1888年），为了生活，在16岁时被迫离乡背井，到澳门打工，先是学裁缝，后来又在外国人办的一家鞋铺当鞋匠，每月工钱只有四元。他一直干到32岁，当薄有积蓄时，才回乡结婚安家。后来主要依靠佃耕二亩半田地，并兼作村中更夫，为村里人打更报时，一年可得谷12石来

养家糊口,以维持全家人的生计。他的母亲是距翠亨村不远的隔田村(今崖口乡)农民杨胜辉之女杨氏(1828—1910年),这是一位温柔善良而又非常勤劳俭朴的农村妇女,不仅料理家务,还参加辅助性农业劳动。孙中山有两个叔父,孙学成(1826—1864年)、孙观成(1831—1867年)。他们因在家乡难于谋生,只好离乡,先后远赴美国金矿当华工,在异国苦苦挣扎,最后均身遭不幸,一人病逝海外旧金山,一人葬身于附近的大海里。

▲ 孙中山之父孙达成画像。　　▲ 孙中山之母杨氏画像。

孙中山的家庭中,除父、母和祖母黄氏外,有同胞兄妹四人,他排行第三,上有哥哥孙眉(谱名德彰,号寿屏,1854—1915年)和姐姐孙妙茜(1863—1955年),下有妹妹孙秋绮(1871—1912年)。此外,有一姐姐孙金星(1857—1860年)及哥哥孙德佑(1860—1866年),在孙中山出生之前均已先后夭亡。

孙中山幼年时,家境非常穷困,全家六七口人挤在村边一间简陋的泥砖屋(屋长约二丈六尺,宽约一丈二尺)里。尽管一家人终年辛勤劳动,也只能勉强维持着半饥半饱的穷困生活。到孙中山三岁那年,刚刚15岁的哥哥孙眉迫于生计,便到邻乡南蓢村地主程名桂家里做长工。后来由于受不了东家的欺压,1871年17岁时,他又被迫背井离乡,跟随舅父杨文纳远渡重洋，跑到遥远的檀香山（当时华侨对位于太平洋中部的夏威夷群岛的泛称）另谋生计。他开始在一家菜园里当工人，不久转到一个农牧场作雇工，后来前往茂宜岛（Maui，夏威夷群岛中五大岛之一）开垦荒地。他凭着自己的慧敏聪颖，经过艰苦劳动，逐渐积累下一些资财，又开办起商店和畜牧场，还兼营酿酒、伐木等业，使经营规模日益扩大。到1877年左右，他已自有6000英亩山地的大牧场，雇工数百人，从事畜牧垦殖，逐渐发展成了一个华侨资本家。到1885年时，孙眉自有大牧场的领地达20000英亩，有雇工一千多人，畜养牛、马、猪等数万头，成了茂宜岛的首富，曾被当地人称曰"茂宜王"。当孙眉的经济富裕后，他寄回的侨汇成为孙家主要经济来源，家庭经济状况发生了根本的变化，孙达成也不再充当更夫，并有时雇工从事耕种。这样，孙家便由贫农户逐渐转化成为华侨资本家的家庭。

孙妙茜与孙中山，姐弟相貌酷似，自幼朝夕相处，共同劳动，备尝艰辛，致二人甚是骨肉情深。后来她和同里商人杨子辉结婚，杨曾在檀香山、台湾经营树胶等商业。孙中山五岁时，妹妹孙秋绮出生，她成人后嫁同邑东镇榄边墟林喜智。林曾在美国旧金山经商，资产富厚，孙中山旅居美国时，相互过从甚密。

1885年夏，在孙中山17岁半时，奉父母之命、媒妁之言与八字之合，与同县外堡乡（今珠海市外沙村）卢耀显之女、年刚16岁的卢慕贞（1867—1952年）结婚。成婚七年之后，先生子孙科（字建华，号哲生，1891—1973年）；后又生二女，长女孙娫（1895—1913年），次女孙婉（1896—1979年）。卢慕贞是一个没有多少文化的旧式女子，是传统的贤妻良母型的人。她不理解孙中山的革命理想，更反对他因此而长期过艰难困苦的流亡生活；她要求丈夫安分守己，走读书做官之路，不要去做那些"大逆不道"、累及全家之事，不然就在家乡过安宁的日子。这些，对于有强烈爱国激情的孙中山来说，都是不能接受的。由于他们夫妇二人在理想、志趣、知识和生活习惯上都相差甚远，特别在革命事业上则完全是一对陌生人，因此，两人之间感情产生隔阂，生活在一起时没有什么乐趣，并且长期的聚少离多，天各一方，彼此徒有夫妻名分。后来，在1915年3月，孙中山与分居多年的卢慕贞便经过协议而离婚了。

据《香山孙氏族谱》中的记载，孙中山还有一妾侍陈粹芬（原名香菱，又名瑞芬，1873—1960年）。对这件事，长期以来由于观念、资料及"为贤者讳"等多方面的原因，都避而未述。其实，把此事放在

一百多年前的当时社会及闽粤习俗（旧社会长期都有"妾侍"及"平妻"之说）的历史背景下进行考察，就毫不足奇，也毋庸讳避了。

那是在1891年，孙中山在香港西医书院读书时，通过好友陈少白认识了当时19岁的陈粹芬。陈粹芬原籍福建厦门，出生于香港新界之屯门，家庭贫寒，文化程度不高，为人聪敏热诚，性格敦厚、刚毅，愿意追随孙中山进行反清革命。不久，两人在距屯门不远的红楼租屋，结成伴侣。以后，她伴随孙中山奔走于日本、南洋各地，一起策划革命工作，共度颠沛流离的流亡生活。其中，"日本横滨是他们居住和生活的一个据点。她经常为往来的同志洗衣、做饭。革命党人在香港和横滨之间，密运枪械，她上下船只，传递信息。同志们都称赞她的英勇和勤劳"。在两人朝夕相伴的十余年岁月里，她照顾孙中山和一些革命党人的生活，诚心竭力，任劳任怨，备尝艰辛，深为人们所称道，革命党人多半称其为"陈四姑"（因她排行第四）。1910年，她身患肺病，返香港疗养，后来隐居于澳门和中山石歧。孙眉等孙家人一直视其为家族之一员，待之甚善，并在其去世后把她的遗骨安葬于翠亨村村北山头脚。

孙中山和夫人宋庆龄（1893—1981年）结合的概况是这样的：在1913年孙中山领导的"二次革命"失败后，在他流亡日本处于艰苦斗争日子里，得到了宋庆龄的关心和帮助。热情洋溢的爱国者宋庆龄，担负起孙中山同国内外所有书信往来等的繁重而又危险的革命工作。两人在形势险恶的战斗工作中，甚为契合，彼此相爱，便于1915年10月在东京结为夫妇。此后，彼此相濡以沫，互相扶持、砥砺和促进，不仅是生活伴侣，而且成为亲密的战友。宋庆龄在孙中山逝世后，仍矢志不渝地忠诚于孙中山的遗志和未竟事业，并作出了卓越的贡献。有关他俩之间富有传奇色彩的事迹及双向影响的情况，将在本书后面的有关章节中详予阐明，现不赘述。

在孙中山25岁时，他的儿子孙科出生。孙科从小随母亲到檀香山读书，16岁便加入中国同盟会，参与革命党的办报工作。1912年赴美留学，专攻政治经济科。曾先后担任过民国时期的广州市长，交通、青年、铁道等部部长，立法院长、行政院长、国民政府副主席等职。1973年病逝于台北。

孙科的夫人陈淑英（1893—1990年），亦是中山县人，与孙科同学于美国，早年曾协助孙中山的革命事业，后移居台湾。以97岁高龄病逝。孙科另有情人严霭娟和二夫人蓝妮。

孙中山的长女娫（1895—1913年），曾在美国柏克莱加州大学读书，英年早逝。次女婉（1896—1979年），毕业于美国加州大学文学系，1912年与戴恩赛结婚，生有一子永丰（1923—1952年），一女成功（1921—1991年）。

孙中山有孙子女六人：长孙治平（1913年生）、次孙治强（1915年生），孙女穗英（1922年生，丈夫林达文）、穗华（1923年生，丈夫张家恭）、穗芳（1936年生）、穗芬（1938年生）。

他的第四代，曾孙有国雄、国元、国欣[①]，曾孙女有嘉琳、嘉瑜等。

他的第五代玄孙女有美玲、美兰等。

概而言之，孙中山的后裔现散居美国、加拿大及中国台湾等地，他们承继祖志，基本上都学有所成，各安其业，在各自的岗位上为祖国的统一大业，为振兴中华，为世界和平作应有的贡献。

[①] 国欣出生于1980年，后改名为国升。

第二节 "贫困之农家子"

一、凄风苦雨的年代

孙中山出生的那年，距第一次鸦片战争已有二十余载，是英法联军攻入北京后六年，太平天国天京（南京）陷落后两年。

那时的中国，由于外国资本主义的入侵，社会发生了巨大变化，正加速着由封建社会变为半殖民地半封建社会的过程。腐朽透顶的清政府在1840年6月—1842年6月和1856年10月至1860年10月两次鸦片战争中，先后惨遭失败并屈辱投降，使中国在政治上丧失了独立地位，领土的完整遭到破坏，司法、海关等各种主权受到侵犯；另一方面在经济上也开始丧失独立性，逐渐沦为国际资本的附庸，诸如丝、茶等商品经济的发展为外国侵略者所控制，走上依赖外国资本的道路，被逐步地拖进了半殖民地的深渊，神州大地陷入了凄风苦雨的年代。

不过，与此同时，虽生活在水深火热中但富有革命传统的中国人民，也开始了反对外国侵略势力及其走狗——中国封建势力的不屈不挠的斗争。

1851年爆发的洪秀全领导的太平天国农民起义，虽在国内封建统治阶级和外国侵略者的联合进攻下最终失败，但它所播下的革命火种是无法完全扑灭的，各地人民的武装起义仍在坚持着艰苦的斗争。

孙中山的家乡，位于广东的珠江三角洲。这里是中国近代革命的摇篮，有着光荣的革命传统。1840年爱国军民抗击英国侵略的战争，就是从这里开始的。太平天国运动的领导人，也是在这里形成了他们的革命思想。在鸦片战争中，具有爱国思想的林则徐曾亲率士兵驻扎香山县城；壮烈牺牲的水师提督关天培在香山辖属的磨刀洋面迎击过英国海军。香山县的人民群众也武装起来，多次打击过入侵的英国侵略军。名震中外的广州北郊三元里抗英反侵略斗争，显示了中国人民不甘屈服于外国统治的坚强意志。香山县的水勇（水兵）在广州白鹅潭抗英的水上作战中，表现出了英勇的革命气概。1851年太平天国的革命狂飙，在这里有过十分热烈的反响，不少人前仆后继地参加了战斗。例如，1854年广东天地会首领陈开等在南海县佛山镇起义，响应太平天国革命，率领起义军围攻广州城达半年之久，连克附近几个县城。同年，以卢灵飞、黄福等为首的香山县群众，也曾组织红巾军，积极投入太平天国的革命洪流，给予清朝统治者以沉重的打击。1864年，香山县又发生了袁亚兴等领导的武装反清暴动。在这个地区，流传着很多关于人民英勇反抗外国侵略、反抗清朝统治的革命故事。因此，孙中山后来曾一再赞扬故乡"人民进取性之坚强"和"爱国心之勇猛"。

正是这样的历史背景和社会环境，对孙中山以后的成长道路有着很大的影响。同时，也给处在这样历史背景下的孙中山的童年带来极大的苦难。

二、苦难的童年

孙中山是在农村中成长起来的革命家。当他降生在人间的时候，他的家庭和社会生活并没有对他呈现瑰丽的色彩。他的童年是在闭塞的家乡度过的，是在贫穷、落后和苦难、黑暗的社会环境中度过的。

由于"生而为贫困之农家子"，孙中山如同在半封建半殖民地中国的农村中许多贫苦人家的孩子一样，自幼就参加了多种农业劳动。1872年，他刚刚六岁，便经常跟随大他三岁的姐姐孙妙茜上山砍柴、下地割草和四处拾取猪粪，以及去村外塘边捞塘飘（猪饲料）。年纪稍大一些，便下田插秧、除草、排水、打禾，每年有好几个月都要替人牵牛到山埔放牧，以抵偿租牛耕地的工价；有时还去邻村跟着外祖父杨胜辉驾船出海捞蚝。

孙中山全家的人，尽管男女老幼齐出动，想方设法劳动谋生，还是缺衣少吃，日子过得十分艰难，常把番薯当作主粮，勉强果腹。孙中山幼年的时候，很少穿鞋子，没有米饭吃。因为在村边的那间破烂小屋中实在容纳不下逐渐长大的孩子们，他有一段时间，晚上只好借宿邻居杨

成发的家中。生活的艰辛在童稚的心灵上留下了深刻的印痕,他后来曾不止一次地坦率对人讲:他是苦力的儿子,他自己也是苦力,是和穷人一起长大的。如此艰苦的生活环境,使孙中山的童年充满了辛劳和苦难,没有欢乐和幸福。但是,生活的困苦并没有压倒这个聪颖活泼的孩子,他时而沉浸于游水、捉鱼、踢毽子等玩耍之中,时而也跑到附近武馆看三合会员们练武,或同小朋友在山野间模拟太平军与清军打仗的游戏。

苦涩的童年境遇,给了孙中山以深刻的影响。正是由于"生于畎亩,早知稼穑之艰难",[①] 他对地主的贪婪残暴和农民的痛苦境遇有切身体会,从而一方面磨炼了他吃苦耐劳的意志,初步养成了勤劳俭朴、勇敢刚强等美德;另一方面对受苦的农民大众抱有真挚的同情态度,并朦胧地察觉出社会的不公平,在幼小的心田里常常溅起不满现实的浪花。尽管这朴素的觉悟还不免带有几分孩子的天真,但这却是后来革命思想在他身上扎根的土壤,对孙中山以后走上革命道路,有着十分重要的影响。孙中山后来多次和宋庆龄谈起,从那时开始,他就想到"中国农民的生活不该长此这样困苦下去。中国的儿童应该有鞋穿,有米饭吃"。[②]

也正是童年时代的辛酸经历,使孙中山从对农民的恳切同情出发,特别关注农民大众的生活,很早就有改变农民困苦生活状况的崇高意愿。并且努力谋求改善农民的生活状况和重视振兴农业问题,就成为他毕生的奋斗目标。

孙中山在大学时代,在学好医学专业知识之余,对农业亦产生了浓厚的兴趣,进行了认真的学习和研究。他从1879年赴檀香山起,"负笈外洋"十余年,在完成所攻读的专门学业的同时,进一步精心钻研有关近代农业的书籍,"至于耕植一门,更为致力",希望运用近代农业科学知识,首先对家乡的农业实行改良,以增加农民的收入,改善农民的生活。同时,还悉心考察了欧美诸国的农事和农政,观察到世界农业的发展潮流,深感"农桑之大政,为生民命脉之所关",曾先后上书郑藻如和李鸿章,撰写《农功》文,组建农学会,阐述引进西欧农法以振兴农业的主张,视农业的兴败关系国计民生而极为重视。其后,他为

[①] 《孙中山全集》第一卷,中华书局1981年版,第25页。
[②] 《宋庆龄选集》上卷,人民出版社1992年版,第45—46页。

着中国的农业近代化，还进行过各方面深入的探讨和调查研究，并制定出具体全面的总体规划，它们集中体现在其撰述的《建国方略·实业计划》和《三民主义·民生主义》两部重要著作之中。

孙中山曾认为，自己提出的民生主义和平均地权思想，是与"幼时境遇之刺激"有关，并明确地说："吾若非生而为贫困之农家子，则或忽视此重大问题（指民生主义——引者），亦未可知。"① 他还曾对广东同乡梁士诒说过："中国以农立国，倘不能于农民自身求彻底解决，则革新匪易，欲求解决农民自身问题，非耕者有其田不可。"② 应该说，孙中山的这些活动和思想的最早根源，都是出自于幼年乡村农民悲惨生活的亲身体验和对贫苦农民大众的极大同情。

三、勇敢机智的"石头仔"

孙中山从小参加谋求生存的各种农业劳动，山上山下跑，风里雨里闯，性格坚强，身体结实，好打抱不平，扶弱抑强，而且勇敢、机灵，在翠亨村的孩子们中间有很高的威信。

在孙中山孩提时代，有关这方面的富有趣味的轶事颇多，仅择其要者略述一二：

孙中山的家邻近有一间豆腐店，店主叫亚秀，人称"豆腐秀"。他夫妻二人忠厚老实，待人和气。可他的两个十多岁的儿子却十分顽劣，经常欺负村里的小孩子，还暗地里不时地用弹叉装小石弹射击孙中山。孙中山被弹射了，就忍着疼痛追赶他们。但狡黠的哥俩早已哈哈大笑着逃之夭夭，气得孙中山直跺脚。

有一次，孙中山又遭弹射。他忍无可忍，拾起一块石头就朝前追赶，一直追到豆腐店里，狠狠地将石头砸过去，刚好砸在正在煮豆浆的大铁锅上。"咚"的一声，锅砸坏了，滚烫的豆浆流了一地。亚秀全家大惊失色，手足无措。亚秀见到孙中山屹然站着，怒目直瞪他的两个孩子，才明白过来。后来，亚秀到孙中山家里理论，要求赔偿。父母严加责问，孙中山说明原委，据理力争，是非终于明白。亚秀深知自己的孩

---

① ［日］宫崎滔天：《孙逸仙》，《建国月刊》第5卷第4期。
② 凤冈及门弟子（岑学吕）：《三水梁燕孙先生年谱》（上），上海书店出版社1939年版，第124页。

子顽皮,理屈词穷而去,回到家里把孩子狠狠地训斥了一顿。

此后,亚秀的两个儿子再也不敢欺负村里的孩子了。

由于孙中山赋性耿介如石,像石头一样打不烂、掷不碎,再加上发生石头砸铁锅一事,所以村里孩子们给幼年的孙中山取了个绰号——"石头仔"。

有一天清晨,11岁的孙中山挎着篮子,去给距翠亨村十多里地的"三乡"一家亲友送东西。当他沿着小路走到一个一面临海三面环山的偏僻山坳里,突然遇到一个又高又瘦的陌生人。那人见孙中山独自一人在赶路,就堆着笑脸问:"细佬,细佬,你这么早到哪里去呀?"孙中山说了自己要到"三乡"的亲戚家去,那人马上接着说他也要去"三乡",正好同路。走没多远,那人便假意要帮孙中山拎篮子:"你力气小,我来帮你拎一会。"孙中山警惕地拒绝说:"不,不。我自己拿,我拿得动。我六岁就上山砍柴,现在能挑七八十斤呢。"

孙中山边走边想起妈妈曾说过,这一带地势险恶,僻静人稀,常有人贩子出没,又见那人行动鬼祟可疑,心中顿时警觉起来。当走近一个叫"河头浦"的村口时,他灵机一动,对那人说道:"阿叔,我要送一些东西给这里的亲戚,你能在这里等我一会儿吗?我一会儿就来。"没等那人答话,孙中山便急步朝村里走去。走了老远,还回头大声叫道:"阿叔,我马上就来,你等着我!"那人忙答应说:"我等着你,你要快点啊!"

不一会儿,孙中山领来几个人从村里走出来,大家一起拦住了那个可疑的人。盘问的结果,那人果真是个专门拐骗小孩、贩卖人口的歹徒。村里人齐声称赞年幼的孙中山胆大心细,机智勇敢,遇事很有主意。

四、记忆中的幼年故事

美国人林百克(P. Linebarger,1871—1939年),受孙中山革命思想影响,辞去在菲律宾所担任的审判官职务,追随孙中山,1912年至1925年间任孙的法律顾问。他为真实地反映孙中山光辉的一生,1919年在上海开始从事英文《孙逸仙传记》(Sun Yat-Sen and The Chinese Republic)的撰著工作,后出版了该书。书中引述了许多"中山先生口述的童年时代的故事"。下文即为其访谈记录之一:

林问道:"博士,人家说你是生在火奴鲁鲁的,这话确不确?"

孙笑着说道："这种传说确是有的。我的几个过于热心的同志以为我倘若说生在火奴鲁鲁，便可以得着美国政府的保护，而同满清反抗。我也确是在那里住过好多年，所以他们便这样说。其实我和我的几代近祖，的确是生在翠亨村里的。不过我家住在那里只有数代，我们的家庙，却在东江上的一个龚公村（音译）里。"①

孙说："我所记忆最早的，是住在吾家一位老叔母讲给我听的一桩故事。那时我是一个小孩，伊以为这金星港的事很可以使我听了快活。虽然这金星港相离很近，但是那时我年纪很小，总以为是很远的。叔母从前住的地方，可以望见那金星港的全景。伊是善于讲故事的。伊说这些外国船停在那儿实在不妥当，因为常有可怕的事情，在他们船上发生。这些外国人，金钱都很富足。他们所穿的衣服，很是奇怪。最异样的便是他们头上，个个没有辫子，有几个竟一丝儿头发也没有，但却有不少胡须。他们的胡须，有时会像火一样的红。伊听人说，那些外国人是用锋利的刀子来吃东西。伊并且说，伊曾经亲眼看见，有烟从他们常用的枪里出来。因此伊见了那些洋人，心里实在害怕。伊教好的中国小孩子，应该远远地离开他们，因为那些洋人十分暴躁。"

"我很小的时候曾经遇到一过（个）侨商。他讲他游历的故事的时候，我站在一家茶馆门前。他讲他在海洋中经过了许多日子，于是到了一块地方，有山有水，同中国一样，不过那边有很多的金子。又有一种人，叫做红人，还有截路的强盗，为了抢劫金子总杀死人命。有一桩这个侨民讲的故事使我终身不会忘掉。他说他总把自己的金子分做两起：一起放在容易看见的地方，待强盗看见了就让他抢去；另一起藏得很秘密，强盗去后依旧可以保存着。因为翠亨也有水盗，所以我们听了引起一种兴味。最使得我们有深的印象的是把金子分成两起；因为他又说有几个同伴把全部的都隐藏起来，因此就遭杀害。我那时候觉得这个侨民在取与得的世界里得到了一种实际有益的特殊哲理了。"

林问道："虽有反对的，你不想私下跑去乘了一只外国船到美国去吗？"

孙答道："我从来没有这样想过，因为这是违反了我对于国民的责任了。"

---

① "龚公"村，英文原文"Kungkun"。据邱捷、李伯新：《关于孙中山的祖籍问题》一文谓"英文原文之'Kungkun'当系'Tungkun'（东莞）之误"。

林问道："你的父亲在澳门居住了多少时候？"

孙答道："据我所知，他住在那里并不长久，因为他害了恋乡病，渴念着翠亨，这是因为他重视对于家庭责任的缘故。"

林说："我想你的父亲是很特异的。"

孙说："特异么？他是和善可亲的，所以一家的和同他在一起的人，都很敬重他。"

林取出一张孙中山全家照片来，指着孙的母亲的肖像说："这是一件很美丽的衣服，并且鞋子很美很小。"

孙用很郑重的口气说道："是的，我的母亲是中国人，自然是缠足的！"

孙注视着这张照片又说道："我所以这样长久地容忍这种习俗的原因，是因为敬重我的母辈。"孙说到他母亲的时候，音调低下来了。

林问："你小孩子的时候，你们家里的人叫你什么？"

中山听了这句话，脸上的笑容，突然收敛，回想到小时候一家的人，现在差不多都故世了，回答说："他们叫我文。"

林又问："你小时候最不可少的东西是什么？这是指关于你游戏的事情，并不是关于学校的。"

孙很快回答："这是一个奇怪的问题，我那时常常想，我要一只鸟，一只真会叫的鸟。"

林接着问道："博士，你小时候用什么枕头枕着睡觉的？"

孙笑道："我喜欢用装豆的枕头，因为这种枕头，既不像那套硬布的砖枕那么生硬，又不像那装茶叶的枕头那么柔软，我那时虽是一个小孩，却知道采用一种舒适的中和之道。"

林又说道："现在我可以知道为什么西太后要悬赏全球，买你的头了；因为你并不用中和之道对待满洲人。"

林又问道："你们每天什么时候，从田里回来吃饭？"

孙答道："天才亮，我们大家起身，那些要到田里工作的人，便要吃些充足力气的食物。但是其余的人，每天只吃两餐规定的广东饭，一餐大约在早晨九点钟，还有一餐差不多在下午四点钟，不过这也随各人家便的。"

林接着问道："翠亨地方可有什么能发扬志气的事情吗？"

孙说："我的母亲是很好的；我的父亲也是很好的；家庭中虽是守旧些，但却是古朴之风，另有一种美德存在着，我因为要博得他们重视,所以一心上进。所说的那种美德,是保守的,并不是进取的,不过却是很适合于人生道德的。我的母亲希望我能得家庭中的信任,和全村人的敬礼,使我自己得以身心愉快。"

五、少年的愤慨

孙中山因为家境贫困交不起学费,到1876年他10岁的时候,才正式进翠亨村的私塾读书。

村塾以祖庙的名义开办,设于翠亨村冯氏宗祠,所习功课除了练习写字,有《三字经》《千字文》《幼学琼林》《古文评注》,以及《四书五经选读》等。在村塾里,没有星期天,也没有寒暑假,只在农历新年、端午和中秋前后,才给学生放几天假。孩子们每天从早到晚,都是机械地背诵书本。塾师教课时从不解说书中的意义,唯一的要求就是要学生一字不漏地死读硬记。

▲ 1876年,年已10岁的孙中山正式入塾读书。图为孙中山读书的村塾——翠亨村冯氏宗祠外景。

孙中山爱动脑筋，又很聪明，记性也好，读了几遍就能朗朗上口，背诵无误。他热衷于学习，为了节省灯油常在月光下阅读，但慢慢地对不求甚解一味背诵儒家经籍的传统封建教学方法，产生了怀疑和不满。他曾要求塾师讲解"大学之道，在明明德"的涵义，并对塾师提出质疑说："老师，我天天读书，不知书中讲些什么道理，这有什么用呢？"塾师不仅不给他满意的回答，并且气得拿起戒尺严加训斥："自古以来就是这样的教法，看谁胆大竟敢违背先贤的教诲！"但是，孙中山始终不服气，他在要求讲解课文遭塾师拒绝后暗自想："就是这个经书里面一定也有道理的。我总有一天要寻求出来。"

许多年以后，孙中山还对同学谈起当时之所以敢于提问的想法，他说："学问学问，想学就要问，学而不问，怎么能懂呢！"

孙中山在幼年的启蒙时期，所显露出来的坚强性格和敢于抒发己见去追求真知的精神，是难能可贵的。这对他后来出洋留学时努力探求新知，并在一生中都重视读书是一种直接的推动。

在翠亨村，有一位曾经跟随洪秀全打过清军的太平军老将士，名叫冯爽观。他早晚在孙中山住屋门前的大榕树下乘凉，常常给孩子们讲述太平天国反清的革命故事。当他绘声绘色地讲到金田起义、定都南京、打破江南江北清军大营和逼得曾国藩要投水自杀时，孩子们个个眉飞色舞。在这些孩子中，孙中山听得最认真、最动情。他对洪、杨等农民起义的革命故事，产生了极大兴趣，深深地感到它比村塾里那死板的书本子有趣得多，所以久听不倦，每每听得出神。太平天国革命者的英雄形象和清朝统治者的狰狞面目，在他幼小的心灵里留下深刻印象，激起了阵阵波澜。

孙中山十分敬慕洪秀全，在眉宇间充满了对这位这农民起义领袖的崇仰，有一次在听讲中禁不住脱口而出说："洪秀全灭了满清就好咯！"冯爽观特别喜欢敏捷聪慧的孙中山，他曾高兴地摸着孙中山的小脑袋说："你真是'洪秀全第二'啊！"从此，孙中山在儿童嬉戏中也以此自居，常常思考着消除天下的不平事。后来，他在香港学医时，还常常谈起洪秀全，称他是反清第一英雄，对太平天国没有成功深表惋惜，暗中下定决心要学习洪秀全。

革命思想的种子，从此便在孙中山的心里深深埋下了。

然而，促使孙中山开始认识到封建制度的没落和腐朽的，还是他当时隐隐地觉察到中国社会所存在的一些不合理的地方。

孙中山看到香山县差役到翠亨村来，不是催粮，就是逼税；要么就是蛮不讲理地抓人、派差。人民交纳的钱粮和税捐，年年增多，而清朝统治者不但不替老百姓办一件好事，还只顾贪赃纳贿、欺压人民。村里一家杨姓三兄弟，颇有资财，他家屋后有一座满是花草树木的园子，村中的孩子们常常流连忘返，在那里嬉戏耍闹。有一天，清朝官兵到翠亨村办案时，乘机诬陷善良，用莫须有的罪名把三兄弟抓进衙门的牢房里，洗劫了他们的财物，还霸占了他们的房舍，并对他们分别判处死刑和无期徒刑。孙中山看到这些胡作非为的事情，非常气愤地对父亲说："这些官兵多像强盗一般，假使他们人少，我就上前跟他们拼，看他们能奈我何！我们一定要报复！"他有一天勇敢地闯进被虎狼官兵看管的三兄弟的花园，质问一个头上戴着红缨圆顶帽、身佩腰刀的官吏说："你们为什么把他们兄弟抓去？为什么把他们杀的杀关的关？"那个家伙气得拔出雪亮的佩刀要刺孙中山，他机智地跑掉了。

从这件事中，孙中山意识到清朝官兵的残暴蛮横，和杀人劫财的强盗没有什么不同。

又一天，翠亨村中一家归国侨商的财物被"海盗们"凶狂地抢劫去了。孙中山十分憎恨邪恶的"海盗"，同情侨商的遭遇。他暗想：为什么这个华侨冒了生命的危险挣到的诚实的金钱，在中国遭到抢劫竟没有人管呢？从此之后，孙中山对官府的不满情绪就潜滋暗长起来了。

在中国封建社会中，妇女必须缠足，这是一种沿袭千百年的残害妇女身心的传统陋俗。女孩子一到六七岁就要缠脚，社会上几乎所有的妇女照例都裹着小脚。孙中山的母亲两只脚缠得又瘦又小，行动很是不

▲ 孙中山的大哥孙眉、二姐孙妙茜、妹妹孙秋绮像。

第一章 青少年时代（1866—1892）

便。后来他的姐姐因家里穷要帮干家务和农活,直到15岁才开始缠足。这时脚已长大,硬要缠小,更加痛苦。孙中山见姐姐因缠足痛苦地呻吟、流泪,心中十分不忍,就一再向母亲央求说:"姐姐的脚好好的,为什么要用布把它包扎起来呢?你看姐姐痛得这么厉害,不扎不可以吗?"他母亲却无可奈何地回答说:"唉!孩子,你姐姐不缠足,是没有人家要的。"孙中山争辩说:"山里的那些客家人妇女,不也是不缠足的吗?"他对这种折磨人的传统习俗,怎么也想不通,愤愤地说:"把姐姐的两脚毁伤,实在是毫无理由的。"①

随着年龄和知识的增长,孙中山目睹自己身旁发生和耳闻的黑暗事实和不良现象越来越多。当他渐渐懂事后,对周围的封建陋习日益不满和反感,十分厌恶赌博、蓄奴等事。这个喜欢思索的少年,不但敢于反对家庭中的愚昧落后现象,并且开始抗议村里的蓄奴现象,向这一封建制度提出了挑战。

翠亨村里有三家富户,家里都有奴婢。那些女孩子被卖给东家后,哭哭啼啼地告别自己的亲生父母,受尽了鞭笞辱骂的苦楚,吃的是残汤剩饭,穿的是破衣烂袄,过着非人的悲惨生活。孙中山对于这种买卖、虐待奴婢的现象,表示了极大的不平和愤慨。他认为任何人都不应该有奴役别人的权力,用一种难以容忍的激愤声音对村中父老说:"这种蓄奴制度是违背常理的,是不人道的!"

对于旧中国农村的悲惨生活和贪官污吏欺压人民的种种黑暗现象,以及不合理的封建传统习俗,少年的孙中山不但有亲身的感受,而且开始产生了怀疑及憎恨,表示了自己的愤慨和抗议。

生活里那么多极端不合理、不公平的黑暗事情,深深地触动着少年时代的孙中山。为什么是这样呢?他的心弦上,悬着一个又一个问号。孙中山开始严肃地思索着应该怎么办才好的问题。一个大胆的念头,闪过了他小小的脑海。

从孙中山不能容忍社会上一切不合理、不公平事情的存在,到产生出怀疑和憎恨并开始进行抗争的这一过程,说明他的少年时代已显露出非凡的胆识和意志。

---

① 杨连逢:《孙中山先生少年时代的生活片断》,载《广东辛亥革命史料》,广东新华书店1962年版,第448页。

第三节 在黑暗中探索

一、首次出洋

当孙中山逐渐成长的时候，中国社会中原先自然经济占统治地位的封建经济结构日益解体，商品经济有了较快发展，中国资本主义近代工业已开始出现。随着中国民族资本的形成和发展，中国民族资产阶级开始作为一个独立的政治力量，登上历史舞台。新的阶级、人物和思想已逐渐引人注目。

孙中山的家乡位于广东珠江三角洲地区，在这里，19世纪70年代以后，已勃然兴起一批以机器缫丝业为主体的民族资本主义企业，同时华侨资产阶级也在各侨居地逐渐形成。翠亨村虽然是一个贫穷落后的村落，但它东与香港隔海相望，南与澳门紧相毗邻，距村不远又有外国轮船经常停泊的金星港，这就大大有别于内地村庄，而能够较早、较多地接触到新事物、新思想。孙中山幼年时不断听到一些海外发生的新奇事情，还听到已经在檀香山垦殖致富的哥哥孙眉对海外生活绘声绘色的种种描述，譬如海外的风土人情、社会习俗和檀香山的土地肥沃、食物丰富、果园和葡萄园众多，太平洋群岛都是"草经冬而不枯，花非春而亦放"，以及那里地广人稀、开垦致富容易等等，引起了他的强烈向往，遂萌"出洋之志"，一心想去看看那个未曾见识过的广阔世界。他希望能够找到自己所期望的美境，不再憋闷在翠亨村这个落后、黑暗的狭小天地之中。

但是，孙中山的父亲却认为自己的两个弟弟死在海外，连尸体都找不到，举家悲痛，现在有一个儿子出外冒险已经够了，不愿心爱的小儿子再去冒海上的风涛之险，所以拒绝了孙中山的请求。此后，孙中山一

直闷闷不乐，憧憬着外部的世界，连续多次向父亲提出去檀香山的要求。不久，他的母亲准备去檀香山探望发了财的儿子，孙中山就乘机提出要与母亲同行，以广见闻。在他一再恳求下，终于获得父亲的同意，实现了梦寐以求的出洋愿望。

1879年6月的一天，13岁的孙中山，穿着中国农村的土布服装，拖着长辫子，随同母亲去澳门，然后登上一艘两千吨级的英国轮船"格兰诺曲"号，远离家乡，向波涛汹涌的太平洋驶去，开往檀香山。

第一次离开农村走向世界，孙中山感到无比欢欣和激动。他伫立船头，展现在面前的是浩瀚万里、一望无际的太平洋和轮船劈波斩浪向前飞驶的壮观景象。孙中山怀着强烈的求知欲，好奇地观察着一切，什么蒸汽机、锅炉和巨大坚实的金属大梁等等，使这个从小生活在贫穷山村里的少年惊叹不已。一切都是那样奇异新鲜，这个陌生又崭新的世界有那么多好的东西。

数十年后，美国友人林百克曾问过孙中山："上了船，你感触最深的是什么？"

孙中山回答说感触很多，特别重视的是船上的铁梁："这么重的一个梁，要多少人才可以把它装配好。忽地想到那已发明这个大铁梁的天才，又发明了应用它一个机械的用法。外国人所做的东西，我们中国人不能做，吾立刻觉得中国总有不好的地方了。"[①]

确实，当时还只能建造木船的中国，与建造远洋轮船的外国相比，实在是落后太多了。少年孙中山能从中发现问题，思索着探求究竟的道理，志向是不凡的。

孙中山的这一次长达二十多个昼夜的远航，使他大开眼界，成为他早年生活经历中的一个重要转折点，也是他一生中第一个重大转折。他后来在给英国著名汉学家翟理斯（H. A. Giles）的信中，追述当时自己的感受说："始见轮舟之奇，沧海之阔，自是有慕西学之心，穷天地之想。"

二、中国的小留学生

经过二十多天的航程，"格兰诺曲"号的前方出现了一片陆地，已经望得见教堂的尖顶和高大的树木。当轮船靠近码头后，孙中山怀着异

[①] 林百克：《孙逸仙传记》，上海三民图书公司1926年版，第105页。

▲ 孙眉在檀香山的住所，孙中山曾在此居住。

常欢快的心情，立即踏上了万顷碧波环抱的檀香山的土地。

檀香山，即夏威夷群岛，位于北太平洋之中，介于亚洲和美洲之间。它由二十多个岛屿组成，气候温和，风景秀丽，盛产糖、米和水果等。那时它虽是一个君主制国家，但资本主义正在这里发展，并且随着欧风美雨的影响，已兴办了资产阶级学校。孙中山到达后，起初被安排在茂宜岛茄荷蕾埠（Kahului）孙眉开设的商店里当店员。除照料店务外，他勤奋地学习中国式的商业会计，又进盘罗河学校补习算术等科，很快就学会了记账和珠算。由于顾客多是当地居民，说的是方言"楷奈楷"语，孙中山也很注意学习当地语言，不多久便学会了日常生活用语，能应付自如。孙眉很快发现自己的弟弟很聪明，对这里的事务饶有兴趣，有强烈的求知欲和很好的领悟能力，又肯刻苦学习，就改变了要孙中山学经商的打算，在同年的九月中旬送他进学校读书。从此开始，他系统地接受资本主义教育，所学的主要是西方的文化知识。

孙中山进入的是火奴鲁鲁（Honolulu，位于柯湖岛"Oahu Island"上，是当时夏威夷这个君主制国家的首都，华侨又称作檀香山正埠）英国基督教监理会所办的意奥兰尼书院（Lolani School，男子初中）。这所学校只收夏威夷人子弟和混血种的夏威夷青年，后来才兼收东亚人，中国学生极少。孙中山入学时，只有钟工宇、唐雄和李弼三名中国学生，以后又陆续增加了六名。这是一所英国色彩十分浓厚的学校，教科书全是英文，讲授英国历史，算术是以英镑、先令、便士计算，教材的内容，包括西方社会政治学说和自然科学的基础知识，以及英语、圣经等科目。教师讲课都用英语，孙中山刚入学时一点也听不懂，简直像个聋子，教师只得用手势向他表达意思。最初一段时间，孙中山觉得十分为难，但他并不气馁，而是怀着强烈的求知欲，刻苦、顽强地攻读。他

很注意掌握正确的学习方法，没有去死记硬背。他花了十天功夫，仔细观察英、汉两种语言在发音和构词方面的差异，发现学习英语的关键，在于掌握它的发音规律和构词方法。由于方法得当，他成绩提高得很快，时间不长便在读和写方面都取得了惊人的成绩，较熟练地掌握了英语。英语是国际性语言，孙中山通过勤奋学习逐步掌握了这种语言工具，使他后来在全世界从事革命活动，博览外国图书馆的各类书籍以及同各国的朝野人士打交道，都从中获益匪浅。

他在校珍惜时间，勤奋学习，除了完成学校布置的课业外，还利用课余时间补习中文，浏览中外群书。对于有关美国独立战争的书籍，以及华盛顿、林肯等资产阶级革命家的传记，他特别感兴趣，希望从中能找到他一直追求的真理。他对欧美民族、民主革命领袖们推崇敬仰，并产生了以为师表的念头。孙中山少年时代的一些知识积累，为他以后的政治思想、哲学思想奠定了初步基础。

1882年7月，孙中山完成了在意奥兰尼书院的学习。在盛大的毕业典礼上，他得到了学校的嘉奖。这个三年前连A、B、C都不懂的中国农村孩子，今天却在全校数百名英、美籍和本地土著学生中成绩出众，成了全年级英语文法考试名列第二的优秀学生，夏威夷国王架剌鸠向他亲颁奖品。对于这件事，孙眉以及当地华侨皆引以为骄傲，并在华侨社会中传为美谈。

孙中山从意奥兰尼书院毕业后，曾有一段时间在孙眉经营的商店里协理店务。同年秋，他考入当地的一所高级中学——奥阿厚书院（Oahu College）继续求学。该校是檀香山的最高学府，由当地的美国基督教公理会于1841年创办，学生大多是与夏威夷福音堂（公理会教友和长老会教友）有关系的传教士子女。在这所学校里，孙中山除学习正式课程外，对世界各国的历史和现状产生了兴趣，知识面开阔，学业也与日俱进，他曾打算毕业后赴美国读大学，继续深造。

当时，正值夏威夷（檀香山）人民为反抗美国吞并夏威夷而英勇斗争的时期。早在19世纪50年代，美国就认定夏威夷是它侵略太平洋各地区的跳板，起了吞并的野心。自南北战争（1861—1865年）以后，美国的势力逐渐侵入夏威夷；1874年，美国乘夏威夷统治集团发生内讧，派出海军陆战队支持架剌鸠取得王位，次年即胁迫架剌鸠去美签订"互惠条约"，美国从而在夏威夷享有种种特权，把它变为自己的经济附庸，插手干预它的政治和法律事务，控制它的文化教育事业。自此以后，夏威

▲ 1879年秋，孙眉安排孙中山到意奥兰尼书院读书，年仅13岁的孙中山开始接受西方文化教育，接触到《法国革命史》《拿破仑传》《华盛顿传》《林肯传》等书籍。图为意奥兰尼书院（局部校景）。

夷失去了独立地位，实际上已处于美国政治、经济和军事的绝对控制之下。美国的侵略激起了夏威夷人民的极大愤懑，反美斗争情绪日益高涨，他们响亮地喊出"夏威夷是夏威夷人民的夏威夷"的口号，英勇抗击美国侵略者，"几乎天天在那里反抗"，到处都在驱逐和打击入侵的敌人。

在檀香山的华侨中，不少人支持夏威夷人民的反美斗争，而意奥兰尼书院的师生们，也积极参加了支持当地人民的独立事业，抨击亲美的吞并主义者的图谋，该校已成为一个"反美和反吞并主义情绪的堡垒"。孙中山身临其境，耳闻目睹夏威夷这个弱小国家人民的斗争，感受到他们反抗侵略的觉悟和勇气，从而促使他对清朝统治下的中国前途与命运产生无限联想。孙中山思绪万千，联想到中国遭受帝国主义侵略的事实，对清政府的腐败统治进一步产生了不满，为祖国的前途和民族的命运感到担忧，开始萌发了以西方资本主义国家为榜样，来改造中国社会的朦胧理想。他在课余时间，经常和中国的留学生聚在一起，交谈如何才能改良祖国和拯救同胞的想法。

在意奥兰尼书院和奥阿厚书院里，宗教教育都占着很重要的地位。前者的校长韦礼士牧师为了使该校的学生们皈依上帝，有计划地专门开

▲ 1882年秋，孙中山转入奥阿厚书院读书。图为孙中山在该校读书的校舍。

设了《圣经》课程，规定学生们每个星期日必须去圣安德勒大教堂做礼拜；后者除圣经课和星期日礼拜外，更安排由主教亲自讲授圣经课，学生们早晚要在学校教堂祈祷。有不少学生是教徒。所有这一切，都对孙中山产生着很大影响。耳濡目染，他在不断的宗教灌输中被基督教义所吸引，对其中的平等、博爱的内容十分感兴趣，热心地背诵《圣经》，觉得比中国儒教"君君臣臣父父子子"那一套严格的封建等级制度要好得多。因此，他积极参加唱诗班等各种宗教的聚会，对早晚在学校教堂的祈祷和星期日去教堂做礼拜都准时参加，对基督教的感情也随之愈来愈浓，"信道渐笃"。基督教是一神教，具有着强烈的排他性。孙中山与日俱增的宗教感情，不久便见诸行动。一天，在孙眉的家中，他勇敢地嘲弄并撕毁了哥哥供奉着"保佑"人们"平安出海"的关帝（关云长）的神像，认为："关云长只不过是三国时代的一个人物，死后怎能降福人间，替人们消灾治病呢？"[①] 同时，他还想受洗礼入基督教。这引起他哥哥的震怒和强烈反对。坚守旧俗的孙眉担心孙中山违背中国旧的宗教信仰，皈依基督而遭亲人的谴责。于是，兄弟失和，他毅然责令孙中山停

---

① 吴相湘：《孙逸仙先生传》上册，台北远东图书公司1970年版，第31页。

止学业，并决定送其回国，以遏止弟弟日益升腾的宗教感情的发展。

海外四年多的生活和学习，是孙中山早年的一段重要经历。这个正处于成长期的小留学生，通过四年多的国外经历和所受的系统的西方教育，开拓了胸怀和眼界，丰富了他的民主思想和科学知识，思想上发生着巨大变化。他将国内情况和国外见闻相对照，越来越感觉到，西方的资本主义教育制度和教学方法比中国好，中国社会的许多不合理的状况应该改变，从而促使他的生活情趣、价值观念、思维方法等方面，也开始发生潜移默化的蜕变。据孙中山在意奥兰尼书院的中国同学钟工宇回忆说："我们在课外常用方言交谈，他告诉我：他'想知道何以英美政府和人民相处得这样好？'有一天晚上，他问我：'为什么满清皇帝自命为天子，而我们是天子脚下的虫蚁，这样对吗？'"① 这表明孙中山的头脑中已萌发了改良祖国使之为"良善政府"的愿望。他后来回忆说，在檀香山"就傅西学，见其教法之善，远胜吾乡，故每于课暇，辄与同国同学诸人，相谈衷曲，而改良祖国，拯救同群之愿，于是乎生。当时所怀，一若必使我国人人皆免苦难，皆享福乐而后快"。②

三、大闹北极殿

1883年（清光绪九年）7月，英俊、倜傥的孙中山穿着一身崭新的丝绸衣服，从夏威夷乘轮船启程回国。

这时的孙中山，已不再是四年前出国时那个"仅识之无"的农家少年，而是一位已初步具有民主政治观念和近代科学文化知识的17岁的青年知识分子了。他的头脑里装了不少的西方文化观念，对于祖国的腐败政治和旧的社会风尚，更深切地感到无法忍受，改造中国社会的愿望越发强烈，从而推动着他由昔日的怀疑、不满，进而将要采取反抗的行动了。

经过一个又一个日夜，孙中山乘坐的轮船终于驶近了神州大陆。他到香港后又改乘中国沙船赴香山县金星港。途中，沙船必须经过一个设有海关的无名小岛。船主根据过去的经验，事先告诫乘客们要小心，千万别惹那些海关老爷，否则出了麻烦谁也不会好受。

---

① 迟景德：《国父少年时代与檀岛环境》，转引自吴相湘《孙逸仙先生传》上册，第33页。
② 《孙中山全集》第二卷，中华书局1982年版，第359页。

沙船到了那个小岛一靠岸，一批接着一批拖着长辫子的清朝官吏跳上了船，他们以"缉私"为名进行无理搜查，千方百计向旅客们勒索钱财。许多旅客生怕被扣留和罚款，为求太平纷纷主动送礼物给他们。这样，凶暴、贪婪的清朝关吏以征海关税、收厘捐、缉鸦片、查火油等名目为借口，对乘客进行了四次蛮横的勒索。孙中山对这帮贪吏们公开无法无天地为非作歹，深感惊愕和痛恨，也激起他极大愤慨。最后一次，他忍无可忍，挺身抗辩，拒绝检查，并声言要向官府控告这帮害民虫。船主告诉他这样做是没有用的。结果，船被这批官吏扣留了，一直等到敲诈船主一大笔称作"罚款"的贿赂以后，第二天早晨才准许开行。

这一遭遇，给刚入国门的孙中山很大刺激。他用一种深沉的愤恨语调对乘客们演说，宣传中国政治必须改革的道理，并向乘客们提出一个发人深思的问题。孙中山痛心疾首地问大家："中国掌握在这些腐败万恶的官吏手中，怎么得了啊！国家兴亡，人人有责！你们还坐视不救吗?"乘客们对这位年轻人的见识和抱负很是惊讶，纷纷投以钦佩的眼光，思考着他这个深刻的问话。

回到家乡后，孙中山看到翠亨村风貌依旧，和四年多前没有什么两样，还是那么美丽而贫困，处处充满陈旧的气氛，落后得不见一丝生机。如狼似虎的差役，贪赃枉法的官吏，求神拜佛的乡邻，抽鸦片、纳妾、滥赌的富人，连白薯也吃不上、依然过着饥寒交迫苦日子的农民，所有的一切都依旧是那么令人窒息。孙中山用其比照檀香山的进步和文明，竟有天渊之别，真像是两个世界，就愈加显出清朝政府的腐败，社会的黑暗。他的心中愤愤不已，不满的情绪进一步加深。

当时，孙中山一面帮助家庭做些农活，自修语文，并在余暇进行游泳、体操等锻炼；一面在村民中继续宣传社会改革的必要，抨击腐败的中国政治和落后的社会习俗，并对清朝政府统治下农村的市场状况进行尖锐的批评，指出："一个政府至少应该使他的人民得到些便利于商业的基础。"他呼吁乡亲不能再听任官府摆布，要谋求改善自己的境遇。他向乡亲们说："朝政这样腐败，你们为什么不觉醒起来，要知道大家只有团结起来，才能改善自己的地位。"他还用自己学得的知识，热情地在村里进行一些改良乡政的社会活动，例如，积极筹办修建村路和打更防盗，发动全村集资安装街灯，清扫街道及卫生防病等公共事务，努力改善家乡的落后面貌。

稍后，在1890年，他还写了一篇效法西方改革社会、兴办农桑、兴办学校等的《致郑藻如书》，希望这位退职官员首先在香山县倡行，然后推广各地。

孙中山从事的改良乡政的努力，是他向往的"善良政府"思想在家乡的一次小小实验。其指导思想属于一种资产阶级的地方自治思想，也符合中国农村一向有自行管理乡政的传统。这种思想在封建社会里是一种进步思想。所以一时颇得父老赞誉，但它有很大的局限性，不可能解决根本的问题。

当时，在孙中山有关改革乡政行动之中，最具兴味的记述，是打泥菩萨。

偶像崇拜，是愚弱国民的精神癌瘤。翠亨村的村庙北极殿，正是地主阶级用来麻醉劳动人民，以神权进行统治的工具。孙中山认为那些泥塑木雕的偶像，骗人钱财，误人正事，对它们顶礼膜拜是一种愚蠢的迷信行为，也是人民愚昧的原因、落后的标志。要唤醒人民，必须破除迷信。

打泥菩萨之事，孙中山是与他的总角之交陆皓东一起干的。

陆皓东（1868—1895年），名中桂，字献香，号皓东。他原随在上海经商的父亲居住，父死后随母回乡。在翠亨村塾读书时，孙中山和他是同窗好友，两个人常谈论社会的黑暗和腐败，志同道合，几至形影不离。孙中山从檀香山归来后，好友重聚，更为投契。以后他长期追随孙中山进行革命活动。

就在这一年秋季，有一天，孙中山和陆皓东等几个年龄相仿的伙伴去庙中游玩，正碰上几个农民在香烟缭绕的大殿里虔诚地烧香拜佛。他即公开向宗教迷信宣战，当场指出木偶无知，劝告他们信奉无益，不要去相信世界上真有什么神仙能帮助穷人。为了证实自己的见解，血气方刚的孙中山边说边腾地跳上正殿的供桌，对着"北方真武玄天上帝"的手用力一击，只听"哗啦"一声，神像的手指和身体分了家，泥塑里面的烂泥、稻草和木头统统裸露了出来。在场的人都被惊呆了。孙中山指着砸坏了的神像说："看你这样威风，现在又奈我何！"他又拿起神像的断指笑着对他们说："你们看，这就是所谓能保护乡民的神灵，我打断了它的手指，它还照样对着我傻笑，这种神灵有什么可以相信的！"接着，他又将左廊专司生育的"金花娘娘"塑像的脸皮刮破，划成又花又丑的大花脸，并毁掉它的一只耳朵。胆小的孩子被吓坏了，大惊失色，生怕连累自己，都慌忙逃了出去。在场的老人全被吓懵了。有

个老人跪在地上，满口"罪过，罪过！""作孽，作孽！"恐慌得浑身发抖，头也不敢抬起来。孙中山和陆皓东等几个勇敢的青少年，却在旁边哈哈大笑，尽兴而去。

由于当时群众还没有反对迷信的觉悟，所以孙中山这次破坏神像的勇敢行为，闹得满村风雨，引起了轩然大波。它震撼了全村父老，引起许多人的反对，尤其是遭到本村豪绅地主的猛烈攻击。他们认为亵渎神灵，大逆不道，是不可宽宥的天大的罪行，纷纷向孙达成兴师问罪。

孙达成诚惶诚恐地对上门问罪的乡人作揖认错，保证严厉管教儿子。他为了平息众怒，答应交纳银子十两修复神像和献上供奉，祈求神佛宽恕，给全村人消灾除难，并要把孙中山逐出村子，责令他离开家乡，以示对他的处罚，这场风波才算了结。

陆皓东也同样遭到乡人的责难，被迫出走香港。

孙中山破除迷信大闹北极殿的风波，就此总算平息下来，却在历史上遗留下来一段可纪念的革命轶事。

四、"切慕耶稣之道"

传统的习惯势力难以抵挡，孙中山无法在翠亨村站住脚跟，他只好被迫悄悄地黯然离开生养自己的美丽故乡了。

在一天凌晨，天刚蒙蒙亮，孙中山乘着四周还不见人影的时刻，乘上一条小船驶赴香港。

1883年11月，到港不久的孙中山进入由英国圣公会主办的拔萃书室（Diocesan Boys Home，男子中学），攻读高中课程，并在课余常到伦敦会长老区凤墀处补习国文。他在该校就读时间很短，不足两个月即退学了。

同年冬季，孙中山在香港结识美国公理会传教士喜嘉理（D. R. Hager）。在喜嘉理牧师的劝说和主持下，孙中山在年底的一天，与陆皓东一起在美国纲纪慎会（公理会）的布道所（香港必列者士街2号二楼）受洗加入了基督教。

据喜嘉理的记述：

"1883年秋冬之交，余与（孙）先生初次谋面，声容笑貌，宛然一十七八岁之学生。……余职在布道，与之亲晤未久，即以是否崇信基督

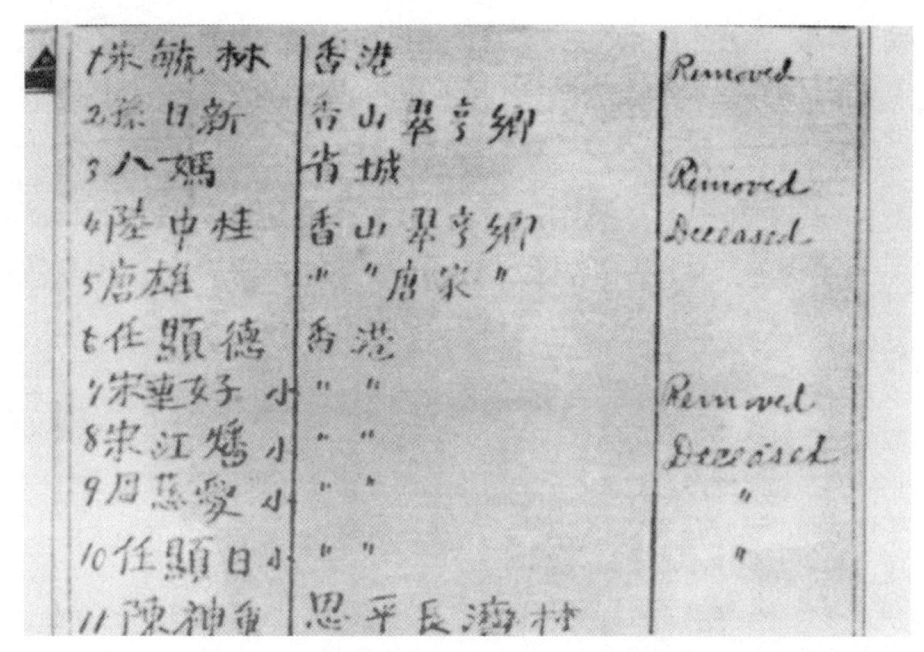

▲ 1883年秋冬之交，孙中山在美国传教士喜嘉理主持下，在香港加入基督教，左为接受洗礼人员名单（局部）。孙日新是他当时在港读书时所用的中文名。

相质问。先生答云：'基督之道，余固深信，特尚未列名教会耳。'余询其故，则曰：'待时耳，在己固无不可也。'嗣后数月，果受礼奉教，余亲身其事。其受礼之地，在香港旧设之华人学堂中，距现有之美以美会教堂，约一箭之地。地不著名，仪不繁重，而将来中华民国临时第一大总统，于是受圣礼皈依道焉。"[1] 随后，孙中山移居该教堂之二层楼，与居住三层楼的喜嘉理牧师时相往返，接触甚密。

孙中山自受洗加入基督教以后，热心传教布道，在1884年暑假曾协助喜嘉理到澳门、香山各地布道，分售《圣经》，并劝说两位友人入了教。此后，在他长期的革命生涯中，始终与基督教有着千丝万缕的联系。例如，他所创建的兴中会、同盟会、中华革命党等团体，其誓约均冠以"当天发誓"字样，"是亦一种宗教宣誓的仪式，从基督教受洗之礼脱胎而来者也"。又如兴中会成立时，孙中山"率先宣誓，将左手置于开卷的圣经上，高举右手，恳求上苍明鉴，以示矢志革命，卒底于成"。[2] 等等。基督教对于孙中山及其革命事业方面也产生过深远的影

---

[1] 尚明轩、王学庄、陈崧编：《孙中山生平事业追忆录》，人民出版社1986年版，第521页。
[2] 庄政：《国父革命与洪门会党》，中国台北中正书局1981年版，第85页。

响。譬如，辛亥革命时期，革命党人往往借助教堂为革命机关；一些基督徒参与孙中山领导的革命斗争；孙中山利用宗教信仰争取外国的同情和支持等。

当然，孙中山自受洗以后，随着科学知识的丰富和阅历的增长，他对基督教的信仰也不是一成不变的，而是有一个反复的发展过程。他曾对日本友人宫崎寅藏说过："我对基督教的信念，随着科学研究而逐渐减退。我在香港医学院求学期间，觉得基督教的理念缺乏逻辑，因而开始翻阅哲学书籍。当时我的信念相当倾向于进化论，可是又没有完全放弃基督教。"① 说明由信仰进化论而导致他宗教信仰的衰退，他对基督教的兴趣较之过去有所淡薄。所以孙中山虽是一个基督教徒，却不妨碍他后来在哲学上对自然观方面的阐述达到了唯物论的结论。在孙中山一生中，既"雅癖达文之道"，又"教则崇耶稣"，正是宗教与科学的尖锐矛盾，促使他思想不时进行着进化论与宗教神学的激烈搏斗，矛盾双方的分量是互有消长地变化着。但是，他从来没有否定上帝的存在，在入教后长达41年的时间中也从来没有否认自己的基督教身份，对基督教一直怀有颇深的感情。

1922年间，孙中山曾明确地指出："予始终是基督教信徒。不但予为基督教信徒，予之子、予之媳、予之女、予之婿、予之家庭、予之岳丈、岳母、予妻、予妻之姐、之弟、之妹，甚至连襟至戚，固无一而非基督信徒也。予有家庭礼拜，予常就有道之牧师闻道讲学，孰谓予非基督教徒乎？"② 甚至在孙中山逝世前一天，在弥留之际，他在病榻上还执着教友的手说："我是基督教徒，上帝派我为我国人民去同罪恶奋斗，耶稣是革命家，我也一样。"③ 他还用手指着宋庆龄嘱咐何香凝说："彼亦同志一分子，吾死后望善视之，不可因其为基督教人而歧视之。"④

可以这样说，基督教伴随着孙中山走过了伟大、光辉的一生。但是，也应该看到，事实证明，在孙中山身上存在着复杂的双重性，尽管他始终是一个基督教徒，宗教信仰在其身上曾起到过消极作用，却不影

---

① 吴相湘：《孙逸仙先生传》上册，台北远东图书公司1970年版，第34页。
② 包世杰：《孙中山先生逝世私记》，《近代史资料》总71号，第217页。
③ Y. Y. Tsu：The Christian Service At Dr. Sun Yat-Sen, Funeral. March 18, 1925. The Chinese Recorder, PP89—90, February, 1931.
④ 《中山先生临终之情节》，《中山先生荣哀录》，第20页。

响他成为进化论者和伟大的民主主义革命家。恰又正因为他是一个品德高尚的基督教徒，且所皈依的是公理教派，深受宗教伦理和公理派"鼓励民众自主和民族自立"的教义的影响，笃信博爱、平等、信义和民族自立等教义，使他产生为世人追求博爱、平等、中华民族要自立心向"天国"的革命理想，进而促使他常保旺盛的百折不挠永远革命的奋斗精神。

五、革命思想的酝酿

1884年4月14日，孙中山转入香港英国当局开办的一所设备较完善的中央书院（Central School），继续高中学业。

这所学校创办于1862年，1889年改名域多利书院（Victorian College），1894年改名皇仁书院（Queen's College），该校办学宗旨是"沟通中西文化"，它的学科设置完备，师资力量充实，教学方法新颖，是当时堪称全港第一流的高级中学。学校中的所授学科与课程有英语、文学、世界史、英国史、地理、几何、代数、卫生、机械绘画、簿记及常识等。教师全部是来自英国本土的剑桥、牛津等名牌大学的毕业生，年轻饱学，思想新进。学生除在港华人子女外，有来自英国、美国、葡萄牙、印度、菲律宾等许多国家的青年，也有少量从中国大陆来就读的学生。

孙中山在学校学习十分刻苦努力，白天专心听课并认真复习；课余时间便抓紧时间涉猎群书，阅读中国诸子百家的著述，以增广见识；晚上还专门请了教师为自己辅导古汉语。全班学生中以他的英文成绩最好，深得教师的夸奖。他具有勤学好问的精神，一有不懂的问题，就虚心向教师和同学请教。当时有的学生为此而讥笑他时，他就不以为然地对人说："学问学问，不学不问，怎样能知！"他平时不苟言笑，可是谈论起来，便滔滔不绝，三教九流，无不知晓，"通天晓"的绰号真是名不虚传。

孙中山在这所学校就读共两年半时间。由于他认真学习各门课程和刻苦攻读中外书籍，尤其是广泛涉猎西方国家政治、历史、文学等类书籍，从而进一步掌握了西方资产阶级文化知识，加深了对西方科学、社会及政治制度的认识。同时，由于接触到许多国家的优秀青年，不仅对他西学知识的增加大有裨益，而且对其世界意识的拓展也是一个难得的

▲ 孙中山在香港读书的中央书院（后改名皇仁书院）。

机会，更有可能认识和观察中国和世界的局势。这是他思想发展的一个重要时期。

孙中山身处具有特殊地位的香港，每天看到建筑在山上的华丽的殖民者的别墅、宅院和繁华的街道及近代的市政建设。他在课余经常细心地观察着周围的一切，特别是香港这个近代城市的市政面貌及管理方式等，尤其引起他的注意。孙中山将在香港见闻之所得，对照和比较了清政府统治下的内地，特别是香山县城的情况，越来越感觉到西方近代文明要比中国固有的文明进步，中国社会的许多不合理的状况应该改变。从而促使他对原有的祛除恶政府的志向更为坚定，并促使他由市政研究发展为政治之研究，由向往西方文明到决定改革中国的恶劣政治。后来，孙中山在回答自己革命思想得自于何时何地时说，香港的市政建设给他以深刻印象并导致他进行政治上的反思。他说：

> 我于三十年前在香港读书，暇时辄闲步市街，见其秩序整齐，建筑闳美，工作进步不断，脑海中留有甚深之印象。我每年回故里香山二次，两地相较，情形迥异，……我恒默念：香山、香港相距仅50英里，何以如此不同？外人能在七八十年

间在一荒岛上成此伟绩，中国以四千年之文明，乃无一地如香港者，其故安在？①

一般说来，人们总是从活生生的事实中得到感受，从现实的差异中产生疑问并获得启示。康有为不也是在1879年年初游香港时，从香港市政面貌中悟出"乃知西人治国有法变，不得以古旧之夷狄视之"的道理吗？对于古老文明和近代文化的辨认，总是通过两种文明的外观进入理想思考的。孙中山从香港市政建设联想到内地何以落后，正是他理性反思的开始。后来他在一次讲演里，把香港说成是自己的"知识之诞生地"，并认为自己的"革命思想完全得之于香港"，从一定意义上说是符合实际的。

在香港，孙中山虽然受的是殖民教育，但并没有模糊他的爱国思想。这时，由于法国的侵略，爆发了1883年12月至1885年5月的中法战争。这场导致民族危机加深的战争，极大地吸引了孙中山的注意力。

从这场战争爆发以后，他和在港读书的一些中国学生，就认真阅读报纸和听取前线回港士兵的口述，密切注视着祖国所遭受的这场新的灾难。当爱国将领、广西提督冯子材率领前线军民浴血奋战，在中越两国接壤地区重伤法军前敌统帅尼格里，打死打伤法军两三千人，先后收复了谅山等地和十多个州县时，捷报传来，孙中山和爱国的人们一齐欢欣鼓舞，激奋不已。他经常和同学们讨论这场战争，希望人人都能奋起救亡。当时，各省人民群众积极支持反侵略的战争，全国掀起了反法斗争的热潮。广东、浙江、福建、广西、湖南、贵州等省先后发生焚毁教堂和反对从事间谍活动的法国等国传教士的事件。广东地方当局还查封了全省的法国教堂。旅居美国、日本、古巴、新加坡等地的华侨，也纷纷捐款支援国内的抗法斗争。但是，怯懦无能的清朝政府却在打胜仗的情况下卑屈求和，谕令抗法各军停战，放弃收复的土地，于1885年4月，在巴黎签订了"停战协定"，又于6月9日派李鸿章与法国公使在天津签订了投降卖国的《中法新约》，承认法国侵占越南，并且给予法国以在广西、云南通商的特殊权益，还规定以后如在这两省修造铁路，要同

---

① 《孙中山全集》第一卷，中华书局1981年版，第115页。

法国人商办等等。中法战争不败而败，使法国侵略者在军事失利的形势下，却在谈判桌上取得了战场上没有得到的东西，这真是中华民族的奇耻大辱！

　　清朝政府的昏庸、腐败及卖国，祖国蒙受的奇耻大辱，深深地刺痛了孙中山的爱国热情和民族自尊心，进一步激发了他的爱国热忱和对清朝的愤懑，认识到这个政府的统治是非除去不可的，从而增强了改革现状的思想和勇气。

　　当时，有一艘因侵略中国受损的法国军舰，从台湾开到香港修理。尽管军舰上的法国人用尽威胁利诱的手段，却没有中国工人肯为他们修船。法国商船到了香港，中国码头工人也不替它卸货。为抗议法国侵略，1884年9月中旬，香港的其他各行业工人、爱国商人和各阶层人民，也都纷纷举行罢工、罢市和采取其他形式进行斗争。同年10月初，香港工人和各阶层人民为抗议英殖民当局勾结法国侵略者镇压爱国运动，掀起大规模的抗暴斗争。示威群众和英国警察进行了英勇的搏斗。接着，九龙工人奋起响应，也举行了示威游行。这些同仇敌忾的反帝爱国壮举，深深教育了孙中山。清政府在对法战争中的怯懦和人民群众的奋勇反抗，在他思想上形成强烈的对照。热爱祖国的孙中山从广大群众，特别是工人的英勇斗争中受到巨大鼓舞，看到了中华儿女的"爱国心"，觉得这些斗争"证明中国人民已经有相当觉悟"，"表示中国人还有种族的团结力"，已经自动走上谋求救亡的道路，并且认为"中国不是没有办法的"。

　　孙中山的革命思想萌芽于何时？他后来曾不止一次地说过，产生于中法战争之后。"余自乙酉中法战败之年，始决倾覆清廷，创建良国之志。"为什么这样说呢？原因在于清朝政府在打胜仗的情况下卑怯求和，签订了屈辱的《中法新约》，这种不败而败的结局令孙中山大为震撼，对他刺激甚深，使其看到了清廷的腐败、昏庸和卖国，进一步激发了爱国主义感情，增强了革新求变的思想。孙中山正是在中法战争的刺激和华人反抗侵略、压迫的壮举鼓舞下，增强对多灾多难的祖国的责任感，开始萌发了反清、反异族政权的革命思想的。

　　中法这场战争，确实在中国思想界引起了巨大的震动和危机感。康有为也是在中法战争后的1888年第一次上书请求变法图强的。"春江水暖鸭先知"，孙中山和康有为这两位近代史上的伟人几乎是同时按着了时代的脉搏。他们从不同的侧面以不同的方法预告着近代中国革命时代的到来。

孙中山早期思想发展的历程表明：他是先在西方基督教的熏染下有了宗教救世的感情，又在西式教育的启示和夏威夷人民反美情绪的感召下，由宗教救世拓展到"改良祖国，拯救同群"的理想追求，萌生了良善政府的朦胧之想，然后在清政府腐败专制现实的反复刺激下，朦胧的良善政府思想和汉族反抗异族统治的种族感情相契合，终于在乙酉中法战败的强烈震激中跃进到"决覆清廷"的反叛境界。从此，他的政治觉醒时代开始到来。

孙中山的革命思想是由香港激发而萌生的。他在香港的生活经历以及所接受的教育，是使其产生革命思想的重要因素，也是启发其革命思想的根源，因此，孙中山晚年说香港是其革命思想的发轫地。如果没有在香港的这一段（包括此后的五年大学）生活经历，孙中山不可能在大学毕业两年后就走上革命道路，逐步地成为一位杰出的革命家。

第四节 大学生涯

一、"财富不足以动我的心"

　　孙中山在翠亨村毁像渎神，并在香港受洗入基督教的事情，不久都被在檀香山的孙眉所获悉。孙眉极为不满，他很生气地写信痛加斥责，警告孙中山如不与基督教断绝关系，就要终止经济支援，不再供给他的学费。但孙中山毫不理会。孙眉接着采取了第二个步骤，他又写信给孙中山，佯称在檀香山的生意遭到失败，如今要另谋生路，但因过去有的商业财产用了孙中山的名义，故需他急速前来商量解决。这样，就在救国思潮激荡于孙中山胸怀之时，他应孙眉之召，于1884年11月在香港辍学奔赴檀香山。

　　到檀香山后，孙中山在茂宜岛姑刺埠牧场见到了孙眉。兄弟二人，因信教观念的不同，发生口角，双方各执一端，争持不下。一时间，觉醒与懵懂，思变与循旧，忧国与齐家难以协调，俩人都怒火中烧，情绪激动。在极其沉闷的气氛里，他受到脾气暴躁的哥哥严厉的斥责和打骂，说他任性妄为，贻羞家庭，并言这样轻举妄动，有了金钱适足为累，因此宣布要收回1882年间立约分给他的一笔财产。在孙眉看来，除用这一办法相要挟之外，没有别的办法能迫使其放弃宗教思想，使弟弟驯服。然而，使孙眉吃惊的是，这一严厉的惩罚，并没有使孙中山退缩。面对信仰与财富的取舍抉择，他不改初衷，表示绝难遵守腐朽的习俗，而是毫不犹豫地同意放弃已得的财产所有权，并坦诚地申辩说：

　　　　我抱歉我使你失望，我抱歉不能在中国古人所走的路上尽我的责任，如果我的良心允许我，我也愿意遵守中国的法律做事……但是，中国自己并不能尽自己的责任。我不能遵守已败坏的习惯，你所很慷慨给予我的产业，我很愿意还给你，我不再有什么要求，财富不足以动我的心。①

办理完退还全部财产的法律手续之后，孙中山被孙眉安排到茄荷蕾埠开设的商店里去当店员。孙中山去商店学做生意并非所愿，虽能忍让一时，终觉负气难言。他勉强干了三个月，翌年春便设法脱离那里，准备动身回国。他先请姐夫杨紫辉（即孙妙茜的丈夫）帮他归国升学，没有如愿；便又跑到火奴鲁鲁去，向过去奥阿厚书院的教师、美国传教士芙兰蒂文（F. W. Damon）以及旧日同学钟工宇等求援。师友们为他筹集到 300 美元的赠款，他便带上这笔路费于 1885 年 4 月离开檀香山经日本返国。

当孙中山在火奴鲁鲁行将启程归国的时候，孙眉闻讯赶去阻拦，但孙中山坚定地表示要回国，绝不再留在檀岛。当时，他还充满信心地向一位朋友表示："我回到中国后，一定要谋求在学业上有成就。"

孙眉虽然认为孙中山从事的信教等活动是"胡作非为"，可回想到弟弟的性格亢直，又深悔对他督责过严，并因处置太重而感到内疚。因此，便立即写信给他的父亲说明情况，并汇款支持孙中山继续读书。

同年 8 月，孙中山离开家乡再赴香港，回到中央书院复学，并在 1886 年夏季他 20 岁时修完了中学课程。

二、升学方向的抉择

在香港中央书院高中毕业后，孙中山面临着选择未来职业以继续深造的困惑。他曾对升学就业问题十分踌躇，进行过一番仔细考虑。正像大多数青年人一样，他对未来也有着美好的向往和憧憬。

早在 1883 年，孙中山在香港拔萃书室读书时，就已经考虑着自己终身职业的问题了。当时，有一些朋友劝他捐个一官半职，走入官场；后来，檀香山的另一些朋友希望他投考神学院，将来做一名布道救世的传教士。而孙中山自己，则在中法战争中国不败而败的刺激中，认为学军事可以救国，为了抵御外侮，一度想投笔从戎。他希望做个海军军

---

① 林百克：《孙逸仙传记》，上海三民图书公司 1926 年版，"不爱钱"节。

官，报考海军学校，但当时中国南方唯一的海军学校福建马尾水师学堂已遭法军炸毁而停办，使他无法实现从军报国的愿望。继之又想研习法律，期望做一名主持正义的律师，也因当时中国尚无法律学校而作罢。在这期间，在中法战争中有关伤员惨状和应用西方医学进行抢救的报道，给了孙中山非常深刻的印象。他几经思考熟虑，终于决定了学习医科。

孙中山认为"医亦救人苦难术"，[①] 且"行医最能为功于社会"，[②] 可以通过战胜疾病，立己济人，保障国民健康，使国家强盛起来，所以应该从学医着手进行拯救祖国的活动。

孙中山对学医的兴趣和念头，还应追溯到他在檀香山读书的时候。据《总理开始学医与革命运动五十周年纪念史略》一文记载：孙中山在檀香山时，"日往访教会司铎杜南山君，见其架上有医科书籍，问何以需此？杜答谓：'范文正公有云：不为良相，当为良医，窃采此意耳。'公（指孙中山）颔之"。

杜南山的这句话对孙中山的启发很大。他经过思考后，第二天又到杜家，对杜南山说："君为我奉范氏之言，窃以为未当。吾国人读书，非骤能从政；即从政矣，未必骤秉国钧。倘殚心力以求作相，久不可期，然后为医，无论良医不易为，即努力为之，晚矣！我意一方致力政治，一方致力医术，悬其鹄以求之，庶有获也。"他的意思是要政治与行医二者相并而行才好。杜南山默默地听着，十分欣赏这个年轻人思考问题的能力。由此可见，孙中山"救国学医所行之志，已肇于此时矣"。

孙中山决定学医后，在1886年秋季，经过喜嘉理介绍，以减免学费的优待，进入了美基督教长老会所办广州博济医院附设医校（广州中山医科大学孙逸仙纪念医院前身）学习。

三、入广州博济医院医校学医

博济医院（Conton Hospital）创办于1835年（清道光十五年），是美国公理会及长老会为"医疗传道"之目的而设立，为东方各国西医

[①] 《孙中山全集》第二卷，中华书局1983年版，第359页。
[②] 冯自由：《孙总理信奉耶教之经过》，《革命逸史》第2集，商务印书馆1946年版，第4页。

▲ 广州博济医学院附属医校——南华医学堂（局部）。

西药之鼻祖，也是在中国创立的第一所西式医院，由此才开始有正式的"传教医生"（Missionary doctor）出现。咸丰五年（公元1855年）附设医学堂，最初仅收男生。该院除为病患医疗外，并设有宣教所，同时负有向病人传播福音的使命，所以医师或护理人员都须接受神学的训练。

孙中山入学时，有同学男生12人，女生4人，男女合班上课时，必须分开左右两旁而坐，中间挂有幔帐区隔。有一次，教师带领同学们到妇产科临床实习，只许外国籍的学生去实习，不许中国学生参加。当时，孙中山对此大为不满，竟与教师争执起来，闹到校长嘉约翰办公室。校长询问原因，孙中山答曰："同是学生，为什么歧视我们中国人，不许往妇科学习？"校长说："你们中国人向来男女授受不亲，有礼教之防，我们美国人则无须拘此。"孙中山问："学医是否为治病救人？"校长只好答："是。"他又理直气壮地问："那么，中国学生学医不是为了治病救人吗？中国妇女有病，中国医生能不救吗？究竟以救命为重，还是以不合理的礼教为重？"问得校长无言以对，自知理屈，从此也允许中国学生诊查妇科，并且将课堂间隔的男女生之间的幔帐也撤除了。

还有，该校在产科学习时，只限女生参加，男生则排除在外。孙中

山极不以为然，当面向校长嘉约翰建议："学生毕业后行医救人，遇有产科病症也要诊治，为了使学生获得医学技术，将来对病人负责，应当改变这种不合理的规定。"开明豁达的嘉约翰校长认为这是合理的要求，遂采纳他的建议。自此以后，男生便能参加产科的临床实习。后来，孙中山行医时，妇产科乃是其专业特长之一。

孙中山提出这一建议，和他少年时反对姐姐妙茜缠足一样，表现出不能容忍社会上一切不合理、不公平的事情存在，敢于反对所有愚昧落后的品格。

孙中山入博济医院附设医校后，住哥利支堂十号宿舍。他在校学习期间，自奉甚简，布衣粗食，半工半读，勤奋异常，除攻读医学外，仍很重视研究古代文史书籍，曾延请了一位国文教师陈仲尧教授中国经、史，他在课余便到陈仲尧寓所受业。他对经史加意研求，特自购置了《二十四史》和《四书》书籍。这时的学习生活情形，据他当年的同学忆述：孙中山"年少聪明过人，记忆力极强，无事不言不笑，有事则议论滔滔，九流三教，皆可共语。竹床瓦枕，安然就寝，珍馐藜藿，甘之如饴"。①

在学校里，孙中山结识了一个和"会党"有密切交往、广东反清秘密组织三合会会员的同学郑士良（1863—1901年，原名安，字弼臣，广东归善即今惠阳县人）。会党是封建性的旧式秘密结社，成分相当复杂，其成员主要是失去土地的农民和失业手工业工人，其中有的会党组织具有反对清封建王朝的政治要求。郑士良"为人豪侠尚义，广交游，所结纳多江湖之士，同学中无有类之者"。孙中山和他谈论政局，甚为投机。郑在1888年从博济医校辍学后，返回家乡，联络会党，被推为三合会首领，是以后兴中会的重要骨干和反清起义的领导人员，也是孙中山早期革命的亲密战友之一。以后孙中山在革命过程中联络会党起事，得到郑士良很多帮助。

四、转学香港西医书院深造

孙中山自述道："予在广州学医甫一年，闻香港有英文医校开设，

---

① 《总理开始学医与革命运动五十周年纪念史略》，广州岭南大学1935年版，第8页。

予以其学课较优，而比较自由，可以鼓吹革命，故投香港学校肄业。"①他所说的英文医院，即香港西医书院（The College of Medicine for Chinese, HongKong, 香港大学医学院前身）。

先是，1887年1月，香港议政局议员、又兼律师兼医生的何启（1858—1914年，字迪之，号沃生，广东南海人），为纪念其亡妻英人雅丽氏（Alice Walkden），在香港荷李活道创办了雅丽氏医院，于当年2月中旬开业。该医院的中文称为"利济医院"，意谓"上帝以利益济人"。它原系太平山之伦敦教会"赠诊所"，其性质与广州博济医院一样，同为传教而免费施诊赠药。嗣因业务需要日增，于10月又在医院内开设香港西医书院。派人到广州招考能谙中、英文的新生。孙中山有感于该院师资、设备皆优，且香港较为自由，发表政治言论少受束缚，便于同年9月转学到该院就读。

▲ 1887年9月，孙中山转入的香港西医书院（香港大学医学院前身）校舍。

① 《孙中山全集》第六卷，中华书局1985年版，第229页。

西医书院采用英国医科的五年学制，教学设备较完善，师资水平较高，直接用英语教学。除上课讲授外，尤其注重临床实习，学生经常在雅丽氏医院门诊室和药房担任外科医生及药剂师的助手，上化学课时还常到植物园参观和在化学实验室从事化验。孙中山在同学中年纪较长，功课成绩甚好，人缘又好，被推选为班长。师长们出诊时，常约他陪诊，作为助手，从而更增加了学习的机会。

孙中山在这所高等学校学习了整整五年。在这五年时间内，他除刻苦钻研医学本科知识外，还广泛研读西方国家的政治学、军事学、历史学、物理学、农学等，尤其爱读《法国革命史》和达尔文的《物种起源》。这两部书对他影响很大，他期望从中找到解决中国社会问题的钥匙。它们使孙中山接受了达尔文学说中的积极进化论和欧美资产阶级革命的天赋人权理论，从而向往着法、美的共和革命，在思想上日益积累着在中国实行反清革命的因素，为其以后的政治活动奠定了基础。

同时，他在课余仍很重视进修中文，经常秉烛夜读，并先后获得王孟琴、陈仲尧两位教师的辅导。孙中山后来曾对他所涉猎的知识范围，作过这样的概述："文早岁志窥远大，性慕新奇。故所学多博杂不纯，于中学则独好三代两汉之文，于西学则雅痴达文之道，而格致政事亦常浏览。"① "于圣贤六经之旨，国家治乱之源，生民根本之计，则无时不往复于胸中；于今之所谓西学者概已有所涉猎，而所谓专门之学亦已穷求其一矣。……游学之余，兼涉树艺，泰西农学之书，间尝观览，于考地质、察物理之法，略有所知。"②

康德黎博士（Dr. James Cantlie），在西医书院成立时自英国前来执教，后来接替孟生博士（Dr. Partrick Manon），出任第二任教务长。他在西医书院见到的第一个学生便是孙中山。康德黎十分喜欢这个品学兼优的学生，师生关系十分融洽。他引导孙中山善爱科学，向著名的科学家学习。孙中山热爱达尔文的学说，与这位老师的启发诱导是分不开的。康德黎说："在其所教的24名学生中，孙逸仙对我最具吸引力，因为他的品质文雅，勤奋求学；不论在学校或私人生活都表现如绅士般的仪态，他实在是其他同学的模范。"后来，他还曾这样称赞道："我从未认识像孙逸仙这样的人，如果有人问我所知的最完美者是谁，我将毫

---

① 《复翟理斯函》，佚名编：《总理遗墨》影印本，第4页。
② 《上李傅相书》，《万国公报》月刊，第70册。

不迟疑地指出孙逸仙。"①

当时，孙中山在香港读书的学费，是由孙眉自檀香山汇款资助的。有时汇票不能按时寄到，他为购买书籍等物，只好暂时挂账；可是汇款一到，立即清偿，同时邀约同学餐叙，大快朵颐。等到把钱花得所剩无几，他就索性待在校里，用功读书，心无旁骛。后来他获得了工读的机会，每个学期都有奖学金可拿，就不再仰赖哥哥的供给了。

孙中山工读，缘以香港屈臣药房的主人夏菲士病情严重，特聘康德黎诊治。康氏便选拔了孙中山和江英华两个高才生充当夜间的特别看护，分别值班上半夜与下半夜。病人痊愈后为感谢对自己的照顾，便捐出一笔巨款充作西医书院的奖学金。该院从中拨款一部分，帮助孙、江二人缴纳学费和零用金。为了读书，孙中山青少年求学时期，曾先后在檀香山、广州及香港等地，当过四次的工读生，分别在学校中具体管理校园中的蔬菜和其他杂务等工作。

孙中山在青少年时代积累的广博学识，不仅为他以后从事政治思想的探索打下了一个坚实的基础，并且终生受用。他读书又很注重于应用，在学农学知识时，就和他假日在家乡从事的改良农业实践结合了起来——曾为老农介绍科学选种、施肥等农学知识，并进行了考察土壤、试验种植桑树等活动。

孙中山在香港读书时，课余或节假日和周末，经常往来于广州、澳门等地，和有救国愿望的朋友共同研究学问，寻找救国真理，探索中国的出路。特别是和同住香港的志同道合的几个知友，交游尤密。昕夕往还，以谈革命为欢，而被人视为大逆不道的寇贼。他还不断关切政治问题，"以学堂为鼓吹之地"，常对人抒发爱国情怀，阐述革新政治的抱负，用"中国现状之危，我人当起而自救"一类言词来提高人们觉悟。孙中山常常谈起杰出的农民革命领袖洪秀全，尊称他为"反清第一英雄"，自许为"洪秀全第二"，以太平天国革命事业直接继承者自任。他还利用课余时间写了一些论文，投送到香港教会报纸和上海《万国公报》等处，阐述他对于改善中国政治局势的见解。在1891年前后所写的一篇发展中国农业生产的文章中，孙中山通过对西方国家的农业组织和耕作技术的介绍，主张清政府派员出洋考察，学习西方国家"讲求树艺农桑、养蚕牧畜、机器耕种、化瘠为腴一切善法"，回国推广，

---

① 张绪心等：《天下为公：孙中山先生及其革命思想》，胡佛研究所出版社1991年版，第21页。

并从中央到地方采取措施以加强农业生产的领导。他还建议根据不同的自然条件,因地制宜,从事种植或牧畜。他说:"地属高亢,则宜多种赤米……。若卑湿之田,则宜种耐水之稻……。其余花果草木,皆宜审察土宜,于隙地广行栽种。如牛羊犬豕之属,皆当因地制宜,教以牧畜。庶使地无遗利,人有盖藏。"文章最后指出发展民族经济——农业和工商业是使国家富强的中心课题,"以农为经,以商为纬,本末备具,巨细毕赅,是即强兵富国之先声,治国平天下之枢纽也"。这在客观上也正是对洋务派思想的批评。

孙中山在香港西医书院历年的考试成绩,均名列前茅。1892年7月(清光绪十六年六月),他参加了第五学年考试,又获全级第一。孙中山历年成绩总汇,在12门课程中成绩得优等者10门,及格2门,总成绩是"最优异",他以全校之冠的优秀成绩毕业了。在同月23日举行的毕业典礼上,他接受了教务长英国人康德黎颁发的西医书院第一名毕业执照,并获得《婴孩与儿童之病症》《外科肾症》和《神经之损伤与病症及其治疗》三书作为奖品。毕业典礼结束后,康德黎又特别在家里设宴为毕业生孙中山和江英华二人庆贺,应邀作陪者五十人,师生欢谈,气氛至为热烈。

至此,孙中山结束了他的大学生涯。

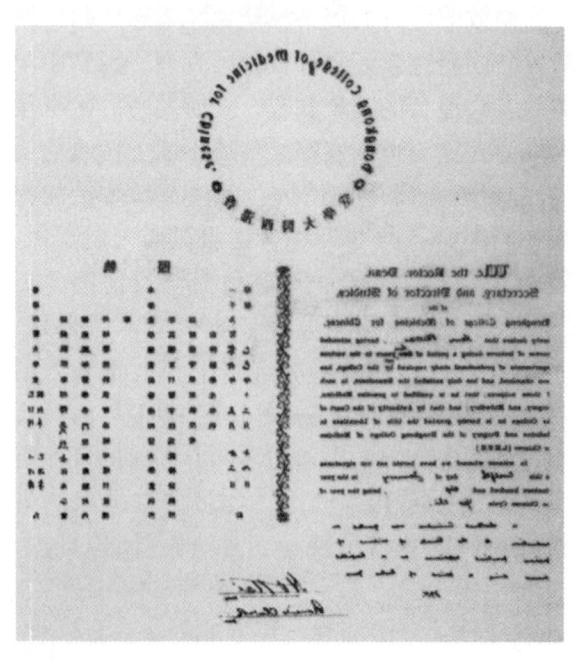

◀1892年7月,孙中山以优异成绩从香港西医书院毕业。图为他的毕业证书。

大学时代是孙中山一生中不可忽视的阶段。如果没有这六年的勤奋学习、刻苦钻研，在学习自然科学的同时，热心研究社会科学，并参加实践，广交爱国志士，从而奠定了较坚实的基础，孙中山就难以在1894年成长为一位民主革命家。

总体来说，从12岁到26岁，孙中山在学生时代接受西方资本主义教育共14年之久。在这期间，作为一个积极向西方学习，探求救国真理的青年，他学到了不少先进的自然科学知识，也接触了资产阶级的一些社会政治学说，使他向往西方资产阶级的"文明"。与此同时，国内外人民反帝、反封建斗争的生动事实，也给予孙中山以积极的影响。这些，对于他的民主革命思想的形成，都起了重要作用。

至于孙中山西医书院毕业时是得了什么学位的问题，说法不一。目前，海内外有关孙中山的著述中仍有着不同的说法，宜予辨证说明之。

长期以来，"孙逸仙博士"的称谓流传甚广。1935年，原博济医院旧址（今广州中山医科大学孙逸仙纪念医院）竖立的纪念碑，雕刻有"孙逸仙博士开始学医及革命运动策源地"等字样。博士之称实际是一种误会。《伦敦被难记》的中文本提到孙中山西医书院毕业一事的文字为："阅五年而毕业，得医学博士文凭。"但查对1879年伦敦出版的英文原著，这一段作"After five years study（1887—1892）I obtained the diploma entitling me style my self Licentiate in Medicine and Surgery, Hong Kong"。[①] 可译成："经过五年（1887—1892年）学习之后，我领得有资格在香港开业行医的毕业文凭。"并无博士的字样。

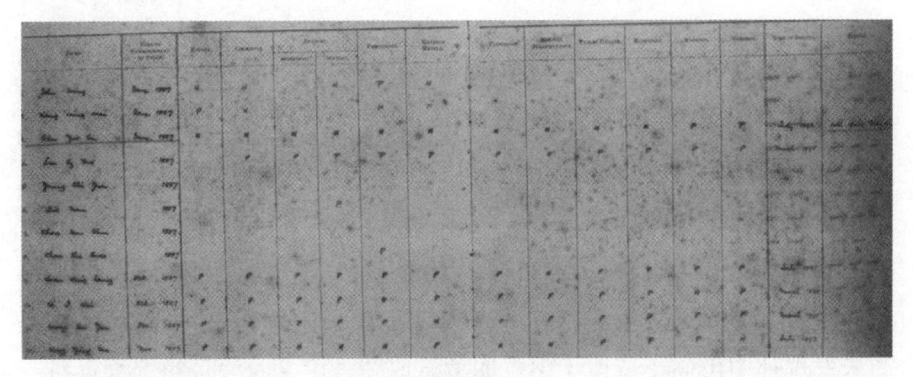

▲ 1887年孙中山的大学成绩单（见画线处）。其中有10门课获得优异成绩。

---

① Sun Yat-sen: *Kidnapped in London*, Bristol, 1897, P.10.

▲ 孙中山在香港西医书院（李蒸蒸画）。

　　罗香林在《国父大学时代》一书中，有的地方称孙中山获得的学位是学士，有的地方又说是硕士。如该书叙述康德黎在毕业典礼上演说完毕后，即颁发国父与江英华二人成绩优秀之毕业执照，内载中英文证明文句，大意相同，唯英文方面增加"并由书院当局授予香港西医书院医学及外科等硕士（Licentiate）之学位称号"。其实 Licentiate 在这里并无硕士的含义，只是有开业行医资格者的意思。揆诸事实，孙中山在香港西医书院学习五年，只有本科考试成绩，仅能授予学士学位，迄今尚未发现孙中山硕士或博士学位的考试成绩、论文及答辩情况等资料。

　　事实上，西医书院当时尚属草创阶段（1892年才转入正轨），是没有资格授予博士或硕士学位的。康德黎在颁发证书时说得很清楚："今日对在座青年同学颁发准许各位为书院信誉而从事医药与外科及产科医师职务的证书执照，乃一较任何事情为感觉兴奋的事。这种学士证书执照的获得，用各位过去五年在书院努力工作，而今日仅得发展初阶的结果，且显示为书院开创新纪元。因为学士荣衔的获得，在本院还是第一次呢！"①

1925年，孙中山在北京逝世，香港大学注册部的唁电说："此校（指香港大学——引者）可认为先生之母校"，因为孙中山"1892年得医学士之阿飞斯（Alice）（即雅丽氏另译音，原文如此——引者）纪念医院，顷已合并于斯校矣"。② 可见，孙中山所获得的是一般大学本科的学士学位。孙中山本人也从未提及自己得过博士或硕士学位。相反，他明确自称医学士。

五、大学时期的广泛交游

孙中山的大学时期，既是他政治上开始成熟的时期，也是他作为一个民主革命者不可缺少的思想准备的时期。这个时期与他日后革命思想的形成和革命事业的发展有着密切的关系。其中，他的勤奋治学和广泛交游，就为他日后的革命工作准备了条件和奠定了基础。

孙中山是个学习勤奋、成绩优良的学生，但不是一个埋头读死书的书呆子，他并没有一头栽进医书堆去，而是经常关心国家大事，怀抱救国救民的宏愿。他的学习范围远远超出了医学院课程的要求，凡有关国利民福的知识都潜心钻研，阅读了大量与国计民生有关的各种书籍。他在给郑藻如的信中云："某留心经济之学十有余年矣，远至欧洲时局之变迁，上至历朝制度之沿革，大则两间之天道人事，小则泰西之格致语言，多有旁及。"③ 当时孙中山才是个大学三四年级的学生，课外学习的范围却已如此广阔。稍后，他在上李鸿章书中，谈到自己"幼尝游学外洋，于泰西之语言文字、政治礼俗，与夫天算地舆之学，格物化学之理，皆略有所窥；而尤留心于其富国强兵之道，化民成俗之规；至于时局变迁之故，睦邻交际之宜，辄能洞其阃奥"。④孙中山这些表述，参

---

① 据《日本外务省档案各国内政杂纂·中国部分·革命党方面》，1900年机密受第1162号，驻上海小田切代总领事报告。
② 据《日本外务省档案各国内政杂纂·中国部分·革命党方面》，1900年机密受第1162号，驻上海小田切总领事报告。
③④ 黄彦编：《孙文选集》中册，广东人民出版社2006年版，第1、4页。

照与孙中山同学五年并同住一室的关景良的回忆：孙中山白天学科学和医术，夜间则攻读中文，特别喜欢中夜起床读书，最爱读的是《法国革命史》和进化论诸书。他常将地图挂在墙上，频频注视，深深慨叹美好江山付之非人等的情况，证明其言并无虚夸。正因为孙中山有远大的抱负，所以，他除学好医科的各项课程，如生理学、解剖学、病理学、外科学、产科学等以外，还阅读了大量中国古代典籍及西方政治、经济、科技方面的著作，知识面是宽广的。

关于孙中山在大学时期的广泛交游情况，是他读书时期值得记述较多浓重的一笔。

当时，孙中山有意识地结识一批有革命倾向的知识青年，交流个人的政治抱负与爱国理想。他所交游的人群中，既有同学、老师，又有士绅等不同类型的人。他们政治面貌虽然不同，但不乏进步、开明甚至抱有反清思想的人士，并分别对孙中山思想的发展及早期的革命活动有着不同程度的影响，还形成了一个没有组织形式而有共同反清愿望，以他为核心的政治小团体。

当时，孙中山与之交往最密切的，首推"四大寇"中的陈少白、尤列、杨鹤龄三人。

◀ 孙中山（前排右二）在香港与西医书院同学合影。前排左起：江英华、关景良、孙中山、刘四福；后排左起：王九皋、王以诺、黄怡益、王泽民、陈少白。

陈少白（1869—1934年），广东新会人，自小就从叔父处获得"西学译本多种"，因而"知世界大势，发生国家观念"。1889年，他在广州新办的格致书院就读，因家境日渐困难，预备到香港去半工半读，经区凤墀介绍，开始与孙中山相识。俩人一见如故，"谈谈时局，觉得很入港，谈到革命的事，也是很投机"。① 第二年，陈少白在孙中山引荐下，得到康德黎同意，进入西医书院就读。俩人关系十分亲近，据冯自由在《革命逸史》初集中说，在孙中山肄业雅丽氏医院时期，及兴中会成立前后，"诸同志中与总理关系密切者，以陈君为最，总理实不啻倚之为左右手"。

尢列（1866—1936年），字少纨，广东顺德人，其祖与父都是学者，在当地是有影响的知识分子。尢列在结识孙中山以前，就游历过不少地方，足迹所及，内而大河南北，长江上下，外而朝鲜、日本。他还在上海加入过洪门会，又到过南京寻找太平天国遗迹。在民族危机深重的情况下，尢列"蒿目时艰，慨然有匡复之志"，是一个见多识广而又有爱国反清思想的青年。1886年夏，他与孙中山结识。后来，他去香港考取了华民政务司署书记的职务，这样就使孙、尢有更多机会相聚，尢列曾从事舆图测绘工作，又游历甚广，他这方面的知识，自然会使熟悉地图、注意山川形势、关心风俗人情的孙中山感兴趣，加上两人同有反清思想，因而成为密友。

杨鹤龄（1868—1934年），是孙中山的同村青年，自幼相熟。杨父在香港开设了一间名为杨耀记的商店，孙中山在西医书院时，经常到杨耀记，与杨鹤龄来往更为密切。杨鹤龄与尢列为广州算学馆同学。在1889年至1890年间，孙、陈、尢、杨就常聚集在杨耀记商店楼上，一起"高谈造反覆满，兴高采烈，时人咸以'四大寇'称之"。孙中山这样回忆："予与陈、尢、杨三人常住香港，昕夕往还，所谈者莫不为革命之言论，所怀者莫不为革命之思想，所研究者莫不为革命之问题。四人相依甚密，非谈革命则无以为欢，数年如一日。故港澳间之戚友交游，皆呼予等为'四大寇'。"② 他的这段回忆，反映了这几个具有爱国思想、受过西方文化教育而又渴望改造中国的青年开始寻求革命道路的情况。其时正是孙中山所说的"革命言论之时代"，它酝酿着向革命行动时代的过渡。

---

① 《兴中会革命史要》，见《辛亥革命》（资料丛刊）（1），第24页。
② 《孙中山选集》合订本，人民出版社1956年版，第193页。

孙中山早年已认识的陆皓东和郑士良,也是当时的亲密朋友。陆和孙是翠亨村孩提时的同学。1883年孙中山在翠亨毁坏神像,就是和陆皓东一起干的。后来,陆皓东在上海电报局任报务员,他每次从上海回广东途经香港时,一定要找正读大学的孙中山畅谈国家大事,并常下榻于杨耀记,与"四大寇"会见。孙中山与陆皓东的来往一直很是密切;后来,陆皓东在孙中山影响下决心参加革命,成了为中国近代民主革命而牺牲的第一位烈士。

郑士良因父辈的关系,从小就与会党绿林中人有交往,受到反清复明思想的影响,痛恨清朝官吏的贪污腐败。孙中山在广州博济医校读书时,与郑士良是同学。郑士良"为人豪侠尚义,广交游,所结纳皆江湖之士"。孙中山与郑士良谈到反清的事,郑听了以后表示悦服,并告诉孙中山,他日有事可罗致会党以听指挥。孙中山转学西医书院后,郑士良则于1888年回到归善淡水开设西药房,继续从事联络会党的工作。在此期间,他与孙中山的联络并未中断,经常到香港杨耀记与孙中山会面,极赞成孙中山的政治主张。

上述同孙中山有密切交往的陈、尤、杨、陆、郑五人,尽管出身不同,经历各异,但有一点是相同的,就是他们都与孙中山一样,是不同程度接受了西方资产阶级文化教育、具有强烈爱国思想和反清倾向的青年知识分子。这些年轻的志士高谈反清言论,仰慕反清的农民起义领袖洪秀全,他们互相鼓励,互相促进。孙中山固然首先以自己激进的思想影响着周围的青年朋友,但另一方面,这些青年朋友又都在不同的方面,或给孙中山以鼓励,或增长了孙中山的见闻,或与孙中山同作日后的谋划,总之,他们也给孙中山以影响,使孙中山增强了信心和勇气。这对孙中山日后革命思想的形成和发展革命活动是有重要意义的。这样,一个以孙中山为核心的革命小团体正在形成之中。孙中山最早的革命事业都以这几个人为骨干,如陆皓东在1895年的广州起义,郑士良在1900年的惠州起义,陈少白于《中国日报》、创立兴汉会、与康梁改良派商谈等,都起过十分重要的作用。

在大学时代的后期,孙中山还结识了香港辅仁文社的社长、后来成为香港兴中会总部会长的杨衢云(1861—1901年,原名飞鸿,福建海澄人)。杨衢云生于一个有种族意识的知识分子家庭,自小随父在香港学英语,后在香港任英文教员、招商局船务书记长。香港时有英国海陆军人酗酒闹事,凌辱殴打中国人。杨衢云每遇这种情况,即"挥拳奋击醉兵"，因而屡被执送警署。他常愤慨地说："外人待我不平，同胞必须发奋图强，其所以致此，皆因满胡压迫汉人，不能致中国强盛，故受外人欺侮也。"[1] 他也是与"四大寇"、陆、郑等思想相似的青年。约在1891年，孙中山与其相识后，经常谈论救国大计。1892年，杨和一些友人组成了"辅仁文社"。孙中山当时与杨衢云虽已认识，但交情不能与尢、陈、杨、陆、郑等相比。而辅仁文社又并不是一个具有明显政治目的的小团体，该组织以"砥砺品行""开通民智""尽心爱国"的宗旨，不失为一个具有进步倾向、有较多西学知识的爱国青年组织。从目前所见的资料看，除尢列外，"四大寇"中的孙、陈、杨三人均未参加该组织。其主要成员杨衢云、谢缵泰（1872—1937年，字圣安，广东开平县人，出身于澳大利亚华侨资产阶级家庭）等颇富民族意识和爱国思想，正因如此，孙中山后来在檀香山创立兴中会后回港，该社的杨衢云、谢缵泰、黄咏商、周昭岳等人才能与"四大寇"等结合，组成香港兴中会总部。

此外，孙中山还结识了一些有志于改革的维新派人士。其中对孙中山产生直接影响的，首推他的业师何启。何启是香港中央书院的毕业生，后赴英国学医，毕业后再学法律，获法律学学士学位。1881年，何启回香港，先行医，后操律师业务，不久被推为香港议政局议员，在香港社会是个有影响力的人物。他精通西学，又是一个主张改革的爱国忧时之士。1887年1月，著名的洋务派外交官曾纪泽在伦敦《亚洲季刊》上发表《中国先睡后醒》一文，为清政府的腐朽统治涂脂抹粉。何启读后，立即写了《曾袭侯〈中国先睡后醒论〉书后》，揭露清政府"政治不修，风俗颓靡"的腐朽状况，指出这才是中国的真忧所在。该文要求在制度上实行改革，取信于民。认为国家之兴之立在于人民，"为君者其职在于保民，使民为之立国也；其事在于利民，使民为之兴国也"。[2] 何启还提出："政者，属众人之事也"，"政者民之事而君办之者也，非君之事而民办之者也。事既属乎民，则主亦属乎民"。[3] 对中国儒家的"民贵君轻""民无信不立"等民本主张，以西方资产阶级主权在民的思想作了新的解释。他明确提出中国在政治上必须改革，成为

---

[1] 《国民革命文献丛录》，见《广东文物》（中），第102页。
[2] 《胡翼南先生全集》卷三，广州1916年版。
[3] 《新政真诠》，见《戊戌变法》（资料丛刊）（1），第200页。

当时鼓吹改良最力的人物之一。

何启是西医书院的创办人、学校的名誉秘书,并任法医学和生理学教师。西医书院规模不大,师生之间易于交往,何启关于主权在民的论说,对孙中山民主革命思想的形成,起了一定的启蒙作用。在何启影响下,孙中山在大学时已喜欢写文章,发表改革和救国的言论。孙中山在早年上书中的一些改革主张,就和何启的某些主张颇为近似。何启后来对孙中山的革命活动抱同情和支持的态度。

另一位与大学时代的孙中山有较密切关系的早期改良主义者郑观应,是孙中山的同乡,比孙中山年长24岁,曾是洋行买办,在洋务派经营的企业中任过总办、帮办等职务。他是一个"熟谙洋务"的官员,又是一个颇具爱国思想的维新人物。孙中山通过好友陆皓东的介绍相识后,俩人经常交谈对时局的看法及学习西方的主张。后来,郑观应曾为孙中山上书李鸿章一事函请盛宣怀向李鸿章推荐,说明郑观应对孙中山是了解和熟识的。

孙中山与西医书院的两位英国教师康德黎与孟生也有密切关系。后来,1896年10月,孙中山在伦敦被清政府驻英使馆诱捕囚禁,康德黎获讯后与孟生竭力营救,使孙中山最终获释,充分体现了他们深厚的师生情谊。

此外,孙中山还与同学关景良、教友区凤墀、区凤墀的女婿尹文楷、区凤墀的朋友王煜初(王宠惠的父亲)建立了较为浓厚的友谊,他们对孙中山的事业或生活,都给过一定的支持或帮助。

综上所述,可以看出当时孙中山这种交游为他日后形成革命团体,进行反清,具有重要的意义。"物色有志学生,结为团体,以任国事",[①] 这是孙中山在大学时期已开始实行的一种主张;十几年后,他在日本对廖仲恺夫妇、马君武等人,也曾嘱告他们用同样办法联络人士以推进革命工作。后来,孙中山即以革命知识分子为骨干,组成中国第一个民族民主革命政党中国同盟会,把中国民族民主革命推向新阶段。

---

① 《建国方略》,《孙中山全集》第六卷,中华书局1985年版,第236页。

第二章

推翻封建帝制，创建共和民国（1892—1911）

第一节 踏上民主革命的征途

一、行医与思索

1892年7月，26岁的孙中山以优异的学习成绩结束了他的学生生活。是年9月，他应澳门镜湖医院的邀请，去该院充当西医师，挂牌行医。12月间，他改在澳门大街仁慈堂附近（后迁至草堆街84号，今为"大生匹头"店）开设了一间中西医药局（西医房），自己单独行医，打算用听诊器和手术刀来悬壶救世，造福人民，成了中国籍西医师在澳门开业的第一人。

镜湖医院是中国人在澳门开设的最大的医院，一向以中医中药为患

▲ 1892年秋，孙中山被澳门镜湖医院聘为西医师，开始行医济世。图为镜湖医院原貌。

者治病，但因孙中山学的是西医，这家医院主持人为此特开先例，允许孙中山兼用西医西药为人诊治疾病。孙中山擅长外科手术和治疗肺病，他的医德很好，以自己一贯认真负责的态度，待人亲切，不避麻烦，热情地为患者解除病痛。无论门诊或出诊，诊费一律随意而付，如有急诊，不论贫富，有求必应；遇到一些穷人前来求医，常常免费诊治。他的医术较高，药到回春，加上每逢遇到疑难重症，他的老师康德黎博士必自香港乘船来澳门悉心指导，使许多病人经他细心诊治，解除病痛，恢复了健康；他还两次把垂危的病人从死亡的边缘上救回来，大得人们的赞誉。因此，他在澳门行医"不满两三月，声名鹊起"，"就诊者户限为穿"。由于求治者纷至沓来，十分拥挤，他常常应接不暇。

1893年在澳门创刊的《镜湖丛报》，曾两次刊登《春满镜湖》告白，介绍孙中山在澳门行医的情况。它详细记述了孙中山当时的行医地点、时间及业务范围，尤其表彰他精湛的医术和高尚的医德。具名刊登广告者，均为当时澳门的知名人士。其广告全文如下：

> 大国手孙逸仙先生，我华人而业西医者，性情和厚，学识精明，向从英美名师游，洞窥秘奥。现在镜湖医院赠医数月，甚著功效。但每月除赠医外，尚有诊症余闲。在先生原不欲酌定医金，过为计较，然而称情致送，义所应然。今我同人，为之厘订规条，著明刻候：每日由十点钟起至十二点钟止在镜湖医院赠医，不受分文，以惠贫乏；复由一点钟至三点钟止在写字楼候诊，三点钟以后出门就诊，其所订医金，俱系减赠。他如未订条款，要必审视其人其症，不事奢求，务祈相与有成，俾尽利物济人之初志而已。下列条目于下：
>
> 一、凡到草堆街中西药局诊症者，无论男女，送医金二毫，晨早七点钟起至九点钟止。
>
> 二、凡亲自到仁慈堂右邻写字楼诊症者，送医金一元。
>
> 三、凡延往外诊者，本澳街道送医金二元，各乡市镇远近随酌。
>
> 四、凡难产及吞服毒药延往救治者，按人之贫富酌议。
>
> 五、凡成年包订，每人岁送医金五十元；全家眷口不逾五人者，岁送医金百元。

六、凡遇礼拜日十点钟至十二点钟,在写字楼种牛痘,每人收银一元;上门种者,每人收银三元。

七、凡补崩口、崩耳、割眼膜、痈疮、疠瘤、淋结等症,届时酌议。

八、凡奇难怪症,延请包医者,见症再酌。

九、凡外间延请,报明急症,随时速往,决无迁延。

十、凡延往别处诊症,每日送医金三十元,从动身之日起计。

乡愚弟卢焯之、陈席儒、吴节薇、宋子衡、何穗田、曹子基同启。①

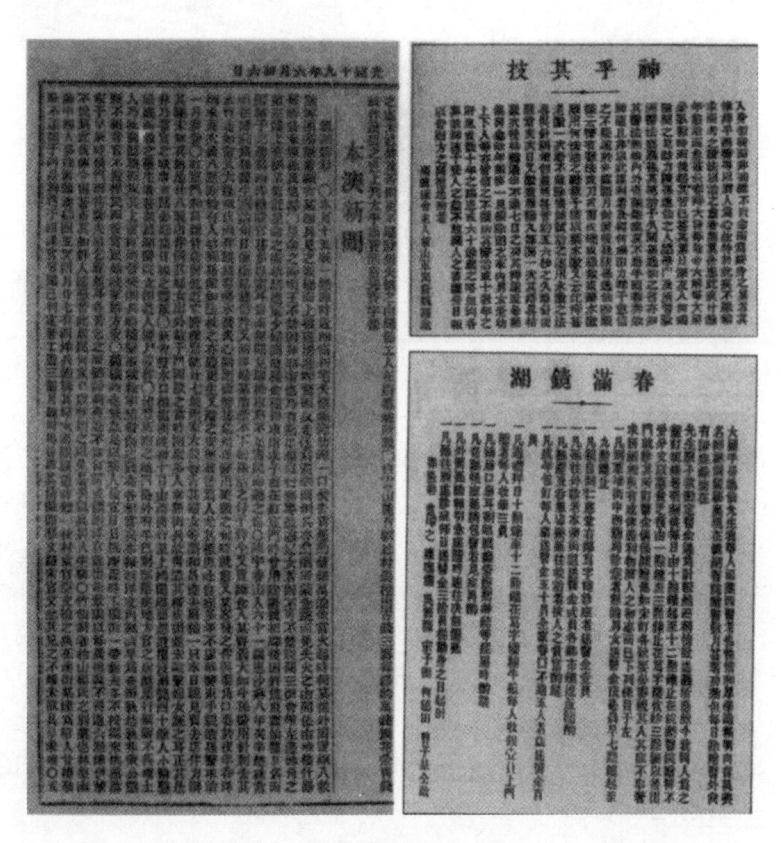

▲ 澳门《镜海丛报》赞颂孙中山医德医术的报道。

---

① 盛永华、赵文房、张磊编:《孙中山与澳门》,文物出版社1991年版,第65页。

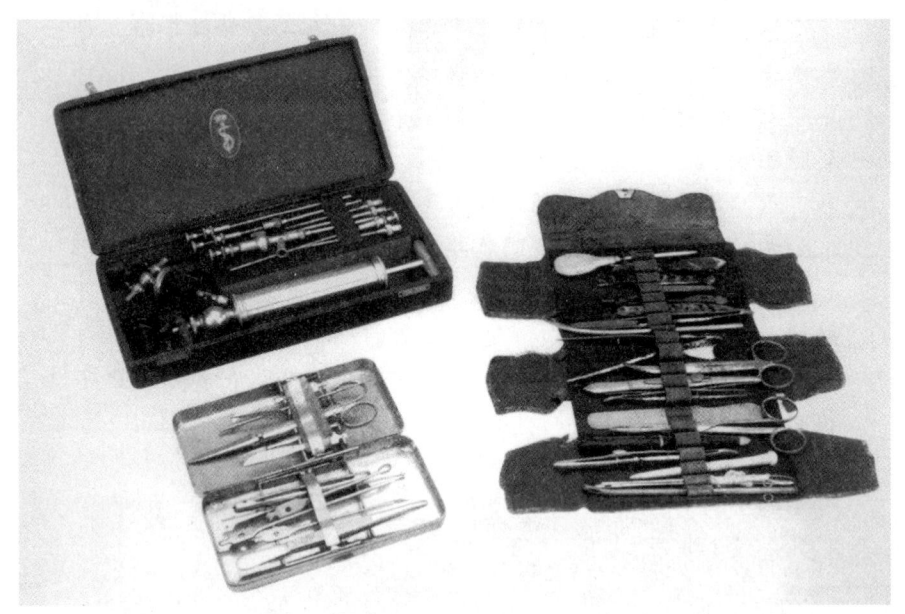

▲ 孙中山行医时使用过的医疗器械。

但是，好景不长，孙中山在澳门仅仅一年左右时间，他的高明医术和声誉日隆，引起了原先在澳门行医的一些葡萄牙人的妒忌和排挤。他们散布了关于孙中山的不少流言蜚语，并借口孙中山无葡国文凭，不得为葡人治病，还通知各药房不得为中国医生配方，进行多方刁难，阻止他继续开业。孙中山被迫于1893年春愤然离开澳门，转赴广州行医。

孙中山在广州冼基（今十八甫南路）开设了东西药局。他行医赠诊，使医务之盛，一如澳门。不久，为适应医务发展的需要，又在圣教书楼（今北京路白沙巷口）开设一处东西药局的分诊所；同时，还在香山石岐镇与人合股开设东西药局的支店。在广州《中西日报》（光绪二十年正月二十二日，即1894年2月27日）上，有一则《东西药局启事》的广告，勾勒了他的医务的轮廓："在药局赠诊，不受分文，以惠贫乏。……先生素以济人利物为心，若有意外与妇难产、服毒药症，报名危急，无论贫富俱可立时邀至，设法施救。"他很快获得了人们的赞誉，"病家趋之若鹜"。

孙中山一面热情为患者治病，施医赠药，拯救同胞；一面继续"借医术为入世之媒"，多方联络，广交朋友，考虑救国大计。在澳门的遭遇，使他亲身感受到由于国家贫弱而遭受外国欺凌的屈辱和痛苦，更加真切地感到必须改革中国的现状。另外，在行医中接触到一些官僚、士绅和商人，他深入了解到清朝政府的黑暗和腐败，也越来越认识到"医术救人所济有限"，若单凭自己的医术，做一个好医生，只能为一部分人治病，医道纵然再高，也不可能从根本上解决中国的贫弱问题，也不能使广大贫苦群众真正摆脱苦难，因而"医国"比"医民"更重要。正如他常对要好的同学说："医生救人只几命，反满救人无量数，吾此生舍反满莫属矣！"所以，他不满足于做一个治疗人体疾病的良医，更加关心的是国家民族的"痼疾"，便下决心通过其"医人生涯"，放大医生的职业去从事"医国"的事业。

从此，孙中山由"医人"走向"医国"，开始了"借医术"进行挽救民族危亡的政治活动。

"医国"如何入手呢？

这时期的孙中山，不再把医务工作置于首要的地位，他"行医日只一两小时，而从事革命者，实七八小时"，主要精力已注入革命准备工作之中。正如孙中山自己所说，他"悬壶于澳门、羊城两地以问世，而实则为革命运动之开始也"。[①]

▲ 孙中山在澳门开办的中西医药局旧址（位于澳门草堆街80号）。

———————————

[①] 《孙中山全集》第六卷，中华书局1985年版，第229页。

当时，孙中山除和大学时代一起鼓吹反清革命的陆皓东、郑士良、陈少白、尢列等旧友密切来往外，又积极地物色反清志士，结识了一些具有爱国思想和对清朝不满的新朋友，如书店经理王斗山、基督教牧师王质甫、教师魏友琴、海军军官二程兄弟等人。其中程璧光系广东水师广丙舰管带，毕业于福建水师学堂，曾被派赴英国学习过海军业务；其弟程奎光为镇涛舰管带，也毕业于福建水师学堂。这部分人有一定社会地位，是一些对西方比较了解的近代知识分子。

孙中山和这些新朋旧友经常聚集在一起，在广州圣教书楼后的礼拜堂及广雅书局南园的抗风轩（今文德路省立中山图书馆南馆内，原房子已不存在）谈论时事和政治，谋求救国办法，为实现理想做准备。

1893年冬初，孙中山邀集陆皓东、郑士良、魏友琴、尢列和程耀辰、程璧光、程奎光三兄弟，聚会在抗风轩，在推心置腹的秘密议论中，酝酿要成立一个组织团体，以从事"医国"活动。

他们选择抗风轩密议时政，是有特别意义和便利条件的。抗风轩渊

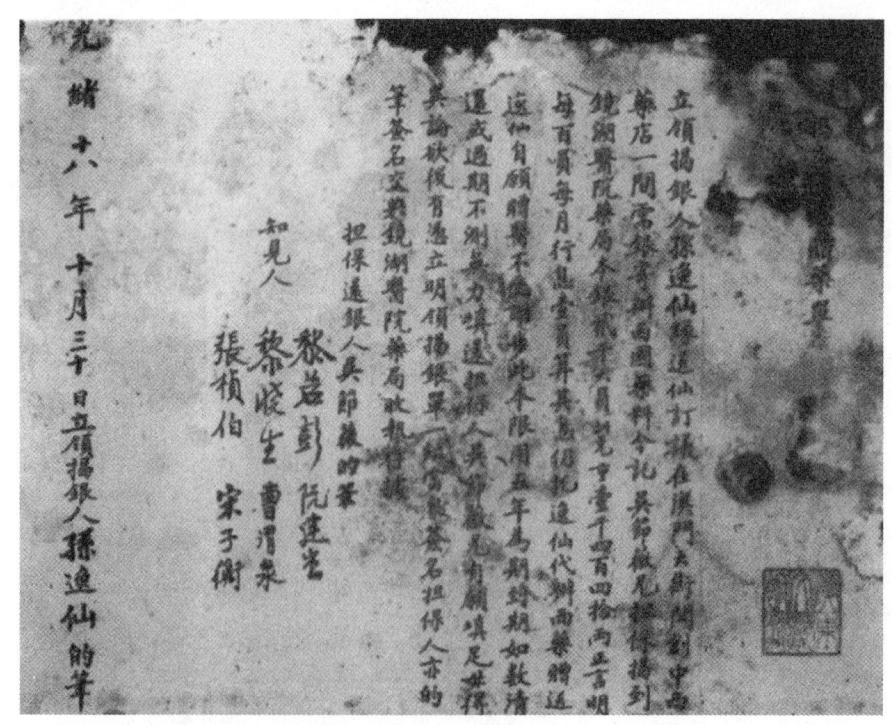

▲ 1892年12月，为拓展医疗事业，孙中山请吴节薇（杨鹤龄的七妹夫）担保，向镜湖医院借款开办中西药局。图为孙中山签署的借款单。

源流长，历为名人集社之所。在明初，翰林典籍孙蕡、给事中王佐、翰林侍制黄哲、洛阳长史李德和监察御史赵介五人结社吟咏于此地，后废为总镇府花园。嘉靖年间，改建为三忠祠，祀宋信国公文天祥、丞相陆秀夫和越国公张世杰。清光绪十三年，两广总督张之洞在广州创立广雅书院，次年修葺三忠祠设为广雅书局。九列在广雅书局附近的广东舆图书局任测绘生，与局员相熟，得借抗风轩以会友为名举行密谈。该处环境幽静，有利于避开清吏的耳目。孙中山、郑士良等人由仰慕前贤而效法古人，在抗风轩谈古论今，鞭挞时弊，抒发反对封建制度枷锁的情感，议论成立政治组织，其寓意之大自然非同一般。

这次会议，由九列主持，孙中山提议"宜先成立团体"，倡设兴中会，以"驱除鞑虏，恢复华夏"为宗旨，"从皆赞成之"。后来因为参加人数很少，没有形成具体组织，并无实际结果。

尽管如此，但抗风轩的聚会和议盟，表明了孙中山的民族革命思想已趋于成熟，他已进入了结集同志、团聚力量、组织革命团体以促进和

▲ 因受葡籍医生排挤，1893年秋，孙中山到广州冼基开办东西药局。图为该址今貌。

领导革命的新阶段。这次议盟，也为后来兴中会的建立和乙未广州首义作了思想和组织上的准备。

其实，孙中山所提出的"驱除鞑虏，恢复华夏"的宗旨，实际上是仿照朱元璋《北伐檄文》中的"驱除胡虏，恢复中华"而来。它体现不出近代民主革命历史潮流的趋势，更多地带有反满复汉的种族主义色彩。尽管近代中国一切腐败落后的集中体现是与帝国主义相勾结的清政府，要解决民族独立的根本问题必须首先推翻这个卖国政府；反清革命确实也反映了广大人民群众的愿望，但狭隘的种族主义毕竟不能成为民主革命的思想武器；恢复汉人统治也不可能解决民族独立的任务。孙中山虽然经过大学时代的政治思想陶冶，反对专制、主张宪政的民主主义思想成分有了很大增长，师法西方、建设良善政府也已有所考虑，但旧传统与新思想相互交织在一起，以致在凝聚同志、结合团体、揭橥宗旨时，仍然模仿古代人来兴政图强和使用传统的语言。所以，他当时倡议成立的兴中会即使形成具体组织，也只能算作一个种族革命的团体。

二、上书李鸿章

1894年，当时28岁的孙中山虽然已经有了一些革命思想，但是还没有成长为革命的民主主义者。他与发表过不少鼓吹改良主义主张论文的何启早有结交，又不断和改良主义者郑观应就时局问题通信交换意见，思想上受到了他们的一些影响；加上国内改良主义思潮盛极一时，所以，孙中山与当时的某些先进人物一样，对清朝政府抱着幻想，寄希望于统治阶级上层某些人物。他的主要精力用在了探求、试验并向统治者提出改革救国主张方面。

早在1890年，孙中山还在香港西医书院读书时，就曾写信给已退职的香山县籍洋务派官僚郑藻如，主张效法西方国家，进行改良，提出"兴农会以倡革农桑业""立会设局以禁绝鸦片"和"兴学会设学校以普及教育"三项具体意见，建议先在香山县倡行，然后逐渐推广到全国各地。此外，他在1891年前后写的《农功》一文，也是其改良主义作品之一。这篇文章完全没有涉及变革农业中的封建生产关系问题，只是主张学习西方的科学技术以改良中国的农业生产，反映了孙中山在不触动封建主义经济基础的前提下要求发展资本主义农业的愿望。到了1894年夏天，热情奔放的孙中山又特地寻找门路，通过种种关系去求

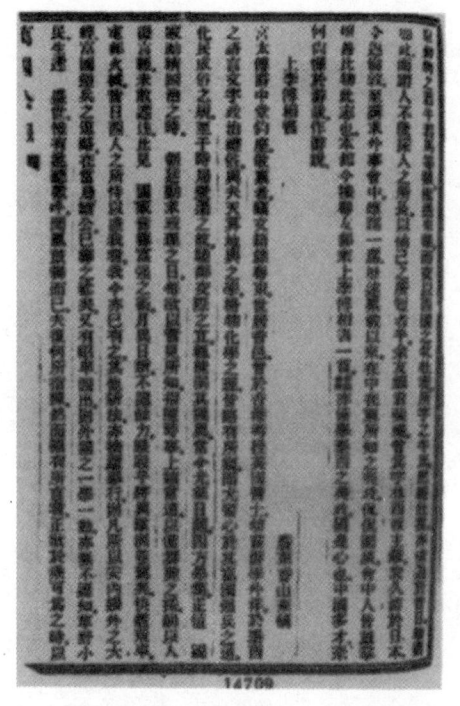

▲ 1894年春,孙中山回乡,在故居书房起草《上李鸿章书》。图为上海《万国公报》刊登的《上李傅相书》(部分)。

见当时在清政府里掌握军、政、外交大权的直隶总督兼北洋通商大臣李鸿章,期望着通过建议改革政治以谋求民富国强。

事情的经过是这样的:

1894年(清光绪二十年)1月底,正在广州开东西药局诊所的孙中山突然不知去向了,失踪了。诊所里的人,急切地写信给香港孙中山的好友陈少白,告急说药房中的现金已所剩无几,开销都成大问题了,却不见了店主的影子。陈少白立即回到广州找了几天,但仍杳无音讯。又过了几天,还是一点消息都没有,大家都非常焦急。

原来,在春寒料峭、淫雨纷飞的一个早晨,孙中山丢下他的药房,静悄悄地一个人回故乡翠亨村的家里,关起门来,埋头去起草《上李鸿章书》去了。

陈少白在《兴中会革命史要》中忆述说,到了第16天,孙中山忽然跑回来了,"手里拿着很大一卷像文件的东西,他见了就说:'对不起!对不起!'我问他:'你跑到什么地方去了?'他说:'这些事不要去管他了'"。说着把手里的文稿打开,给了陈少白,商量如何修改。经陈少白"稍为修改一下"后,便研究怎样寻找门路去求见李鸿章。

要会晤李鸿章,绝非是轻而易举的事。孙中山几经周折,商请了曾经做过澳门海防同知、当时已辞官在广州闲居的魏恒替他写了去见盛宙怀的推荐信。魏恒在信中要求盛宙怀出面转请他的堂兄盛宣怀向李鸿章推荐孙中山。信上说,孙中山"人极纯谨,精熟欧洲掌故,政治、语言、文字均皆精通,并善中西医术。……现拟远游京师,然后仍作欧洲之游"。

孙中山携带着陈情书和推荐信,在挚友陆皓东的陪同下,于同年春夏间从广州北上,前往上海。在上海,他除了如愿以偿地得到盛宙怀的介绍之外,还专访他的前辈郑观应,得到郑观应的帮助,并由郑观应介绍结识了另一著名改良主义者、太平天国的状元王韬,为孙中山疏通投见李鸿章的门路。王韬写信给与李鸿章关系密切的幕僚罗丰禄,请求帮助"玉成其志";郑观应

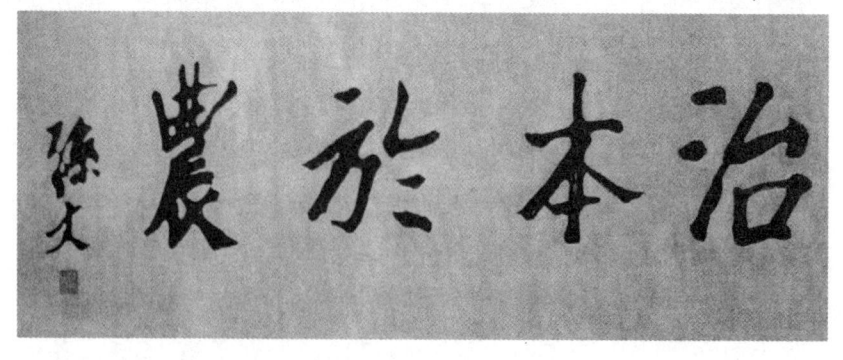

▲ 1894年夏,孙中山乘船经上海赴天津求见李鸿章,陆皓东陪同孙中山前往。图为陆皓东12岁照。

▲ 孙中山特别重视富国富民的振兴农业工作。此横幅是他1921年给内政部农务局秘书同乡李禄超的题词。

则直接修函盛宣怀,称孙中山"其志不可谓不高,其说亦颇切近,而非若狂士之大言欺世者比"。要求盛宣怀介绍孙中山去见李鸿章,"一白其胸中之素蕴"。

《上书李鸿章》共八千余字。孙中山主张以西方资产阶级为楷模,采用先进科学技术以发展工农业生产,使工商业摆脱封建束缚;改革教育制度和选拔人才制度,达到国家独立富强的目的。强调优先发展农业,认为"农政之兴尤为今日之急需",建议开设农师学堂、举办农艺博览会、派人出洋考察、开垦荒地、集商经营等,以促进农牧业生产。要求"人能尽其才,地能尽其利,物能尽其用,货能畅其流",认为"此四事者,富强之大经,治国之大本"。并就这四件事的内涵分别作出规定:"所谓人能尽其才者,在教养有道,鼓励有方,任使得法也。""所谓地能尽其利者,在农政有官,农务有学,耕耨有器也。""所谓物能尽其用者,在穷理日精,机器日巧,不作无益以害有益也。""所谓货能畅其流者,在关卡之无阻难,保商之有善法,多轮船铁道之载运也。"还逐项地详细加以论证。它反映着孙中山关于富强国家、发展生产和建立一个资本主义中国的初步构想,是一个在教育、农业、工矿业、商业、交通运输业等方面学习西方使中国现代化的方案。总之,信的基本内容,就是希望统治阶级上层由上而下地实行、引进资本主义的改良措施,改变中国贫穷落后的面貌。他认为清政府如采纳他的主张,只要做到上述方面,就会"以中国之人民材力,而能步武泰西,参行新法,其时不过二十年,必能驾欧洲而上之"。

应该说,孙中山的这些要求,是他早期学习西方的一大成果,也反映了中国社会历史发展的需要,表达了正在不断成长的中国民族资产阶级要求解除封建主义束缚,发展资本主义的强烈愿望,是具有进步意义的主张。

孙中山为上书言事而闭门奋笔疾书,之后又四处奔波进行活动,寻找疏通投见李鸿章的门径,表明他对这次上书抱有很大的期望,充满信心地认为"李鸿章在当时还可算识时务的大员",较之那些一味守旧的顽固派官僚显得要开明些,既握有重权又是汉人,如果他能够接纳自己的主张,促使清政府重新振作,使中国现状有所改观,这样"办起来,也未尝不可以挽救当时的中国"。正是抱着这种心情,他兴冲冲地又从上海赶赴天津,去求见李鸿章。

1894年(清光绪二十年)6月下旬,孙中山偕陆皓东抵达天津,

寄寓在法国租界佛满楼客栈，随即通过盛宣怀、罗丰禄等人，将自己的上书转呈李鸿章。

由于打通了关节，得到有力人物的介绍，孙中山的陈情书递到了李鸿章手里。但是，李鸿章的态度极为冷淡，他借口军务繁忙，拒绝接见他们，只随便地传话说："打仗完了以后再见吧！"（其时中日战争即将爆发，李鸿章在芦台督师）对上书的主张未加理睬。

严峻的现实，使抱着满腔热情的孙中山彻底失望。他试图通过上书请愿来促使清政府奋起的活动失败了。

▲ 孙中山与陆皓东途经上海时与宋嘉树结识，遂成至交。图为宋嘉树。

三、创立兴中会

津门上书的失败，对孙中山是一次深刻的教育，促使他打消了对清政府尚存的一些幻想。

这年夏秋间，闷闷不乐的孙中山同陆皓东又游历了京津等地，他目睹清政府的种种腐败龌龊现象"更倍于广州"，深感清朝统治者积弊已深，无可救药，从而更醒悟到上书请愿等和平方法无济于事，这条道路是走不通的，必须用根本改造来代替局部改革。于是，他就毅然决定转上用武力推翻清政府的民主革命道路。

1894年7月25日，甲午中日战争爆发。在这次战争中，中国的一些爱国官兵英勇作战，宁死不屈。可是，清朝政府腐朽无能，不敢坚决抵抗，战争遭到惨重失败，引起全国震动，人民激愤。这时，孙中山再次感到国家面临着严重的民族危机，进一步认识到"和平方法，无可复施"。炽热的革命救国意念，促使他"积渐而知和平之手段不得不稍易以强迫"[①]，应该立即行动起来，只有革命才是解决中国危机的唯一出路。

---

① 《孙中山全集》第一卷，中华书局1981年版，第52页。

也就在这一年的 10 月，孙中山怀着革命的远大抱负，从上海乘轮船经日本，再度到自己少年时读书的地方——檀香山，去联络华侨，宣传革命思想，进行组织革命的活动，为策动反清革命做准备。

当时，檀香山共有华侨两万多人，其中绝大部分是因为在家乡生活不下去，被迫背井离乡，漂洋过海的。他们多靠种田地、辟蔗园、经营商业为生计。其中有少数人靠辛勤劳动的积聚所得，慢慢发迹成为资本家。孙中山在孙眉的帮助下，在当地华侨中积极开展革命的宣传工作，获得了经营商业的宋居仁、夏百子等少数人的响应。多数侨胞虽然也怨愤由于清政府的腐败，使其在国外备受殖民主义者的欺压，但却安于现状，把孙中山的反清宣传视为"作乱谋反言论"，害怕招致"破家灭族"之祸，根本不理睬他。就是亲友故旧，也多掩耳惊走，"奔避不遑"。所以，起初赞同他主张的人寥寥无几，有的甚至嘲讽他是痴人说梦。孙中山后来把这种情况描述为"风气未开，人心锢塞"。但是这种遭遇，并没有使孙中山气馁、颓丧。由于他坚韧不拔地努力活动，奔走逾月，终于得到了一些爱国侨胞和香山籍同乡的同情并愿意接受所宣传的反清革命思想。同年 11 月，他在华侨中动员了二十多名关怀祖国命运的人（主要是经营小商店和小农场的华侨，另有少数工人、医生、会党等），创立了中国早期的资产阶级革命小团体——兴中会。

▲ 孙中山从事革命活动的孙眉农场。

11 月 24 日，在火奴鲁鲁美商卑涉银行华人经理何宽寓所举行的成立会议上，规定以"振兴中华，维持国体"为宗旨，这二十多人举起右手跟着孙中山向天宣誓，参加组织。誓词是：联盟人某省某县人某某，驱

第二章　推翻封建帝制，创建共和民国（1892—1911）

除鞑虏,恢复中国,创立合众政府,倘有贰心,神明鉴察。① 这个誓词中所提出的"驱除鞑虏,恢复中国,创立合众政府"的革命主张,第一次向中国人民提出推翻帝国主义走狗清朝政府、建立一个以美利坚合众国为模式的民主共和政体的理想。这是中国历史上第一个资产阶级性质的革命纲领,是孙中山的民族主义和民权主义思想的初步萌芽。

在成立大会通过的孙中山亲自起草的《兴中会章程》中,以强烈的爱国激情,揭露了帝国主义列强瓜分中国所造成的民族危机,指出当时的险恶局势:"方今强邻环列,虎视鹰瞵,久垂涎于中华五金之富,物产之饶,蚕食鲸吞,已效尤于接踵;瓜分豆剖,实堪虑于目前。有心人不禁大声疾呼,亟拯斯民于水火,切扶大厦之将倾。"而清政府"上则因循苟且,粉饰虚张,下则蒙昧无知,鲜能远虑",造成"辱国丧师,……乃以庸奴误国,荼毒苍生,一蹶不振,如斯之极"。强烈地谴责了清朝统治者的腐败无能、祸国殃民的罪行,发出了联络一切有志救国的中外华人群起共同救国的呼吁,其目的就是为了民族独立和国家富强。"振兴中华"的口号,便是在《檀香山兴中会章程》②中第一次提出来的。此外,《章程》还就经费、组织机构、议事制度以及吸收新会员等问题作了一些规定。

在成立大会上,还分别选出刘祥(火奴鲁鲁永和泰杂货店司理)和何宽为檀香山兴中会的正副主席,程蔚南(商人)和许直臣(教员)

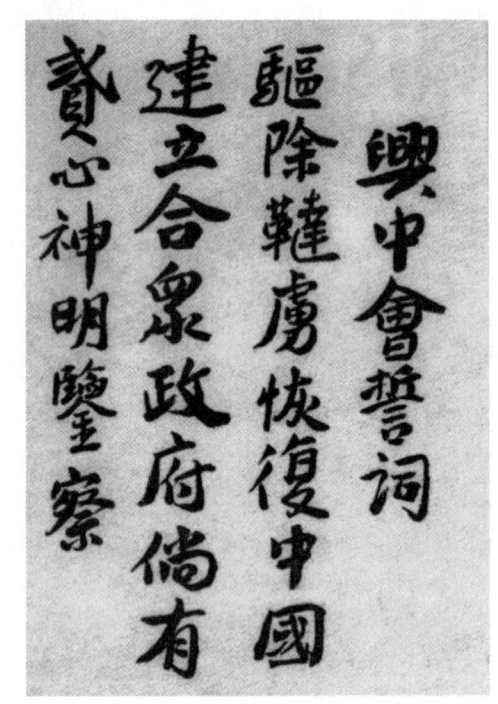

▲ 兴中会誓词。

---

① 冯自由:《华侨革命开国史》,商务印书馆1946年版,第26页。
② 孙中山于1894年10月赴檀香山,11月创立兴中会并制订章程。1895年2月自檀香山抵达香港,21日在港建立兴中会组织,并修订章程。后人称在檀香山初订者为《檀香山兴中会章程》,在香港修订者为《香港兴中会章程》。

为正副文案，黄华恢（商号司帐）为管库，李昌（政府机关及《檀山新报》译员）、郑金（商人、移民局译员）等八人为值理，并决定会址设在"华人消防所"二楼。

兴中会是第一个中国资产阶级革命组织。它的创建，发出了资产阶级民主革命的第一个信号；它成立后的反清活动为革命播下了火种，从而也宣告了中国近代资产阶级民主革命活动的开端。

兴中会成立后，孙中山又派人到檀香山各埠进行扩展组织、发展会员的工作。宋居仁、李昌到茄荷蕾埠，建立了以孙眉为主席的兴中会分会；孙眉又到百衣（Paia），建立了以邓荫南为主席的兴中会分会。这年冬天和次年间的数月内，陆续有一些华侨入会。在有名籍可稽的129名会员中，华侨资产阶级（工商业者、小农畜牧场主、银行家等）占62.5%，自由职业者（公务员、教员、新闻记者、技师等）占11.7%，工人占25.8%；他们均属广东省籍，其中香山县人占56.3%。他们之中有一些会党分子，如邓荫南、钟木贤等。

不过，檀香山兴中会毕竟是中国民主革命派建立的最早的组织，是中国近代史上第一个具有现代意识的完全新型的革命团体。它的创建发出了民主革命的第一个信号，为反清革命活动播下了火种，也宣告中国近代民主革命活动的开端；它还表明着中国资产阶级民主革命在组织形式上的初步形成，从此中国的民族民主革命进入了正轨时期。

当然，无论它的章程（并没有公开提出革命的主张），还是它的组织成员状况（带有狭隘的地域性，缺乏更为广泛的群众基础），都明显地带有早期的、不成熟的特征，存在很大的弱点，因而它并没有能成为一个坚强的革命团体，没有真正形成中国民主革命派的战斗核心。当孙

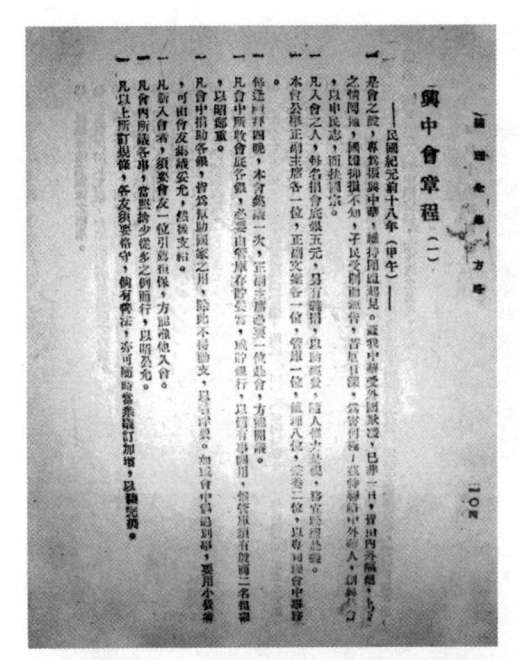

▲ 孙中山在其主持制订的《檀香山兴中会章程》中首次提出"振兴中华"口号。图为《兴中会章程》。

中山离开檀香山后，它的活动几乎立刻停止，在以后的革命斗争中也未能发挥重要作用。

▲ 兴中会经常活动的场所——华侨李昌的住宅。

兴中会的出现，并不是偶然的。它是近代中国社会经济、政治发展的产物。鸦片战争后，外国资本主义的入侵，一方面破坏了中国自给自足的自然经济的基础，给资本主义创造了商品市场和劳力市场；另一方面又促进了城乡商品经济的活跃，使一部分人掌握了一定数量可以转化为资本的货币。这就给中国资本主义生产的发展造成了某些客观条件和可能。19世纪70年代，以广州、上海二地创办的企业为起点，中国民族资本主义近代工业开始缓慢地发展起来。1894年，全国有名的民族资本主义企业达107家，内有资本可计者67家，共有资本6289035元。它们主要是轻工业部门，包括纺织、缫丝、轧花、榨油、造纸、火柴、机器、制药等业。尽管这些企业资金不足，规模较小，技术设备落后，但它却意味着一个进步阶级的产生和新的斗争的到来。随着民族资产阶级的初步发展，其政治力量也有明显的增长。孙中山就是这个阶级的代表。在中国社会半殖民地化日益加深和民族危机日趋紧迫下，中国各阶层人民反抗外国侵略势力及其在中国的走狗的斗争也日益加剧，以孙中山为代表所发动的民主革命运动随之开始兴起。兴中会便是在这样的历史条件下由资产阶级革命分子所组成的革命团体。

四、首次武装起义——乙未广州之役

1895年（清光绪二十一年）1月下旬，孙中山从檀香山赶赴香港，准备利用清政府在甲午战争中一败涂地而民心愤懑的有利时机，在广州发动武装起义。檀香山兴中会的少数激进分子，如邓荫南、宋居仁等人，自愿随同孙中山回港准备参加起义。孙中山一回到香港，便约集志趣相投的挚友陆皓东、郑士良、陈少白、杨鹤龄等，又联系和物色了同气相求的一些人士，商议如何发动起义的问题。同年2月21日，他在香港中环士丹顿街13号成立了兴中会总机关。为避人耳目，对外用"乾亨行"① 名义作掩护。其骨干成员，有陈少白、陆皓东、郑士良，以及香港的杨衢云、谢缵泰等人。他们都是思想比较激进的反清志士，形成了一个战斗的领导核心。他们修订了《兴中会章程》，明显加强了革命色彩。它激烈抨击清政府的腐败残暴，指出当时的"政治不修，纲维败坏，朝廷则鬻爵卖国，公行贿赂；官府则剥民刮地，暴过虎狼。盗贼横行，饥馑交集，哀鸿遍野，民不聊生"；强调发动更广泛的群众，要求将救国主张"务使举国之人皆能通晓，联智愚为一心，合遐迩为一德，群策群力，投大遗艰"，一起参加救国的革命行动。这样，它就大大高超于檀香山的兴中会一筹了。

之后，孙中山偕同陆皓东、郑士良等人到了广州，在双门底王家祠云冈别墅成立了兴中会组织，陆续入会者达数百人之多。

孙中山早在檀香山兴中会成立后，便已开始引导会员筹集军费，并召集宋居仁、夏百子等二十余人组织兵操队，聘请一个丹麦人为教官，进行军事训练，准备回国进行反清武装起义。待香港兴中会一建立，他便着手组织武装起义，同大家筹划如何去袭取广州。正在这个时候，清

---

① "乾亨"一语，取自《易经》，寓"乾无奉行天命，其道乃亨主义"。意为"物极必反，汉族已有否极泰来之象"。

▲ 孙眉全力支持弟弟的反清活动，成为孙中山从事革命活动的坚强后盾。图为孙眉照。

政府于1895年4月5日与日本签订了割地赔款的《马关条约》，使日本侵占了台湾和澎湖列岛，勒索了两亿多两白银的赔款；还允许日本资本家直接来中国开办工厂。全国人民闻讯无不痛心疾首，义愤填膺。许多人撰写文章和诗歌，反对割让台湾，要求废除这个丧权辱国的条约，声讨清朝政府卖国罪行。孙中山更加激愤，认为时机已到，不能再等了。他立即筹备用革命的暴力推翻清政府，走上武装斗争的道路。

为发动起义，孙中山和战友陆皓东、杨衢云、郑士良等辛勤奔走，往来于港、粤之间策划部署一切，在广州设立"农学会"作为掩护起义的机关，又在香港同兴中会领导成员多次开会，讨论起义计划和起义后的具体政策。经过商议，决定由孙中山驻广州亲自担任军务，直接指挥起义，郑士良、陆皓东、陈少白随同前往，协助行动；杨衢云、黄咏商等人则留在香港，负责筹措经费和购运军械等工作，担任后方接应和人力、物力的补给。

为了增强起义成功的把握，孙中山还积极活动，争取外援。他派谢缵泰与《德臣西报》主笔黎德（T. H. Reid）、《士蔑西报》主笔邓肯（C. Duncon）联系，争取这两家英文报纸的支持；又与日本驻香港领事中川恒次郎接触，明确表示自己的革命目标，要求给予支持，但遭到日本政府的断然拒绝。幻想得到帝国主义的援助是不切实际的，这是孙中山革命生涯中的一个很大的弱点，对此他直到晚年才有清醒的认识。

经过半年的积极活动，他们购买了600支新式手枪，联络并组织了珠江三角洲地区和广东省各地的会党、"绿林"、游勇及防营、水师队

▲ 1895年广州起义，由陆皓东设计，孙中山亲绘的起义军军旗（其图案后被中国国民党党旗、党徽和中华民国国旗所采用）。

伍，先后建立秘密机关数十处，决定于当年10月26日（农历九月初九），利用重阳节回乡群众来省城扫墓的机会，炸毁两广总督署，在广州举行武装起义。他们规定了参加起义用红布缠臂作标志，以"除暴安良"为口号，陆皓东又设计了一种青天白日旗以代替清王朝的黄龙旗，并制订了夺取广州后挥师北上，直捣京师，推翻清王朝的计划。到10月25日晚，各地的"绿林"首领、军队首领等，多已集中到广州等候命令，他们摩拳擦掌，准备着投入战斗。

不料，就在这时，情况突然发生了变化。孙中山接到杨衢云从香港发来的电报，通知原定由他带领的充当起义主力的三千名敢死队员和一部分枪支弹药，不能按期到达广州。这样一来，就打乱了起义计划。正当他们采取紧急措施以应变时，又由于谋事不密，加上参加起义的朱淇向清政府告密，起义计划事先被清政府察觉，同时香港殖民当局也暗中向清政府的两广总督通报了兴中会的活动情况。于是，两广总督谭钟麟便急调军队加强广州防卫，并大举出动，封闭革命机关，四处搜捕起义人员。这次起义尚未正式发动就被查获破坏了。陆皓东及会党首领朱贵全、丘四等被捕后英勇就义，另有四十余人被捕入狱。这是孙中山领导的第一次武装起义。

广州起义，实际上是一种单纯军事冒险的行动。它不是扎根于广大

群众之中，而是依靠外面输入队伍袭击大城市。当时广州清军有一万多人，兴中会用几千名临时集结并没有经过扎实组织和宣传工作的队伍举行起义，又加之内部步调不一和谋事不密，以致起义失败。

◀ 广州起义失败后，孙中山与陈少白（右）、郑士良（左）乘船经香港、台湾流亡日本。图为当时三人合影。

尽管广州起义未及发难就告失败，但在近代中国革命斗争的史册上，仍然有着重要意义。它是"孙中山战斗事业的起点"，是孙中山及兴中会领导的第一次反清武装起义。它是民主革命派以暴力革命形式宣告一种新的政治力量登上历史舞台的开始。烈士们的鲜血为中国近代的民主革命史谱写了壮烈的首页，从此中国近代革命民主派正式揭举起武装革命的的旗帜，清王朝的丧钟因此而敲响，革命先行者孙中山也开始为人所注目。

广州起义反映了孙中山和他的同志们还远不是成熟的革命家，这次暴力尝试的失败和上次上书和平改良的失败一样，都只是孙中山革命思想和活动逐渐发展成熟过程中的一个环节。

第二节 流亡中矢志不移

一、避难日本,远奔美洲

广州起义失败后,清朝政府疯狂捉拿革命党人。广州城内外及南海、番禺等县,遍贴两广总督谭钟麟缉拿革命者的告示,并分别悬赏花红银一千元或数百元,通缉孙中山、杨衢云、郑士良等人。

孙中山临危不惧,他在10月26日镇定地遣散了前来参加起义的队伍,把起义用的名册、檄文烧掉,短枪等物抛入井底,隐匿在广州城内王煜初家中。两天后,鉴于敌人搜索严密,便于27日夜里机智地化装成商人,"租到一艘小船,经顺德驶到香山唐家湾,坐轿子到澳门,再从澳门搭船到香港"。这样,走弯弯曲曲的小水道,躲过敌人的盘查,兜了一个大圈子,费去两天时间,终于逃脱了清政府的魔掌。

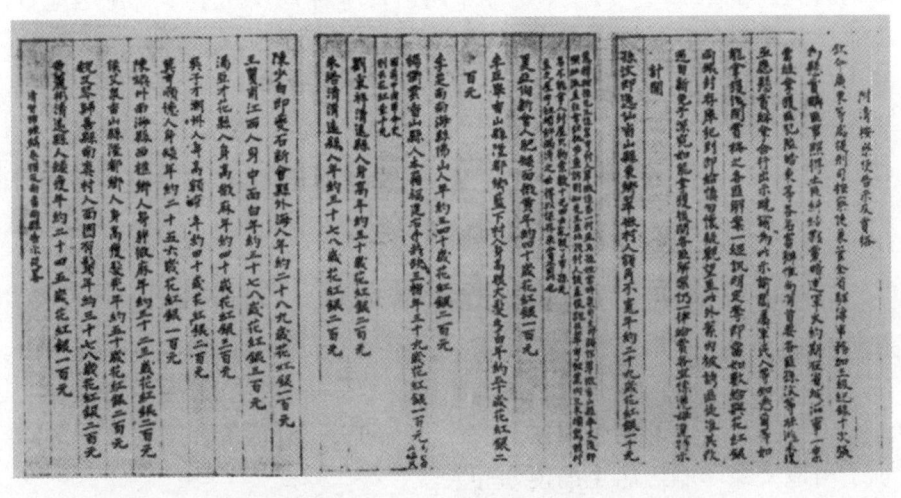

▲ 清政府缉拿孙中山等人的《清按察使告示及赏格》。

▲ 1895年,孙中山在香港结识日本人梅屋庄吉,从此成为莫逆之交。图为梅屋庄吉照。

孙中山于29日到达香港,与先期逃到那里的郑士良、陈少白等人会合。但是,当时港英当局与清政府勾结,宣布两年内禁止孙中山等人登港入境。他们听从达尼思律师"赶快离开香港"的劝告,当即在11月2日晨搭乘日本货轮"广岛丸"东渡,远避日本。

与此同时,杨衢云、邓荫南等也先后出逃避难。广州起义失败后,孙中山在广东经营的一切丧失殆尽,革命进入了"最艰难困苦之时代"。

从此时起,直到辛亥革命成功,前后有16年之久,孙中山一直流亡在国外。他继续为拯救祖国四处奔波,并殚精竭虑地进行了忘我的艰苦斗争。

孙中山和陈少白、郑士良三人所乘的"广岛丸",是一条只有四个仓位的货船。它刚一驶出港口,便遭遇大风,途中一再拖延,经过近八天的时间,于1895年11月10日才到达日本神户。一上岸就见当地日本报纸以醒目的字体,赫然登载着"支那革命党首领孙逸仙"的消息。陈少白以示孙中山说:"我们起义为造反,日人名曰革命?何哉?"孙中山应声抚掌曰:"好!好!好!自今以后,但言革命,勿言造反。"他并加说明道:"'革命'二字出于《易经》'汤武革命顺乎天而应乎人'一语,此与吾辈排满宗旨相符,即以称吾党可也。"从此,革命二字就为党人所沿用。

初到日本,孙中山人地生疏,处境十分困难。据陈少白回忆,他们在神户住了一天,第二天就去了横滨,但一个人都不认识。后来孙中山想起他认识一个在横滨开服装店名叫谭发的华侨,找到谭发后,三个人才找了一间六席大的小房间住下。过了一两天,经谭发介绍,孙中山结识了当地文经印刷店店主冯镜如等人。

冯自由在《革命逸史》一书中追忆说:"乙未余随父居横滨,时年十四。一日，见有久未剃头之长衫客二人来访余父（按：即冯镜如），谓有密事相谈，良久始出。后乃知来客为孙总理、陈少白。"这是很生动的写照，如实地描绘出了孙中山初次流亡日本时的情景。

由于冯镜如的协助，孙中山等得以在横滨居留，他们在当地华侨中宣传反清革命，发展兴中会组织。同年11月底，横滨华侨十余人在孙中山指导下组成了兴中会横滨分会，众举冯镜如为会长，赵明乐为管库，赵峄琴为书记，冯紫珊为干事。半月后，设会所于山下町175番，又有冯懋龙（后易名自由）、温芬等十余人入会。[①] 他们将孙中山带来的《扬州十日纪》和黄梨洲所著《明夷待访录》中的《原君》《原臣》两篇予以刊印，作为鼓动反清革命的宣传品，散发给海外各埠的华侨。

当孙中山在横滨进行革命活动时，中日和议已成，两国恢复了外交关系，清政府驻日公使即将入境，外间又盛传日本政府将把革命党人引渡给清政府。在这种情况下，孙中山鉴于在日本的革命活动一时很难发展，决定与郑士良、陈少白分头活动，他命郑士良回国收拾余众，静待时机，以谋卷土重来，再图起事；陈少白暂留日本，进行考察日本国情

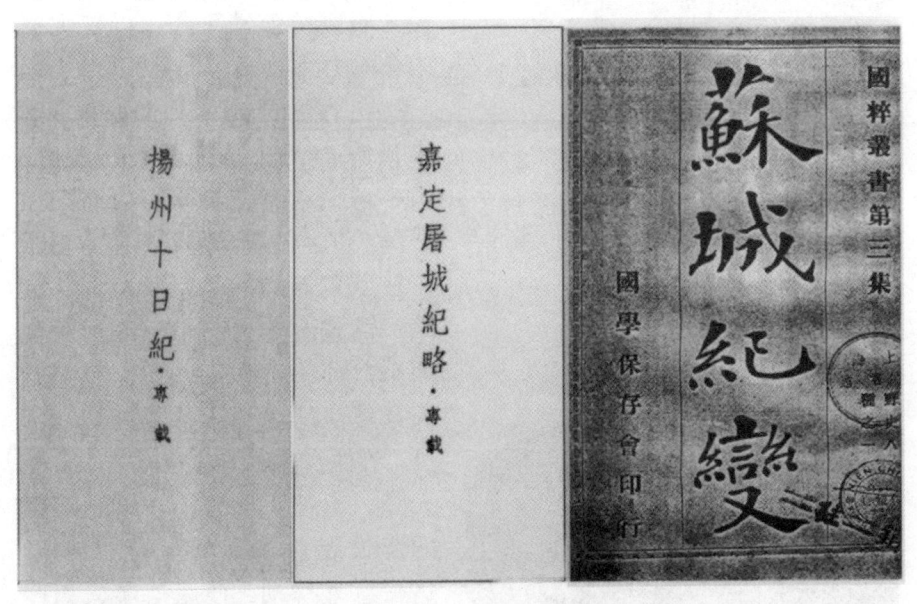

▲ 兴中会员秘密从事反清活动、吸收新会员的宣传物——《扬州十日纪》《嘉定屠城纪略》和《苏城纪变》。

---

① 冯自由：《革命逸史》第四集，商务印书馆1946年版，第15页。

和结交朝野友人的活动；自己则准备远奔美洲，重去檀香山，继续在该地华侨中开展革命活动。孙中山从此开始了职业革命家的生涯。

1895年12月中旬，孙中山在横滨剪去拖在脑后的发辫，脱下长袍，改穿了西装，抛弃清朝的打扮，表示自己决心与清政府斗争到底。但这时旅费匮乏，难以成行，后来幸得冯镜如兄弟慨然捐赠一部分，又得梅屋庄吉从香港汇款1300美元，解决了问题。

1896年（清光绪二十二年）1月，孙中山只身抵达檀香山。他向孙眉详述了广州起义失败的经过。孙眉说："这不算一回事，还应继续干下去！"哥哥的安慰和鼓励，使孙中山增加了继续奋斗的勇气。在檀香山期间，他在《檀山新报》（《隆记报》）报馆设立了兴中会联络处，并组织兴中会员进行军事训练，聘请丹麦籍军官柏奇担任教官，为革命训练军事人才。当时参加训练的有郑金、陆灿等十数人。但是因为革命刚刚失败，清朝驻各地使节又对华侨大肆恫吓，因此，就连兴中会员也大多不敢和他往来，工作开展不易，虽历时数月，革命活动进行迟滞。他看到美洲大陆的华侨远比檀香山的多，于是便决定渡海赴美，前去开展宣传鼓动工作，以扩大兴中会的力量。

在动身的前一天，孙中山漫步檀香山街头。这里气候温和，树木葱茏，奇花烂漫，四周碧波浩荡，风景异常美丽。当孙中山正在欣赏四周的热带景色时，突然一辆载着数人的马车迎面奔驰而来。孙中山仔细一看，车上的人竟是他的老师康德黎夫妇和随员。"他乡遇故知"，孙中山喜从天降，忘却了礼仪，立即用矫健的步法迅疾跳上马车的踏脚板。这一意外举动，使康德黎夫妇吓了一跳，还以为这位"不速之客"是拦路抢劫的暴徒。孙中山满脸是笑地操着英语问候说："老师，您好！我是孙逸仙。"康德黎夫妇

▲ 1896年6月，孙中山在美国旧金山留影。此照片后被康德黎提交英国警探辨认，以营救孙中山。

定眼一看,面前这个短发改装并留了胡须的人果然是学生孙逸仙,立即转惊为喜,大笑着和他热情握手。原来,康德黎夫妇是在休假归国途中顺便在檀岛登岸观光的。师生分别已有半年多了,这次不期而遇,都是喜出望外。孙中山热情地引导他们游览了岛上的风光,并报告了自己将启程赴美再转英国的计划。临别时,康德黎夫妇留下了自己在伦敦的住址,并约定孙中山日后到英国时欢聚。孙中山当时并没有想到,幸亏有了这次巧遇,日后他在伦敦才得以死里逃生,躲过杀身大祸。

▲1896年9月30日孙中山流亡英国伦敦后,即到他的老师、香港西医书院教务长康德黎家做客。图为康德黎博士照。

送别康德黎老师的次日,孙中山即登轮赴美。他在同年6月18日抵达美国旧金山。旧金山华侨人数颇多,而且集中,但革命风气不盛,视革命行动为大逆不道,愿赞助革命的甚少。孙中山在旧金山住了一个多月,便乘火车东行,途经沙加缅度、芝加哥等城市,横过美洲大陆,到了大西洋西岸的纽约。所到之处,凡华侨较多的地方,即停留数日或十数日,进行革命宣传,告以"祖国危亡,清政腐败,非从民族根本改革,无以救亡;而改革之任,人人有责"。然而,得到的结果却是"劝者谆谆,听者终归藐藐,其欢迎革命主义者,每埠不过数人或十数人而已"。[①] 后来,与洪门会(天地会的别称,是反清复明的一种组织,在国内是秘密会党)人士有所接洽,不仅收效不大,而且成绩更差。

孙中山的美洲之行,历时三个月,使他强烈感受到华侨"风气未开",政治意识很是淡漠,奔波的结果"不过为初期之播种,实无大影响于革命之前途"。于是,在同年9月,孙中山决定横渡大西洋,转往英国和欧洲大陆,去对那里的华侨进行革命宣传。

---

① 《孙中山全集》第六卷,中华书局1985年版,第231页。

二、伦敦蒙难

孙中山流亡海外，清政府却未就此罢休，他们视孙中山为"叛逆要犯"，一面派出大批暗探到香港、澳门、新加坡一带"购线跟踪"（即收买叛徒进行跟踪），设法逮捕；一面由总理衙门通令驻亚、美、欧洲各国驻外使节，紧密跟踪，相机擒拿，千方百计要把他缉拿回国处置。他们甚至借助书法上的把戏，在"孙文"的"文"字边上加了"氵"旁，变成"孙汶"，企图把孙中山说成是"货真价实"的山角水涯的草贼。清政府驻英公使馆还特此雇了碧眼高鼻的外国侦探，侦察孙中山的行踪。当时还不是一位成熟的革命者的孙中山到达伦敦不久，就发生了轰动一时的清使馆绑架事件。

1896年（清光绪二十二年）9月30日，孙中山自美国纽约到达英国伦敦，住在赫胥旅馆。次日上午，他去覃文省街拜访了老师康德黎夫妇，并转移到葛兰旅店住下。旋又去访晤了也曾在西医书院工作过的英籍教师孟生（Manson，原西医书院首任教务长）。此后几天，过着悠闲自得日子的孙中山或上街，或游览博物院，或参观古迹，或了解英国的风土人情，他毫未觉察到自己一到伦敦就陷于危险境地，一张黑网正在悄无声息地朝他撒来。

10月11日上午10时半，孙中山从葛兰旅店住所出来，准备再去康德黎家探望。这天正是星期日，旅店附近比较清静，行人稀稀落落。他在路上，被早已窥伺在那里的使馆人员邓廷铿等三人纠缠住，他们装出一副和蔼可亲的样子，以认同乡为名，推推拉拉，要孙中山到他们家"吃茶"。忽然，路旁一幢房屋的门打开了，孙中山被左右两人挟持进去，大门旋即被关闭，并插上了铁锁。就这样，孙中山被强行绑架到波兰德广场（Portland Place）的清朝政府驻英公使馆，陷入囚笼。清驻英公使龚照瑗以七千英镑的高价，向格来轮船公司雇了一艘两千吨级的轮船，造了一只木箱，阴谋把孙中山装在箱内，在几天后秘密地运回国内处以极刑。这就是有名的"伦敦蒙难"事件。

设计诱捕孙中山的主谋者之一，是英国人马格里（H. Macartaey）。这个人当时充当清朝政府驻英公使馆的二等参赞，秘密进行侦察孙中山行踪的"司赖特侦探社"就是经他手雇的。他们把孙中山幽禁在使馆三楼的一个房间里，窗户上装有铁栅，门外加锁，又有专人日夜看守，和外界完全失去联系。由于看守很严，孙中山想了很多办法，如多次将托求友人营救的密信揉成一团用力扔出窗外，期盼有人拾起后帮他送出去，但每次都被看守发现，无法送出去一点信息。经过苦苦的思索，他终于想出了一个有可能获得成功的办法。

10月16日，当清洁工英国人柯尔（G. Cole）到房间进行清扫时，孙中山以恳切的心情向他低声简述了自己的经历和将要面临的厄运，请求他帮助搭救自己。孙中山的话打动了柯尔，他答应孙中山的请求，暗中把孙中山求救的信送到康德黎手中。与此同时，使馆女工英国人贺维（Howe）很同情孙中山的遭遇，将孙中山被关押的消息也告诉了康德黎。

康德黎闻讯后，立即去找了孟生，一起商量如何搭救孙。他们四处奔走，积极设法营救。二人跑到英国外务部和伦敦警察署，要求政府干预这桩公然违反外交惯例的事情；又去了伦敦《泰晤士报》等，请求舆论伸张正义；还雇了两名私家侦探在使馆门前日夜监视，提防清使馆秘密偷运孙中山回国。并到清政府驻英公使馆当面交涉，而龚照瑷等都装聋作哑，狡猾地矢口否认有这件事，硬说："这里根本没有这么一个人。"康德黎几次去找马格里，马格里拒不见面，回答说："不在家。"于是，他们再次呼吁舆论的干预。

▶ 孙中山被囚禁的清驻英公使馆和密室。

第二章 推翻封建帝制，创建共和民国（1892—1911）

到了21日,《地球报》(The Globe)通过采访,以显著的标题"可惊可骇之新闻:革命家被诱禁于伦敦,公使馆的拘囚"作了报道,首先发表了清使馆非法绑架本国革命党领袖的消息。其他各报相继转载,伦敦舆论一时哗然。这个消息震动了伦敦的朝野各界人士,引起了英国人民对清朝公使馆的极大不满。公使馆的门口,聚集着数以百计的同情中国革命的群众,他们进行抗议,一再高呼"释放孙逸仙!"甚至有些市民号召人们捣毁清使馆。群众抗议、社会舆论的强大压力,使清公使馆的处境十分狼狈。慑于社会舆论的压力,英国政府派遣代表向清政府驻英公使馆提出交涉,首相兼外相索尔兹伯里侯爵(Lord Salisbury)并于22日向清使馆递交备忘录,要求按国际公法和国际惯例,迅速释放私捕的国事犯。23日下午,清使馆终于被迫将被羁囚了12天的孙中山释放。

当孙中山在康德黎等人陪伴下走出清使馆时,受到街头人山人海围观的英国公众的热情问候,他们纷纷向孙中山挥手致意,祝贺其获得了自由。在此期间,除了英国的报刊,美、澳、香港、日本、新加坡等地多家报刊和上海的《万国公报》《时务报》等都转载了有关的报导和评论,"孙逸仙"成为与封建暴政作坚决斗争的英雄。

伦敦被难事件,在全球引起了轰动,既使清政府的卑鄙凶残面目大白于天下,又使孙中山的革命主张由此在国际上得到广泛的传播。孙逸仙的英名和他的革命业绩,也因此被许多国家的人所熟知,声名大著,被人誉为"历史中之重大人物",受到一些被压迫民族和主持正义人士的崇敬,成为中国革命运动的象征人物,从而意外地提高了孙中山和他领导的中国革命的影响。

三、考察欧洲社会

伦敦被难,使孙中山深深体会中英两国人民的友好情谊。他被英国人看作与封建暴政作坚决斗争的中国英雄,一下子成了舆论和公众注目的对象。

孙中山为满足外国人对乙未广州起义的探求欲,约在1896年12月用英文写了有关广州起义的原因和经过一文。1897年初又用英文撰写了《伦敦被难记》(Kidnapped in London)一书,叙述被囚禁的始末。该书在1897年春在英国布里斯特耳(Bristol)出版,以后又被译成日、

▲ 1897年孙中山把伦敦蒙难事件撰成《伦敦被难记》一书。这是该书的英文和中文版本封面。

俄、汉等文，在海内外流传。①

此后，孙中山在伦敦继续居留了近一年。他虽蒙此大难，但斗志益坚，毫不顾虑清使馆雇侦探仍在对自己的日夜监视，要利用伦敦大英博物馆等处图书馆继续去探求救国的真理。他博览群书，潜心阅读和研究政治、外交、法律、经济、矿物、农业、畜牧、机械等各方面的书籍，广泛学习了欧美资产阶级的代表著作，希望从中寻找救国救民的真理和道路。他经常夜以继日、如饥似渴地刻苦钻研，孜孜不倦地学习，有时晚上疲倦了，就伏在桌上假寐一会儿，醒来又继续攻读。他的学习劲头，使一些图书管理员和师友们既惊讶，又敬佩。康德黎回忆说："孙中山没有浪费一分钟时间去玩乐，他总是不停地工作，阅读一切学科的书籍，如关于政治、外交、法律、军事和造船、采矿、农业、牧畜饲养、工程、政治经济学等等，都引起他的注意，并且仔细地、坚持不懈地加以研究。很少有人在追求知识上达到他这样的范围。"

孙中山曾说过："我一生的嗜好，除了革命之外，只有好读书。我一天不读书，便不能够生活。"②他日常生活简朴，饮食衣着也不讲究，但对读书却极为重视，经常手不释卷。他爱好读书，甚至遇到危急情况

---

① 《伦敦被难记》中有意错讹之处，孙中山后来在《建国方略》中均声明予以订正。
② 黄昌谷：《孙中山先生的生活》。转引自陆达节编：《孙中山先生逸语》，1935年陆军印刷所发行，第51页。

时也毫不减弱。后来有这样一件事情：孙中山在流亡中生活十分困窘，有一次，吃饭的钱都快用完了，一些中国留学生凑集了三四十英镑送给他。不到三天，他把这笔钱几乎都用来买了新书，其中有卢梭的《民约论》、富兰克林的《自传》，还有许多关于英法资产阶级革命的书籍，他如饥似渴地专心阅读。在孙中山看来，为了探求救中国的真理，生活苦一点没有什么，甚至一两顿饭不吃也不要紧，学习比吃饭还重要。这也正是孙中山革命精神的表现。

当时，孙中山在进行学习研究的同时，也利用各种机会与各国的革命志士进行交往。他在大英博物院图书馆和几个俄国人讨论问题，互相交流看法，对"他们的计划稳健，气魄雄大"深感钦佩。又曾在一个叫克雷格斯（KP3TC）的家中，与俄国民粹派在圣彼得堡所办《俄罗斯财富》杂志记者等多人晤谈，强调必须用武力推翻清朝统治，改良主义主张是不济事的。孙中山还在伦敦《双周论坛》（*Fortnightly Review*）发表英文《中国的现在和未来——革新党呼吁英国保持善意的中立》（China´s Present and Future：The Reform Party´s Plea for British Benevolent Neutrality）的长篇文章，阐述他所主张的革命理论和方案。在该文中，孙中山用大量生动具体的事实揭露了清王朝的贪污腐朽和黑暗统治，指出由于贪婪腐败"是根深蒂固遍及于全国的，所以除非在行政的体系中造成一个根本的改变，局部的和逐步的改革都是无望的"。他强调必须"完全打倒目前极其腐败的统治而建立一个贤良政府，由道德的中国人……来建立起纯洁的政治"。并指出中国"全体人民正准备着要迎接一个变革"，警告帝国主义不要袒护清政府和阻挠中国人民的革命斗争。

也是在这时期，孙中山认识了日本进步志士南方熊楠（1867—1941年）、镰田荣吉、田岛坦等。

留居英国这段时间虽然不算长，但却是孙中山革命思想发展的一个重要阶段。他不仅进一步研究了资产阶级民主主义理论，接触到有关社会主义运动的学说，而且多次赴宪政俱乐部调查访问，到爱顿农业馆家畜展览会、李勤街工艺展览会等处参观，考察英国社会经济状况。他学习西方并非囫囵吞枣，昧于国情，诚如他当时所说的，不是把欧洲文明"全盘照搬过来"，"我们有自己的文明"。因此，他比较认真地考察了欧美各国的政治制度，观察了西方资本主义社会。

那时世界各主要资本主义国家正从自由资本主义走向垄断资本主

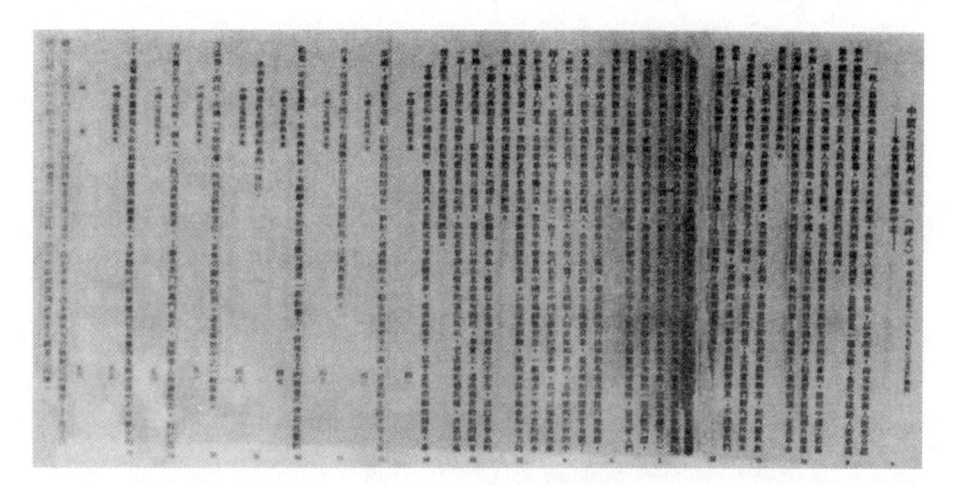

▲ 1897年3月1日，孙中山发表《中国的现在和未来》英文一文，揭露清廷腐败和中国面临的社会危机，并阐明"革新党"的任务是实行政治革命，通过改革，为扫除腐败、发展经济开辟道路。图为《中国的现在和未来》（译文）部分。

义，向帝国主义阶段过渡，贫富分化悬殊，社会矛盾十分尖锐。而英国是一个老牌资本主义国家，它具有一套以君主立宪的外壳、实质上是资产阶级专政的社会政治制度和"富庶"的物质文明，随着英国资本主义进入垄断资本主义阶段，它的社会矛盾日趋尖锐化。由于世界工业霸权地位的逐渐丧失，英国企业主从19世纪末起加紧对工人阶级进攻，社会贫富的两极分化日益尖锐，造成了日益广泛的工人运动。就在孙中山居住伦敦的这一时期，当地的产业工人曾举行了持续30个星期的总同盟罢工，英国政府调动军队，实行了残酷镇压。当时英国的工人运动已处于低潮，社会改良主义思想泛滥。美国人亨利·乔治（Henry George，1839—1897年）的"单税论"学说，在欧美颇为流行，风行一时。这种学说把资本主义社会贫富悬殊的现象，归因于社会进步和发展、地租不断高涨的结果，因此主张废除其他一切租税，单独征收地价税，而土地涨价归代表全体人民的国家所有，反对以暴力夺取土地。这种经济理论，从根本上忽视了资本家榨取工人剩余价值这一资本主义制度的基础。正是资本主义制度才造成了社会的两极分化和财富分配的不公平。它所宣称的"土地国有""公用事业公有化"可以解决资本主义社会的各种问题，实际上是一种根本不触动资本主义生产方式的社会改良主义学说。

　　身历其境的孙中山亲眼看到伦敦的产业工人举行总罢工遭到政府军

队残酷镇压的情景,并进一步仔细探究了其利弊得失,认识到欧美各国工业革命后尽管富强,而广大人民并未臻于极乐之乡,资本主义社会并不是像他原来想象的那样完美无缺,因而不断有社会革命运动兴起。孙中山在感触颇深之时,亨利·乔治的学说又给他以深刻的影响,稍后明确表示"此种方法,最适于我国社会经济之改革"。于是,孙中山意识到要挽救中国,仅仅拿西方社会的一切作为现成的榜样是不行的,还需要探求新的道路。为免重蹈西方覆辙,防患于未然,他设想通过一些办法避免资本主义进一步发展带来的"祸害",力图防止中国将来也踏上西方国家工业化后走上歧路。他的社会经济观点——民生主义,就是在这时开始形成的。孙中山开始思考通过平均地权,使全国人民既能摆脱封建主义压迫,又能避免受资本主义的剥削。正如他后来自述,这时"所见所闻,殊多心得。始知徒致国家富强、民权发达如欧洲列强者,犹未能登斯民于极乐之乡也;是以欧洲志士,犹有社会革命之运动也。予欲为一劳永逸之计,乃采取民生主义,以与民族、民权问题同时解决"。[①] 不过,也应该指出,孙中山的以"平均地权"作为社会革命内容的民生主义,主要是从亨利·乔治那里学来的。所以它一开始也就带有不少社会改良主义的色彩。

[①] 《建国方略》,《孙中山选集》,人民出版社1981年第2版,第196页。

第三节　努力开拓革命新局面

一、广交日本朝野人士

孙中山在伦敦居住近一年后，看到"欧洲尚无留学生，又鲜华侨，虽欲为革命之鼓吹，其道无由"，便不愿久留欧洲，旷废时日，决定离英重去日本，就近谋划中国的革命。

1897年7月2日，孙中山怀着日趋成熟的革命思想离开伦敦，乘"努美丁"号轮船经加拿大的满地可（蒙特利尔）、温哥华、南尼亚木（纳奈莫）、域多利（维多利亚）等地，于8月16日到达日本横滨。

当时的环境，对革命的发展十分不利。甲午战争后，中国民族资产阶级的另一派别——维新派，在国内有了迅速发展，并逐渐形成为一种政治力量。1895年康有为发动"公车上书"，是维新派登上政治舞台的标志。康有为等人的维新变法主张，成为当时社会的主要思潮，吸引了众多的爱国知识分子和海外华侨，使改良主义在国内外占据着绝对的优势。因此，抱有近代革命民主思想的资产阶级、小资产阶级知识分子当时人数极少，孙中山的革命主张，一时尚不能为多数人所接受。

此外，孙中山在伦敦脱险后，清政府并未放松对他的跟踪，仍在继续采取各种卑鄙手法对其进行迫害。他们甚至密谋以高价雇用暴徒，在海外暗杀他。就在孙中山去日本的轮船上，也有清政府的密探监视着，孙中山随时都有牺牲的可能。清政府软硬兼施，硬的一套失败了，又使出软的手段，多次对孙中山诱降。他们分别由驻日公使李盛铎通过日本人士、驻美公使伍廷芳通过孙眉、两广督署通过绅商刘学询等，阴谋用高官厚禄诱其归顺，让他们传话劝诱孙中山放弃革命，但是每一次都遭到孙中山的断然拒绝。孙中山梦寐以求的，是祖国的富强和人民的幸

福，而决不是个人的荣华富贵。

　　就是在如此艰难险恶的环境下，孙中山丝毫没有动摇自己的革命意志。他矢志不移，冒着极大风险经常往返于东京、横滨、长崎等地，积极宣传革命，继续为重新组织革命力量而坚持不懈地工作，努力开拓革命的新局面。在他的鼓励下，陆续有一些华侨参加了兴中会，使革命组织得到一些扩大并重新开展了活动。

　　为了扩大革命的影响，孙中山还与日本朝野人士进行广泛接触和交往，结识了一大批同情中国革命的朋友。是年9月，他首先结识了宫崎寅藏（1871—1922年，号白浪庵滔天）和平山周。孙中山和宫崎在横滨初次相识时，就"一见如故"，畅谈革命，"相对久之"。他们两人思想非常接近，又都是基督教徒，所以为中国革命事业结下了终生友好的情谊。经宫崎和平山周的介绍，孙中山结识了民党领袖、当时初执日本政权的犬养毅和大隈重信等政界人士。随后，又结识了萱野长知、头山满、平冈浩太郎、山田良政、福平诚、宗方小太郎等人。

▲ 1897年秋，孙中山与日本友人在东京合影。二排左二为孙中山，后排左三为宫崎寅藏。

　　孙中山这次重返日本后，有将近三年时间，一直寄居在日本。他为什么从欧美转向日本，把日本作为革命活动的一个基地呢？

　　促使孙中山这一转变并长期坚持下来的主要因素有三：

首先，日本为中国的近邻，如孙中山所说："以其地与中国相近，消息易通，便于筹划也。"① 加上孙中山经过西游北美和侨居伦敦近一年的观察，了解欧洲没有中国留学生，华侨也少，滞留下去徒"旷废革命之时日"；而日本则有不少留学生，自1896年清政府派出13名学生赴日揭开了近代中国人留学日本的序幕后，一批又一批青年东渡日本，出现了留日热，留学生人数日益增多，又有华侨一万余人，在日本可就近谋划中国的革命。

其次，中日两国关系源远流长，历史文化一脉相通，有许多的文化基因，易于相互了解。孙中山相信中日是"同种同文""兄弟之邦"，比之西方白种人有较多的感情联系，容易接受，可以得到他们各界人士对革命的支持。他这一年9月和宫崎寅藏谈起革命动机时就曾表示，要"拯救中国的四亿苍生，雪除东亚黄种人的耻辱"。此后孙中山亦认为："亚洲今日因为有了强盛的日本，故世界上的白种人不但不敢藐视日本人，并且不敢藐视亚洲人。所以日本强盛之后，不但是大和民族可以享头等民族的尊荣，就是其他亚洲人也可以抬高国际的地位。"还说："因为日本能够强盛，故亚洲各国便生出无穷的希望。"② 日本对孙中山颇有吸引力，使他深信向这个国家谋求援助和在那里发展革命力量，能够有所作为。

还应该指出的是，孙中山很早就有中日两国联合共谋亚洲复兴的思想，并且是他的一贯思想，在他的著述中曾再三阐述中日友好对于振兴亚洲的重大意义。这也是孙中山之对外政策所以长期集注于日本的思想因素中不可忽视的一点。

第三，孙中山十分向往"明治维新"后的日本，视其为中国争取独立和解放的典范。

孙中山认为，日本"明治维新"，为中国的近代化提供了成功的经验，他曾明确提出："我们要中国强盛，日本便是一个好模范。"对明治维新的深刻印象，使孙中山在日后将它与中国革命联结在一起。他在阐释日本明治维新与中国革命的关系时指出："日本明治维新是中国革命的第一步，中国革命是日本明治维新的第二步，中国革命同日本明治

---

① 《孙中山全集》第一卷，中华书局1981年版，第47页。
② 《孙中山全集》第九卷，中华书局1986年版，第190—191页。

维新实在是一个意义。"① 正是根据这种思想，孙中山要向日本学习富强之路。早在1894年春的《上李鸿章书》中他就说："试观日本一国与西人通商后于我，仿效西方亦后于我，其维新之政为日几何，而今日成效已大有可观，而能举此四大纲而举国行之，而无一人阻之。"他认为，中国如能"步能泰西，参行新法，其时不过二十年，必能驾欧洲而上之"。孙中山坚信学习西方，走日本的路，是实现国家富强的最好办法，因而日本就成为他理想中的求助国家。

当时，走上资本主义发展道路的日本正向外侵略扩张，为了争夺中国，它图谋利用中国的革命势力对中国内政施加压力，对中国革命派给予容纳和资助，相当长时间内并不阻挠他们在日本国土上的活动。这一客观的有利条件，使孙中山得以较长时间侨居日本进行革命筹划活动，并可就近联络国内各省的革命势力。

历史证明，在当时的条件下，孙中山转向以日本作为从事革命活动的一个基地，并把谋求外援之要集注于日本，确属明智的选择。这一选择，对他日后进行革命的宣传和组织工作极为有利，诸如1900年的惠州起义、1905年的中国同盟会成立和《民报》创刊、同盟会发动的多次武装起义以及1914年的中华革命党组建等重大历史事件，都发生在日本并得到了日本各界人士的多方帮助。同时，大批革命党人长期汇集于日本，有很多和日本人士接触和交流的机会，对中日两国人民之间此后的相互了解与增进友谊也大为有利。

也正因为如此，在孙中山的一生中，曾频繁地到日本去，他前后总计15次踏上东瀛国土，侨居时间累计达九年半之多，约占其三十余年革命生涯的三分之一，因之孙中山竟"视日本无异第二之母邦"。

那么，孙中山交往的日本朝野人士情况又如何呢？

孙中山自1895年秋初第一次踏上日本国土，迄1924年冬永诀日本的近三十年中，为了谋求日本政府、军部、财界及大陆浪人的支持和援助，曾与日本朝野各界众多的人士广泛交往。他交往的日本人有多少说法不一。孙中山自己记述在日本结识的友人"直接于予者而略记之"，主要有宫崎寅藏等数十人；② 往昔一些书刊多笼统言之约数十人或百人；台湾学者张玉法列出了146人的名单；日本学者杉山龙丸查找出有

---

① 《孙中山全集》第十一卷，中华书局1986年版，第365页。
② 《孙中山全集》第六卷，中华书局1985年版，第232—233页。

270个人的名字；孙中山好友萱野长知的统计，有将近300人之多；据日本京都大学人文科学研究所库藏资料，举出的与中国革命有关的日本人名单约为300人。实际的确切数字和全部名单，尚有待进一步清查和统计。

孙中山在致日本友人的一通函件中写道："弟所交流者以贵国人为多，则日本人对于支那之革命事业较他国人为更关切，为吾人喜慰者必更深也。他日唇齿之交，将基于是。"[①] 充分说明他与日本人士友谊之深厚和对日本期待之殷切。

▲ 1897年，孙中山在日本与宫崎寅藏结识，两人谈思想与抱负，成为至交。图为宫崎寅藏照。

孙中山与日本的关系，正是通过他所交往的众多的日本人士结成的。孙中山认为这些人士可以影响执政者对政策的制定，从而促进对中国革命事业的帮助和中日友好的实现。然而，这些日本人类型不同，地位不一，情况复杂，态度各异。其中既有全力支持和援助孙中山革命事业的真诚朋友，为中国革命在经济上屡有资助或奔走不懈，有的甚至为中国的革命献出自己的生命，用鲜血在中日人民友谊史上谱写出了动人的篇章；也有心怀叵测的假朋友，其阴险、卑鄙而又惟"利权"是图，实际是为实现其侵华意图；更有公开敌视和破坏中国革命的人。他们和孙中山交往所起的作用自然也不尽相同。

按职业来划分，在这些日本人中，有政界要人（犬养毅、大隈重信、尾崎行雄、井上馨、桂太郎、后藤新平等）、财界人物（平冈浩太郎、山本条太郎、中野德次郎、久原房之助、涩泽荣一、梅屋庄吉、山田纯三郎等）、陆海军将领（儿玉源太郎、寺内正毅、田中义一、青木宣纯等）、外务省官员（中川恒次郎、小池张造、重光葵等）、大陆浪人（宫崎寅藏、平山周、内田良平、头山满、萱野长知、宗方小太郎

[①]《孙中山全集》第一卷，中华书局1981年版，第524页。

等)、知识界（南方熊楠、寺尾亨、和田瑞、秋山定辅等）和妇女领袖（下田歌子）等多种类型。其中现职官员不多，多数是大陆浪人和在野人员。至于日本对华关系密切的东亚同文会、黑龙会的许多成员，与孙中山都有往来。可见，孙中山为寻求日本的同情与援助而交往的日本人士极为广泛，几乎包括了日本社会的主要层面。

　　这些日本人与孙中山交往的动机和目的各不相同。其中，头山满、内田良平等，系极端的国权主义者，其背景是日本军阀，他们援助孙中山的目的在于以"帮助"革命为代价借机为日本政府的侵华政策服务，妄图在东亚建设日本的"皇道乐土"；而平冈浩太郎、大石正已等，属于民权主义右翼分子，他们对孙中山的革命事业寄以同情，希望在援助中国革命成功之后，能攫取在华的经济特权；至于民权主义左翼分子宫崎寅藏、萱野长知等人，则是孙中山称之为"侠肠义骨"的真正盟友，他们坚持不渝地无私援助孙中山的革命事业，其目的是想促进中国民主革命成功，进而解放亚洲的弱小民族，共同促进亚洲的复兴。

▲ 孙中山与宫崎寅藏笔谈时的笔记（部分）。

宫崎寅藏、萱野长知和梅屋庄吉三人与孙中山的关系，特别值得珍视。他们有共同的理想和共同的主张，建立的是一种互相支持、互相信赖的纯真友谊关系，真正称得上是"同志"加"战友"。

宫崎寅藏（1871—1922年），原名虎藏，号白浪庵滔天。生于日本熊本县玉名郡荒尾村一个下级武士家庭。他的几个哥哥都是日本自由民权运动的积极参与者，成长于"自由民权之家"。他以自由民权论为背景的家庭传统和教育同孙中山的思想非常接近，他的"支那革命主义"理想，与孙中山信奉的"天下为公""世界大同"等理想一脉相通。自1897年在横滨结识后，两人很快就建立了深厚情谊，成为生死与共的盟友。宫崎由衷钦佩孙中山的见解和为人，称赞"孙逸仙先生是一代的大人物"，认为"在今日日本还没有能够跟他相比的人物，无论在学问、见识、抱负、胆量、忠诚和操守，他都比今日的任何日本人高超一等"。① 他对孙中山的革命事业始终持赞助态度，而且确曾在革命的艰难岁月提供了各方面的重要的支援。他和孙中山为中国民主革命并肩战斗，患难与共，历经二十多年而无任何大的龃龉疏隔与裂痕。孙中山给予宫崎很高的评价，认为他"识见高远，抱负不凡"，赞扬其帮助中国人民的"再造支那之谋，创兴共和之举"，及一生中"固穷不滥，廉节可风"，"为他人国事，坚贞自操，艰苦倍尝"的高尚品德，肯定他对中国革命有"极伟大的功绩"。

萱野长知（1873—1947年），号凤梨，日本高知县人，退役军人，是孙中山革命事业的坚定支持者。他曾加入中国同盟会，与孙中山一起商议兴亚策略，思想达到一致，产生了共鸣。在1905年至武昌起义前的历次武装起义过程中，孙中山对他"以东军（按，即广东革命军）顾问之任相托"，期望"襄助教督，以建伟业；并恳延揽同志，以资臂助"。他追随孙中山三十年之久，是屡参密务的战友，对中国民主革命贡献甚多。1925年孙中山逝世时，在其身边的日本人只有萱野长知和山田纯三郎等很少几个人，也可看出两人情谊弥深。萱野撰写的《中华民国革命秘笈》一书，真实地记录了他与中国民主革命的关系。

梅屋庄吉（1868—1934年），日本长崎市西滨町人。他1895年在香港与孙中山结识时，两人"谈天下事，中日之亲善，东洋之兴

---

① 日本《中央公论》，1911年11月号。

隆，以及人类之平等，所见全同"，一见如故，遂相引为知己。这已在前面叙及。他支持孙中山发动惠州起义，并在东京设立机关从经济上支援中国革命，还为一系列西南边境武装起义筹措资金和购运军械。后来尽管他身处逆境，仍然多次捐款，即使负债累累而被迫出让所经营公司的股票也在所不惜。当日本舆论指责孙中山改组国民党、实行三大政策为"赤化""受骗"时，梅屋泰然解释说："我相信孙中山所做的都是为了中国革命。"他与孙中山风雨同舟整整三十年，而且在孙中山逝世后依然情谊不衰，坚持不懈地贯彻孙中山遗志，继续维护中日人民间的友好。

上述三位日本人与孙中山的高尚情谊，以及他们对中国民主革命的卓著贡献，不愧为孙中山数百日本友人中的佼佼者，堪称中日人民友好的典范。

二、和康、梁会谈合作救国

正当孙中山在日本努力开拓革命新局面的时候，国内政局发生了急剧变化。1898年（清光绪二十四年）9月21日，西太后发动戊戌政变，血腥镇压了颇具声势的维新变法运动。维新派的骨干谭嗣同、杨锐等六名志士血洒北京菜市口；支持维新的光绪皇帝被软禁于中南海的瀛台；康有为、梁启超在国内无容身之地，相继仓促亡命日本。

孙中山与康有为、梁启超都是广东人。早在1893年，孙中山和康有为就在国内有所接触。当时，在广州行医的孙中山得悉在广州"万木草堂"讲学的康有为有志西学，很想与其结交，一起研讨如何使中国富强起来的问题。但是，康有为当时根本没有把孙中山放在眼里，竟申言："孙某如欲订交，宜先具门生帖拜师乃可"；孙中山以康有为妄自尊大，也就不再去理睬他了。现在，双方都被迫流亡海外，孙中山不计前嫌，设想如将康有为、梁启超争取到革命阵营里来，可以扩大革命声势。加上当时他刚踏上民主革命的征途，还认识不清革命与改良之间有着本质的不同，所以主动提出了合作的建议。当时，日本朝野人士出于对华政策的需要，亦有借此机会，促成两派合作的意图。所以，通过宫崎寅藏、平山周等的居间联络和撮合，约定了孙、陈（少白）、康、梁四人同到犬养毅的早稻田寓所进行两派合作的会谈。

这首次会谈，康有为借故不来，由犬养毅作陪，仅孙、陈、梁三人商议。孙中山出于大局的考虑,并不计较康有为的态度,他满腔热忱地和陈少白一起,与梁启超长谈了一夜,耐心劝说他们转向革命,联合起来共同反清。梁启超答应回去和康有为商量后答复。

此后,他们又进行了多次会谈。在一次会谈中,孙中山、陈少白和梁启超在一起,详细讨论了合作方法。随后,孙中山又派陈少白偕平山周去拜会康有为,代表革命派要求康等"改弦易辙",放弃保皇的改良主义道路,实行革命的办法,共同努力推翻清政府来救中国。但是,由于康有为坚持"无论如何不能忘记'今上'(指光绪皇帝载湉)"的顽固立场,视革命为大逆不道,致使谈判没有取得任何进展。[①]

1899年,康有为在日本受到冷遇后,离开日本去加拿大,在海外建立了保皇会,反对革命。从此,便由梁启超代表维新派再次与孙中山进行合作谈判。由于梁启超一度有联合愿望和合作表现,孙中山和他的往来逐渐密切,便又在横滨就合作问题进行多次会谈,使谈判出现过转机,并且两派曾形成了一个合并的初步方案,准备联合组成一个政党,由孙中山任会长,梁启超为副会长。不久,因为康有为得知后的强烈反对,加上梁启超又口是心非,合并方案始终没有实现。此后,尽管革命运动不断向前发展,康、梁却一直坚持保皇立场。其中,梁启超在合作幌子下,以"保皇为名,革命为实"的谎言,用两面派手法窃夺兴中会地盘,暗地里大拆革命派的台,终于导致孙中山无法容忍而与之决裂了。

1900年秋季以后,孙中山对康、梁就不再抱有任何希望,他在一次谈话中明确指出:"我们打算推翻北京政府……没有这个行动,中国将无法改造。南方数省人民已经组织好了,目前的平静主要是由于我们没有采取行动。我想,大概除了康党以外,都能够结成一体。"从此,革命派与改良派彻底划清了界限,并对他们破坏革命的活动展开了坚决的斗争。

从1896年至1900年间,国内政治每况愈下,中国上空风云日紧,英、美、俄、德、法等帝国主义掀起瓜分中国的狂潮,中华民族陷入了日益严重的危境。孙中山面对着祖国灾难的日益深重,对清政府的媚外卖国极为愤慨,因此,他虽处境十分困难,但再举义旗的意念却益发迫切,积极准备着时机一到,便发动第二次武装起义。在1899年(清光

[①] 陈少白:《兴中会革命史要》,《建国月刊》第一卷四期。

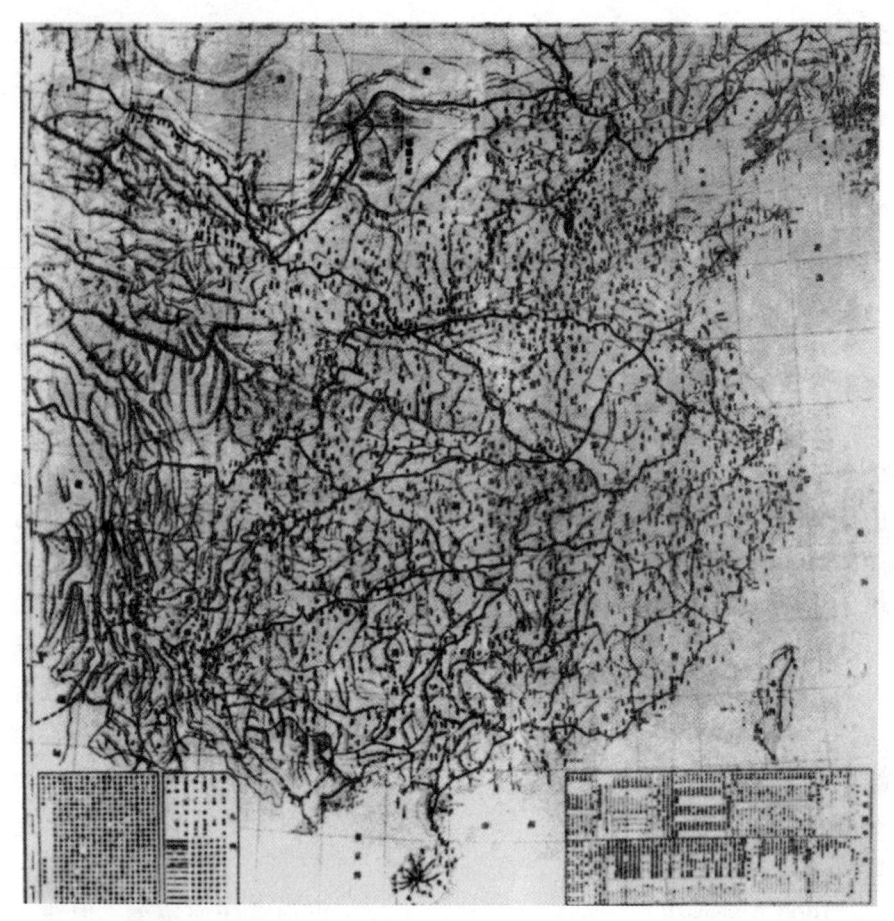

▲ 1899年,孙中山根据德国、俄国和日本绘制的中国地图,编制了《支那现势地图》,以唤醒中华民族。

绪二十五年)这一整年中,他一直在作各种联络和鼓动工作,在春夏之交,派毕永年偕日本友人平山周等赴湖南、湖北等地联络哥老会,提出了兴中会和哥老会联合反清的建议。毕永年等在两湖地区活动了一个多月,联络会党工作有了显著进展,准备在湘、鄂、粤同时发动起义。为了推进这项计划,同年秋,孙中山又派郑士良、陈少白等在香港设联络会党的机关,与广东三合会(反清秘密结社天地会在广东的支派)取得密切的联系。同时,又命毕永年等人再入长江流域,发动哥老会各首领,并亲拟"万象阴霾扫不开,红羊劫运日相催,顶天立地奇男子,要把乾坤扭转来"的歌诀,作为起义时的联络暗号。

到了冬季,11月间,联络会党的工作基本就绪后,兴中会便邀约哥老会、三合会各首领在香港集会，与会者有杨衢云、陈少白、郑士良、毕永年、杨鸿钧、李云彪、张尧卿、宫崎寅藏、平山周等十余人。在会议上，议定纲领，歃血为盟，兴中、三合、哥老三会结成一个大团体，取名"兴汉会"，并一致公推孙中山为总会长。会后，由宫崎寅藏携带特制的总会长印章赴日本送给孙中山。这一事件，具有大家公认孙中山为革命领袖的含意，说明孙中山在人们心目中的地位日益提高了。

1900年（清光绪二十六年）春夏之交，中国华北地区掀起了震撼世界的义和团狂飙。这是广大下层人民自发行动起来，反对帝国主义侵略、拯救民族危亡的群众性反帝爱国运动。当时，孙中山虽看到这是发动武装起义的大好时机，但他没有认识到这场群众爱国运动的伟大意义与革命作用，对它的单纯排外行动尤为不满。所以，他不但和这一运动没有发生联系，不敢参加人民战斗的计划，领导义和团共同反抗民族的大敌，而且把义和团看作是制造祸乱之人，对义和团运动采取了责难和否定的态度。只是后来，随着革命形势的发展和事实的教育，他的思想认识逐步提高，对义和团运动的看法和评价也随之有了改变。孙中山在1908年指出：义和团运动表现了"中国人民有敢死之气"，迫使列强"皆知瓜分中国为必不能行之事"，"变其政策，不倡瓜分"。对义和团运动中表现出来的中国人民不甘屈服于帝国主义及其走狗的顽强的反抗精神，不畏强暴而敢于斗争的英雄气概，以及粉碎帝国主义瓜分中国迷梦的巨大的革命力量，已有了一定认识，在肯定其作用时给予了好的评价。而到了五四运动以后，他在《民权主义》和《国民会议为解决中国内乱之法》等著述中，对义和团无所畏惧的革命精神和不可磨灭的历史功绩，给予了更加热情的赞扬和更高的评价。

正当义和团在北方沉重打击帝国主义之际，帝国主义各国都想在"保护"其在华侵略利益的同时，乘机扩大自己的势力范围，因而彼此间发生龃龉，其中英、俄之间的矛盾特别尖锐。沙俄除派出军队参加八国联军进攻北京外，又出兵十余万人入侵中国东北，妄图在那里永久建立起他们的殖民统治。英国则想先控制两广和长江中下游，再与沙俄争夺华北；但它在远东的军事力量不多，因而就设想利用中国地方势力和反清力量来达到其分裂和控制中国的险恶目的。在长江中下游，拉拢湖广总督张之洞、两江总督刘坤一等策动"东南互保"，与清政府对外宣战命令唱反调；在华南又策动两广总督李鸿章与兴中会合作，脱离清政

府，据两广"自主"，建立一个亲英政权。这一年的五六月间，香港议员英籍华人何启，在香港总督卜力（Henry A. Blake）授意下，与陈少白密商，拟请孙中山帮助李鸿章组织"独立"政府。李鸿章幕中要人刘学询函邀孙中山来广东"协同进行"。

孙中山得讯后，由于过去在天津投书、求见被拒绝和中日甲午战争的失败，他开始有些怀疑和犹豫，"颇不信李鸿章能具此魄力"；但又认为只要有利于反清以拯救祖国，也可以考虑拉拢和利用，"此举设使有成，亦大局之福，故亦不妨一试"。①

随后，孙中山决定"分头办事"：一方面仍加紧准备在广东发动第二次武装起义；一方面偕杨衢云、郑士良、宫崎寅藏等赴广州同李鸿章商谈"合作"。他于6月1日自横滨乘轮船赴广州。途经香港时，得知李鸿章尚在观望形势，且有企图诱捕自己的阴谋，便改派宫崎寅藏、清藤幸七郎、内田良平三名日本人前去谈判，自己乘原船迳赴越南西贡。7月间，孙中山仍打算借英国的力量推翻清政府，在南方成立"独立"政府，来实现他救国的目的。这月10日下午，他与香港政府三个英国人谈话，力述准备在华南建立一"独立"政府的决心；24日，他又带领陈少白、杨衢云、郑士良等兴中会骨干联名致书港督卜力，历数清政府祸国殃民罪状，请求英国帮助，以"除去祸根"，"改造中国"，并提出"平治章程六则"。这些活动，表明孙中山对帝国主义和封建统治阶级中"洋务派"的幻想还没有完全破灭。

也就在7月中旬，李鸿章奉清政府诏令离粤北上，在北京窥测风向，以定行止；跟着，英国准备放弃搞华南"独立"的计划。孙中山根据当时的形势，认为或许有可能与李鸿章等人取得合作，便于8月22日由日本横滨乘船驶往上海。当他抵沪时，英国驻沪领事对其反应甚为冷淡，而与李鸿章幕僚刘学询的会谈又毫无结果，兴中会与李鸿章的"合作"尝试最后全部落空。孙中山遂于9月1日原路返回日本。从此，他便以全力投入武装起义的准备工作。

孙中山在自身革命力量还不够强大的时候，头脑中就一直存有不惜争取与各种反动政治势力妥协、"合作"的思想，以求达到拯救危难中的祖国的目的。但是，一旦经过亲自的实践，有了惨痛的教训之后，他就能果断地与这种反动的政治力量划清界限，并与之进行坚决的斗争。

---

① 冯自由：《中华民国开国前革命史》上卷，上海中国文化服务社1929年版，第51页。

这一点，与改良派、李鸿章等进行联络的情况是如此，就是在以后他的革命斗争中也是不乏事例的。

三、再举义旗——惠州三洲田之役

为了筹划第二次武装起义，早从义和团运动兴起之后，孙中山就一直密切注视着中国北方的局势，思考着待机而动。到这年夏季，在义和团主力进入北京、天津，反帝爱国运动发展到最高峰，帝国主义八国联军武装干涉也已开始的时候，孙中山看到清朝统治力量遭到严重削弱，认为"时机已发，祸福之间不容发，万无可犹疑"，决定把握时机，加紧在广东布置和发动武装起义。他偕同杨衢云、宫崎寅藏等人，不避艰险地奔走于日本、香港、新加坡之间，具体布置起义的发动、策动和进攻路线等。6月中旬，孙中山从日本乘船抵香港海面，由于港英当局不准登岸，便在船上召开干部紧急会议，商定以会党为主力，由郑士良赴惠州发难，史坚如等去广州组织策应，杨衢云等在香港负责接济饷械。之后大家便分头行动。

▲ 1900年，当长江一带酝酿自立军运动和北方地区爆发义和团运动之际，孙中山与兴中会领导人策划第二次反清起义——惠州起义。图为惠州起义的直接指挥者——郑士良。

惠州起义的行动计划是：由郑士良负责在三洲田发难后，率起义军向西北方向前进，会合新安、虎门一带由江公喜等率领的三千余绿林，直趋广州；由史坚如（1879—1900年，广东番禺人）负责在广州响应，牵制省城清军使之不能出兵援助惠州。在此期间，孙中山由台湾内渡，亲临指挥，而起义军的军火则由台湾通过海运接济。

惠州起义的武装人员，由两部分人组成。一部分是新安一带的绿林，他们都配有枪支，成为起义的主力，由黄耀庭、江公喜等统率，部署在新安、虎门一带，待起义发动后由郑士良率领的义军向广州方向转移时与之会合；另一部分是嘉应州一带的三合会会众，由郑士良通过黄

福召集。黄福是归善本地人，三合会中的显要人物。他原在南洋北婆罗洲谋生，被郑士良派人请来，因为三合会众对他唯命是从，他就成了召集会众的关键人物。这部分人，约六百名左右，半数有枪械，作为发难的基本力量，都集中在三洲田待命。

7月16日，孙中山在停泊于香港海面的"佐渡丸"轮船上，再次举行军事会议。会议决定，由于港英当局不准孙中山登岸，将惠州起义的指挥权交给郑士良；史坚如、杨衢云等人仍分留广州、香港，负责策应和接济；又派毕永年赴长江流域联络会党；孙中山则转回日本折台湾，待起义发动后设法潜入内地亲自指挥。会后，孙中山于7月20日离开香港重返日本，随即在神户、大阪等地为起义商洽购置军械事宜。9月28日，他由神户经马关抵台湾基隆，即与日本台湾总督儿玉源太郎的代表后藤新平（当地民政长官）取得联系，请求支援中国革命。这时台湾日本统治当局拟利用兴中会的活动插手华南，阴谋乘机占领福建，以达到其扩张侵略势力的目的，所以对孙中山筹备的这次起义伪表支持，应允在起义之后给予帮助。孙中山旋在台北建立起义指挥中心，召集了一批军事人员，等待起义军占领沿海一带进抵厦门时，准备渡海接应起义。

10月6日，惠州三洲田山寨起义爆发。三洲田属惠州归善（今惠阳）县，这里群山环抱，"山深林密，路径纡回"，形势险要，又是会党啸聚之区，三合会深入周围农村之中；同时，归善是郑士良的家乡，他对这里人地熟悉，与当地会党及绿林首领素有联系，选择在此地发难非常适宜。当天夜间，郑士良率领三合会的精壮人员六百人猛袭新安县沙湾清军，毙俘敌七十余人，缴获枪支四十余支，清军不知革命军的虚实，"惊溃退却"。起义军犹如猛虎下山，初战告捷，士气高涨，接着就按原计划向东朝福建挺进，一路势如破竹，节节胜利，十几日间经过佛子坳、崩岗墟等地到达三多祝。沿途屡次击败清军，击毙、俘虏敌军数百人，缴获很多枪械。起义军经过的地方，人民燃放爆竹迎送，自动参军的越来越多，一度发展到近三万人，声势浩大，士气很旺。

正当起义军顺利向前挺进时，后方的补给接济却出现了问题，特别是弹药严重缺乏。这时计划中的海外接济，因日本政府内阁易人，他们顾忌染指华南会遭英、美诸国的干预，中途变卦，禁止台湾军火外运和日本军人参加起义军，使一切诺言均成了画饼；孙中山也被禁止从台湾渡海进入内地。这样，起义军虽然连获胜利，却逐渐陷入弹粮失继的困境，最后弹尽粮绝，又遭到清军优势兵力的围攻。这时，远在台湾的孙

▲ 惠州起义期间，孙中山在台北担当武器供应任务。图为孙中山在台北的寓所——李春生住宅。

中山为保存革命力量，便向郑士良下达了命令。22日，日本人山田良政等持孙中山令赶到三多祝前线，书中指示："政情忽变（按指日本临时变卦——引者），外援难期；即至厦门，亦无所为。军中之事，请司令自决行止。"① 这个手令使郑士良等惊呆了！最后，他不得已便将起义队伍就地解散，自己率领千余人折返三洲田，又与骨干退往香港，不久避地海外。惠州起义半途而废。

当起义军苦战惠州时，负责策应的兴中会员史坚如，在广州屡谋响应，皆因没有机会而未能如愿，迫不得已，决定用炸药炸毁广东巡抚衙门，炸毙署理两广总督、广东巡抚德寿，打乱敌人的中枢和后方，配合起义。他"以为德寿一死，清兵必自相惊扰，既可解惠州的危险，广州也可乘机起义"。② 为此，他们于10月下旬租了一处位于督署后院的民宅，每晚在宅内开掘通向督署的地道，准备用炸药炸死德寿。26日夜地道开通，但炸药至时却没有轰发。史坚如于次日重回租宅，发现引爆导火线的盘烟燃至半途而灭，于是他再次安装引爆盘烟后离开现场，到友人毛文明牧师家静候消息。不料当夜炸药虽然爆发，仅震坍抚署碉墙一角，德寿从床上震落在地面，饱吃一惊，没有受伤。史坚如深为疑

---

① [日]宫崎寅藏著，P.Y.校刊：《三十三年落花梦》，上海出版合作社1933年版，第134页。
② 史坚如：《致妹书》，《辛亥革命烈士诗文选》第4页。

▲ 1900年冬，孙中山与起义失败的自立军骨干人物在日本东京合影。左起：尤列、唐才质、孙中山、秦力山、沈翔云。

惑。28日晨，他不听友人劝告，不避危险，亲到现场察看究竟，不幸为叛徒认出，被捕下狱。在狱中受尽酷刑，坚贞不屈。11月9日英勇就义，死时仅22岁。孙中山后来称他"为共和革命而殉难之第二健将"，表示了深切的敬意。

史坚如是辛亥革命时期革命派中采取暗杀手段的第一人。其英勇无畏、视死如归的精神确实值得后人敬仰，但采用暗杀清政府权要的办法并不是真正的革命道路，而是资产阶级英雄史观的反映。革命派并不认为暗杀主义不足取，他们在歌颂史坚如等英勇牺牲的同时大力宣扬暗杀，这就在革命党人中助长了暗杀情绪，后来革命党人中出现了不少暗杀活动，与革命派中个人英雄主义的滋长是密切相连的。

随着史坚如谋炸德寿的失利，孙中山发动的第二次反清起义至此完全失败。与乙未广州起义相比，庚子惠州起义筹备得更充分，也拥有一定的群众基础。起义前，革命党人在会党中进行了不少工作，参与者都目标明确，比之广州起义多为乌合之众不可同日而语；革命派在起义前已设立了基地，安营扎寨，武装力量集结了数月之久，比之广州起义临时凑合、届期不至，有了确实的保证；起义过程中又得到沿途群众的支持，曾扩军至两万余人，而且郑士良在进军途中还曾到处张贴过号召人民反对清朝统治的告示，对争取当地农民的同情支持也起了一定作用。这些都是惠州起义发动后得以取得若干胜利的重要原因。但是，这次起义的指导思想完全放在依靠日本的支持上，及至日本态度发生变化时，起义便不得不半途而废。所以，惠州起义不是败在清军之手，而是败在日本政府对孙中山的出尔反尔态度上，归根到底，是败在孙中山与兴中会对帝国主义抱有不切实际的幻想上。

惠州起义失败并非偶然。当时全国范围内反清革命的条件尚未完全成熟，革命派所积蓄的力量还相当的薄弱；特别是与孙中山把这次起义成功的希望，放在主要单纯依靠外援上有很大的关系。因为"外援"落空，成功也就无望了。

惠州起义是孙中山在兴中会时期亲自策划的一次重要武装起义，也是他发动的历次起义中规模较大的一次。这次起义虽遭失败，但影响颇大。由于广大人民群众的逐渐觉醒和民主革命浪潮日益高涨，孙中山的处境也较前大为好转。当五年前第一次广州起义失败时，他被不少不理解的人视为"乱臣贼子""大逆不道"，得不到人们的支持，甚至在檀香山的亲友也把他看作洪水猛兽，不敢和他接近。而这次惠州起义失败后，情况就完全不同了。以前咒骂他是"乱臣贼子"的，这次反而惋惜起义没有成功，认识到他不是什么"强盗"。理解、同情或赞助革命的人空前增多。这种形势使身历其境的孙中山感触很深，他后来追述说："前后相较，差若天渊。吾人睹此情形，中心快慰，不可言状。"人民有觉醒和群众对革命斗争的热情支持，大大鼓舞了孙中山，日益增强了他的革命信心，从而开始步入一个崭新的时期。在这个新时期中，孙中山也从一个孤独的革命先行者成了继之而起的民主革命派公认的领袖。

▲ 1904年，孙中山与侄儿孙昌在檀香山合影。

惠州起义失败后，孙中山化名"吴仲"，于1900年11月离开台湾，流亡海外。从1901年至1904年，他远涉重洋为革命四处奔走。1901年在日本横滨、本州和歌山县及檀香山等地，1902年冬到了香港及越南，1903年秋又从越南西贡往暹罗、日本和檀香山，1904年春再去美洲的美国旧金山、华盛顿和纽约等地，同年底又由美洲到了欧洲的英国伦敦。孙中山历尽千辛万苦，足迹遍及亚、欧、美洲许多地区，一再宣传非革命不能救亡的道理，广泛传播革命思想，召集革命同志，联合华侨和在美洲的会党，组织革命团体；并考察资本主义各国经济、政治和社会、历史的发展状况，结交外国朝野人士，争取他们赞助中国革命。孙中山虽然饱经挫折，备尝艰辛，其革命信念坚定不移。他这种不远万里，风尘仆仆，劳苦奔波，为革命不畏艰难和风险的精神，是很可贵的。

四、援助菲律宾独立运动

孙中山在日本准备再次武装起义的同时，对于其他被压迫民族的解放事业也给予热情的帮助，他把兄弟国家人民的斗争看作是为世界人道而进行的共同斗争，要力图联合亚洲反殖民主义力量一起斗争，而不是把革命局限在中国范围之内。他援助菲律宾独立运动是其中一例。

孙中山是怎么认识菲律宾独立运动的领导人呢？事情的原委是这样的：

19世纪70年代，自由资本主义开始向垄断资本主义过渡，随之出现了夺取殖民地的"高潮"。亚洲是帝国主义列强争夺的主要场所之一。在瓜分亚洲的"高潮"期间，帝国主义发动一系列侵略战争，使亚洲许多国家的人民遭受了空前的灾难。帝国主义及其代理人，在政治上实行西方殖民主义和亚洲封建专制主义相结合的残酷统治。在经济上，除了直接掠夺和倾销商品之外，还大量输出资本，控制亚洲各国的经济命脉。这一切，激起亚洲人民的无比愤恨，他们纷纷奋起斗争。19世纪末，菲律宾率先爆发了反对帝国主义、反对殖民主义的资产阶级革命。

1521年西班牙殖民者首次侵入菲律宾，1565年菲律宾开始沦为西班牙的殖民地。西班牙殖民者在菲律宾实行政教合一的殖民统治，垄断对菲贸易。菲律宾人民不堪忍受残酷的压迫和剥削，同殖民者进行了三百多年的英勇斗争。19世纪末，菲律宾资本主义获得了初步发展。随着菲律宾人民同殖民者的矛盾日益尖锐，菲律宾出现了资产阶级革命运动。1892年7月，安德列斯·波尼法秀创立秘密团体"最崇高的、最受尊敬的菲律宾儿女协会"（简称卡蒂普南），与殖民者进行斗争。1898年8月，卡蒂普南发动起义，各地群起响应，武装斗争的怒火迅速燃遍菲律宾群岛。正当斗争进入高潮时，卡蒂普南领导层内部发生分裂，艾米利奥·阿奎那多取代波尼法秀，掌握了斗争的领导权。1897年11月，阿奎那多宣布菲律宾独立，成立菲律宾临时共和国，制定宪法，并出任第一届总统。但是，同年12月，他与西班牙殖民者妥协，订立《边那巴多条约》，规定阿奎那多政府停止战斗；西班牙殖民者则虚伪地允诺民族平等，进行社会改革，保护人身自由，并付给阿奎那多等八十万比索。条约签订后，阿奎那多解散共和国政府，流亡香港。

西班牙殖民者并未履行诺言，菲律宾人民也没有放下武器，他们在激进派领导下，继续坚持斗争。在人民革命的推动下，阿奎那多在香港成立了"爱国委员会"，并重新取得革命运动的领导权。

1898年4月，美国和西班牙重新瓜分殖民地的美西战争爆发。菲律宾革命军乘此机会向西班牙殖民军发起猛烈进攻。美国为假手菲律宾革命军打击西班牙军队，声称支持菲律宾人民的武装斗争。阿奎那多于5月乘美国军舰回菲，6月发表宣言，宣布菲律宾独立。

1898年1月中旬，阿奎那多和其部下彭西（M. Ponce，马尼拉大学毕业后留学西班牙，著《菲律宾史考》和《孙逸仙——中华民国的缔造者》）接待了梅屋庄吉。这时，梅屋庄吉在孙中山的影响下，认为亚洲黄种人必须团结起来，反抗西方的侵略；亚洲各国的革命具有互相呼应、互相推动的作用。因此，应互相援助。阿奎那多和彭西完全赞同他的见解，从此，梅屋庄吉与阿奎那多和彭西结为肝胆相照的知交。不久，菲律宾革命政府成立，设在香港的秘密机关改为外交本部。彭西负责对日本的外交事务。梅屋庄吉与他的往来于是更为密切。他为声援菲律宾人民的反美斗争，积极奔走。

在美西战争期间，菲律宾独立军对日本抱有幻想，认为日本是一个强大的国家，希望它像法国在美国独立战争中援助美国那样，援助菲律宾。在这种意愿的驱使下，菲律宾政府派彭西赴日活动，争取援助。日本首相大隈重信为染指菲律宾，声称对菲律宾独立运动抱有"好感"。彭西因此得以与日本签订了订购村田式步枪5000支的协定。然而，菲律宾政府当时严重缺乏资金，驻香港的外交本部无款可汇，协定很快被

废弃。年底，菲律宾人民奋起抗击美国侵略军，军械消耗很大。菲律宾政府再次派彭西赴日购运军械。彭西途经香港时，拜访梅屋庄吉，说明赴日的目的，并坦率承认，购运军械的经费要向国际友人募集。梅屋庄吉当即允诺资助，并致信流亡在日本的孙中山，请他协助彭西。

当时，孙中山在日本正在联络国内外友人准备再次武装起义，忙得不可开交，但他对其他被压迫民族的解放事业也很关心，要尽能力之所及给予热情的支持。早在1897年，他在一次谈到关于革命的动机时曾表示，决心要与亚洲被压迫民族一起"为亚洲黄种，为世界人道而尽力救支那四万万之苍生，雪亚东黄种之屈辱"①，而不是把革命斗争局限在中国的范围之内。

彭西到达日本横滨后，打听到孙中山住在横滨本牧的南京街里，便于1899年3月初在孙中山住处与孙中山、宫崎滔天、平山周等人会晤，介绍了菲律宾人民反对美国入侵，为独立而战的情况，并恳切说明，坚持斗争需要国际援助。孙中山当即表示，如能确保登陆地点，兴中会可动员广东同志三万人赴菲律宾投入反侵略战争。彭西则表示，菲独立军面临最大困难是军械缺乏，如不及时补充，将不战自溃。孙中山就转请宫崎滔天帮忙，并说："我们一旦帮助他们争得了菲律宾的独立，接着便可凭借菲律宾同志的力量攻陷广东，掀起一场大风暴，他们有钱，又有准备，我决心带领支那的同志和部下去帮助他们打仗，希望你们也来和我们一起，速其成效。""好，来他个痛快的，先干它美国一家伙。"②宫崎滔天与平山周二人都表示赞成。当时，因为中国革命党人和支持他们的日本友人都受着日本当局的监视，不能直接出面去购军火，必须找一个与中国革命党没有联系、不受当局注意的人来办这件事情。他们经过商量，决定向民党领袖犬养毅求助。宫崎滔天与犬养毅交往甚密，次日拜访犬养府，说明来意，犬养毅欣然应允协助，并推荐中村弥六负责具体事宜。

中村弥六是日本众议院议员，曾任大隈内阁的司法次官，常出入参谋本部。他们又找到了中村弥六，还没等他们说完，这位中村就表示说："小意思，这事我包了。"大家对他信而不疑，彭西将全部军费交给了孙中山，孙中山又转交给了中村弥六。

---

① ［日］宫崎寅藏著、P. Y. 校刊:《三十三年落花梦》，上海出版合作社1933年版，第65页。
② 上村希美:《宫崎兄弟传——亚洲篇》，上卷，苇书房1987年版，第220—221页。

菲律宾独立军领袖阿坤雅多（Emilio Aguinaldo）得彭西报告，知孙中山计划率中国革命党赴菲律宾助其独立，而后菲律宾助中国革命的事，极为赞同。为表示协作之诚意，赠给孙中山日金十万元作为革命经费。这笔款在兴中会开展各项活动中，起了很大作用。当年秋季，派陈少白在香港士丹利街24号创办的兴中会机关报《中国日报》；派史坚如赴长江一带，联络会党，扩大兴中会组织；派郑士良在香港设立机关接待会党；策动惠州军事等各项费用，就是用的这笔款子。事后，保皇党康有为、梁启超师徒借题在檀香山《新中国报》及香港《商报》上肆意诋毁，说孙中山"骗取了菲律宾独立党巨款"云云，企图败坏革命党的声誉。这种国际间革命党人同心共济、患难相助的精神，是封建君主的忠实奴才们所不能理解的。两国革命党的战斗协作精神，在中菲友谊史上留下了光辉的篇章。

孙中山在等候中村弥六购运军火时，派兴中会员、日本退职武官远藤隆夫、山下稻、清藤幸七郎、岛田经一、伊东正基等赴菲律宾与独立军进行部署，待军火运到，在适当时机由孙中山率中国革命党赴菲律宾助战。

广东兴中会员向孙中山发电表示准备起义，要他回国主持。孙中山这时在计划组织革命党同志赴菲律宾，就派宫崎滔天到广东向党人说明情况，先稳住那里的局势，准备出国参加抗美援菲战斗。

当宫崎滔天赴广东途经上海一带时，听说一艘叫"布引丸"的船沉了，那是三井商社的船。当他到了香港之后，正遇到一个来香港旅游的三井商社的职员。宫崎滔天和他提起在途中听到沉船的事，这人说："那真不走运呀！这船不久前还是我们的，不过好在已经卖给了中村弥六，所以我们毫无损失。"宫崎滔天听了这人的话便惶恐起来，以为十有八九就是装运菲律宾军械的船。他急忙找到陈少白，两人一同到菲律宾独立军驻香港的办事处，见到菲律宾革命委员会委员长正焦灼地一个人在屋里。他把一份日文电报递给了宫崎滔天，说："昨有一电，而不能了悟，推其大要，凶多吉少，故未敢出示同志。"当宫崎滔天给他翻译出"船沉"二字时，他悲痛欲绝，拍案悲呼："天何不佑吾党之甚也，吾受任以来，购军械之事，已失误三次，所费已不赀，且皆吾党之膏血，而竟付之洪流，吾将何面目以见大统领与吾国民乎，惟自杀，以谢罪。"几个人悲怆不已，陈少白勉慰他说："革命家苦心之所在，非千曲百折殆无有直达目的之日，古来之英雄，举事谁非如此。"这位委

员长"稍返初志而有起色"。

原来，中村弥六用一个德国人的名字做买主，以财政股的名义，从日本枪械军火商大仓会社购妥步枪一万支、子弹500万发、旧式山炮一门和机关枪11挺。孙中山为运出这批军械，于6月18日买下三井物产公司的旧船"布引丸"，准备运到菲律宾。孙中山派日本兴中会员林及、高野二人押运。7月17日，"布引丸"满载军械从门司港起锚出航，约定运至马尼拉附近一个小岛，由菲律宾独立军接收。但"布引丸"行驶在中国浙江马鞍岛处时，不幸于21日遇强台风袭击而沉没了。押运人员林及、高野等全部遇难。

中村弥六见孙中山因人械俱失，甚为沮丧，表示愿为菲律宾独立党二次购买。孙中山与彭西商议可行，再托中村弥六二次向大仓会社购了原数村田式枪支子弹，计划取道台湾运往菲律宾。正待雇船运载时，日本政府鉴于"布引丸"沉没，决定取缔枪支船运出口，监视甚严，无法起运，蹉跎数月。菲律宾独立党因军械缺乏，连战失利。

当年10月，兴中会在惠州起义时，得彭西同意，借用了这批军械。孙中山在台湾致电东京宫崎寅藏办理取运。宫崎寅藏派远藤隆夫找中村弥六协助提取。中村弥六借口要往外地，不与办理。远藤隆夫要他先取出军械，再动身。中村弥六支吾其词，要远藤隆夫直接与大仓交涉。军火商大仓以为远藤隆夫与中村弥六同谋，直言不讳地说："此物原属废物，不如运销国外，以图厚利，此中村所赠与君等之利益。"于是，中村弥六与大仓合谋舞弊的勾当，暴露于众。宫崎寅藏回电孙中山："中村代购武器，尽属废物。"

孙中山原计划前方将士得这批武器接济后，即由台湾潜入内地，指挥惠州起义。接宫崎寅藏电报之后，知失去后援，进展不利，令郑士良撤军解散，并复电宫崎寅藏："向中村索还械弹原价六万五千元。"

犬养毅亲自出头向大仓交涉，要他归还原价，大仓得赃款五万元，中村弥六及其同伙分贪一万五千元。犬养毅要他至少退三万元，大仓最后答应退一万五千元。

但当犬养毅派宫崎向中村弥六交涉，要拿回退款一万五千元时，中村弥六竟矢口抵赖，不退赃款。

孙中山由台湾回到日本时，又发现中村弥六曾伪造有"孙逸仙"字样的印章及书信等赝件。中村弥六的狡黠行径，遭到日本民党内外一致谴责，后又被东京《万朝报》载露，中村弥六恼羞成怒，拒不退款，犬养毅不得已，将他开除民党名籍。

孙中山也请了两个日本律师，准备向日本法院起诉，后因此案关系日、中、菲三国外交问题，而且非短时期所能解决，在黑龙会首领头山满出面调解下，中村弥六退款一万三千元了事。

这位堂堂的民党干事、众议院议员与军火商大仓的卑劣行径，传闻东京。而日本也有另外一些人物，对犬养毅和宫崎寅藏等向中村弥六交涉索还赃款的事，进行责难，说他们"无情"，"无血无泪"，"欲杀中村而反自伤"，"未免太甚"云云。他们颠倒黑白到了何等程度！

孙中山对菲律宾人民反美斗争运动的支援，虽然由于日本奸商和卑劣政客的破坏而失败，但是这段真诚的协助精神，在中菲友谊史上，却留下可贵的一页。

之后，孙中山与彭西仍不断来往，直到1905年彭西移居越南西贡菩里连街140号后，孙中山每过西贡，必去访见。而且两人常有书信来往，互相关心着两国革命运动的进展情况。后来彭西还著写了《孙逸仙——中华民国的缔造者》一书。在书中提到孙中山对亚洲革命运动所起的作用时说："孙逸仙善于把远东各国的共同问题综合起来加以研究，因此，他成为一群来自朝鲜、中国、日本、印度、暹罗和菲律宾的青年学生的热情鼓动者之一。"[①]

[①] 彭西之原著系西班牙文，1912年在马尼剌出版。转引自［美］詹逊（M. B. Jansen）：《日本人和孙逸仙》，美国哈佛大学出版社1954年英文版，第73页。

第四节　创建中国同盟会

一、推动革命高潮的到来

在历史进入20世纪，革命形势迅速发展，群众广泛倾向革命的时候，为了进一步推动革命浪潮的高涨，孙中山风尘仆仆，四处奔走，热情宣传，积极扩大革命队伍。

早在义和团运动爆发之前，孙中山即在留日学生中开展工作，支持其中的激进分子从事革命活动。惠州起义失败后，孙中山一面总结起义失败教训，一面继续在旅日的知识分子中开展工作。

19世纪末叶以后，受到民族危机不断加深的刺激，一批批青年学生带着寻找救国真理的热切愿望，纷纷到国外留学。离中国最近的日本，中国留学生去得最多。1900年（光绪二十六年），在日本的中国留学生约有百余人，1902年后陡增至千余人。留日学生中不少著名的革命活动家如黄兴、邹容、陶成章、廖仲恺和何香凝等，都是在1902年到达日本的。在这些留日学生中，虽然绝大部分人充满着爱国救亡的热情，但他们多数暂时还没有接触到最尖锐的政治问题——革命的问题。他们普遍存在着一个模糊的想法，认为中国之所以衰弱和被侵略，主要在于文明的落后，因此到国外去最迫切的任务，就是要学习新知识，把它们介绍到国内，提高国民的觉悟程度。

针对大多数留日学生的这种思想状况，孙中山把对他们的工作重点，放在支持部分主张革命的激进分子在留日学生中开展革命宣传活动上。其中受到孙中山直接启发、帮助的，有秦力山、刘成禺和章太炎等人。在孙中山等人的努力下，留日学生中的革命思潮逐渐高涨。1902年冬，留日学生中的激进分子秦毓鎏等二十余人，发起成立了青年会，

"明白揭示以民族主义为宗旨,以破坏主义为目的",表明他们已开始趋向革命。

这时孙中山虽注意在留日学生中开展工作,培养革命的种子,但他当时对于日益壮大的爱国知识分子队伍在中国革命中即将发挥的重大作用,还缺乏足够的估计,而对于争取欧美各国对中国革命的援助尚抱有很大的期望。所以,他在1902年12月离开了日益扩大并日趋革命化的留日学生群体,前往越南河内谋求法国殖民当局对中国革命的支持。

孙中山在河内住了半年多,其间谋求法国支持的努力并无结果,而在发展革命力量方面则取得一定进展。他在河内建立了兴中会分会。三年后,这个分会改组为同盟会越南分会,曾在同盟会发动的钦廉、镇南关、河口三次武装起义中,发挥了重要作用。

在孙中山逗留河内的这段时间里,形势有了很大的变化。突出表现为,在留日学生和上海地区知识界中掀起了火热的爱国运动,众多的知识分子从爱国的立场出发,迅速地走上革命的道路,革命已成为不可阻挡的时代潮流。

促使众多知识分子投身革命的,是1903年(光绪二十九年)发生的拒法、拒俄运动。这年4月(阴历三月)间,广西巡抚王之春欲借法国军队镇压广西的农民起义,激起上海爱国人士的激烈反对。接着,由于沙俄背弃协议,拒绝撤回在义和团运动期间乘机侵占中国东北的军队,并向清政府提出七项新的侵略要求,妄图永久霸占东北,引发了留日学生与上海爱国知识界轰轰烈烈的拒俄运动。这一运动的性质并未超过一般爱国运动的界限,但清王朝却以"名为爱国,实则革命"为由,下令逮捕爱国青年。这样,清政府就充当了一名出色的"反面教员",逼使众多知识分子在"爱国无路"的情况下,迅速走上革命的道路。黄兴、陈天华等人,相继回到国内从事革命的组织活动。

紧接着,邹容所著《革命军》一书在上海出版,章太炎则在《苏报》上发表了《驳康有为论革命书》与《革命军序》。邹容在《革命军》中,以通俗的笔调,有力地揭露了封建专制制度的罪恶,论述了革命的必要性与正义性,提出了用革命手段结束君主封建专制制度,建立"中华共和国"的口号。全书文字生动,激情洋溢,产生了巨大影响。章太炎的文章,则从批判改良主义的角度,论述了革命的巨大意义。改良派企图以会流血牺牲来吓唬人们不要革命;章太炎则从历史上论证,人民群众要取得政治上的权利,实现民主政治,革命和流血是不

可避免的，也是完全必要的。改良派诬蔑人民智力、道德低下，不配革命；章太炎则用具体的历史事实来论证革命的实践，正是提高人民觉悟的有效途径。改良派以革命会引起社会紊乱为借口，来反对革命；章太炎则指出革命是明公理、去旧俗、补泻兼备的良药。改良派歌颂光绪帝为"今上"圣明；章太炎则直斥光绪帝为"载湉小丑，未辨菽麦"。全文论证严密，笔锋犀利，是革命派对改良派正面进行批判，战斗力较强的第一篇文章。邹容、章太炎反清革命论著的发表，在群众中引起巨大反响，清王朝极为恐惧，勾结帝国主义租界当局逮捕了章、邹两人，酿成轰动全国的"《苏报》案"。清政府的反动面目再次暴露，越来越多的人踏上了反清革命的征程。

在革命浪潮飞速发展的形势下，1903年（光绪二十九年）7月，孙中山从越南返回日本，继续在留日学生中积极开展革命活动。同年8月，孙中山在东京青山练兵场附近秘密创办了一所军事学校，培养革命的军事干部。这所学校前后办了半年左右，共有14名中国留日学生在这里接受训练。该校的创办，体现了孙中山一贯重视武装斗争的鲜明特点。

同年9月，孙中山在留日学生进步刊物《江苏》杂志第六期上，以"逸仙"署名，发表了《支那保全分割合论》一文，驳斥了一些日本帝国主义分子所谓"保全"清王朝和"分割"中国领土的谬论，指出："就国势而论，无可保全之理也；就民情而论，无可分割之理也。"孙中山强调，清政府的腐败统治正被越来越多的中国人民所唾弃，企图继续"保全"这样一个腐朽政权是绝对不可能的；而义和团的英勇斗争，则充分反映了中国人民反抗侵略的坚强意志，外人如胆敢瓜分中国，中国人民必将"出死力以抗"。这篇文章的发表，显示了孙中山对革命宣传工作的进一步重视。

随后，孙中山从日本动身，前往欧美。此行的主要目的，是针对康、梁等人在海外各地华侨中大肆散布的保皇论调和对革命派的攻击，从政治上和理论上开展对改良主义的批判，肃清改良主义的影响，把群众争取到革命的旗帜下来，改变各地兴中会组织软弱涣散的局面，并成立新的革命团体，来领导日益兴起的革命运动。

孙中山首先到了檀香山。这里原是兴中会的诞生地，但自从梁启超等人破坏后，兴中会的力量损失很大。孙中山抵达后，连续发表扣人心弦的演说，并在当地报纸上撰写了《敬告同乡书》和《驳保皇报》等长篇文章，痛斥保皇谬论，阐述革命道理。孙中山强调，中国要摆脱瓜分危机，要谋求国家的富强，就必须推翻清政府的统治，扫除这块挡道的绊脚石。康、梁等人极力鼓吹的保皇论调，是要束缚人们的手脚，阻止人们去参加革命，结果必然是清政府的统治依然维持，广大中国人民继续受苦受难。孙中山明确指出："革命、保皇两事，决分两途，如黑白之不能混淆，如东西之不能易位。"大声疾呼革命是救国的唯一出路，号召爱国侨胞人人"大倡革命，毋惑保皇"。

孙中山的演说，明白易懂，感染力强，听讲者十分踊跃，每次都在千人以上。他的文章，论据严密，说理透彻，具有无可辩驳的威力。在孙中山的教育、鼓动下，许多原来受骗脱离兴中会的人相继归队，并先后有一批新会员加入。此后，当地兴中会的活动日有起色，保皇会的势力则大为削弱。

1904年（光绪三十年）春，孙中山抵达美国，继续在华侨中以及在美国人民中抨击清政府的腐败统治，揭露保皇派的虚伪面目，宣传反清革命的思想，扩大了革命派的影响，争取了一批革命的同情者和参加者。

同年12月，孙中山离开纽约，前往伦敦。当时在比利时、法国和德国，有一批富有爱国热情的中国留学生，其中很多人原是湖北地区青年学生中倾向革命的激进分子。他们听说孙中山到了英国，非常高兴，马上派代表前去邀请与他们会面。

次年初，孙中山来到比利时首都布鲁塞尔，与在那里的中国留学生一起商量革命大计。这次讨论一共持续了三天，其中一个中心话题是怎样估价发动知识分子参加革命的作用。留学生认为应重视在新军和知识分子中间发展革命力量，孙中山起先不同意，打趣说"秀才不能造反，军队不能革命"。留学生便详细介绍了湖北地区革命的知识分子打入军队的情况。孙中山听了很高兴，但仍认为依靠会党暴动可靠。留学生则以长江中下游一部分原先赞成革命的会党力量，得知改良派"富而多资"转而参加自立军起义的事例，以及会党内部较涣散等情况，提出异议。讨论过程中，孙中山仔细倾听留学生们的看法，收获很大。在这以前，虽然留日学生和国内知识分子中许多人已转向革命，但是孙中山的思想一时还没有跟上形势的发展，仍把活动重点放在联络会党和向华侨筹款等方面，同留学生中的激进分子虽也有所接触，但并未倾注太多精力。因此，虽然留学生及国内知识分子中的革命情绪日渐高涨，孙中

山却没有及时加以引导和组织。这次讨论,使孙中山的认识有所改变,他明确表示:"吾辈以后当发展革命势力于留学界,使分途做领导人,则会党之流弊可减少也。"留学生们也被孙中山坚定的革命信念和虚怀若谷的风度所折服,纷纷表示愿意在孙中山高举的革命旗帜下,为拯救祖国冲锋陷阵。

讨论到最后,留学生们决定宣誓加入革命组织。孙中山当场用毛笔书写了"驱除鞑虏,恢复中华,创立民国,平均地权"的誓词。一位名叫朱和中的留学生,接过孙中山书写的誓词仔细一看,不禁笑出声来。孙中山不免有些诧异,忙问为何发笑。朱和中告诉孙中山:"以前康、梁等人说你目不识丁,今日见你书写的誓词文字简练,书法隽永,可见康、梁等人完全是一派胡言。"众人听了,也都开怀大笑。

当孙中山在欧美积极活动时,国内的革命形势正以迅猛的势头向前发展。自拒法、拒俄运动和"《苏报》案"以后,随着中国资本主义的发展和留学国外热潮的推动,出现于20世纪初年的资产阶级、小资产阶级知识分子群体,以空前的规模,冲破旧的精神枷锁,纷纷倾向革命。这些小团体的成立,为建立全国性的革命团体,在组织上做了准备。

▲ 1904年2月,黄兴(前排居中)等人在长沙成立了革命团体——华兴会。图为黄兴与留日学生中的部分会员在日本留影。

1904年（光绪三十年）以后，留日学生中的革命思想也在急剧高涨，赞成革命的人越来越多，并突破了原先同乡会的范围，出现了跨省区的革命团体。同年12月，由黄兴、宋教仁等人发起，湖南、云南、直隶、江苏等省留日学生一百余人成立了革命同志会。它的出现，反映了当时许多革命青年要求突破地域性的限制，实现更广阔范围内联合的强烈愿望。此外，宋教仁、陈天华等人还一起创办了《二十世纪之支那》杂志，从它的刊名和成员来看，也都在突破地域性团体的狭隘圈子。

形势的发展，要求人们迅速将各地分散的革命力量联合起来，建立一个全国性的统一的革命组织，以迎接全国规模革命运动的早日到来。联合，已成为革命形势发展到这一阶段的必然要求；团结，是当时每一个爱国者的共同愿望。而中国民族资本主义在20世纪初年的明显发展，也为这种全国性资产阶级革命组织的建立，提供了必要的阶级基础和物质条件。

就在这个关键时刻，远在欧洲的孙中山审时度势，高瞻远瞩，决定立刻返回日本，抓住大好时机，团结各方面的革命力量，建立一个全国性的统一的革命组织，领导和推动民族民主革命运动的更大发展。

二、各地的革命潮

震撼中国大地的义和团反帝爱国运动，被帝国主义和清朝统治者联合镇压下去了。1901年，清政府与英、俄、美、德、日、奥、法、意、西、荷、比11国代表，在北京签订了出卖大量主权的《辛丑条约》。这一条约，使帝国主义进一步对中国的军事、政治、经济等方面加强了控制和掠夺。单是赔款一项，就4.5亿两白银。从此，清政府不但割地赔款，助纣为虐，为帝国主义清除仇敌，而且要"永禁或设或入与诸国仇敌之会"，还公然提出他们的对外方针是"量中华之物力，结与国之欢心"，[①] 完全变成了帝国主义者的忠顺走狗。

帝国主义和清朝政府紧密地勾结在一起，结成了反动的政治同盟，把更加沉重的半殖民地半封建枷锁套在中国人民的脖子上。帝国主义不仅在中国强占所谓"租借地"，划分"势力范围"，侵略边疆地区，还

---

① 《上谕》（光绪二十六年十二月二十六日），国家档案局明清档案馆编：《义和团档案史料》下册，中华书局1959年版，第945页。

加紧在中国投资设厂、开矿、筑路和扩张银行活动范围，进一步掠夺中国的各种权益，控制中国的财政经济命脉。它们还派遣大批披着宗教外衣的人员，混入中国，进行思想和文化侵略。并在各地调查资源，进行间谍活动。又勾结地方官吏，任意霸占人民的田地房产，为所欲为，无恶不作。清朝政府则依靠帝国主义，对中国人民进行残酷的搜刮，打着举办"新政"的幌子，巧立名目，增加许多新的捐税。当时的苛捐杂税，层出不穷，多如牛毛，连骡马、草料、粪便都要上捐。1899年以前，每年财政收入是纹银8000万两，1903年增加到1亿两，1908年又增加到2.3亿万两，1910年再增加到3亿两。10年之间，人民的负担增加了三四倍。此外，还发行"昭信股票"，① 举办"赔款捐"，对人民任意敲诈勒索。农民纳税，往往一两银子的税款，有四五两的附加。地主阶级依靠强力兼并土地，全国土地更加集中，农民大量破产；豪绅地主对佃农、雇工的压迫和剥削，敲骨吸髓，日益加重。这种极端腐败、反动的统治，残酷的压迫与剥削，逼得广大劳动人民走投无路，卖妻鬻子，家破人亡。

丧心病狂的清朝统治者，生活极度糜烂腐化。早在1894年，为了给掌握最高权力的慈禧太后过60岁的生日，仅修理颐和园就挪用海军建造费达800万两银子。八国联军撤退后，1901年10月，慈禧太后带行李车3000辆，从西安返回北京，途经开封举办"万寿庆典"，大收贡品。回到北京就"大修颐和园，穷极奢丽，日费四万金，歌舞无休日"。为了保存慈禧太后脱落的头发，竟不惜用一百多两黄金铸成存放头发的发塔。皇帝做一件衣服要用上千两银子，吃一顿饭要用上百两银子。大贵族荣禄嫁女儿时，仅是他的门房得到的赏赐就有32万两银子。全国人民看穿了清朝政府的腐败与凶残，逐渐认识到这个卖国政府是全国人民的公敌。

当时社会上普遍流传着这么一首歌谣：

这世界，不得了！
富的富（得）不（得）了，
穷的穷（得）不（得）了。
不造反，不得了！

---

① "昭信股票"，是清政府在1898年为了筹集甲午中日战争失败后对日本的巨额赔款而试办的国内公债。因为这种公债实际上是欺骗性质的硬性摊派勒索，所以遭到广大群众反对。

这不仅反映了当时社会矛盾的极端尖锐化，而且道出了广大劳动人民不忍黑暗，要奋起反抗的心声。

中国人民群众日益觉醒了。自义和团运动以来，农民、手工业工人和其他劳动群众，连续不断地在全国各地掀起了反帝、反封建的风暴，如1902年至1905年间，各地举行的武装起义就有广西饭朝和兴义三合会领导的农民起义（1902年6月）；有李纪堂与原太平天国将领洪全福领导的广州起义（1903年1月）；有王和顺为首的南宁地区和陆亚发为首的柳州地区的农民起义，该次起义曾控制了广西数十州县，参加起义的有汉、壮、苗、瑶等族群众几十万人（1904年）；有黄兴、马福益领导的华兴会谋划的长沙起义（1904年11月）等，正在逐渐形成持续高涨的革命形势。

当时，随着民族资本主义的初步发展，办学堂和出国留学风气的盛行，资产阶级、小资产阶级知识分子的队伍迅速扩大。知识分子中的一批人，在严重的社会危机和民族危机之下，因热爱祖国逐步走上了挽救国家危亡的民主革命道路。其中有很多人，为了寻找真理，纷纷到国外留学。日本离中国最近，向西方学习又有成效，所以到日本留学的人最多。1906年去日本留学的达八千多人，去欧美各国的也不下几千人。

1903年后，资产阶级革命派的知识分子在政治上表现得非常活跃，他们在日本和国内先后出版了大批书报杂志，宣传反清革命和民主思想。其中特别是邹容的《革命军》、章炳麟（太炎）的《驳康有为论革命书》和陈天华的《猛回头》《警世钟》等著作，更是轰动一时，影响很大。这些书的作者充满着强烈的爱国感情和旺盛的革命意志，无情地揭露了清朝政府对人民残酷压榨和媚外卖国的罪恶，痛斥改良派反对革命的谬论，热情地歌颂中华民族的伟大，歌颂革命事业的伟大；宣称革命是"至尊极高，独一无二，伟大绝伦"之壮举，革命是"天演之公例"，"世界之公理"，是"顺乎天而应乎人"的伟大行动。指出献身革命是每一个人不可推卸的责任，无论"老年、中年、壮年、少年、幼年，无论男女"，都要"相存、相养、相生活于革命"。这些著作强调要"杀尽胡儿（按：指清朝统治者）方罢手"，杀退外国侵略者，清除为侵略者效劳的汉奸走狗。号召人民对内要和"爱新觉罗氏（按：清朝皇族的姓）相驰骋于枪林弹雨之中"，对外要扫荡侵犯中国主权的"外来之恶魔"。孙中山积极支持这些民主革

命思想的传播，他在1904年一次就刊印《革命军》一万多册，分寄美洲、南洋各地。又指示在新加坡的革命党人赶印这本书，分送到各处。同时，还大量翻印《猛回头》和《警世钟》等书。这些书，在广大人民中，特别是对知识分子起了很大的鼓动作用，激励人们争先恐后地投身到革命洪流中。

从1903年夏到1905年夏这两年中，随着反清革命运动的发展，国内外各地——特别是中国南部各省的重要城市中，如湖南、湖北、江苏、浙江、上海、安徽、福建、江西、四川、陕西等省市，都陆续涌现了不少反清革命小团体，秘密地或公开、半公开地进行活动。这些小团体，人数一般都很少，活动范围绝大多数局限在本省，有的仅几县，互不联络，各自为战，具有明显的地域性。它们中有的主要从事革命鼓吹，如福州的"益闻社"以设阅报所、秘密传布反清革命书刊等方法"惊醒国人之迷梦"；四川的"公强会""公德会"，或以在会员中树立革命思想为目标，或以"保障人权、铲除强暴为社旨"；陕西的"励学斋"，以广购书报、劝导有志之士；江西的"易知社"，"明则以诗文结社，暗则进行革命宣传活动"。这类组织，虽尚不及密谋起义，但开了当地结合社团的先河。有的专以联络会党作为发动起义的预备，如福州的"文明社"、嘉兴的"温台处会馆"。前者表面上以阅报社的公开面貌出现，实质上专以联络当地各山堂堂魁以图举事；后者则以联络江浙皖三省交界处的会党为职志。有的主要在学界发展成员，如安徽的"岳王会"主要成员是安徽公学师生，也有部分武备学堂学生；有的则以联络军界为己任，如南京的"强国会"、安庆的岳王会分会。这些情况表明，当时不少革命小团体的活动大都具有因地因时制宜的性质，缺乏全局观和较为周密的计划性。它们虽在各自的活动区域内对传播革命思想和结集反清力量起过很大作用，但毕竟因地域分散、缺乏联络配合而显得势孤力单。

在上述众多的革命小团体中，活动范围不以省界为局限、组织发动比较深入细致、反清起义有切实计划、在辛亥革命史上有较大影响和重要地位的，当推华兴会、科学补习所和光复会。

华兴会酝酿于1903年11月，正式成立于1904年2月15日。它的发起人和会长，是后来与孙中山齐名，世以"孙黄"并称的湖南善化人黄兴；副会长是衡山刘揆一（霖生）、桃源宋教仁（钝初）。黄兴原名轸，字杞园，从事秘密革命后改名兴，字克强，一字厪午、庆午。

1874年10月25日生于善化一户塾师之家。1896年中秀才,后来又就读于武昌两湖书院。他最初仰慕的是谭嗣同和唐才常。1902年以湖北官费留学日本进弘文学院速成师范科后,开始表现出革命的积极性。当年,他参与创办《游学译编》,又赞助湖北人刘成禺等创办《湖北学生界》。1903年参加拒俄义勇队和军国民教育会,不久又秘密加入以暗杀为宗旨的团体,并且练得一手好枪法。1903年6月毕业,以军国民教育会"自认特派员"身份回国,从事秘密革命活动。

▲ 1904年7月,胡瑛、吕大森在武昌设立科学补习所,从事革命活动。图为该所负责人胡瑛。

华兴会是当时留日学生中最重要的革命团体,也是当时国内除兴中会外最有影响的革命团体。但是,它没有留下任何政治文件,宗旨至今不清,只知道它在筹划长沙起义时曾提出过"驱除鞑虏,复兴中华"的口号。

科学补习所是湖北省一批革命知识分子运动军队的组织,发起人是吕大森、张难先,成立于1904年7月,所址设在武昌多宝寺街,后迁至武昌魏家巷一号。

湖北的革命志士早在1902年起就注意在新军中进行工作,方法是将倾向革命的学生和士子利用党人吴禄贞担任军界要职的机会,派入军队,对新军士兵进行革命思想的灌输。同时,又在武昌花园山设立秘密机关,使学堂和军队中的志士得以经常聚会。到1903年上半年,湖北新军中聚集了不少新型知识分子和革命志士,其中著名的有张难先、朱元成、陈从新、雷天壮、陈教懋、毛复旦、李胜美、刘静庵以及由湖南转入湖北的华兴会会员胡瑛等人;学界中有吕大森、冯特民、李亚东、范腾霄、欧阳瑞骅、曹亚伯、朱和中、贺子才、史青等。军、学两界的工作初见成效之后,于是有发起组织之议。科学补习所正式成立时,公举武备学堂学生吕大森为所长,华兴会会员、新军第八镇工程营士兵胡瑛为总干事,由两湖书院学生曹亚伯任宣传,文普通学堂学生、华兴会会员宋教仁任文书,康建唐任庶务,并在军队与学堂中分设干事,以"革命排满"为宗旨。

光复会的成立比较复杂。先是1897年由章太炎等在杭州发起成立

"兴浙会"。其性质,与当时维新思潮盛行时期各地学会"名实或少异",强调要以复兴浙江"用武"传统作为复兴中国、复兴亚洲的第一步。所谓"用武"传统,指的是黄宗羲、张煌言的反清斗争传统,所以"兴浙会"是一个隐含着反清意义的政治团体。

在光复会成立前,浙江志士正在对会党进行秘密联络和发动工作。这一工作,实际上有两条线并肩进行。一条是以陶成章、魏兰、孙翼中等留日学生组成,目的是为了在浙江建立一个能利用会党的革命团体;一条是以敖嘉熊为首的当地革命志士,目的在使会党组成一支反清的军事武装。两条线并行发展,未能结合,但有联系,居间联络者主要是陶成章。他虽已拟有组织革命协会以统一全省会党的计划,但结果未能实现。随着客观革命形势的发展,浙江需要一个领导革命的核心组织,通过它,把全省志士和分散的会党组织起来。于是,光复会在1904年10月间在上海正式成立。

光复会又名复古会。光复一词的含义,章太炎在《革命军·序》中早有解释:"抑吾闻之,同族相代,谓之革命;异族攘窃,谓之灭亡;改制同族,谓之革命;驱除异族,谓之光复。今中国既灭亡于逆胡,所当谋者,光复也,非革命云尔。"复古一词的意义,至今未见到当时人的解释,但若联系到光复一词的原义,则它要复的古,应该是汉族的文化制度似无疑问。所以,它的入会誓词规定为:"光复汉族,还我山河,以身许国,功成身退。"

▲ 1904年11月,蔡元培等在上海创立革命团体光复会。图为会长蔡元培。

光复会最初选择会员极为严格,会内制度也很严谨。会员彼此都不相识,只有在共同参加多次会议和秘密工作之后,才知道对方是自己同志。会员入会时,必须举行秘密的入会仪式,入会者要歃血和对天发誓表示革命决心。据说，会员以金牌为徽章，中镂一"复"字篆文，旁刻楷书。

截至同盟会成立前，光复会的会务发展较为集中于浙江、江苏和安徽三省，它成了与兴中会、华兴会三足鼎立的国内重要的革命团体了。但是，由于活动分散，难以采取一致的步调。

三、联系知识界

同盟会成立前，孙中山怎样看待读书人？他与国内知识界的关系究竟如何？

首先，孙中山自己就是一位读书人，在檀香山、香港等地受过系统的西式教育，又努力学习中国文史，一生酷爱书籍。在其早期的几篇著述中，已经把教育和读书人与国家的兴衰存亡直接联系起来考察。他认为，中国"不识丁者十有七八，妇女识字者百中无一"，因而"虽多置铁甲，广购军装，亦莫能强也！"他主张广设学校，"使天下无不学之人，无不学之地"。他批评时人徒羡欧美诸国多善政，强调泰西国强民富的根本原因，在于"其国多士人"。[①] 这种认识后来体现到兴中会的组织原则中。该会章程规定：本会干部必须是"品学兼优，才能通达者"。其领导者和骨干主要是知识人。像杨衢云等人的辅仁文社，本来就是一个新学人士的组织。特别是史坚如这样出身正途的少年英俊投身革命，令日本人士群相推重，给孙中山留下深刻印象。他与朱和中等人争论时，即"列述史坚如、陆皓东诸人之学问以证之"。

其次，孙中山很早就把联络知识界作为兴中会的组织方针。该会成立之初，便主张"联结四方贤才志士"，[②] 还主动提出与维新派合作，共谋大业。广州起义前，孙中山拜访日本驻香港领事中川恒次郎，声称将以康有为、吴瀚涛、曾广铨等人为统领，[③] 至少有借重其声名之意。起义失败后，孙中山流亡海外，从1898年起，与为数不多的留日学生建立联系，促使其中不少人反清革命。他总结历史经验，特别是太平天国失败的教训，认为："历朝成功，谋士功业在战士之上。读书人不赞

---

① 广东省社会科学院历史研究室、中国社会科学院近代史研究所中华民国史研究室、中山大学历史系孙中山研究室合编：《孙中山全集》第一卷，中华书局1981年版，第2页。
② 《香港兴中会章程》，《孙中山全集》第一卷，中华书局1981年版，第22页。
③ 《原敬关系文书》第2卷，书翰篇，日本放送出版协会1984年版，第392页。

成,虽太平天国奄有中国大半,终亡于曾国藩等儒生之领兵。""士大夫以为然,中国革命成矣。"① 1900年九列到日本,和孙中山"议定革命进行两种计划,一联络学界,一开导华侨"。② 此后孙中山努力贯彻这一方针。1902年,他以"中国士大夫尚无组织",邀集李书城、程家柽、冯自由等人开会于东京竹枝园饭店,要求他们分别对本省学生进行发动联络,并称这次聚会为"中国开天大会"。③ 这说明孙中山非但没有轻视读书人,相反清醒地认识到新知识群体在近代革命中的地位与作用。而重视开通士人,又表明其致力的事业不同于历史上的改朝换代。

当然,孙中山争取知识人的努力,也有局限。1899年以前,他主要致力于武力反清,对宣传和组织工作重视不够,因而活动重心偏向会党。就早期新学界的政治小团体而言,与会党结合才能更快地进入武力反清轨道,华兴会、光复会同样如此。华兴会入会者虽达五百人,因为多数是知识人士和青年学生,还是要依靠会党发动起义。光复会初期,会员"大部分是小资产阶级知识分子,顾虑动摇,行动不坚决",也将"注意力集中到运动江苏、浙江、安徽、福建、江西五省会党方面,动员参加,以达到武装革命的目的"。④ 而另一些革命小团体,因未与会党联合,活动就只能停留在宣传方面。革命党人对此深有感触,他们说:"会党党羽众多,又能脱离政府,超然自有所建树,隐然为一国之潜势力不可诬也。数年以来,爱国志士倡仆满独立之议,而赤手空拳,无所凭借,不足当伪政府剑头之一映,则折而属意于会党,思有以运动而联络之。"⑤

知识界本身的状况以及孙中山具有的条件也制约其努力的效果。庚子以前,国内知识界接受排满革命主张者的确不多。如章太炎所说:"方今支那人士日益阘茸,背弃同族,愿为奴隶,言保皇者十得八九,言复汉者十无二三。"⑥ 而孙中山自1895年广州起义失败后就成为清廷缉捕的"钦犯",与国内联系十分困难,更难以踏足国土。1903年

---

① 刘成禹:《先总理旧德录》,《国史馆馆刊》创刊号,1947年12月。
② 冯自由:《革命逸史》初集,中华书局1981年版,第31页。
③ 刘成禹:《先总理旧德录》,《国史馆馆刊》创刊号,1947年12月。
④ 沈瓞民:《记光复会二三事》,中国人民政治协商会议全国委员会文史资料研究委员会编:《辛亥革命回忆录》第四集,文史资料出版社1981年版,第34页。
⑤ 《会党之进步》,《复报》第6期,1906年11月11日。
⑥ 《来书》,《中国旬报》第19期,1900年8月9日。

后，随着新知识群的革命化，孙中山与国内知识界的联系大大加强，而后者的活动和作用仍集中于宣传方面。孙中山认为读书人不宜作为武装起义的主力去冲锋陷阵，的确反映了知识界的实情。他与朱和中等人争论的问题之一，正是知识分子在武装斗争中的作用。不过，即使在这方面，孙也没有轻视读书人的作为。他认为会党固然重要，但"必其联合留学，归国之后，于全国之秘密结社有以操纵之，义旗一起，大地皆应，旬日之间，可以唾手而摧虏廷"，① 主张用留学生统帅和指挥会党。

从1898年起，孙中山鉴于广州起义失败后，清朝地方官防范严密，以广东作为起义的发难之地，"今日非善矣"，考虑把战略重点转向长江流域，但又感到"万端仍以聚人为第一着"，② 这方面对长江流域没有把握。于是，他一面立足广东，一面努力扩展活动范围，为此采取了两项重大措施：第一，指示陈少白到香港创办《中国日报》，加强宣传，发动国内知识界。第二，派人联络湘鄂闽粤会党，组织兴汉会，又与梁启超商议联合组党，一致反清。不料后一方面努力的结果多半是为他人作嫁衣裳，从此直到同盟会成立，孙中山没有再度大规模联络国内会党，而把主要精力放到与保皇会争夺华侨和留学界之上。他对于宣传组织工作较前重视，并得到在士林中颇负时名的章太炎等人的支持声援。1900年章氏因主张严拒满蒙人入国会，不为同人见纳，愤然断发出会，以示与保皇派决绝，随即将所撰《请严拒满蒙人入国会状》《解辫发说》投寄《中国日报》，引兴中会为同志。以后又在《国民报》上发表《正仇满论》，公开与保皇派论战。同盟会成立前，章太炎等人的革命宣传对孙中山的活动很有帮助，"影响所及，就地域言，由上海扩及长江流域；以对象言，由下层阶级，普遍到知识阶级，这于后来革命成功关系是很大的"。③ 与知识界的革命化相适应，孙中山不仅思想上而且行动上越来越重视联络知识分子，并逐渐形成以知识分子为主体组建革命大团体的计划。

同盟会成立前，孙中山争取知识界的重点是留学生，同时通过各种渠道，特别是留日归国学生和一些往返于海内外的革命人士，与国内一

---

① 宋教仁：《程家柽革命大事略》，《国史馆馆刊》第一卷第三号，1948年8月。
② 《与宫崎寅藏等笔谈》，《孙中山全集》第一卷，中华书局1981年版，第183—184页。
③ 张继：《五十年历史之研究与回顾》，台北1965年版，第7—8页。

些重要省区的知识界建立了不同程度的联系。

孙中山与国内知识界的联系集中在江浙、湖北、广东三个重要地区。以上海为中心的江浙一带，有近代中国经济文化最为发达的优势，成为进步知识人士的荟萃之所和国内学界风潮的发源繁盛之地；湖北省垣武汉号称"东方芝加哥"，洋务新政力开风气之先，兴学留学均跻于全国前列，进步知识界的组织与生活持续活跃；广东则为近代维新与革命运动的发祥地，开放既久，人心思变。由于上述三地新知识界的实力较强，与之联系，既可以反映国内知识界的基本动向，又足以影响全国局势。

孙中山与江浙知识界的联系发端甚早。1898年初，赴日考察报务的汪康年等人就和他有过接触。在日期间，孙中山结识了不少留学生中的英俊之士以及章太炎等著名新学士绅，许多人归国后就在上海开展活动，如章太炎、张继、马君武等人参加中国教育会，创办爱国学社，为《苏报》撰述；秦力山、戢元丞等开办《大陆》杂志、《少年中国报》，办新译社；叶澜等组织东亚谈话会等，彼此联系日见紧密。尤其是孙中山与中国教育会的关系，值得重视。"《苏报》案"后，中国教育会会长黄宗仰亡走日本，孙中山特邀其同居一楼，两人情谊甚笃。黄宗仰以"仰瞻星斗十年久，莉汉声闻三度雷"[1]的诗句，表达对孙中山的久慕之情。此后，孙中山与其保持通信往来，还通过黄宗仰与上海革命党人联系。邹容的《革命军》刊行于沪，"是时禁网方密，除镜今书局外，无人敢为出售，乃由黄宗仰寄千册予先生（即孙中山）。嗣先生来函，称《革命军》为南洋所崇拜"，[2]这对宣传能力不敌保皇派的兴中会帮助极大。孙中山复函请求继续予以臂助，"务望在沪同志，亦遥作声援，如有新书新报，务要设法多寄往美洲及檀香山分售，使人人知所适从，并当竭力大击保皇毒焰于各地也"。[3]鼓动以中国教育会为中心的国内进步知识界加入反对保皇派的斗争。张继甚至称："'《苏报》案'未决之先，余时至巡捕房探问，太炎致书总理，称'总统钧鉴'，交余

---

[1] 中央：《与中山夜登冠岳峰》，《江苏》第9、10期合刊，1904年3月17日。
[2] 《汪德渊致孙中山函》，转引自杜呈祥：《邹容的思想演变及其在中国现代革命史上之地位》，中华民国开国五十年文献编纂委员会编印：《中华民国开国五十年文献》，第一编第十册，台北，1962年版，第585页。汪德渊为中国教育会会员。
[3] 《复黄宗仰函》，《孙中山全集》第一卷，中华书局1981年版，第230页。

设法转递。"①

　　1903年秋，中国教育会内部发生纠纷，大起争执，多方调解无效，兴中会机关报《中国日报》社社长陈少白闻讯，"以同党内哄，有碍大局，特亲至上海设法和解，并设宴邀集沪上诸同志联络感情"②，终于平息了风波。是年底，孙中山又致函上海同志，讲述平均地权思想及其与保皇派斗争的情况。值得注意的是，他把所定的新誓词和宣誓方法详告上海方面，说："公等既为同志，自可不拘形式，但其余有志者，愿协力相助，即请以此形式收为吾党。"可见这已不是组织外部的一般关系了。1904年4月26日，《警钟日报》将此函全文刊登，以为号召。6月10日，孙中山在另一致黄宗仰函中询问："上海同志近来境况、志气如何？"③ 除黄宗仰、章炳麟外，教育会与孙中山有过交往或通信联系的还有干事王慕陶、戢元丞、会员张继、马君武等。双方在扫荡保皇派方面的配合协作，几近统一组织的共同行动，所以孙中山、陈少自称上海方面为"同党"或"同志"。

　　湖北方面，庚子自立军起义时，孙中山与湖北知识界的关系一度密切，以后双方的联系通过两条渠道保持和扩展，一是湖北留日学生，如吴禄贞、刘成禺、李书城、戢元丞等。另外，程家柽、沈翔云等祖籍不是湖北，而与湖北学界关系密切。吴禄贞等人回国后，与武昌新学界中的激进分子共组花园山机关，俨然成为当地进步知识界的领袖。结会者筹议运动方法，其中一条是"寻孙逸仙，期与一致"。

　　孙中山与湖北知识界联系的另一渠道，是旅居上海的鄂籍人士。花园山机关成立后，"公开招待各处来访之志士。于是远自东京，近至上海，莫不互通声气"。④ 还派人到上海设立联络处。当时活动于上海的各省进步人士很多，为了便于联系，增强影响，建立了一些地缘性小团体，如福建学生会，参加者不限于学生，还包括教员、编辑、记者和邮政、路矿、船政等部门的职员。湖北在沪同人也有类似机构，即国民丛书社。该社"为王君（慕陶）所创立，为吾湖北学生公益起见，递书

---

① 张继：《回忆录》，《国史馆馆刊》第一卷第二号，1948年。
② 冯自由：《革命逸史》初集，中华书局1981年版，第136页。
③ 《复黄宗仰函》，《孙中山全集》第一卷，中华书局1981年版，第241页。
④ 朱和中：《欧洲同盟会纪实》，《辛亥革命回忆录》第六集，文史资料出版社1981年版，第3页。

售报，同乡公举以为上海机关，于吾湖北关系甚大"。① 武昌花园山机关派赴上海创办联络处昌明公司的万声扬，就与国民丛书社有直接关系。该社实际上成为湖北知识界与国内外志士沟通的联络机关，不仅刘成禺、戢元丞与之关系密切，孙中山本人还与该社负责人王慕陶有通信往来。

广东是孙中山的故乡，也是他最早进行政治活动并长期重视之地，他与广东进步知识界的关系之紧密，不言而喻，兴中会就吸收了一批优秀的广东新学之士。孙中山在日本期间，积极赞助留日粤生组织广东独立协会，创办《开智录》。兴中会还在香港开办了两家报纸，直接对广东新学界进行宣传，一是陈少白主持的《中国日报》，一是郑贯一主持的《广东日报》。他们十分关注广东学界动向，特别是对1903年兴起的学堂风潮，大加报道评论，推动运动在粤省的发展。因此不少学生以二报为自己的舆论喉舌，寄文投稿，通过报纸向社会吐露心声。不过，由于革命派和保皇派都以广东知识界为力争对象，清政府特别注意这一地区新知识界的动向，甚至有因为害怕孙中山的影响计划蔓延而主张废弃新学及学堂教育者。② 对于兴中会的活动，更是严加防范。加上广东知识界缺乏组织，保皇会的影响又多所掣肘，孙中山与之联系难以进一步发展。

除上述三地外，湖南、福建两省知识人与孙中山的关系也值得注意。两湖社会联系密切，孙中山与湖北知识界的交往，势必辐射到湖南。同时，上海的湘籍进步人士秦力山、章士钊等与孙中山有着直接间接关系，秦力山还被认为是"宗旨惟在革命"的"孙党"。③ 他们在向国内知识界宣传孙中山方面起过积极作用，又与原籍进步人士保持紧密联系。1903年底从东京归国到长沙任教、加入华兴会的翁浩、郑宪成，是孙中山所创东京青山军校成员，曾由孙亲自主持宣誓，对其革命主张有比较全面的了解。此外，华兴会会员中，张继、叶澜等见过孙中山，苏子谷则到过《中国日报》社。他们均对湖南知识界有

---

① 《湖北在沪学生代王刘二君公告》，《大陆》第12号，1903年11月。另据《湖北学生界》第3期《湖北同乡会敬告》："宜昌王君慕陶寓居上海新闸新马路余庆里19号国民丛书社，愿以所寓作湖北同乡招待处。"
② 《两广总督陶制军批斥洪牧嘉与札稿》，《选报》第九期，1902年3月10日。
③ 1902年3月18日《致吴君遂等书》，汤志钧编：《章太炎政论选集》上册，中华书局1977年版，第163页。

所影响。赵声在《保国歌》中唱道:"新湖南与新广东,社会秘密通消息。"①虽然受欧榘甲、杨毓麟鼓吹湘、粤独立的同名作品的影响,所指显然不是保皇的康、梁,而是兴中会、华兴会这类反清团体。两湖和江宁学生将这份传单在长江流域广为散发,华兴会也以此为重要宣传品。尽管这些联系带有间接性,毕竟不像有些学者所说,自从毕永年隐迹后,孙中山失去了他和湖南、湖北两省的唯一联系;直到五年后结识黄兴,与两湖的联系才得以恢复。②

1903年,福建进步人士"闻国父倡义岭南,豪俊风从,遂在沪组织福建学生会"。③ 该会与中国教育会关系很深,不少会员同时加入两个组织,如林獬、林宗素兄妹,既是中国教育会会员,参加编辑《中国白话报》《警钟日报》,又是福建学生会的骨干。青山军校的翁浩、郑宪成(均为闽籍)归国途经上海时,也参与该会活动。当时湘闽两省的新学界,尤其是青年学生运动十分活跃,孙中山与之接触联系,很有积极意义。以后湖南进步知识界中不少人成为同盟会的骨干,福建学生会也加入了同盟会。

综上所述,孙中山从开始革命活动之日起,就重视读书人的地位和作用,随着知识界革命倾向的增强以及联合会党、联合维新派尝试的屡次受挫,其倚重态度日益明显,行动也日趋积极。1903年以后,通过各种渠道媒介,孙中山与国内知识界建立起直接或间接的联系,国内知识分子普遍加深了对孙中山的认识。结果,孙中山在国内知识界的声望影响不断增长,成为革命分子的公认代表。双方共识增多,互信接纳程度加强,为同盟会的成立及革命形势的发展创造了条件。从此,"秀才造反"在中国有了崭新的含义,一个由读书人扮演主角的新纪元拉开序幕。

四、"华侨为革命之母"

千百万海外华侨,都是中华民族的子孙。他们中的大多数是在国内

---

① 《在湖南革命之气运》,《中国日报》,1904年4月11日。
② 薛君度:《黄兴与中国革命》,长沙,湖南人民出版社1980年版,第41页。该书注明此意出自冯自由《革命逸史》初集的《毕永年削发记》,但冯著原话为:"自庚子至乙巳同盟会成立。长江流域各省之运动一时为之停顿云。"
③ 《林森事略》,中国国民党中央党史史料编纂委员会编印:《革命先烈先进传》,台北1965年版,第813页。

封建统治阶级残酷剥削压迫下，为了求生，被迫漂洋过海的。有的是被外国侵略者勾结本国恶势力拐骗和绑架到国外充当契约劳工，也有的是为了逃避国内的政治迫害而不得不逃亡海外。原因种种，但都是无可奈何地抛妻别子、流落异国他乡的。他们主要分布在南洋一带，即印尼、泰国、马来西亚、越南、缅甸、菲律宾等国。欧洲、非洲的数量很少，但美洲和大洋洲却很多。据统计，在1907年时，华侨总人数约六七百万人。他们漂泊重洋到了海外，曾对居住国的开发和经济建设做过重要贡献。但不少居住国政府和殖民统治当局出于政治和其他需要，对华侨进行了肆无忌惮的迫害，各地排华乃至屠华事件时有发生。清政府对华侨不但不予保护，而且歧视、指责，把他们视为"自弃王化"的莠民。鸦片战争后，中国一步步沦为半殖民地，华侨在海外更受轻侮。因此，广大华侨痛恨帝国主义对中国的侵略，迫切希望国家强盛起来，有一个良善政府保护他们的应有权利和人身安全。正是这种强烈的爱国感情和救国愿望，推动了他们中的一批先进分子积极支持和参加孙中山领导的反清斗争。

孙中山领导的民主革命事业，首先是从海外华侨中开始的。孙中山的家乡是侨乡，他本人出身于华侨家庭，他的两个叔父早年随华工的人流到美国谋生；其兄孙眉是檀香山侨商。从某种意义上说，孙中山既是一位民主革命的领袖，又是一位华侨革命的领袖，是华侨的贴心人。在他领导的辛亥革命中，把华侨作为革命的动力之一，而华侨也把他视为救星和知已。因此在革命中华侨和孙中山结下了生死与共的情谊。

孙中山进行革命活动一开始，就得到其兄华侨农牧资本家孙眉的大力支持；兴中会成立后，又成为孙中山革命的重要资助者。据统计，辛亥革命前，孙眉慷慨资助孙中山的革命经费总数约达75万美金，可见数量之大。在广大的下层华侨中支持孙中山革命的更有许多生动感人的事例。如越南堤岸华侨关唐是一名挑水的佣工，为人家挑一担水，只得一文钱，但他有一次将一生挑水积蓄的三千多元，全部捐给孙中山，表现了华侨工人无私的报国精神。

从1894年孙中山在檀香山创建兴中会以来，兴中会一直是他发动反清起义的组织中心，华侨作为各地兴中会组织的基本成员，为革命作出了重要贡献。但兴中会在发展过程中暴露了不少缺陷，华侨也在革命与保皇势力的斗争中表现出彷徨与困惑。一部兴中会组织史，既反映出革命派在组织建设方面的认识水平，也显示出华侨的政治觉醒程度。在惠州起义失败后相当长的一段时间内，困扰孙中山的是如何整顿他亲手创建的兴中会组织。而要整顿兴中会，就势必要在华侨中加强革命思想的宣传。

华侨散居世界各地，他们的年龄、经历、职业各别。各地的政治环境也不一样，因此不同地区和不同人的心境和政治态度也有别。在有清一代，充当"苦力"的华侨占华侨中的大多数，他们属于华侨社会的下层。这一部分华侨一向期望祖国能够独立、繁荣和富强，作为他们坚强的后盾，支持他们摆脱苦境，他们积极支持孙中山的反清革命。有一部分华侨，尤其是一些富商，或属上层社会的人，由于他们同国内的封建统治者和国外的殖民主义者，以及和所在国的统治集团有诸多的关系，政治态度稍为保守，他们对孙中山的反清革命态度较为冷淡。所以，华侨对孙中山革命的态度只是就它的大多数，就它的主体方面来说的，不是说它的全体。

在孙中山近四十年的革命斗争史上，"无不有华侨二字"。正因为这样，孙中山高度评价华侨对中国革命的贡献。他说：华侨"热诚爱国，赞助独先"，或"牺牲头颅，或赞助军实"，"华侨为革命之母"，"每次起革命都是得海外同志的力量"，"华侨不自言功者，盖知救国为真天职，不事矜举"。

孙中山为了反清革命，他的足迹由亚洲而美洲，又由美洲而欧洲而亚洲。他所到之处都深入华侨社会，关怀他们的生活，开导华侨关心国家大事，号召华侨出钱出力，赞助革命；保护华侨的利益，尽力解除华侨的苦境。他四处奔走于华侨居住地区，不辞辛劳地鼓励华侨勤奋创业，宣传爱国爱乡，动员华侨投身排满革命。孙中山与华侨心脉相系，骨肉情深，并在华侨中具有崇高的威望，为全球华侨所共仰。孙中山领导的革命的胜利，是与华侨的大力支援分不开的。

不过，从各方面的情况看，当时华侨上层比较保守，对孙中山反清革命所持的态度十分谨慎，多数都是持观望的态度。对孙中山反清革命作出重大贡献者，严格说来是华侨中的知识分子和属于中下层的工商业者，及其他劳动大众。

孙中山为争取美洲致公堂华侨支持革命，做了大量工作，并且在檀香山加入致公堂，促使致公堂中一些进步华侨，对孙中山的革命活动给予满腔热情的支持。如1904年3月底孙中山赴美国旧金山，当地保皇

派分子及清领事互相串通并勾结美国海关之事，以孙中山所持护照为伪照，将其扣留在码头的木屋中，并拟驳回檀岛。后经当地美洲致公堂总部领导人多方设法，大力营救，才使被关木屋17天的孙中山脱难。

爱国华侨对孙中山革命事业的支持，除去参加兴中会组织外，突出表现在以下两个方面：

一是为革命捐款助饷，甚至毁家纾难，表现了极大的爱国热忱。据现有材料统计，1894年至1900年间，华侨捐助革命经费共32000美元又500港元。总额虽不是很大，但捐款者大多是工农劳动阶层和中小商人，积贮不多，这三万余美元，包含了他们辛勤劳动所得的血汗。有的甚至倾家相助，如檀香山华侨邓松盛（即邓荫南），为支持孙中山发动第一次反清起义，便尽卖其商店农场，表示"一去不复返之决心"。所以，他们对中国革命的资助，体现了海外赤子的一腔热忱。在革命初起、经费艰难的情况下，对孙中山的革命事业无异是"雪中送炭"，其意义是无可限量的。当然，这一阶段中华侨捐款总数不大，还包含着康、梁保皇会对华侨蛊惑的客观因素在内。由于保皇会的欺骗，1900年唐才常自立军勤王时，康有为在南洋、美洲华侨中募得百万元以上的巨款，其中富商邱菽园一人就捐了20万元，檀香山华侨也捐款"逾华银10万元"，致使革命派同年发动的惠州起义，未得檀香山华侨的资助。

二是积极参加革命斗争。从爱国思乡发展到投身革命行列，这是华侨政治觉醒的轨迹。虽然，1900年前后广大华侨的革命觉醒整体上还未到来，但其中的一些先进者就已开始投身反清起义队伍。1895年广州起义时，华侨参加起义的有邓荫南、宋居仁（广东花县人，1894年加入檀香山兴中会）、侯艾泉、夏百子等，其中不少是工人；1900年惠州起义时，邓荫南、宋居仁、卢文泉等华侨也参加了起义军。

除上述两个主要方面外，爱国华侨在革命思潮影响下，集资办报、宣传革命，也是一个必须强调的贡献。这一点，在兴中会时代虽然因华侨整体上的政治觉醒尚未到来而并不普遍，但南洋地区的华侨因地缘关系可得风气之先，所以仍有突出的表现，其代表人物就是新加坡华侨陈楚楠。他在南洋创办了《图南日报》，销售量达两千多份，终于撑起了南洋革命宣传的半壁江山。

孙中山在组织兴中会及发动反清起义革命过程中，从人力、物力、财力等方面，源源不断地得到了广大华侨的支持。从一定意义上说，没有华侨就没有兴中会，也就没有孙中山的革命事业。

五、中国同盟会的成立

形势的发展，要求人们迅速将各地分散的革命力量联合起来，建立一个全国性的统一的革命组织，以迎接全国大规模革命运动的早日到来。联合，已成为革命形势发展到这一阶段的必然要求；团结，是当时每一个爱国者的共同愿望。而中国民族资本主义在20世纪初年的明显发展，也为这种全国性资产阶级革命组织的建立，提供了必要的阶级基础和物质条件。

孙中山正是从革命形势的发展、革命知识分子作用明显加强中，受到莫大的鼓舞。早在1903年7月，他从越南回到日本后，就增多了同新兴的知识阶层的接触，开始加强重视和注意团结知识分子，在留日学生中开展工作，支持其中的激进分子从事革命活动。他在横滨的住处山下町寓庐，经常有留学生出出进进，其中以军国民教育会的积极分子为多。孙中山和他们促膝谈心，畅论革命救国的道理和方法，并从中物色人才。这是孙中山革命历程的一个重大变化。过去，他主要是从"联络会党入手"，进行革命活动，此后，除继续从事会党工作外，把活动的重点开始转向日益觉悟起来的知识分子，并着手用大的力量去联络、发动和组织这支突起的新军。当时，一些留学生经拒俄爱国运动后有学习军事的要求，孙中山便在东京青山练兵场附近秘密创办革命军事学校，聘请新结识的日本军事学家日野熊藏为校长，退役军官小室健次郎为助教，传授军事知识及枪炮火药制造方法，尤其注重布尔人（Boer,曾译作婆尔人，是南非荷兰人移民的后裔，他们在南非建立了奥伦治、德兰士瓦两个共和国。1899年至1902年间，英国和布尔人进行了为时三年的英布战争）的游击战术及以寡战众的夜袭法。孙中山为组织反清武装起义，这时也专心研究军事，读了大批关于英布战史的书籍资料和图册，并和日野熊藏共同研讨布尔人的游击战术，认为这种战术"最适用于揭竿起事之中国革命"。孙中山规定入学学生（共14人）必须填写盟书，表示革命决心，并亲自主持宣誓，誓训是："驱除鞑虏，恢复中华，创立民国，平均地权，如有不遵，应受处罚。"这是孙中山第一次用这样内容的誓词。誓词中"平均地权"的提出，标志着后来定名为民族、民权、民生三民主义的思想内容已经基本具备。同时，还应该看到，这是孙中山把具有爱国革命思想的知识分子，提高到完整的

民主主义革命纲领的创举。从此，这个誓词就成为孙中山聚集人才和进行革命的行动纲领。不久，孙中山离开日本时，把同留学生的联系工作，专门委托给冯自由等人。这所革命军事学校维持了近半年的时间，因孙中山离日后校内发生纠纷而停办。

1903年9月26日，孙中山从日本赴檀香山。他自1896年离檀，已过八年，当10月5日重抵檀香山后的所见所闻大出意外，竟看到自己亲手组织成立的兴中会被破坏得面目全非，许多老会员变成了保皇党的骨干，兴中会的阵地几尽为保皇党夺去，痛感保皇党的危害甚大。他立即一面大力批判保皇党的谬论，一面着手重建和发展革命组织。建立起来的团体，不再叫兴中会，命名为"中华革命军"，以强化革命意识，其动因是纪念"《苏报》案"入狱的《革命军》作者邹容。规定了入会者都要举行宣誓，并把"驱除鞑虏，恢复中华，创立民国，平均地权"十六字正式列入誓词。参加者在希炉有十余人，在火奴鲁鲁有数十人。

与此同时，孙中山还采取发行公债券的方式募款，以供起义的需要。华侨购买颇为踊跃。他还经常为华侨病人义务诊治疾病，深得侨胞们的敬仰和信任。当时，檀香山华侨加入致公堂（即洪门，是国内具有革命传统的天地会的一个支派，在美洲和檀香山华侨中拥有广大的成员）者十居六七，为了与保皇党争夺群众，孙中山于1904年1月11日在火奴鲁鲁又毅然加入致公堂。致公堂为孙中山举行了特别"开台戏"（洪门称招收会员拜盟行礼为演"开台戏"），欢迎孙中山加入，并封他为"洪棍"之职。"洪棍"，又称元帅，它和纸扇、草鞋是洪门组织的三种重要职务。洪棍掌刑罚，有人犯罪，可以开堂审判和施加刑罚，地位极高。

在完成兴中会整顿任务和初步肃清保皇思想在华侨中的影响后，孙中山于1904年3月31日离开檀香山作美洲大陆之行。7月，他在美国纽约时，与中国留学生的接触也较多。他同留学生王宠惠、薛仙舟、陈锦涛等人时相过从，共同讨论后来被称为三民主义、五权宪法的一整套革命思想，以及革命后有关外交、财政等方面的问题。这时，由于日俄在中国境内鏖战方酣，全世界注意力集中于远东地区。美帝国主义更是野心勃勃，企图在"门户开放"的幌子下继续扶持清政府作为侵略中国的工具。孙中山便于8月底在圣路易城（Saint Louis）用英文撰写《中国问题的真解决》[①]（The True Solution of the Chinese Question）一

[①] 《孙中山选集》上卷，人民出版社1956年版，第56—64页。

▲ 图为孙中山用英文撰写了《中国问题的真解决——向美国人民的呼吁》一文的英文原文（局部）。

文，向美国人民发出呼吁，要求"在道义上与物质上给以同情和支持"。这是一篇重要的文章，它揭露了帝国主义"争夺亚洲霸权"的野心，并驳斥了为帝国主义侵略中国服务的反动的"黄祸论"，指出"中国人的本性就是一个勤劳的、和平的、守法的民族，而绝不是好侵略的种族；如果他们确曾进行过战争，那只是为了自卫。……如果中国人能够自主，他们即会证明是世界上最爱好和平的民族"。文中充满信心地说："在中国人民中有许多极有教养的能干人物，他们能够担当起组织新政府的任务；把过时的满清君主政体改变为'中华民国'的计划，经慎重考虑之后，早就制定出来了。"它还警告帝国主义"瓜分中国"的殖民政策只会给自己带来"危险与灾难"，支持清政府也"注定是要失败的"。文章较为系统地反映了孙中山的革命思想，既有助于民主革命思想的传播，也促进了世界各国对中国民主革命面貌的认识。与此同时，这篇文章也在一定程度上流露出孙中山仍对帝国主义抱有幻想。

当孙中山闻知有些学生新从内地或日本到了欧洲，便决定离美赴英作第二次欧洲之游，积极进行结纳志士、组织革命团体的活动。他向中国留欧学生宣传民主革命思想，阐明要挽救祖国，必须"驱除鞑虏"，"创建民国"。

1904年12月下旬，孙中山从美国纽约到达伦敦后，一如既往，常到大英博物馆阅读各种书籍，丰富学识，并结识留居英国的吴稚晖等人。这时留欧学生较之1896年孙中山第一次到欧洲时确是增加了许多。1904年春湖北、四川等省派出的留学生都到达欧洲，分往比利时、法国和德国入学。在革命潮流影响下，他们中的不少人表示赞成或同情革命。翌年春，孙中山应留欧学生史青、朱和中、贺子才等的邀请，离开英国渡海到了比利时首都布鲁塞尔。他同当地的中

▲ 1904年，孙中山在美国与美国军事家荷马里结识，此后，荷马里追随孙中山近十年之久。图为荷马里照。

国留学生会见，向他们介绍了自己的革命经历、政治主张和未来的思想。在会晤中就革命方略和依靠力量等问题有过激烈辩论，曾"反复争论三日三夜"。在革命的依靠力量问题上，孙中山非常重视这些学生的意见，他开始还认为可以会党、知识分子双方并进，在听取了他们进一步的申述后，扩大了视野，开始转向以发展学生为骨干领导会党的方针，并宣布今后将在留学生界发展革命力量，"留学生之献身革命者，分途作领导之人"。这一正确的决策，使留欧学生大为欣悦，他们向孙中山表示："此吾辈倾心于先生之切愿也。"辩论结束的当夜，孙中山即提议大家宣誓，组织革命团体，并亲书不久前青山军事学校所确定的"驱除鞑虏，恢复中华，建立民国，平均地权"十六字纲领为斗争目标的誓语。众人依次宣誓，加入组织者有朱和中、贺子才等三十余人。由于当时革命团体处于秘密活动的状态，各成员间须用暗号保持联络，必须以暗号相通，才能确定对方身份。所以孙中山在宣誓完毕后，向各人授联系暗号：

问：君从何处来？

答：从南方来；

问：向何处去？

答：向北方去；

问：贵友为谁？

答：陆皓东、史坚如二人。①

这个革命组织，当时并没有定名。它是留欧学生的第一个革命团体，也是孙中山以留学生为对象所建立的第一个组织。

孙中山在布鲁塞尔期间，还在5月中旬访问了设在该地的国际社会党执行局（第二国际常设执行机构）主席王德威尔德（E. Vandervelde）和书记处书记胡斯曼（C. Huysmans），并且同他们举行了会谈。在会谈中，孙中山为了向西方寻求革命真理和支持，曾提出接纳他的革命组织为第二国际成员的请求，试图与第二国际建立联系。据报道，孙中山"简要地说明了中国社会主义者的目标。……他们纲领的第一点是驱除篡权的外来人（满人），使中国成为中国人的中国。第二点，要使中国的土地全部或大部公有，亦即很少或没有大地主，土地由公社照章租给农民，……每人依其财产数量缴纳租税"，目的在于"防止一个阶级剥夺另一个阶级的现象，如像欧洲各国所发生的那样"。② 由于第二国际领导人这时越来越深地陷入修正主义，他们百般为帝国主义的殖民政策辩护，无视殖民地、半殖民地人民的革命作用，所以没有对孙中山的请求给予热情的支持。孙中山的这一活动表明他很早就对社会主义充满了真诚的同情和支持。

不久，孙中山离开布鲁塞尔再往伦敦。同年5月下旬，他自英赴德，到了柏林，向留德学生宣传民主革命主张，吸收留学生宾步程、王发科等二十余人加入革命组织。接着，他于6月初又到达法国巴黎，复

---

① 冯自由：《中华民国开国前革命史》上编，上海中国文化服务社1916年版，第188页。

② 布鲁塞尔佛兰德文《人民报》1905年5月18日报道。转引自［美］伯纳尔（M. Bernal）：《1907年以前的中国社会主义》（*Chinese Socialism to 1907*），美国康奈尔大学出版社1976年英文版，第65—66页。

▲ 1909年春，孙中山在布鲁塞尔与中国留学生合影。

有留法学生十余人加盟，组成了革命团体。①

孙中山对欧洲留学生抱着殷切的希望，他用了几个月时间，把留欧学生当中的七八十人都吸收到他所领导的革命队伍中，使他们形成了一支有组织的革命力量。孙中山把上述的比、德、法三个革命组织的成立视为中国同盟会的起点。在当时，他曾谆谆嘱咐加盟者努力向学，以为他日有用之人才，并语重心长地指出："诸君加入革命矣，仍应努力求学，即返国后，亦可仍为清廷官吏；他日革命军起，诸君以官吏地位，领导民众，更易奏效。如诸君学业未毕，而国内革命军已起事，遇有必要，余当来电，电到盼即返国，为我臂助也。"②

1905年夏，孙中山在欧洲了解到国内和东京反清革命运动蓬勃发展的情况，决定结束美欧之行前往日本，以便把各种革命力量联合起来，组织成一个有能力领导全国民主革命运动的大团体。6月11日，他从法国马赛乘船东返，途经新加坡、西贡等地，略事停留，于7月19日再次来到日本横滨。

还在孙中山由欧洲来日本前，一些革命青年就以组党之事相期待。宋教仁在《程家柽革命大事略记》中说："以同志日渐加多，意欲设立会党，以为革命之中坚，以谋诸君（按：指程家柽）。君立阻之，谓革

---

① 孙中山在欧洲比、德、法国建立革命组织的名称，已无可考查。也有说并未正式命名的。据邓慕韩：《孙先生自述拾遗》（载《建国月刊》第一卷第四期）中说："其以前在欧洲各处所收党员各盟书，均未填有会名，通称革命党而已。"

② 刘光谦：《总理在欧洲最初倡导革命之情形》，《中华民国开国五十年文献》第一编第11册，台湾1963年版，第379—380页。

▲ 1905年春，孙中山到欧洲留学生中开展革命宣传工作。图为孙中山与巴黎的中国留学生合影。

命者阴谋也，事务其实，弗惟其名。近得孙文自美洲来书，不久将游日本。孙文于革命，名已大震，脚迹不能履中国一步。盖缓时日以俟其来。以设会之名奉之孙文。而吾辈得以归国，相机起义，事在必成。"这说明孙中山的爱国热忱和为革命而坚持战斗的不屈意志，已在群众中赢得了极高的威望。这证明，留学界包括流亡日本的革命志士在内，都已深感有建立统一的大团体的必要，迫切希望孙中山早日到来，磋商一切。不到同盟会成立，孙中山已成为大家公认的有威望的革命领袖了。

当时留日学生已增至2400人之多，全国除甘肃一省外，各省都有俊秀之士去日本学习，他们绝大部分荟萃东京，革命热情非常高涨。恰好前不久，华兴会、光复会、科学补习所等革命团体的一些领导和骨干分子，由于1904年10月间长沙起义计划的败露，和11月间爱国志士万福华在上海刺杀卖国贼王之春案件的牵连，也先后逃亡到日本东京。在留日学生和革命团体领导人物中，以黄兴、宋教仁二人最露头角。黄兴是影响较大的革命团体华兴会的领袖，在留学生中也为众望所孚；宋教仁主办宣传反清革命的《二十世纪之支那》杂志，交游较广泛。所

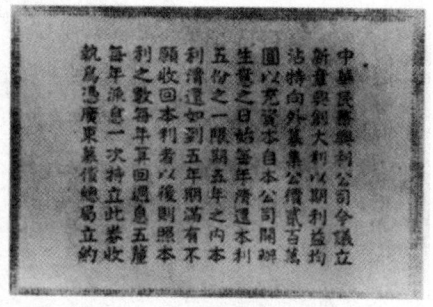

▲ 1905年11月15日，孙中山为筹集革命经费，用"中国兴利公司"名义发行的债券。

以，孙中山为了准备"召集同志，合成大团，以图早日发动"①，就立即找黄兴、宋教仁等人进行商谈。7月下旬，他通过宫崎寅藏的介绍，先前往神乐阪凤乐园拜访黄兴，畅谈革命形势的发展。孙、黄二人虽是首次会晤，但他们二人在中餐馆"凤乐园"聚谈时"既不吃，又不饮，专心谈话"，足足两个小时。最后他们高呼"万岁！"并举杯庆祝他们的愉快会晤。共同的革命理想和光明磊落的品格，使他们相见恨晚，立刻成了挚友。

孙、黄在凤乐园的首次会晤的情节，据宋教仁日记7月29日记载："先是，孙逸仙已晤庆午，②欲联络湖南团体中人，庆午已应之。"则两人所谈是关于合成大团的问题，即兴中会与华兴会的联合问题。黄兴对联合的态度是积极的，会谈气氛十分愉快，无怪最后两人要举杯庆贺、高呼万岁了。凤乐园会晤，不仅奠定了孙、黄领导的两个革命团体未来合作的基础，而且也奠定了中国民主革命时期两个最伟大的革命家长期合作、携手共事的基础。

为了进一步消除合作中可能出现的障碍，又托程家柽函约了宋教仁、陈天华与孙中山晤谈。7月25日，宋教仁得到程家柽的口头通知，称："孙逸仙已至东京，君可与晤面"，宋教仁当即"允之"。三天后，即7月28日，又接程家柽来信，约定该天下午在《二十世纪之支那》社，与孙中山见面。下午1时左右，宋教仁如约，见"孙逸仙与宫崎已先在"，在场的还有陈天华（星台）。这次会晤，据宋教仁日记所记，情况如下：

---

① 田桐：《同盟会成立记》《革命文献》第2辑，台湾1955年版，第314页。
② 黄兴字廑午。"庆午"乃书写之同音字。

余既见面，逸仙问此间同志多少，如何？时陈君星台亦在座，余未及回答，星台乃将去岁湖南风潮事稍谈一二及办事之方法，讫。逸仙乃纵谈现今大势及革命方法，大概不外联络人才一义，言中国现在不必忧各国之瓜分，但忧自己之内讧，此一省欲起事，彼一省亦欲起事，不相联络，各自号召，终必成秦末二十余国之争，元末朱、陈、张、明之乱，此时各国乘而干涉之，则中国必亡无疑矣，故现今之主义，总以相互联络为要。

又言方今两粤之间，民气强悍，会党充斥，与清政府为难者已十余年，而清兵不能平之，此其破坏之能力已有余矣，但其间人才太少，无一稍可有为之人以主持之。去岁柳州之役，彼等间关至香港招纳人才，时余在美国而无以应之也。若现在有数十百人者出而联络之，主张之，一切破坏之前之建设，破坏之后之建设，种种方面，件件事情，皆有人以任之，一旦发难，立文明之政府，天下事以此定矣（逸仙之言馀尚多，不悉记）。[①]

孙中山纵谈天下势及革命方略，畅谈到五时，并相约在来日往赤坂区黑龙会继续会谈。从上述记载中可以看到，孙中山虽长期孤处海外，但他不仅对国内革命形势的发展有清醒的认识，而且还保持着与国内反清力量之间的联系。他从历史与现实的比较中看出了国内革命形势发展过程中隐伏着地域主义、分散主义的危险，并从救亡图存的爱国主义出发，指出了这种"内乱"有可能导致"外患"乘机而入的可怕后果，以此说明革命团体之间的联合，既为革命事业取得成功所必需，也为避免列强乘机瓜分的上策。这种论断，不但切合当时国内小团体纷起而互不统一的实情，而且把历史经验和中国现实境遇有机地结合了起来。以历史经验说，一个统一的王朝在农民战争打击下，一旦垮台，就会出现群雄割据的纷争局面；从现实境遇来说，列强环视，亡我之心不死，内乱就有可能导致外患。这样，建立一个统一的革命组织，其重要性和必要性也就不言而喻了。

---

① 宋教仁：《我之历史》，《宋教仁集》下册，湖南桃源三育乙种农校1920年石印本，第545—546页。

7月29日，黄兴召集在东京的华兴会骨干会议，讨论如何与孙中山联合的问题。原来自凤乐园孙、黄会晤后，黄兴分别征求过华兴会骨干的意见，同人中有不愿与兴中会联合之说，黄兴不得不召开会议，"商议对于孙逸仙之问题"。据宋教仁日记所记：

> 既至，庆午先提议。星台则主以吾团体与之联合之说；庆午则主形式上入孙逸仙会，而精神上仍存吾团体之说；刘林生则主张不入孙会之说；余则言，既有入会不入会者之别，则当研究将来入会者与不入会者之关系如何。其余亦各有所说，终莫能定谁是，遂以"个人自由"一言了结而罢。①

显然，会议出现了明显分歧，最后决定采取"个人自由"即自愿的原则。这说明，华兴会并不是以集体的名义加入中国同盟会，而是在自愿的基础上，以个人身份加盟的。黄兴虽然有"形式上入会"之说，但从加盟后的表现看，他始终保持着全心全意为同盟会服务的精神，成了孙中山最亲密最重要的助手；刘揆一虽有"不入孙会之说"，但事实上不但参加了同盟会，而且在孙、黄离开总部时曾长期主持总部工作。

华兴会是当时国内最重要的革命团体之一，在两湖，尤其在湖南有较好的基础。长沙起义尽管在未起之前流产，但华兴会的元气没有受到大的伤害，它的主要骨干都先后流亡日本，在日本留学生中仍然是一支活跃的力量。孙中山以华兴会作为联合大团的主要对象进行说服工作并取得了积极成果，证明他不愧是一个富有经验和富有魅力的革命家。

在此前后，湖北、四川、广州以及其他一些省的留学生，有李书城、邓家彦、何天炯等人，也先后拜会了孙中山。他们都拥护组织统一的革命团体的主张。

经过孙中山的积极活动，他提出的建立统一革命组织的意见，得到了在日本的各革命小团体中多数人士的赞同。

根据孙中山原定计划，7月30日在赤坂区桧町三番黑龙会的会所召开了被史家称之为同盟会成立前的预备会议。孙中山率兴中会会员梁慕光、冯自由自横滨莅会，各省同志之由黄兴、宋教仁、程家柽等通知

---

① 宋教仁：《我之历史》，《宋教仁集》下册，湖南桃源三育乙种农校1920年石印本，第546页。

到会者，有张继、陈天华、田桐、董修武、邓家彦、吴春旸、康宝忠、朱炳麟、匡一、鲁鱼、孙元、权道涵、张我华、于德坤诸人。由冯自由通知到会者，有马君武、何天炯、黎勇锡、胡毅生、朱少穆、刘道一、曹亚伯、蒋尊篯、但焘、时功玖、谢良牧诸人。由胡毅生带领到会者，有汪精卫、朱大符、李文范、张树枬、古应芬、金卓、杜之杕、姚礼修、张树棠诸人。由宫崎寅藏通知到会者，有内田良平、末永节诸人。共计七十余人。与会者包括兴中会、华兴会、光复会、科学补习所的部分成员，并有留学生中其他团体的成员和个人参加。除甘肃未派学生留日外，全国内地各省都有人到会。会议推孙中山为主席，孙当场发表演说，申论"革命之理由及革命之形势与革命之方法"，"详言全国革命党各派应合组新团体"以从事反清革命之必要。演说约一个小时，之后，由黄兴宣布今日开会宗旨在于成立组织，请与会者签名以示正式加入。曹亚伯率先签名，到会者随之也都"签名于一纸"。

接着讨论组织名称。孙中山提议定名为中国革命同盟会，"时有主张用对满同盟会名义者，亦有谓本会属秘密性质，不必明用革命二字者"。孙中山指出"革命宗旨不专在对满，其最终目的尤在废除专制，创造共和"，经过讨论，决定采用"中国同盟会"的名称，简称"同盟会"。

关于组织的宗旨，孙中山提议采用"驱除鞑虏，恢复中华，创立民国，平均地权"16字为纲领。但有数人对平均地权一节略有疑问，要求取消。孙中山当即作了详细解释，论述世界革命趋势及解决社会民生问题的重要，并说："平均地权即解决社会问题之第一步方法，吾党为世界最新之革命党，应高瞻远瞩，不当专向种族、政治二大问题，必须并将来最大困难之社会问题亦连带解决之，庶可建设一世界最良善富强之国家。"经解释后，虽仍有少数人持保留态度，所提出的同盟会宗旨终于获得会议通过。

在讨论中国同盟会领导人时，"黄兴倡议公推孙中山先生为本党总理，不必经选举手续，众咸举手赞成"。其余则按会章投票选举。

孙中山是近代中国提倡民主革命的第一人，并为此进行了不懈的斗争，在国内外爱国志士中间享有极高的威望，很自然地成为众望所归的革命领袖，成为足以团结各方面革命力量的中心人物。

接着，由孙中山拟盟书，经会议公推黄兴、陈天华两人审定，誓词全文如下：

联盟人□□省□□县人某某，当天发誓，驱除鞑虏，恢复中华，创立民国，平均地权。失信矢忠，有始有卒，如渝此盟，任众处罚。天运　年　月　日，中国同盟会会员某某。

然后由各人自书盟誓，由孙中山领导大家同举右手向天宣誓，行宣誓仪式，明确规定入会的人必须为实行上述16字宗旨而奋斗到底；他并至隔壁室传授同志相见握手暗号和三种秘密口号（一曰汉人，二曰中国事物，三曰天下事）。事毕，孙中山即与各会员一一行新握手礼，并欣然祝贺说："自今日起，君等已非清朝人矣！"最后，会议推定黄兴、陈天华、马君武、宋教仁、汪精卫等八人组成会章起草小组，约定在成立大会上提交讨论。

▲ 同盟会成立（沈加蔚、陈宜明画）。

会议将要结束时，因与会者太多，会场后边的坐席不负重压有一木板猝然倒塌，发出轰隆一声巨响。孙中山目睹此景，应声笑着对大家幽默地说："此乃颠覆满清、革命成功之预兆！"他的风趣和机智，赢得全场一阵热烈的鼓掌和欢呼。

7月30日会议的圆满成功，为中国同盟会的正式成立奠定了良好的基础。自 7 月 19 日孙中山到达日本横滨起，仅仅十天左右的时间，就完成了在日志士的革命联合，这说明经过民主革命思潮的洗礼，建立统一的革命组织是人心所向，众望所归。在这一联合过程中，孙中山作为联合之议的首倡者，作为中国民主革命的先行者，受到众人的拥戴和推崇，从而确立了他在中国民主革命派中的领袖地位；他的名字，从此真正地超越自然、狭隘的兴中会小团体而成了中国民主革命派的象征。宫崎寅藏和程家柽，在联合过程中居间联络、搭桥牵线，功不可没；而以黄兴为首的原华兴会在日骨干，显然是促成联合顺利实现的主要力量，这就使他们在同盟会这一大联合团体中处于重要地位。后来，黄兴、宋教仁、刘揆一等成了同盟会东京总部的主要领导人员，除了他们自身的才能外，与他们在联合过程中作出的贡献，不是没有关系的。事实上，黄兴在这次预备会议上已经被公认为仅次于孙中山的第二号人物，而孙中山也已把他看作有号召力的领袖。从此，孙、黄并称的时代开始了。

  7 月 30 日会议之后，程家柽、黄兴、宋教仁、张继、田桐等积极筹备召开留日学生欢迎孙中山的大会。宋教仁尤为出力。8 月 7 日上午 9 时许，他去程家柽寓所晤孙中山，约定当晚 6 时与诸同志在山口方同孙相会。为此，整个下午他接连去鲁文卿、高剑公、彭荫云寓所通知。当夜 7 时许又到黄兴寓所，坐到 9 时许始回。9 日下午，他先到程家柽寓所，"谈良久"，至 3 时许，又与田桐、张步青同去富士见楼，为欢迎孙中山大会租房间。结果没有租到，他就将此事委托田桐处理。11 日，田桐报告说：富士见楼房间已经租得，定于 8 月 13 日下午 1 时至 6 时开会。宋即嘱田桐"书邮片发各处"，自己则到中国留学生会馆张贴会议通知。下午 4 时，又到黄兴寓所汇报一切。13 日欢迎会召开当天的中午 11 时，宋教仁先到富士见楼，"经理开会一切事宜毕"，12 时整至樱亭，嘱孙逸仙"早至会场"，自己则再到富士见楼做会前检查。宋教仁的上述活动表明，这次留日学界欢迎孙中山的大会，是在原华兴会在日志士的努力下进行筹备的，黄兴居中指挥，而宋教仁则承担了类似会议秘书长的角色。这一情况既说明了华兴会在革命大联合中的重要地位，又显示了孙、黄合作的诚意。

  8 月 13 日下午 1 时，留日学生欢迎孙中山大会准时在东京麴町区饭田河的富士见楼举行。这是孙中山首次在盛大的留学生集会上公开露面，也是同盟会正式成立前夕，由它的领袖向广大群众宣布其政见的重

要政治活动，因而吸引了许许多多的留日学生。8月的东京，天气十分炎热，人坐着不动也汗流不止，但人们还是顶着酷暑从四面八方赶来，把一个不大的会场挤了个水泄不通，连会场外边马路旁边也站满了与会的人群。据宋教仁日记称："时到者已六七百人，而后来者犹络绎不绝，门外拥挤不通，警吏命封门，诸人在外不得入，喧哗甚。余乃出，攀援至门额上，细述人众原因，又开门听其进，遂罢。"结果，只能容纳五六百人的会场，挤满了一千多人，为留日学界历次会议所未见。这次大会盛况空前，气氛热烈，人们把孙中山当作献身革命的"中国英雄中的英雄"和"四万万人之代表"来欢迎。时隔仅两年，孙中山在留学生中的形象已大大不同了。

会议先由宋教仁致欢迎词，与会者对孙中山的到来报以热烈的掌声和喝彩。接着，身穿一套洁白的西装、气宇轩昂的孙中山向听众发表了近两个小时动人心弦的演讲。他首先对满腔热忱欢迎他的留学界表示感佩，接着就救国方针作了详细阐发。概而言之，就是充分认识中国固有的文明，认真学习西方的长处，以振兴中国为己任，创造一个20世纪头等的共和国。孙中山一开始就指出认清中国固有文明和救国的关系。他说："顾诸君之来日本也，在吸取其文明也，然而日本之文明非其所固有者，前则取之于中国，后则师资于泰西。若中国以其固有之文明，转而用之，突驾日本无可疑也。"他根据自己欧美大陆之行的观察所得，指出西方文明的中心点已经由希腊、罗马转移到阿利安民族，所以西方的近代文明不过数百年的历史，"而中国之文明已著于五千年前，此为西人所不及，但中间倾于保守，故让西人独步。然近今十年思想之变迁，有异常之速度。以此速度推之，十年、二十年之后不难举西人之文明而尽有之，即或胜之焉，亦非不可能之事也"。显然，孙中山不仅看到了中国文明的悠久，也看到了"中间倾于保守"的事实，但他更主要的是把文明的载体——民族的努力振兴作为文明转换的原动力，把吸取先进民族的优秀文明作为固有文明发展的必要条件，这就使他对中国的前途充满信心。

在学习西方的问题上，孙中山主张"取法其上"。他批判了"中国今日亦只可为君主立宪，不能躐等而为共和"之说的荒谬，指出："世界立宪，亦必以流血得之，方能称为真立宪。同一流血，何不为直截了当之共和，而为此不完不备之立宪乎？"他说这种不能躐等论，是"择其中而取法之，是岂智者所为耶？"

孙中山在分析了中国各种优越条件之后，认为"生在中国，实为幸福"。"吾侪既据此大舞台，而反谓无所措手，蹉跎岁月，寸功不展，使此绝好山河仍为异族所据，至今无有能光复之，而建一大共和国以表白于世界者，岂非可羞之极者乎？"因此，他衷心希望在座诸君"将振兴中国之责任，置之于自身之肩上"；把不能躐等的荒谬想法，"淘汰洁尽，从最上之改革着手，则同胞幸甚！中国幸甚！"①

像历次演说一样，孙中山的这次演说没有什么深奥玄妙的哲理，都是自己游历欧美的亲身感受，说得实在而真切；在驳论时，所举事例通俗生动、观点鲜明易懂。唯其实在真切，才可使人信赖；唯其鲜明易懂，才可使人迷途知返。

孙中山的世界眼光，对革命目标和方略的精辟见解，富有鼓动力量的雄辩口才，以及他的谦虚诚恳、平易近人和风趣幽默，都使他具有强烈的魅力，令与会者叹服。在这个富有政治远见和激动人心的讲演中，孙中山充分估计了迅猛发展的革命形势，热烈地号召中国人民下定决心，迎头赶上，不惜以流血为代价，"以谋独立而建共和"。他强调，只要全国人民团结奋斗，中国是大有希望的。孙中山的演说，激起全体与会者的强烈共鸣，会场里不时爆发出一阵阵经久不息的掌声和欢呼声。大家群情激昂，决心跟随孙中山为革命英勇奋斗。

孙中山的这次演说，使那些受保皇思想所惑的留学生，"涣然冰释"，而他作为革命党领袖所具有的那种真切实在的个性，从此深深地印在与会者的心中。

经过二十来天的筹备后，中国同盟会正式成立于1905年8月20日，成立大会的会场设在东京赤坂区灵南坂邻近清驻日公使馆的日本子爵阪本金弥住宅内。在敌人的卧榻之旁，开革命司令部的成立之会，多少带有点戏剧性；而有些与会者因不认识子爵府邸，据说误将清使馆当作会场，更平添了些许笑料。

参加成立大会的留日志士，一百余人，超过了筹备会议的人数，这无疑应是留学界欢迎孙中山大会产生的积极成果。会议在下午2时正式开始，在孙中山主持下，大会议程二项：一通过会章；二选举干事。会

---

① 演讲演词现存有两个记录稿：一、后人题作《中国民主革命之重要》，载《孙中山选集》上卷，第65—67页，原是陈天华发表在《民报》第一号（1905年11月）上的摘要；二、后人题作《中国应建设共和国》，载《国父全集》（1993年版）第二册，第193—197页，为吼生的详细记录（由留学生欢迎会于1995年9月在东京出版，题为《孙逸仙演说》）。

章由黄兴代表八人起草小组在孙中山主持下，大会宣读，共30条，"读时会员有不然者，间有所增减"。干事选举，据宋教仁日记所载，举得司法部职员八人，议员20人，由总理指定执行部职员8人，合计36人。最后由黄兴提议，"谓《二十世纪之支那》杂志社同人半皆已入本会，今该社员愿将此杂志提入本会作为机关报"，这项建议获得与会者鼓掌通过，至于具体改刊办法则留待下次讨论。会议开到下午5时，在全场一片热烈的气氛中、"大呼万岁"声中宣告结束。

同盟会东京本部的职员，根据参加成立大会职员选举的田桐所记，照录如下：

执行部　总理孙文

庶务部　黄兴。黄兴他适，朱炳麟代理之；又他适，张继代理之；继他适，孙毓筠继之；最后为刘揆一。

书记部　首定马君武。马未就职，由黄兴荐田桐继之；后孙中山又调胡衍鸿（汉民）、但焘、李肇甫三人。

内务部　朱炳麟、匡一。

外务部　程家柽、廖仲恺。

会计部　刘维焘。刘未就职，谢延誉继之；谢后赴南洋，何天炯继之。

经理部　谷思慎、程克。

评议部　议长汪精卫。议员董修武、熊克武、于德坤、王琦、吴鼎昌、张树枏、冯自由、梁慕光、胡汉民、田桐、吴琨、但懋辛、周来苏、胡瑛、朱大符（执信）、范治焕、吴永珊（玉章）、康宝忠。书记朱大符。

司法部　总长邓家彦。判事张继、何天瀚。检事宋教仁。

按照会章规定，采取了立法、司法、行政三权分立的原则设立机构，总理之下分设执行、评议、司法三部。执行部权力最重，由总理直接领导，内分庶务、书记、内务、处务、会计及经理六部；它的负责人"庶务"相当于同盟会副总理的职务，可代行总理他适时的一节职权。会上推举黄兴为执行部庶务，协助总理主持本部工作。决定同盟会本部设在日本东京，并在国内外分设九个支部，即国内设东（上海）、西（重庆）、南（香港）、北（烟台）、中（汉口）五个支部，分辖各省及蒙、藏、新疆等区；海外设南洋、欧洲、美洲、檀香山四个支部。至于全国各省区，都成立分会；各省区主盟人也经分别推定，负责本省留学界入会主盟事务，并负责派遣人员回国活动。大会还授权孙中山、黄兴、章太炎等制定同盟会《革命方略》，以供各地革命党人武装起义时使用（该"方略"的11个文件于1906年秋冬间制定出来）。

同盟会的成立，是孙中山领导的民主革命发展过程中的一个重要里程碑，也是中国民主革命进程中的一个重大事件。它标志着中国民主革命的广泛联合，使全国革命从此有了一个领导核心，从而使中国民主革命向前跨进了一大步，加速了革命的步伐，促进了全国革命高潮的到来。孙中山后来曾经这样论述同盟会成立的重大意义："自革命同盟会成立之后，予之希望则为之开一新纪元。盖前此虽身当百难之冲，为举世所非笑唾骂，一败再败，而犹冒险猛进者，仍未敢望革命排满事业能及吾身而成者也。……及乙巳之秋，集合全国之英俊而成立革命同盟会于东京之日，吾始信革命大业可及身而成矣。于是乃敢定立中华民国之名称，而公布于党员，使之各回本省，鼓吹革命主义而传布中华民国之思想焉。"他还在同年9月30日致陈楚楠函中，欣喜万分地叙述了同盟会成立之后的革命新形势："近日吾党在学界中，已联络成一极有精彩之团体，以实力行革命之事。现舍身任事者已有三四百人矣，皆学问充实，志气坚锐，魄力雄厚之辈，文武才技俱有之。……将来总可得学界之大半。有此等饱学人才，中国前途诚为有望矣。"① 因此孙中山就比过去更加坚信自己一定能够亲睹革命成功之日。

新成立的同盟会和以往的革命小团体有很大的不同。它是真正统一的全国性的革命组织，国内17省都有人加盟，打破了以省界组织革命团体的习惯；它有公举的领袖，有明确的党章、党纲和其他各种规定；它是以资产阶级、小资产阶级知识分子为主体的革命组织，有人统计说：在1905年至1907年间加入同盟会的成员中，出身可考知者有379人，其中留学生和学生为354人，占了绝对多数，达到93%以上，其次是官僚、有功名的知识分子10人，教师、医生8人，这两类各占2%多一点，至于资本家、商人、贫农等为数极少。这就使它区别于以往的任何一个革命团体，而成为近代中国第一个民主革命政党。

同盟会成立后，留日学生相继加盟的有四百多人；至1906年末，

---

① 《致陈楚楠函》，黄季陆编：《总理全集》下册，"涵札"，成都近芬书屋1944年版，第26页。

仅东京一地加盟的已达八百多人；不到一年，海内外会员总数就迅速扩展到一万人以上。在孙中山的领导和会员的共同努力下，"从此革命风潮一日千里，其进步之速，有出人意表者矣"。不过，同盟会是一个由资产阶级、上层小资产阶级等许多不同阶层、集团和派别组成的革命政党，成分比较复杂，参加的成员在政治态度上并不一致，存在着明显的左、中、右的差别，并且组织也相当松懈，这就隐伏日后在政治上、组织上分裂的因素。

在同盟会本部的主要干部中，与孙中山最为接近的有胡汉民、汪精卫、朱执信、廖仲恺等人。胡汉民（1879—1936年），原名衍鸿，字展堂，广东番禺县人，是清末举人，1902年留学日本，1905年任《民报》编辑，用笔名"汉民"发表政论，影响甚大。他先担任评议部议员，后任书记部书记。汪精卫（1883—1944年），原名兆铭，字季新，广东番禺县人。1904年留学日本，任《民报》编辑，用笔名"精卫"发表文章，起过积极作用，后来堕落为汉奸。他当时担任评议部议长。朱执信（1885—1920年），原名大符，字执信，笔名蛰伸、去非等，广东番禺县人。1904年留学日本，1905年7月参加同盟会。以后在反袁、护法运动中是孙中山的主要助手之一。他当时担任评议部议员兼书记。廖仲恺（1877—1925年），原名恩煦，字仲恺，广东惠阳县人。1903年和妻子何香凝先后留学日本，1905年加入同盟会。以后，成为孙中山的得力助手。他当时担任执行部中的外务部干事，还被选为中国留日学生会会长。胡、汪、朱、廖曾在孙中山的亲自指导下为《民报》撰写文章，宣传三民主义，批判保皇党的谬论。廖仲恺和夫人何香凝的东京寓所，是革命党人的通信联络站和聚会场所，孙中山经常在那里集会，商议和谋划革命工作。廖仲恺按照孙中山的指示，与何香凝等向海外华侨宣传反清革命，驳斥改良派的反动谬论，并经常和留学生中的保皇分子进行斗争。后来，胡汉民、汪精卫随孙中山去南洋进行革命活动，朱执信回广州参加南部起义，而廖仲恺则先后潜回天津及吉林等地，从事发展革命势力的活动。到中国革命进入新民主主义阶段后，他们走了不同的道路。思想激进的朱执信不幸早死，只有廖仲恺始终是孙中山的亲密战友。

六、提出三民主义

1905年11月26日，同盟会机关刊物《民报》（由《二十世纪之支那》改组而成）在日本东京正式出版发行。孙中山在《〈民报〉发刊词》中，对他的十六字纲领进一步明确阐述，首次公开提出了"民族""民权""民生"三大主义的革命号召，鲜明地树起了三大主义的革命旗帜。

中国同盟会是以孙中山提出的"驱除鞑虏，恢复中华，创立民国，平均地权"为立会宗旨的。这十六字，原是兴中会"驱除鞑虏，恢复中国，创立合众政府"誓词的继续和拓展，初次使用于1903年东京青山革命军事学校的入校誓词中，后来，一直为孙中山在他所创建的革命团体坚持使用。就这方面说，中国同盟会与兴中会，尤其是兴中会后期的组织活动，在思想体系上是一脉相承的。

这十六字的宗旨，蕴涵着一个完整的思想体系。这就是1905年10月孙中山在《〈民报〉发刊词》中揭橥的民族、民权、民生"三大主

▲ 1905年11月26日，同盟会机关报——《民报》创刊，成为同盟会宣传革命思想、同保皇派论战的重要阵地。孙中山在《民报》发刊词中首次提出"民族""民权""民生"三大主义。图为《民报》第一号封面及发刊词。

义"。由于该文中提到"是三大主义皆基本于民"，因此，世人又称之为"三民主义"。

三大主义或曰三民主义，是孙中山从世界历史的递嬗变易和中国革命面临的社会实际中得来的悟性。他在《发刊词》中说：

余维欧美之进化，凡以三大主义：曰民族，曰民权，曰民生。罗马之亡，民族主义兴，而欧洲各国以独立。洎自帝其国，威行专制，在下者不堪其苦，则民权主义起。十八世纪之末，十九世纪之初，专制仆而立宪政体殖焉。世界开化，人智益蒸，物质发舒，百年锐于千载，经济问题继政治问题后，则民生主义跃跃然动，二十世纪不得不为民生主义之擅场时代也。①

　　从这段话中可以看到，孙中山所谓民族主义，其基本内涵是反对外来民族统治，争取本民族独立；民权主义是反对帝制专制、争取民主立宪政体；民生主义是产业革命时代为解决日见严重的经济问题而实行的社会革命。孙中山又说：

　　今者中国以千年专制之毒而不解，异种残之，外邦逼之，民族主义、民权主义殆不可以须臾缓。而民生主义，欧美所虑积重难返者，中国独受病未深，而去之易。是故或于人为既往之陈迹，或于我为方来之大患，要为缮吾群所有事，则不可不并时而弛张之。

　　从西方的历史陈迹和当前面临的困境，反观中国社会，则以民族主义解决异种残之、外邦逼之；以民权主义解决千年专制；而民生主义既然将成为中国今后之大患，则应与民族民权同时解决。他特别说明了提出民生主义的依据，强调实行民生主义的必要，"欧美强矣，其民实困"，阶级斗争日益尖锐，"社会革命将其不远"；中国资本主义尚不发达，"睹其祸害于未萌"，故提出"举政治革命、社会革命毕其功于一役"的主张。这就是孙中山主张中国革命必须以三大主义作为宗旨的理由。

　　西方历史的递嬗变易是否按民族、民权、民生三个阶段截然分开并不重要，重要的是孙中山悟出了西方历史和现实的症结所在，并把它用作解决中国革命的钥匙，以此构成自己的革命思想体系。所以，孙中山的三民主义既反映了当时先进中国人的学习西方、寻求救民真理的思维

---

　　① 孙中山：《〈民报〉发刊词》（1905年10月29日），《孙中山全集》第一卷，中华书局1981年版，第288页。

轨迹,又显示了他对中国革命思考的卓越识见。

孙中山为同盟会所制订的纲领,是以三民主义为理论基础的。继《〈民报〉发刊词》上提出民族、民权、民生主义之后,孙中山又发表了一些著述,如1906年他与黄兴、章太炎制定的同盟会《革命方略》中的《军政府宣言》——即《同盟会宣言》,和同年12月在《民报》创刊周年纪念会上发表的重要演讲(这一演讲后来题为《三民主义与中国前途》)等,对三民主义的基本内容分别作了阐述。

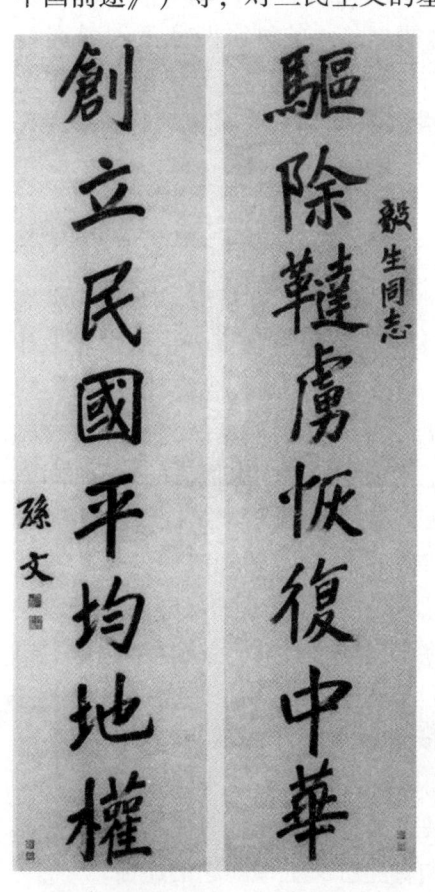

民族主义所宣布的目标,是要通过武装斗争,推翻腐朽卖国的满清贵族集团所把持的清朝反动统治,重建汉族人当权的政府。孙中山指出,"民族主义,并非是遇着不同族的人,便要排斥他",更不是"要尽灭满洲民族"。"民族革命的原故,是不甘心满洲人灭我们的国,主我们的政。定要扑灭他的政府,光复我们民族的国家。"因此,"我们并不是恨满洲人,是恨害汉人的满洲人。假如我们实行革命的时候,那满洲人不来阻害我们,决无寻仇之理"。孙中山在阐述"反满"这一战斗口号时,在相当程度上扬弃了不少革命党人所持有的单纯"种族革命"的观点,并把少数掌握政权的满洲统治者与一般满族人民加以区别,指出民族主义不是种族复仇主义,这是一个重大的进步。同时,反对腐朽卖国的清王朝也包含了打击帝国主义,争取民族独立的内容。

▲ 孙中山为胡毅生题写的同盟会纲领。

但是,他毕竟还没有明确提出反对帝国主义侵略,以实现民族的真正独立的主张,因而不能科学地反映近代中国社会的主要矛盾,这是民族主义的历史局限性所表现的一个根本弱点。

民权主义所宣布的目标,是要铲除封建君主专制政治制度,建立民

主共和国。孙中山指出，"民权主义，就是政治革命的根本"；中国仅仅有民族革命是不够的，在进行民族革命推翻清朝的同时，还必须进行政治革命，推翻君主专制。他认为君主专制主义是"恶劣政治的根本"，说"中国数千年来都是君主专制政体，这种政体不是平等自由的国民所堪受的"，故必须把政治革命同民族革命并行，"颠覆君主政体"，去掉"那恶劣政治的根本"，"建立民主立宪政体"。孙中山明确表示，"照现在这样的政治论起来，就是汉人为君主，也不能不革命"。他告诫革命者不可"存有一些皇帝思想"，"当国家做私人的财产"，"彼此相争"，弄得国家"四分五裂""自亡其国"。孙中山的民权主义，具有完整的共和国要求，同改良派的君主立宪主张截然对立，在当时的社会条件下，具有积极的战斗意义。但是，他的矛盾集中指向封建专制政体，而没有进一步提出清除这一政体赖以存在的社会阶级基础，即推翻地主士绅阶级的统治，由人民直接行使权力。

民生主义所宣布的目标，是用"平均地权"的办法，改变陈腐的土地制度，解决土地问题，以防止资本主义制度下贫富分化的对立。孙中山认为欧美资本主义各国"文明越发达，社会问题越着紧"，如英国"富者极少，贫者极多"；"善果被富人享尽，贫民反食恶果，……故成此不平等的世界"。这种"社会问题，在欧美是积重难返"，而在中国"是将来总会发生的，到时候收拾不来，又要弄成大革命了"。

因此，在"实行民族革命、政治革命的时候，须同时想法子改良社会经济组织，防止后来的社会革命"。如果发展到像欧美那样的田地"才去讲民生主义，已经迟了"。他认为，欧美之所以不能解决社会问题，根本原因在于没有解决土地问题。针对社会经济发达后，地价高涨，地主垄断土地，危害民生的前景，他主张核定地主土地的现有地价，而将此后地价中因经济发展而增涨的部分收归国有，这就是"平均地权"。孙中山认为只有用这种办法才能杜绝"少数富人把持垄断的弊窦"，他不赞成"夺富人之田为己有"，也没有能提出彻底能解决土地问题的途径。

尽管孙中山的民生主义，带有浓厚的空想色彩，是一种主观的社会主义，然而它在中国人民心目中是一种崭新的思想，而受到了人民的拥护。"平均地权"的主张，虽难以真正解决中国人民的土地问题，但它反映了孙中山对劳动人民受压迫受剥削的苦难的真挚同情和关怀，实质上有利于资本主义的发展，因而具有一定的进步意义。至于预防资本主义的主张，则是不符合社会经济发展规律的设想。

三民主义，是孙中山的革命理论，是他从兴中会以来政治思想的巨大发展，是他长期革命斗争的总结。既是孙中山政治思想的结晶，是他解决中国独立统一与民主富强的理念基础，又是他在中国旧民主主义革命阶段政治思想的基本内容。它集中反映了中国资产阶级在政治上、经济上的要求，同时还曲折地显示了广大劳动人民对于获得土地和改善生活的希望，体现出这场革命斗争是一场争取建立新的社会制度的革命。在马克思主义传入中国之前，同当时中国各家各派政治学说相比较，三民主义是最具有进步性的思想。其内容的民主性与革命性，正如列宁所赞誉的：表明着孙中山当时是代表了"真正伟大的人民的真正伟大的思想"。① 这一思想的初步形成和提出，实际上标志着孙中山早期革命思想的臻于成熟。

　　三民主义，是中国近代史上第一次出现的最完备的民主革命政纲，反映了旧民主主义革命的特点。当时的中国，由于帝国主义的侵略压迫和封建王朝的野蛮统治，使国家变得极度贫弱，造成山河破碎，人民挣扎在悲惨的死亡线上，整个国家沉沦在半殖民地、半封建的深渊之中，濒临于被瓜分和灭亡的边缘。三民主义就是针对当时中国最迫切需要解决的三个首要问题：民族独立，政治民主、共和及人民生活与社会进步所鲜明地提出的革命主张，为它领导的革命斗争制定的革命纲领。因此，这一主张，在一定程度上把握了中国社会的半殖民地和封建性质及其社会矛盾。它既提出了"中国向何处去"的时代难题，又是一个摆脱封建王朝的统治和帝国主义的压迫，克服空前的社会危机和民族危机的拯救方案。所以，这一主张，受到了人民的广泛拥护，曾经给了为振兴中华而战斗的中国人民以极大的鼓舞，从而把许多革命力量联合起来，成为当时革命党人的战斗口号以及团结反清力量的鲜明旗帜，武装了人民的思想，能够动员和组织革命群众，共同为推翻清朝统治、建立共和国而斗争。因此，改变了革命的现状和进程，推动了中国历史的前进。三民主义对革命斗争的发展起了重要的作用。

　　不仅如此，它对亚洲一些从事民族独立、民主革命的国家也产生了深刻的影响，如印度尼西亚的苏加诺就这样说过："在青年时代，我阅读过三民主义。……我受到孙逸仙博士所提出的三民主义的

---

① 《中国的民主主义和民粹主义》，《列宁全集》第十八卷，人民出版社1959年版，第152页。

鼓舞。"①

　　事实上，还不仅如此，它不但产生过显著的社会作用，武装了人民奋勇战斗的思想，推动了中国历史的前进，而且在理论方面也给后人留下了许多有益的东西。例如，孙中山为实现民主，创立了他的"破天荒"的五权分立的政治学说，以使国家的政治体制能够互相制约、互相监督，确保官吏成为国民的公仆，而不致成为官老爷，能够廉洁奉公，防范贪污腐败。孙中山的五权宪法思想，凝聚了民主思想的精华，其中闪光之点，对今天我们的现实仍有重要的借鉴作用。

　　同盟会有了这一比较完备的资产阶级革命纲领后，极大推动了革命运动的前进，促使中国的民主革命出现前所未有的高潮。

▲ 1906年4月，孙中山在新加坡成立同盟会分会。图为孙中山与新加坡同盟会员在晚晴园合影。前排左起：林干庭、张永福、陈楚楠、孙中山、尤列、刘金声、林义顺；后排左起：吴梧叟、张华丹（张永福之弟）、张继、陈汝河、邓子瑜、黄耀庭、张秉庚。

---

① 苏加诺在清华大学的讲演，载《中国青年》，1956年第21期，第5页。

第五节 "与保皇派大战"

一、同盟会成立前的早期论战

革命运动的前进不是一帆风顺的。在民主革命日益向前发展的这一时期，即同盟会成立前后的中国民主革命准备时期，在拯救国家危亡问题上存在着两种截然不同的救国道路：一种是孙中山所代表的民主革命道路，一种是康有为、梁启超所代表的改良主义道路。孙中山从革命民主派的立场出发，宣传科学进化论思想，主张用革命的手段推翻清朝封建帝制，建立民主共和国。康有为和梁启超则恰恰相反。他们从改良派的立场出发，宣扬庸俗进化论思想，反对民主革命，主张在保存清朝封建统治的基础上实行君主立宪，通过自上而下的改革来发展资本主义。这种主张，实质上是使中国人民继续沉沦在半殖民地和封建社会的苦难深渊中，以适应帝国主义和封建主义的需要。

以康有为和梁启超为代表的保皇派，原是19世纪末期的维新派。变法失败以后，在20世纪初，他们仍念念不忘他们的"圣主"，站在历史潮流的对立面，坚持改良主义道路，维护卖国的清王朝，反对暴力革命，日益成为民主革命潮流冲刷的对象。他们认为只要"劝告"清廷改良政治，"要求"清廷实行立宪，就可以挽救中国，所以主张在保存清朝封建统治的基础上做枝枝节节的改良。

早在1899年7月后，康有为和梁启超就分别在加拿大、日本和南洋等地，在海外华侨和留学生中组织"保救大清光绪皇帝会"，简称保皇会，以拥戴光绪皇帝反对慈禧太后、鼓吹君主立宪制度为宗旨，拼命活动，抢夺兴中会的阵地和群众。他们为贯彻其反对革命主张，编制种种谎言，混淆是非，甚至不择手段地招摇撞骗以扩大其影响，来抵制民

▲ 保皇派代表人物康有为。 　　　　▲ 康有为的学生梁启超。

主革命思想的传播。梁启超曾一度伪装愿与孙中山合作，向孙中山保证"合作到底，至死不渝"，骗取了孙中山给孙眉等兴中会会员的介绍信，持赴兴中会的发源地——檀香山活动。他还用诡辩把君主立宪的反动主张涂饰起来，说什么"名为保皇，实则革命"，[①] 以假乱真，欺骗蛊惑群众。其实梁启超在给康有为信中就曾经说过："与革命党死战，乃是第一义。有彼则无我，有我则无彼。"[②] 他先在日本横滨创办《清议报》，鼓吹"斥后保皇"；后又主编《新民丛报》（半月刊），作为保皇会开展反革命"死战"的喉舌。

当时，在国内外知识界和华侨中，曾有许多人被改良派所迷惑，在思想上分不清改良与革命的界限。就是兴中会中也有不少会员（包括孙眉在内）受到欺骗，檀岛的会员竟被保皇会夺去大半，海外其他各埠兴中会会员也有很多被拉进保皇会为康、梁所利用。到了1903年，保皇会在海外的势力极为膨胀，仅在美洲各埠就设立了11个总部和86个支会。保皇会人在华侨中间竭力打击革命力量，鼓吹君主立宪主张，还借救国之名，招摇撞骗，诈骗钱财，谋取私利。而兴中会的组织被破

---

① 冯自由：《兴中会组织史》，《革命文献》第三辑，台北1958年版，第55页。
② 《致蒋观云、徐佛苏书》，丁文江、赵丰田编：《梁任公先生年谱长编初稿》第四册，油印线装本，第360页。

坏得零落不堪，已经是今非昔比。在这种情况下，保皇派已成为革命前进道路上的一大拦路虎，如果不对其给予迎头痛击，在政治上、思想上揭穿他们的反动面目，革命就不可能向前发展。

1900年以前，孙中山为扩大革命力量，曾经争取改良派，准备和他们合作。没想到改良派"为虎作伥，其反对革命，反对共和，比之清廷为尤甚"。① 他在国内外革命形势推动之下，逐渐从保皇会阴谋夺取阵地、夺取群众的活动中，进一步看清了改良派的面目，觉察到了问题的严重性，认识到必须严格划清革命与改良的界限。为了扫除前进道路上的障碍，发展革命力量，孙中山从1900年以后就针对康、梁掀起的保皇逆流，逐步展开了不调和的斗争。他是高举民主革命的旗帜与改良派进行坚决斗争的第一人。

早在1900年，孙中山对梁启超上年在檀岛招摇撞骗的无耻行径已给以严厉的谴责；随后，在孙中山的指导下，横滨的革命派半月刊《开智录》、香港革命派机关报《中国日报》对保皇派一些报刊（如《清议报》《商报》（香港）、《岭南报》（广州）以及后创的《新民丛

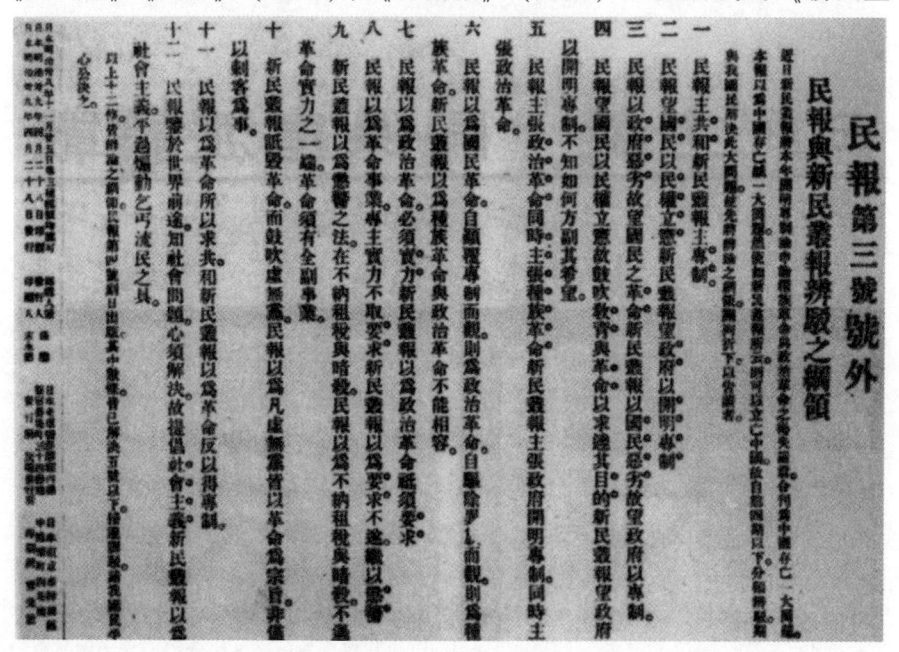

▲《民报》第三号号外刊登的革命派同保皇派论战的提纲。

---

① 《建国方略》，《孙中山选集》上卷，人民出版社1956年版，第173页。

报》等）上的反动谬论，都进行批驳。两派之间初步进行了理论上的交锋。当时，孙中山认识到，要想唤醒群众，不被康、梁所迷惑，必须大力创立宣传机关。于是，他先后指派干部陈少白、秦力山、沈翔云、陈天华、刘成禺等在香港、檀香山、旧金山、日本、新加坡、缅甸等地创办、改组或支持《国民报》《檀山新报》（原为华侨程蔚南办的商业报纸，俗名《隆记报》）、《大同日报》（原是致公堂的机关报，曾被保皇会人篡夺），以及后来的《民报》《中兴日报》《光华日报》等多种中文报刊，[①] 积极开展革命宣传，号召人民从思想上、组织上同改良派划清界限。同时，他还号召国内外各地革命派的组织，也广为创办报刊，共同对改良派进行斗争，"竭力打击保皇毒焰于各地"。

▲ 为扩大革命宣传阵地，孙中山将华侨程蔚南创办的《檀山新报》改组为兴中会机关报。图为该报报头及1904年10月孙中山发表的《驳保皇报》一文。

[①] 孙中山非常重视宣传工作，他在辛亥革命前于海外创办、改组或支持的中文报刊，据不完全统计，主要的有13种之多。这些报刊创刊的时间和地点是：1899年香港的《中国日报》；1901年日本的《国民报》；1902年檀香山的《檀山新报》；1905年日本的《民报》；1907年加拿大的《大汉公报》、暹罗（今泰国）的《华暹新报》和新加坡的《中兴日报》；1908年缅甸的《光华日报》；1910年美国的《大同日报》和《少年中国晨报》、加拿大《新民国报》和马来亚（今马来西亚）的《光华日报》；1911年菲律宾的《公理报》。

1903年夏，孙中山在日本先向应聘赴檀香山任教职的兴中会会员、基督教会牧师毛文明布置了两项任务："（一）扫除保皇邪说；（二）规复革命机关"；① 然后，他亲自赴檀香山领导对改良派的论战。孙中山认为"非将此毒铲除（按：指肃清梁启超等人欺骗宣传的流毒），断不能做事"，他"决心尽力扫除此毒，以一民心"。②

　　为扩大革命宣传和广泛联络同志，孙中山应毛文明等所请，前往奥华湖岛（Oahu）的希炉（Hilo），假该城日本戏院公开发表演讲，批判保皇，宣传革命，听众达千余人。跟着，又在火奴鲁鲁的各大戏院中多次举行大规模的公开演讲，每次往往一连两三天，听众常常超过千人。

　　在这些演讲中，孙中山揭露了改良派的欺骗手法，批判了他们散布的谬论，宣传了革命道理。12月13日在荷梯里街戏院的演说中指出："革命为惟一法门，可以拯救中国出于国际交涉之现时危惨地位"，"我们必要倾覆满洲政府，建立民国，革命成功之日，效法美国，选举总统，废除专制，实行共和"。③ 通过辛勤地宣传活动，使许多华侨开始了解革命与保皇的歧异，误入保皇会者纷纷退出。孙中山在1904年1月给朋友的信中叙述同改良派斗争所取得的成绩说：檀香山"四大岛中已肃清其二，余二岛想不日可以就成功"。④

　　1903年12月和1904年1月，孙中山针对保皇党徒对革命的攻击及散布的谬论，在檀香山《檀山新报》上先后发表《敬告同乡书》和《驳保皇报》两篇重要文章，对改良派的"保皇"宣传，作了猛烈的抨击。他和梁启超私人感情过去很好，但他严格划清思想界限。他说：我和梁启超"私交虽密，一谈政事，则俨然敌国。然士各有志，不能相强。总之，划清界限，不使混淆"。这说明孙中山对待政治生活坚持原则的严肃态度。改良派把自己打扮成"爱国者"，硬说在民族危机深重的当时，被统治的各族人民和满洲贵族集团统治者之间的利害是一致

---

① 毛文明：《纪癸卯总理重至檀香山事》，《中华民国开国五十年文献》第一编第十五册，台北1965年版，第48页。

② 《致黄宗仰（乌目山僧）函》，黄季陆编：《总理全集》下册，"函札"，成都近芬书屋1944年版，第22页。

③ 檀香山英文《早报》（*Advertiser*）1903年12月14日，转引自《檀山华侨》"檀山华侨"部分，檀香山自由新报社1929年版，第14页。

④ 《致黄宗仰（乌目山僧）函》，黄季陆编：《总理全集》下册，"函札"，成都近芬书屋1944年版，第22页。

的，根本否认国内的阶级矛盾和民族矛盾。他们认为如果进行革命反对清朝，就是破坏国内的"团结"，还要引起"下层社会"暴乱，破坏社会秩序，也就不可能抵抗外国的干涉和侵略，结果就会招致帝国主义瓜分而亡国。针对这样一派胡言，孙中山尖锐地责问，改良派的所谓"爱国"，是爱虐民媚外的"大清国"呢，还是"中华国"？指出他们的"保皇""保满洲政府"，绝不是爱国行为。并指出，清朝的统治是中国不能抵抗外国侵略者的首要因素。清朝政府

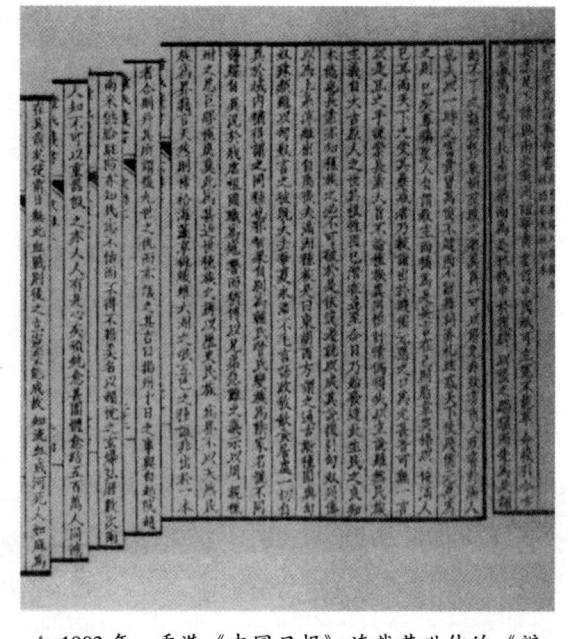

▲ 1903年，香港《中国日报》连载黄世仲的《辩康有为政见书》，又刊登章太炎撰写的《驳康有为论革命书》，有力地批驳了康有为的保皇思想。图为章太炎的《驳康有为论革命书》（局部）。

腐败无能，是"宁赠友邦，勿与家奴"的卖国政府。它对帝国主义的侵略无力抵抗或者不抵抗，才使中国陷于被瓜分的危险境地。"革命召致瓜分"论纯粹是改良派反对革命、蛊惑人心的诡辩。这样，就揭穿了改良派的维护清朝反动统治的反革命面目，说明他们所谓的"爱国"实际是在爱国的幌子下充当背叛人民的奸细。

孙中山认为"若人心日醒，发奋发雄，大举革命，一起而倒此残腐将死之满清政府，则列国方欲敬我之不暇，尚何有窥伺瓜分之事哉？"明确指出："欲免瓜分，非先倒满洲政府，则无挽救之法也。"他号召一切真正的爱国者，必须首先推翻这个腐朽、卖国的统治，然后才能救中国，才能免于被列强瓜分的命运。

孙中山还列举大量事实，严厉驳斥了保皇会宣扬的所谓"名为保皇，实则革命"的骗人鬼话，义正词严地宣告：革命与保皇"理不相容，势不两立"，是截然对立的两条道路，"如黑白之不能混淆，如东西之不能易位"。两者的关系只能是"互相冲突，互相水火"，绝不能

▲ 1903年12月，孙中山在《檀山新报》上发表《敬告同乡书》一文，进一步阐发革命大义，批驳保皇谬论。图为《敬告同乡书》(局部)。

互相混淆；号召侨胞"大倡革命，毋惑保皇"。他尖锐地指出，保皇派所谓"借名（保皇）以行革命"，所讲的"革命"是假革命。他痛斥了保皇派替清朝政府辩护，反对暴力革命的荒谬论调，坚决主张进行推翻清朝政府的民主革命斗争。不少受过骗的侨胞读了他的文章后，耳目为之一新，重新集合在革命旗帜之下。檀香山又成了革命党人在海外的一个重要的据点。

1904年春，孙中山在檀香山击败保皇派后，于4月6日专程到了旧金山。那里风气闭塞，没有受过多少革命的影响，又是保皇派势力的集中地，华侨中的上层人物多受"保皇"宣传之骗。在旅美华侨中十之八九都参加了洪门，还有为数不少的基督教徒。孙中山为了使宣传易于生效，便先利用教徒和洪门的身份，对基督教徒和致公堂职员宣传革命，邀集教友们召开救国会议，提高他们的认识；随后又在小商人及工人（大部分为洗衣工人、园丁和其他劳动者）中进行活动，发表公开演讲，力驳"保皇"谬说，博得了人们日益广泛的同情。他还在旧金

山及其附近城市的一些戏院中，演说"爱国要义"，鼓吹革命排满。当时，孙中山几乎无日不在和改良派"苦战之中"，"以图扫灭在美国之保党"。①

美洲致公堂是以美洲华侨劳动者为主体，总部设在旧金山，并在纽约、芝加哥、波士顿等百数十埠设有分堂，在华侨中的势力很大。但是，它的组织涣散，主张分歧，总堂、分堂，各自为政，不可能进行一致的行动。孙中山两度游美，发现洪门人士多已忘却反清的革命宗旨，总堂职员除少数热心人士外，多半泥守旧习。又经康有为、梁启超等保皇会的歪曲宣传，洪门成员特别是各堂职员多为所愚，兼充保皇会职员，并延聘保皇会分子主办报纸，反清思想渐就泯灭。但在国内革命形势和美帝国主义迫害华工的刺激下，下层华侨仍有革命要求。因此，孙中山认为联络洪门组织是当务之急，"先行设法联络各地洪家，成为一气，然后可以再图其他"。② 于是，他很快同旧金山致公堂大佬黄三德、书记唐琼昌等结为好友，使他们成为反清革命的拥护者，从而推动致公堂的改革。

当时，孙中山向总堂建议举行全美洪门会员总注册（即重新举行登记），并表示愿亲往各地对洪门会进行革命宣传。这主张得到黄三德和总堂各职员的赞同。他还亲为美洲致公堂重订新章程，在新章程中强烈谴责清政府的黑暗统治和保皇会的反动立场，并明文规定"本堂以驱除鞑虏、恢复中华、创立民国、平均地权为宗旨"。③ 接着，便于5月24日偕同黄三德从旧金山出发，赴美国各地对洪门会众进行注册和宣传活动。所到之处，黄三德必"开台演戏"，孙中山则发表演说，阐扬反清革命宗旨，驳斥保皇谬论；并且，在各个地方"俱称得手"，和改良派斗争方面取得一些成效。他们奔走数月，访问了几十个城市，在华侨中间广泛进行革命宣传。这一行动，对削弱保皇会在美国华侨中的影响，促使华侨倾向反清革命，起了颇大的作用。

特别是1905年8月孙中山在东京的讲演中，针对改良派散布的反对革命的谬论，给予了尖锐的、深刻的批驳。改良派叫嚷什么革命只是

---

① 《复黄宗仰述在美扫灭保皇党情形函》（1904年6月10日），中国国民党中央党史委员会编：《国父全集》第三册，台湾1993年版，第32页。
② 《致黄宗仰（乌目山僧）函》，黄季陆编：《总理全集》下册，"函札"，成都近芬书屋1944年版，第23页。
③ 《致公堂重新章要义》，《民报》第一号。

破坏，有害无益。孙中山说，革命不仅是破坏，而且是建设；正是为了建设才进行破坏。改良派胡说什么西方国家都是"由野蛮而专制，由专制而君主立宪，由君主立宪而始共和"，这是"进化的次序"，"断难躐等"。孙中山指出了这个"断难躐等"的论点是愚蠢、可笑的。譬如说，中国过去向来没有火车，按改良派的"次序"，难道初用火车，必先用英、美几十年前的"旧物"，然后才可以逐渐换用新式火车吗？他认为应该取法乎上，向外国学习最进步的东西，严正驳斥了康、梁的在目前"只可立宪，不能革命"的庸俗进化观点。他说："而且世界上各国的立宪，也必须从流血中得来的才算是真正的立宪。同一的流血，我们为什么不从事于直截了当的共和立宪，而从事于这不完不备的君主立宪呢?!"对改良派仿照殖民主义者的口吻，诬蔑中国人"恶劣""愚蠢"，没有做共和国民的资格，中国不配实行民主共和制度，"程度不够"，连君主立宪也不能立刻实行的无耻谰言，孙中山予以严正的呵斥，指出这是对中国人民的极大侮辱。他高度赞扬中国人民的智慧和能力，认为只要敢于革命，就一定能出现一个飞跃发展的局面。他号召大家摒弃改良主义道路，不惜流血，从"最上之改革（按：指进行革命）着手"，在封建皇朝的废墟上建立一个"头等民主大共和国"。

孙中山在抨击那种认为只能跟在外国人后边一步步爬行，不能"躐等"的谬论的同时，还提出了一个光辉的预言：中国有几千年的文明史，有广大的土地和众多的人口，只要"发愤自雄"，"易旧为新"，推翻清朝政府，就一定能够打破常规，以"异常之速度"前进；在数十年内不仅"举西方之文明而尽有之"，而且胜过他们也是可能的。孙中山并认为，有志革命的人绝不能"无所藉手，磋跎岁月，寸功不展"，而应当"建一大共和国以表白于世界"，不然那就"可羞之极"。

"断难躐等"论，是改良派反对革命的一种诡辩。如果照着去做，中国就永远处于落后的状态，永远也不能成为世界上的先进国家。孙中山敢于对当时看来颇为强大的西方资本主义国家挑战，提出了超过西方的豪言壮语，痛斥了那种认为只能跟在外国人后边一步步爬行的谬说，这种无所畏惧的精神和胆略，是值得赞扬的。

孙中山亲自主持舆论宣传，通过他的这些讲演和文章，有力地揭穿了改良派的反革命真面目，帮助许多侨胞逐步了解到革命与保皇的区别；促使误入保皇会的人觉醒，他们纷纷登报与保皇会脱离关系，重新回到革命派立场上来。其中，南洋华侨资本家邱菽园觉醒后，进一步揭

发了保皇会的黑幕；华侨郑螺生、李源水等还参加了孙中山领导的革命组织。

孙中山与改良派经过激烈的论战，终于夺回了革命派在日本、檀岛等地华侨中间的阵地，初步打击了保皇派的嚣张气焰，在政治上、思想上扩大了革命派的影响，为民主革命思想的传播创造了更好条件，并为中国同盟会的建立做了精神准备。

二、1905年后的大论战

在同盟会成立之后，孙中山更加意气风发地领导革命派，对疯狂反对革命的保皇会进行更广泛、更全面的斗争，把论战引向新的高潮，展开了和保皇会改良主义思想的大论战。

经过同盟会成立前一个阶段的初步辩论，保皇会的改良主义思想曾受到一次冲击，他们的嚣张气焰也遭到一定的打击；但是，在海内外思想、舆论界和一些群众中，改良派仍然有着相当大的影响。并且，当时康、梁的保皇派依然没有停止他们反对革命的活动。1906年夏，"保皇党"筹备改组政党，将组织定名为"帝国宪政会"。梁启超声言："今者我党与政府死战，犹是第二义，与革命党死战，乃是第一义。"[①] 他在其机关报《新民丛报》对孙中山提出的"民生主义"大肆攻击。翌

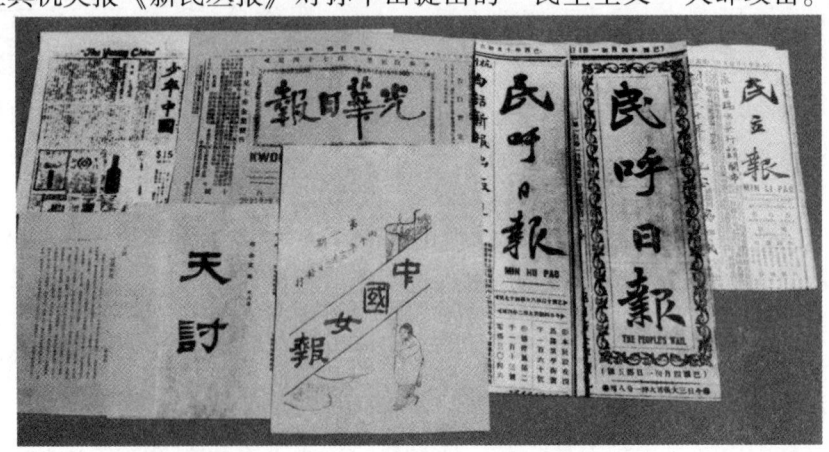

▲ 同盟会时期革命党人在海内外发行的革命报纸。

[①]《致蒋观云、徐佛苏书》，丁文江、赵丰田编：《梁任公先生年谱长编初稿》第四册，油印线装本，第360页。

年10月,梁启超等在东京又成立"政闻社",全力配合清政府的"预备立宪"活动。之后,"保皇党"机关报《南洋总汇报》记者以"平实"的笔名,连续发表《论革命不可强为主张》等文,提出革命不能行于今日,以及革命足以瓜分中国的胡说,肆意攻击革命党。

为了民主革命的胜利开展,必须彻底扫清思想上的这一障碍。因此,孙中山直接领导下的《民报》,从创刊号开始,在大力宣传同盟会的政纲的同时,就对保皇党进行猛烈、系统的批判。这一批判,主要是通过与改良派的宣传工具《新民丛报》开展论战实现的。

1906年4月《民报》第三号发行号外,列举《民报》和《新民丛报》根本分歧的12个问题,声明自第四号以下,分类辩驳。革命派有组织、有计划地同改良派的大论战剧烈展开了。

《民报》是论战的主要阵地,同时散布在海内外各地的革命报刊,如南洋的《中兴日报》、檀香山的《自由新报》、曼谷的《华暹新报》、仰光的《光华报》、温哥华的《大汉公报》等,也纷纷投入战斗,同当地改良派的喉舌《南洋总汇报》《新中国报》《启南新报》《商务报》《日新报》等,展开针锋相对的激烈论战。卷入论战的报刊共达数十种。论战的主要地点为上海、广州、香港以及国外的东京、横滨、檀香山、旧金山和新加坡等城市。论战的规模之大、时间之长、斗争之激烈,在中国近代历史上是少见的,形成了思想战线上的一次大辩论。

孙中山在这段期间所写的《〈民报〉发刊词》和演讲,全面地阐释了三民主义,有力地驳斥了改良派对同盟会及其纲领的污蔑和攻击,成为革命派与改良派斗争的犀利武器。在《民报》上刊载的重要论战文章,不少是出自孙中山口授,或根据其授意撰写的。例如《革命不致召瓜分说》一文,就是孙中山口授而由汪精卫执笔写成的。①

这些文章,列举大量无可辩驳的事实,揭露了清朝政府投降卖国、残虐人民的罪行,指出清王朝是中国贫穷落后不能独立的根源,只有用革命办法推翻这一"野蛮专制政体",建立民主共和的国家,才能避免瓜分,走上独立富强的道路;而改良派死心塌地为清王朝的反动统治辩护,正说明他们所说的爱国是假的,真正爱的是虐民媚外的清政府。

孙中山在旅居日本期间,一直坚持不懈地对改良派的谬论进行驳斥。他对1907年1月梁启超托人找宋教仁疏通,提出《民报》与《新

---

① 《胡汉民自传》,《革命文献》第三辑,台湾1955年版,总第389页。

民丛报》双方"以后和平发言,不互相攻击"的求和要求,坚决反对,不同意章太炎"可以许其调和"的错误主张,坚持把论战进行到底,及时制止了同盟会内部的妥协倾向。①

同年3月初,孙中山被日本政府迫令出境,转赴南洋活动。次年10月,《民报》又被日本政府无理封禁。于是,革命派和保皇会的重要骨干陆续南移,南洋成了两派激烈争夺的重要地盘。1908年夏季以后,新加坡保皇会利用同盟会在军事上遭到严重挫折之机,通过《南洋总汇报》加紧了对革命党人的攻击,两派的论战日趋激烈。孙中山亲自领导了这一批判改良派的斗争,他提出以"攻心为先,以至理服人"的指导方针,并组织同盟会重要骨干黄兴、胡汉民、田桐、林时塽、汪精卫等人先后到该地参加论战,撰文批判保皇派。

▲ 1907年的孙中山。

当时,孙中山曾口授胡汉民等编印有关立宪和外交等问题的小册子,散发各地,力批保皇谬说。他还在9、10月间的不到一个月的时间内,亲自撰写了《论惧革命召瓜分者乃不识时务者也》《平实尚不肯认错》《平实开口便错》三篇论战文章,以"南洋小学生"为笔名,在《中兴日报》上连续发表,逐一批驳、抨击了保皇会宣扬中国革命会招致瓜分等的谬论。

孙中山在《平实开口便错》的文章中指出,从南洋到内地,革命思想一天比一天高涨,革命者的责任就是要挺身而出,"唤起同胞,使之速醒,而造成革命之形势"②。

通过论战,阐明了民主革命的主张,澄清了被歪曲了的事实,使保

---

① 宋教仁:《我之历史》第六册,湖南桃源三育乙种校1920年石印本,第3页。
② 《中华民国开国五十年文献》第一编第十五册,台湾1963年版,第679页。

皇派理屈词穷，也不得不承认"革命党理长、保皇党理短"。影响所及，南洋各埠革命派报纸纷纷投入了批判保皇派的斗争。这场论战，挫败了南洋的保皇势力，扩大了革命派的阵地，增强了革命党人的决心和勇气，促进了华侨的革命觉醒，对当时的斗争起了直接的配合和支援作用。

1909年后，孙中山又转往美洲。美洲是康有为等经营多年的一块基地。孙中山在极其艰难的条件下，仍然孜孜不倦地宣传革命主张，揭露保皇会。经过他的努力，促使华侨纷纷登报脱离保皇会，转向了革命。

在孙中山指导下，革命派在许多宣传阵地上大张旗鼓地同改良派进行了论战。其中，表现比较突出的，是孙中山的革命战友、民主革命派杰出的活动家和理论家朱执信。他从1905年到1908年，在《民报》上发表了一系列政论文章，以孙中山民主革命思想为纲，驳斥改良派的反革命谬论。在《论满洲欲立宪而不能》《驳"法律新闻"之论清廷立宪》《论社会革命当与政治革命并行》《心理的国家主义》等文中，他从当时存在的国内民族矛盾现状出发，论证了社会革命与政治革命当"以一役而悉毕其功"，分析了社会革命的主力和对象，以及其形成的原因，抨击了清朝政府对外妥协、对内镇压的反动政策，说明这个政府就是"内忧外患"的祸根；揭露了清朝政府假立宪的骗局，把康、梁之流所散布的种种谬论斥之为欺骗人民的谎言，指出清朝统治者不可能进行任何真正的改革。他极力主张用革命办法去求得共和的实现，反对改良主义的调和论，号召人们摒弃对清朝政府的幻想，举起反清的旗帜，为"驱除鞑虏，恢复中华"而斗争。

革命派与改良派之间的这场论战的内容，涉及的范围很广，归纳起来，主要是环绕三个方面：是"保皇"还是革命？是维护清政府，行君主立宪，还是推倒它，新创民主共和国？是维护还是改变封建土地所有制？在这一系列的问题上，革命派和改良派都是针锋相对的。革命派对问题的回答是明确的，同盟会的十六字纲领就是具体答案。

1906年12月2日，孙中山在东京神田锦辉馆举行的《民报》创刊周年庆祝大会上，发表了系统阐述三民主义思想的演说。他对三民主义政治纲领作了一个总的概括："因不愿少数满洲人专制，故要民族革命；不愿君主一人专制，故要政治革命；不愿少数富人专制，故要社会革命。"[①]

[①] 《纪十二月二日本报纪元节关祝大会事及演说辞》，载《民报》第十号。

这就是说，坚决主张用革命手段推翻清王朝，建立民主共和国，并且在政治革命胜利以后，进行改造封建社会经济制度的"社会革命"。而改良派对问题的回答却截然相反。他们千方百计为清王朝注射"强心剂"，妄图用改良主义的方法实行君主立宪，并且极力反对任何"社会革命"。

现将论战的三个方面内容概述如下：

（一）在"保皇"还是革命的问题上，改良派由于否认民族歧视和民族压迫的存在，因而也就否认推翻满清政府的必要。他们从维护清朝封建政权的立场出发，大肆宣扬"忠君保皇"，极力鼓吹光绪皇帝的"圣德"，并胡说清政府经过"外患刺激"已经觉悟，确有决心实行立宪以求变法图强。提出若要革命就会使人们陷入一场"杀人流血之惨"的灾祸，就会引起瓜分和内乱，必然要导致亡国。在论战中，革命派以大量无可辩驳的事实，从各方面深刻揭露了清朝政府所实行的民族歧视和压迫政策，以及投降外国侵略者和暴虐残害人民的罪行，并揭露了清政府玩弄假立宪以图苟延残喘的卑劣阴谋。进而指出：革命有百利而无一害，它的目的在于推翻君主专制的黑暗统治，摧毁一切"陋俗弊政"，以建设新的国家，新的社会，根本不是什么"杀人流血"。至于中国所以面临被瓜分的危机，是同清政府的腐朽和媚外卖国政策分不开的；清朝专制政府的存在，是中国不能独立，遭到瓜分的重要原因。认为一日不推翻卖国的清朝政府，瓜分的危机就一日不能解除。只有推翻清朝专制政府，建立民主政治，才能把中国从危亡中挽救出来。

（二）在行君主立宪还是新创民主政体问题上，改良派认为中国万万不能建立共和政体。他们为了维护清王朝统治和反对革命，诬蔑中国人"民智不逮"，实行民主必将引起混乱，只能实行君主立宪，胡说君主立宪是民主共和的必然阶段。革命派坚决驳斥了这种荒谬论调。他们认为在进行"种族革命"的同时，还必须进行"政治革命"，这就是要彻底改造几千年来君主专制之政府，建立实行民权立宪制度的共和政体。他们以西方资产阶级革命时期的"天赋人权"学说作为依据，认为"民权"的兴起是不可抗拒的时代潮流，中国人民只有也必将在革命斗争和民主政治的实践中、学会行使自己应该享有的权利。并有力地指出，中华民族的聪明才智，并不下于世界各民族；通过流血革命由君主专制变为民主共和，也是"进化之公理"。据此，中国人民进行民主革命，不但有资格，有才力，而且是适应"进化之公理"。他们果断地说：为了革除封建专制的弊病，这次革命不只是打倒皇帝改朝换代，更重要的是要建立民族的国家、民主立宪政体和实行民生主义。

（三）在维护还是改变封建土地所有制的问题上，两派就能不能实行以民生主义为内容的"社会革命"进行辩驳。改良派完全否认中国有实行"社会革命"的必要。他们胡说封建主义的土地制度是完美无缺、不可侵犯的，如果鼓吹"社会革命"，触动封建土地制度，就会危害"国本"；并谩骂孙中山的"平均地权"主张是为乞丐、流氓着想，若实行这种革命就会引起"下等社会"的骚动，就会破坏社会秩序，就会亡国。革命派严厉驳斥了改良派的谬论和种种污蔑。他们指出：封建主义的土地制度弊病百出，使土地垄断在少数人手里，"全国困穷，而资本富厚悉归于地主"。"社会革命"之所以出现，不是出于人们的主观意愿，而是起因于"社会经济组织之不完全"。并指出"平均地权"是为了实现革命的平等社会，不是破坏社会秩序；认为应趁中国资本主义大生产还没有发达以前，用"平均地权"和"土地国有"政策来防止发生贫富过分悬殊的问题。

以上三方面问题的论战，归根结底是要不要实行孙中山三民主义的政治路线，即要不要武装推翻清王朝建立资产阶级共和国。在这场论战中，尽管孙中山领导的革命派还有自己理论上的弱点，但他们坚决反对媚外卖国、腐朽透顶的清朝政府，反对君主立宪，是符合人民的利益和要求的。

以孙中山为首的革命派，在《民报》上逐期发表论文，宣传民主革命的道理，介绍西方资产阶级革命时期的进步学说，驳斥了改良派的反革命谬论，揭穿了改良派的反动

▲ 辛亥革命前革命运动形势图。

嘴脸。这一宣传鼓动工作发挥了很大的作用。

《民报》在它的宣传中，在驳斥改良派谬论的同时，把同盟会的纲领更加具体化地传播到全国各地。一些同盟会员和革命知识分子编写的革命宣传品，流传到各地的学校和清政府编练的新军①内部，学生和士兵争相传诵，成为秘宝，大大促进了人民的觉醒。革命思想在群众中"一唱百和，如饮狂泉"，它的传播有一日千里之势，形成了"以不谈革命为耻"的风气。许多进步青年，争先恐后地涌向革命队伍。据孙中山记述，同盟会成立不期年而加盟者就超过了万人。

孙中山在这一时期，又不辞辛苦地到处奔走，在揭露保皇会，宣传和捍卫民主革命思想方面做了大量的工作。他亲自作讲演，写文章，通过各种方式"打击保皇毒焰"，宣传中国必须革命的道理。他赢得的声誉越来越高，团结在他周围的革命志士越来越多，支持他的人越来越广泛，形成"孙文演说，环听辄以数千，革命党报发行购阅，数逾数万……入会之人，日以百计"②的极为兴盛的景象。

而改良派的势力则一落千丈，被人们唾骂。革命形势蓬勃发展，使得改良派自己也不得不承认失败，他们惊呼："近几年来，中国到处都在谈论革命，现在又得到政治上、法理上的阐发、赞助，它的旗帜更鲜明，它的壁垒更森严，它的势力越加磅礴而壮大，连贩夫走卒，都谈论革命，甚至真正行动起来了。"③

作为中国革命民主派的旗手，孙中山领导革命派对改良派进行的这一场大论战，前后持续了数年之久。这场意识形态领域中的论战，是中国革命派同保皇派的政治大搏斗。论战的实质是革命还是保皇的两条救国道路的问题。

在这一论战中，孙中山指导《民报》与其他革命报刊一起痛斥保皇派的谬论的同时，并撰写了许多文章，批驳保皇派害怕民众、害怕革命、害怕列强瓜分的错误观点。他再三强调，只有采用世界上最先进的社会政治制度，由先进分子去领导民众，才能建设一个独立、民主、平等、繁荣、富强的新中国。在辩论中，孙中山进一步发展了自己的革命理论和策略，提出了革命的次序，第一期为军法之治，第二期为约法之治，

---

① 新军是清政府为加强镇压人民，用资本主义国家练兵方法训练出来的一支军队，用的是新式武器，他们中有一部分青年知识分子。
② 中国近代史资料丛刊：《辛亥革命》（四），上海人民出版社 1957 年版，第 41 页。
③ 与之：《论中国现在之党派及将来之政党》，《新民丛报》第九十二期。

第三期为宪法之治，使国民循序渐进，养成自由平等的资格。同时，提出将来的宪法，在西方行政权、立法权、裁判权（司法权）三权分立的基础上，增加考试权、纠察权，构成五权宪法作为治理国家的根本大法。

孙中山及其领导的革命派，在这场激烈的论战中斗志昂扬，意气风发，表现了朝气蓬勃的革命精神。他们剥开了改良派充当清朝走狗的画皮，驳斥了其反对革命的谬论，并清除掉改良派的反动影响，捍卫并发展了民主革命纲领，夺取了思想战线上的领导权。于是，革命民主主义得到广泛传播，影响日益扩大，有力地推动了民主革命高潮的到来，从而为辛亥革命作了重要的思想准备和舆论准备。后来，毛泽东曾高度赞扬孙中山"在中国民主革命准备时期，以鲜明的中国革命民主派立场，同中国改良派作了尖锐的斗争。他在这一场斗争中是中国革命民主派的旗帜"。①

综上所述，革命派与立宪派之间的这场大论战，从根本上说，是资产阶级两个政治派别在如何改造中国问题上的争论。它不是要做什么的目的之争，而是应该怎么做的方法、手段、道路之争。立宪派的理论宣传存在着严重的错误和缺陷，遭到革命派的严词驳斥是理所当然的。但是，他们决不是维护清王朝反动统治的反动派，更没有与大地主大资产阶级结成政治联盟。他们虽然在一些根本性、全局性问题上的观点是错误的，但并非所有的论据都是无的放矢、恶毒攻击，其中包含着某些合理的成分，某些对时局发展的估计，也具有一定的思想深度。因此，在重视对革命派理论体系研究的同时，对立宪派理论体系的研究和分析，同样是必要的。

从一定意义说，这次没有硝烟的反对保皇党的论战，决定了中国的政治前途和命运。

当然，在这场论战中，以孙中山为首的民主革命派也明显地暴露出自己的弱点，即在反帝、反封建两个根本问题上，依然缺乏革命的彻底性。这主要表现在：首先，他们不是把帝国主义看作革命最主要的敌人，却极力向外国侵略者表白"排满"决不是"排外"，力图避免"刺激"帝国主义强盗，幻想帝国主义会同情革命、赞助革命，甚至企图以让步来换取这种同情和支持。其次，他们虽然驳斥了改良派指控"平均地权"的谬论，但"平均地权"远不是一个彻底的土地纲领，它并不能彻底动摇封建地主阶级的土地所有制。最后，他们不是把劳动群

① 《纪念孙中山先生》，《毛泽东文集》第七卷，人民出版社1999年版，第156页。

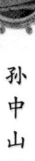

众看作是革命最主要的动力，反而害怕和要求限制劳动群众的革命行动，强调必须把"文明排外与野蛮排外""秩序的革命"与"自然的暴动"加以区别，从而限制了反帝反封建斗争的彻底进行。这些不彻底性，是历史和时代条件的局限性使然，不宜苛求的。

通过这场大论战，孙中山的三民主义得到了发扬，同盟会的政治纲领得到广泛传播。可以说，同盟会正是在论战中显示了它作为中国资产阶级革命司令部的政治威望，而孙中山的名字，也在大众传播媒介效应下获得了国内外更多的知音。从更深远的意义上说，这场大论战无疑地促成了近代史上又一次思想解放潮流，为辛亥革命的胜利奠定了必要的思想基础。

第六节 "兄弟阋于墙"

同盟会成立后，在其内部曾发生严重的分歧，出现过"倒孙"的风潮。这种分歧是怎样发生的？矛盾的产生应归罪于谁呢？过去学人曾有过探讨和争论，① 兹予以综述之。

一、首次"倒孙"风潮

在1908年至1910年间，同盟会和孙中山都处于最困难的低潮时期。既有在西南边境的军事行动频遭失败，又发生同盟会内部的矛盾日益加剧，上层发生了严重的分裂，使艰难的革命之旅雪上加霜，进一步增加了艰辛险阻。

同盟会本来就是一个松散的联盟。1905年，兴中会、华兴会、光复会等革命团体共同组成同盟会，实现了各派反满力量的联合。但是，参加同盟会的人，并不是都同意孙中山的三民主义，有的人仅仅热衷于"排满"，有的人则只是醉心于民主共和国的理想；在武装起义的策略上，也有所谓"中央（北京）革命""地方革命""边地（沿海、边疆）革命"和"中部（长江流域）革命"的不同主张；并对孙中山的起义活动偏重广东却劳而无功产生质疑。此外，同盟会成立之前的小团体和地域的界限，依然影响着一部分人。这样，在一些问题上自然的会出现种种分歧。犹如1911年12月同盟会本部所发表的宣言中所说的那样，在它的内部"意见不相统属，议论歧为万途"的现象十分严重。政治、思想、策略上的分歧的恶性发展，必然导致组织上的涣散和分裂。1907年夏，同盟会发生严重分裂是必然的结果。

---

① 参见章开沅：《论同盟会的性质及其内部分歧》、杨天石、王学庄：《同盟会的分裂与光复会的重建》、方志钦：《析同盟会的衰亡》和吴剑杰：《论同盟会的内部矛盾及其分化》等文。

在漫长的革命进程中，总难免有光明与阴暗两面，予以如实的阐释，会给人以启示和借鉴。

历史上的政治斗争不乏借题发挥的例子，"倒孙"风潮可以说也是如此。它借助于个别具体问题爆发出来，其中隐藏的是深刻的思想分歧。这次促使同盟会分裂的导火线是孙中山离开日本时所接受日本政府和商人的一笔捐款。

早在1907年初，孙中山与黄兴曾因国旗图式问题发生争执。孙中山主张沿用兴中会的青天白日旗，黄兴则认为青天白日旗与日本旗相近，"有日本并华之象"，必须迅速毁弃。争论中，黄兴坚持毁弃青天白日旗的主张使孙中山很激动，他厉声说："仆在南洋，托命于是旗者数万人，欲毁之，先摈仆可也。"这样，黄兴也因而激动起来，他发誓要退出同盟会。

情感冲动常常使人走向歧途。冷静下来之后，黄兴接受了孙中山的方案，他致书胡汉民说："余今为党与大局，已勉强从先生意耳！"

尽管国旗风波没有使孙、黄关系破裂，但却在孙中山和宋教仁之间留下了阴影。宋教仁本来就认为孙中山"待人做事，近于专制跋扈"，当他得知此事后，就更增加了不满，从而萌发了"早自为计"的念头。3月1日，他向孙中山辞去同盟会庶务干事一职。23日，偕白逾桓等离开东京赴奉天运动绿林武装。

对孙中山的不满使宋教仁以后一度加入了"倒孙"的行列中，但在当时，还仅限于两人间；去奉天之后，宋教仁仍然使用中国同盟会孙文、黄兴的名义进行活动。因此，在同盟会的内部矛盾中，国旗图式问题只是一个小序曲。

对同盟会分裂具有决定意义的事件，是孙中山接受日本政府和商人的赠款问题。

清朝政府镇压了萍、浏、醴起义之后，感到对革命力量不可忽视，追寻"祸本"，认为出于流亡在日本的孙中山，因此，通过驻日公使杨枢等出面交涉，要求日本政府逮捕并引渡孙中山。日本西园寺内阁对此采取了两面政策，即一面向清朝政府表示同意驱逐孙中山出境，一面又力争不得罪中国革命党人。日本政府通过内田良平、宫崎寅藏等对孙中山说，清朝要求日本把孙中山抓起来，日本政府考虑不抓，但孙中山必须迅速离日，否则不能保证安全。同时，日本政府并资助五千元，另一日本股票商人铃木久五郎也资助一万元，作为孙中山离日的经费。当时，孙中山因急需一笔款子去中国南方发动起义，以便趁热打铁，适应萍、浏、醴起义所带动的革命高涨形势，便接受了这两笔资助。

除赠款外，日本政府还通过内田良平出面为孙中山饯行。2月25日，内田良平在赤阪区三河屋设宴，应邀者有孙中山、章太炎、宋教仁、胡汉民、刘师培、汪东、宫崎寅藏、清藤幸七郎、和田三郎等人。3月4日，孙中山偕胡汉民及日人萱野长知等南下。事后数日，西园寺内阁才通知清朝政府，已经驱逐孙中山出境。清朝政府立即大肆宣扬，炫称为外交上的胜利。

对日本政府的态度，孙中山是满意的。他觉得："各国政策无论如何文明，其对于与国必重于对民党，但日本政府两方面皆存好意，庶几平等相待"，"殷勤备至"。① 他完全没有想到，此事却在同盟会中激起了巨大的风波。

铃木久五郎资助一万元一事章太炎是知道的，孙中山曾从中提取两千元交章太炎作为《民报》经费，章太炎嫌少，认为一万元应全部留下，但对日本政府资助五千元一事，章太炎等则一无所知。孙中山离日后，这一情况为参加同盟会的日本人平山周、北一辉、和田三郎等探悉，首先和中介人宫崎寅藏等吵了起来。接着，张继、章太炎、刘师培、谭人凤、田桐等也得知了这一情况，并传闻孙中山临行时的宴会就是一去不复返的保证，云云。张继等认为孙中山"受贿"，"被收买"，"有损同盟会的威信"，便闹了起来。张继破口大骂，声言"革命之前，必先革革命党之命"。② 章太炎把挂在《民报》社的孙中山照片撕下来，批上"卖《民报》之孙文应即撤去"等字。他以为孙中山在香港，便把照片和批语寄去，以羞辱孙中山。可能为此事他还写过声讨性的檄文。刚到日本不久的刘师培也同声附和。他们一致要求罢免孙中山的同盟会总理职务。

在这一事件中，北一辉起了挑拨和扩大矛盾的作用。他原是日本新泻佐渡地方一个酿酒业主的儿子，因家庭破产而倾向于当时流行的社会主义思潮。1906年出版《国体论及纯正社会主义》一书。同年11月加入宫崎寅藏、和田三郎等组成的《革命评论》社。不久，又经宫崎介绍，加入同盟会。他认为孙中山是西欧主义者，因而憎恶孙中山，接近章太炎、宋教仁等人。在其所著《支那革命外史》一书中，他自述说：

---

①② ［日］北一辉：《支那革命外史》，东京，昭和15年改订6版，第48页。

"当时所发生之内讧，诸友皆以发生于不肖入党数月之后，因而归罪于不肖之行动。然而不肖方以彼等各自之色彩逐步趋向鲜明为快，深希彼等各自贯彻其思想之所向，因此敢于置不肖一身之毁誉于不顾也。"从这段叙述不难看出，北一辉当时并不以同盟会的团结为重，而是强烈期望分歧加大。他又说："以孙君英美化之超国家观视之，当其被逐时，日本政府赠予之数千金，未尝不可视为对亡命客所给予之国际怜悯，然以太炎国粹主义之自尊心视之，则深以孙君率留学生离去而不示威为憾，且认为孙君实不应密收金钱，如丧家狗之被逐，太炎之所以逼使孙君辞去总理之理由，亦可使人理解者也。"《支那革命外史》一书写于1914年，虽然事隔已久，偏袒章太炎等人的感情仍然很强烈。

平心而论，双方都有其不当之处。

从孙中山一方看，他对西园寺内阁的两面政策缺乏认识，这是事实。但是，当时中国革命党人以日本为活动基地，日本政府并未采取明显的敌视态度，因此，自然不应采取率领留学生"示威"一类轻率的做法。孙中山处理不当的地方是：在接受日本政府赠款问题上没有和大家商量，并说明有关情况。

从张继等一方看，他们反对孙中山接受西园寺内阁的赠款可能不无道理，但是，孙中山接受赠款是为了南下起义，他们视此为"受贿"是错误的；由此大吵大闹，提出革孙中山的命，要求撤换其总理职务尤其错误。章太炎的做法更是一种人身侮辱，是只图一时痛快，不顾后果，严重伤害同志关系的行为。

屋漏偏逢连夜雨。当东京的"倒孙"风潮正闹得沸沸扬扬的时候，又传来了黄冈及其响应者七女湖起义失败的消息。这是孙中山离日后领导的第一次军事行动，它的失败使同盟会的内部矛盾犹如火上加油，反对孙中山的人日益增多。张继等催逼同盟会庶务干事刘揆一召集大会，罢免孙中山，改选黄兴为总理。刘揆一认为孙中山接受赠款是为了供应黄冈、七女湖起义急需。当时，孙、黄二人正筹划于广东发动新的起义，"万一因总理二字而有误会，使党军前途，顿生阻力，非独陷害孙黄二公，实不啻全体党员之自杀"，① 因此，力排众议。张继于盛怒之下，和刘揆一扭打了起来。与此同时，刘师培则进一步要求改组同盟会本部。他自己想当同盟会领导人，并企图援引北一辉与和田三郎为本部

---

① 刘揆一：《黄兴传记》，载《辛亥革命》（四），上海人民出版社1957年版，第289页。

干事，也遭到刘揆一的拒绝，因此，北一辉也对刘揆一动了武。

一波未平，一波又起。同年6月17日，为筹备在广东钦、廉二府同时起义，孙中山派萱野长知赴日购械。在宫崎寅藏协助下，共购得村田式快枪两千支，每支带弹六百发，计划运至白龙港起岸，供革命军使用。村田式在日本已经落后，在中国尚不失为先进武器。但章太炎却认为不能使用，吵吵嚷嚷地说："这种式子在日本老早不用了，用到中国去不是使同志白白地丢了性命吗？可见得孙某实在不是道理，我们要破坏它！"① 当时，宋教仁已被张继从奉天叫回东京，他支持章太炎，并联络了同盟会本部的一些人，以《民报》社名义用明码打电报给香港《中国日报》，说是"械劣难用，请停止另购"。因而，购械计划搁浅。

在"倒孙"风潮中，陶成章支持张继、章太炎等。据当时人回忆："其时党人购买枪械靠日本浪人介绍代购"，"章太炎先生与陶公均主宁可少购，购必精良"，"而孙黄二公但求其多而价廉，认为械多可张大声势"，"陶于争论时坚持尤力，因与孙黄失和。我彼时耳闻其事，曾于日比谷昌口医院访陶时有'大家不要争夺领袖'的话，陶闻言即谓：'年轻人不要胡说'，但言词之中却嫌孙先生武断"。② 这里所说的"争夺领袖"虽被陶成章斥为"胡说"，但印证了以上所引其他史实。

"倒孙"风潮中支持张继、章太炎等的还有谭人凤、田桐、白逾桓等，但他们的表现不那样突出，以后的表现也不尽相同。

钦、廉起义由孙中山亲自策划。他联络了当地抗捐的民团，联络了在清军中任职的同盟会员赵声和郭人漳，并派黄兴和王和顺归国领导，原以为只要武器一到，立即可以组成一支"声势甚大"的军队，然后收两广，出长江，会合南京、武昌的新军，形成破竹之势，"革命可收完全之效果矣"。③ 及至王和顺攻克防城，武器不到，孙中山自觉失信于起义同志和当地团绅，极为恼火，便由胡汉民出面致函同盟会本部，"力责之"，表示要执行党中纪律。不久，又派林文（即林时塽）回东京，禁制章太炎和宋教仁，令其以后不得再干预军事问题。9月，孙中山致函宫崎寅藏，谴责平山周、北一辉、和田三郎等"不顾公义""破坏团体""侵入内部，几致全局为之瓦解"。他将运动日本各方面的任

---

① 张永福：《南洋与创立民国》，中华书局1933年版，第81页。
② 许轵民：《从陶成章先生被害说起》，《上海文史资料选辑》第4辑，油印本。
③ 黄季陆编：《总理全集》中册，成都近芬书屋1944年版，第68页。

务交给了宫崎寅藏一人，表示"不特平山、北、和田数子，不可使之闻知"，连同盟会本部及《民报》社中人，亦不必与之商议。在同盟会的内部分歧中，北一辉等起了十分恶劣的作用，孙中山完全应该采取断然措施，但是，专任宫崎寅藏一人，却危险地表现了抛开同盟会本部和《民报》社的意向。

由于东京同盟会本部的混乱状态日益严重，刘揆一写信告知黄兴，又写信给冯自由、胡汉民，引用"万方有罪，罪在一人"的譬语，要求冯、胡劝孙中山向东京同盟会本部引咎谢罪。对此，孙中山复函谓："党内纠纷，惟事实足以解决，无引咎之理由可言。"他表示可以辞去总理一职，但必须在同盟会本部及章太炎承认不是之时。刘揆一要孙中山"引咎"，意在以孙中山的高姿态来平息越来越盛的"倒孙"风潮，但这是一种息事宁人的糊涂做法，孙中山对此表示拒绝是正确的。但是，他并没有及时采取积极措施来增强团结，而是等待"事实"的解决，要求同盟会本部及章太炎"承认不是"，这就不仅将分歧的种子保留了下来，而且以感情代替了理智。

在孙中山复函刘揆一的同时，黄兴也复函称："革命为党员生死问题，而非个人名位问题。孙总理德高望重，诸君如求革命得有成功，乞勿误会而倾心拥护，且免陷兴于不义。"孙中山是当时中国革命民主派的一面旗帜，黄兴以其正确态度维护了孙中山的威信，也维护了同盟会的团结。但是，他也没有做更多的工作来消除矛盾。

由于黄兴拒绝出任同盟会总理，东京的"倒孙"风潮暂时平息，但裂痕并没有弥合，双方的对立情绪仍然存在。这年7月6日，徐锡麟在安庆发动起义失败，清吏在审讯时问及行刺是否为孙文指使，徐锡麟答道："我与孙文宗旨不合，他亦不配使我行刺。"① 在光复会并入同盟会后，徐锡麟始终拒绝加入同盟会，他与孙中山"宗旨不合"的情况早已存在，但是，"不配使我行刺"云云，显然是由于"倒孙"风潮的影响。它反映了光复会领导人对孙中山远非一般的不满。

"倒孙"风潮的主力是张继、章太炎、刘师培、陶成章，他们当时都在不同程度上受到了日本社会主义运动中正在流行的无政府主义思潮

---

① 《徐锡麟供》，陶成章：《浙案纪略》下卷，《辛亥革命》（三），上海人民出版社1956年版，第81页。

的影响。

关于无政府主义派别出现的概况是：20世纪初年，国际社会主义运动中占优势地位的是第二国际的右倾机会主义和"左"的无政府主义，日本的情况也是如此。当时，日本已进入帝国主义阶段，资本主义社会的固有矛盾充分表现出来，罢工斗争高涨，社会主义运动处于活跃阶段。1901年，在片山潜领导下，建立了社会民主党。1903年，幸德秋水组织平民社，宣传"平民主义、社会主义、和平主义"，翻译出版了《共产党宣言》。1906年，社会民主党以社会党的名义重新建立。但是，这一时期日本社会主义运动还很幼稚。片山潜说："尽管在我们中间对于马克思主义进行了热烈的争辩和讨论，尽管我们翻译了马克思和恩格斯的一系列经典著作，但是我们仍然处于一团混乱的状态之中，不善于理解马克思主义，在我们中间占统治地位的是马克思主义跟改良主义和无政府工团主义的稀奇古怪的杂拌。"① 1907年，日本社会党分裂为软硬两派。软派以片山潜、田添铁二为代表，在第二国际机会主义影响下，主张通过议会道路来实现革命；硬派以幸德秋水、堺利彦、山川均、大杉荣为代表，完全否定议会斗争，宣扬无政府主义，主张除"直接行动"——总同盟罢工外，别无其他革命的途径。前者组织社会主义研究会，后者组织金曜（星期五）讲演会。

日本社会党开始分裂后不久，张继、章太炎等便和硬派发生了接触并接受了其影响。

1906年，张继根据幸德秋水的日译本，转译了马拉跌士达的《无政府主义》一书，成为无政府主义的狂热信徒。1907年春，他和章太炎通过北一辉的关系结识了幸德秋水，深受其影响。在幸德秋水的遗物中，保存有章太炎、张继一封求教的手札，中云："明日午后一时，往贵宅敬聆雅教，乞先生勿弃。3月26日。"此后，双方来往日益密切。陶冶公回忆说："（我们）参加了日本原始社会主义者幸德秋水为首组织的座谈会"，"经常以旅行玩山游水为名，到东京郊外一些地方秘密开会"。不仅如此，幸德秋水等有时还深入中国留学生宿舍，大谈特谈巴枯宁和克鲁泡特金的学说。这样，在中国留日学生和革命者中，就逐渐形成了一个倾向无政府主义的派别。对于这一派别，幸德秋水描述

---

① 片山潜：《论马克思主义在日本的发展》，《共产国际》7—8期，1933年俄文版，第84页。

说:"亡命的革命党中多数青年,则已不满足于以往搞的驱逐鞑虏,复我中华,创立宪政,创立共和政体等运动,而进一步主张民生主义,即社会主义,其中最进步的人则热心倡导共产的无政府主义或个人的无政府主义,把几万册杂志、小册子陆续秘密输入其国内","对于当前的国会、选举、商业、经济,都根本不信任,他们对当前的政治组织和社会组织都表示绝望,而另外要谋求人民幸福之途"。①

1907年4月,幸德秋水在《平民新闻》上撰文,提倡中国的革命家与日本的革命家携手,东洋各国的社会党应当联合起来。章太炎首先响应幸德秋水的倡议,开始与印度流亡在东京的革命者筹组亚洲和亲会。和亲会以"反抗帝国主义,期使亚洲已失主权之民族各得独立"为宗旨,主张凡亚洲人,无论民族主义、共和主义、社会主义、无政府主义皆可入会。中国方面参加者有章太炎、张继、刘师培、何震、苏曼殊、陈独秀等数十人,日本方面参加者有幸德秋水、山川均、大杉荣等。和亲会约章表现了某些无政府主义的影响,例如它规定"无会长、干事之职,各会员皆有平均利权",这正是无政府主义者反对一切"在上之人"的传统主张。6月,刘师培通过他的妻子何震出面创办《天义报》,声称其宗旨在于"破坏固有之社会,颠覆现今一切之政府,抵抗一切之强权,以实行人类完全之平等"。同月,正当"倒孙"风潮大起的时候,张继和刘师培共同发起组织"社会主义讲习会",其广告称:"近日以来,社会主义盛于欧美,蔓延于日本,而中国学者则鲜闻其说,虽有志之士知倡民族主义,然仅辨种族之异同,不复计民生之休戚,即使光复之说果见实行,亦恐以暴易暴,不知其非",因此,他们要研究"社会主义"。这份广告实际上是别树一帜的宣言书,它应是刘师培改组同盟会本部的要求遭到拒绝之后的产物。经过两个多月的筹备,"社会主义讲习会"于8月31日召开成立会。会上,刘师培表明了和孙中山完全不同的政治纲领。他宣称:"吾辈之宗旨,不仅以实行社会主义为止,乃以无政府为目的","吾辈之意,惟欲于满洲政府颠覆后,即行无政府"。据他说,如果"排满以后另立新政府",那就"势必举欧美、日本之伪文明推行于中国",其结果必将是"中国人民愈无自由,愈无幸福,较之今日,尤为苦困"。②"建立民国"是孙中山为同

---

① 《病中漫谈》,《高知新闻》,明治41年(1908年)1月1日。
② 《社会主义讲习会第一次开会记事》,《天义》第6卷。

盟会规定的重要任务，刘师培这里所指责的"排满以后另立新政府"，显然针对孙中山和同盟会而言。它表明，刘师培等决心和孙中山分道扬镳了。幸德秋水参加了成立会，在演说中，他声言社会主义运动中有两派，"平和派属马克思，激烈派则属巴枯宁"；又表示："中日两国，地域相近"，"两国国民，均可互相扶助"，"以促无政府主义之实行"。①

最初，"社会主义讲习会"每星期活动一次，后来改为每月活动两次。在讲习会上发表演说的，中国方面有张继、刘师培、章太炎、陶成章、何震、汪公权、景定成、乔义生等；日本方面有幸德秋水、堺利彦、山川均、大杉荣、宫崎寅藏等。

章太炎是讲习会的积极分子，曾先后作过《国家论》《人之根性恶》等讲演。1907年12月，又曾提议派张继去青岛举办讲习会。当时，山东同盟会员邀请章太炎等派人去青岛办学，章回信说："鄙意学堂不当骤办，盖此事既须经费，讲师又不易求，不如专在学会讲社会主义为妙，溥泉可至青岛一游，与同人开讲社会主义一两礼拜。"②张继所讲的"社会主义"，当然是无政府主义。同一时期，章太炎在为张继所译《无政府主义》一书的序言中也说："若能循齐物之妙义，任夔蚿之各适，一人百族，势不相侵，井上食李之夫，犬儒裸形之学，旷绝人间，老死自得，无宜强相陵逼，引入区中，庶几吹万不同，使其自己，斯盖马氏所未逮欤？"章太炎这里所说的"马氏"，就是意大利老无政府主义者马拉跌士达。在章太炎看来，无政府主义虽然赶不上庄子的《齐物论》，但它还是实现人类平等，救护贫民的好药方："然其批捣政家，锄犁狙伶，振泰风以播尘埃，鼓雷霆以破积坚，堕高堙卑，邱夷渊实，荡复满盈之器，大庇无告之民，岂弟首途，必自兹始。虽有大智，孰能异其说耶？谅知大戟菵花，是时为帝者也。"

章太炎之外，陶成章也是讲习会的积极分子。魏兰《陶焕卿先生行述》记载说："（丁未）冬，在清风亭，偕张继等演说，提倡社会主义。"这里所说的清风亭，正是社会主义讲习会集会的常用地点。

社会主义讲习会介绍过马克思主义。他们翻译过《共产党宣言》，刘师培还为中译本写了个序。他称马克思主义关于阶级斗争的理论为"不易之说"，"与达尔文发现生物学，其功不殊"。但是，刘师培认为，

---

① 《幸德秋水演说词》，《新世纪》第25号。
② 《致陈干书》，章太炎佚稿。

马克思主义的革命性又还远远不够。其一，马克思主义不排斥作为手段之一的议会斗争，这在他看来，就是导致第二国际"利用国会政策，陷身卑猥"的根由。其二，马克思主义主张无产阶级在推翻了旧制度之后，还必须建立自己的国家，这在他看来，就是使人还要成为国家的奴隶，"均背于平等之旨"。

"社会主义讲习会"推崇蒲鲁东、巴枯宁、施蒂纳尔、克鲁泡特金等无政府主义者的思想，也推崇极端仇视资本主义文明、"否定政治"的托尔斯泰主义。

在他们看来，巴枯宁堪称"近世之英杰"，施蒂纳尔的学说"最为高尚"，克鲁泡特金的学说"最为圆满"，"悉以科学为根据"。托尔斯泰主义被称为"消极无政府主义"，"足箴中国新党之迷"。他们不要政府，不要国家，不要政治，不要军队，不要法律，幻想建立一个"完全平等"的人类社会。

章太炎的思想和刘师培等略有不同。他认为不能立即废除一切政府，而必须设新政府以为"无政府之阶"，同时，他又认为不能以"无政府"为最高理想，而应该"高蹈"尽善尽美的"太虚"，即除"无政府"之外，还要"无聚落，无人类，无众生，无世界"。在章太炎这一时期的思想里，无政府主义和佛教虚无主义是密切结合着的。

小资产阶级不可能正确地理解和接受科学社会主义。20世纪初年，中国近代工业还很薄弱，无产阶级还处在幼年阶段，"社会主义讲习会"诸人接触到了马克思主义，但却拒绝接受，有其历史必然性。

如果连马克思主义都还被认为革命性不够，那么孙中山的革命民主主义纲领当然就更不在话下。"社会主义讲习会"诸人和孙中山在一系列问题上存在着分歧。它们分别是：

一、在对帝国主义的态度上。孙中山民族主义思想的主要矛头指向对外卖国投降的清朝政府，它包含有反对帝国主义侵略的爱国主义内容。但是无可否认，孙中山对帝国主义存有某种幻想。他长年奔走于世界各地，固然是为了发动华侨，但也是为了争取帝国主义国家的援助。《民报》六大主义即要求"世界列国赞成中国之革新事业"。对于日本政府，他尤其寄予希望。章太炎等人则强烈反对帝国主义。他们认为，帝国主义绝不可能赞助中国革命，也反对向帝国主义国家争取任何形式的援助。对《民报》六大主义中的上述条文，章太炎解释道："此本含混言之，要之列国政府必不赞成。"他声言："借援强国，冀以自全，在品格则为下劣,在事实则无秋毫之效。"孙中山接受日本政府赠款一事之所以使章太炎等那样激动,其原因盖在于此。

应该承认,在对帝国主义本质的认识上,章太炎等优于孙中山,但是,他们不懂得帝国主义国家之间存在着错综复杂的矛盾,由于这种矛盾,他们的对华政策(包括对中国革命的态度)并不完全相同,在不丧失原则的条件下,革命党人并非不可以接受某些帝国主义国家某种形式的"援助"或"支持"。

二、在对民主立宪的态度上。孙中山指摘中国数千年来的君主专制政体,主张通过"政治革命"以建立"民主立宪政体"。《同盟会宣言》规定:"由平民革命以建国民政府,凡为国民皆平等以有参政权。大总统由国民共举。议会以国民公举之议员构成之,制定中华民国宪法,人人共守。"这是孙中山民权主义思想最完整的表述。孙中山认为这种政体于中国"最为相宜"。

"社会主义讲习会"诸人则不然。他们不仅反对君主立宪,而且也反对民主立宪。章太炎说:"政府之可鄙厌,宁独专制,虽民主立宪犹将拨而去之。借令死者有知,当操金椎以趋冢墓下,见拿破仑、华盛顿则敲其头矣!"在"社会主义讲习会"上,他大声疾呼:"无论君主立宪,民主立宪,均一无可采。"陶成章也说:"况且立宪实在是有弊病,无论什么君主立宪、共和立宪,总不免于少数人的私意,平民依旧吃苦。"在当时,他们尤为激烈地反对代议制度,章太炎指责议院为国家"诱惑愚民而钳制其口"的工具,把"议士"和政府、官吏一起视为"天下之最下流者",刘师培则指责议会政策为万恶之源,认为"凡以议会政策为目的者,无论出何党派,决无有利平民之一日"。

20世纪初年,欧美、日本等资本主义国家议会选举制度弊端百出,资产阶级民主已经充分暴露了它的虚伪性,"社会主义讲习会"诸人看到了这一点,但是,他们不了解,资产阶级民主比之封建专制制度来,仍然是个大进步。

三、在土地问题上。孙中山看到了欧美资本主义发展所形成的贫富悬殊现象,因此,在民族主义、民权主义之外,特别提出了民生主义。孙中山民生主义的核心是"平均地权",即由国家核定地价,现有的地价归原主所有,革命后因社会进步所增加的地价归国家所有,"为国民所共享",《民报》称之为"土地国有"。孙中山主观上企图以此来防止资本主义发展所产生的弊端,而实际上,它只限制了地主阶级对土地价

格的垄断，使土地买卖更适合于资本主义发展的需要。因此，列宁曾称之为"纯粹资本主义的、十足资本主义的土地纲领"。

《民报》时期，孙中山还没有提出"节制资本"的口号，但《同盟会宣言》中有"敢有垄断以制国民之生命者，与众弃之"一语，《民报》在和《新民丛报》辩论时，曾特别指出，国民经济命脉不能"归一二私人所垄断"，要求将邮政、电线、铁道、银行、轮船、烟草、糖酒诸事业收归国家所有。可见，孙中山等反对的是垄断资本主义，而不是一切资本主义。

和孙中山的"平均地权"思想不同，章太炎主张"均配土田，使耕者不为佣奴"；陶成章主张"把田地改作大家公有财产，也不准富豪们霸占"，刘师培则主张通过"农人革命"以没收地主的土地，按口均分，"使人人之田，均有定额"。他尖锐地抨击同盟会的"土地财产国有之说"，指摘其为"名曰均财，实则易为政府所利用。观于汉武、王莽之所也。则今之欲设政府又以平均地权愚民者，均汉武、王莽之流也"。从无政府主义的立场出发，刘师培反对任何政权机构来干预土地问题，而主张诉诸农民群众完全自发的行动。

刘师培等主张把土地分给农民，这自然较孙中山和同盟会为急进，但其目的在于维护小私有制和小农经济。他们反对在中国发展资本主义和近代工业。刘师培主张"杀尽资本家"，称实业为"民生之蠹"。据他说：工业日进，机械日新，那么，小民的生活也就愈加困难。章太炎认为，小艇如果可乘，就不必去造轮舰；躬耕如果可以足食，就不必去搞什么机械。在"社会主义讲习会"上，他甚至公然主张人类倒退回去学猴子，"拟猿可也"。

四、在革命策略上，孙中山主张发动会党、新军以进行武装起义。1895年，孙中山即在广州举行了武装反清的最初尝试。1906年之后，他又积极筹备在广东、广西、云南等省边境发动起义。整个辛亥革命准备时期，在以武装斗争推翻清朝政府这一点上，孙中山始终坚定如一。

刘师培等反对孙中山的武装起义路线。1907年，张继译出了德国无政府主义者罗列的《总同盟罢工》，该书提倡"非军备主义"，主张以"直接行动"——全社会的总同盟罢工作为"工人阶级反抗掠夺者的不二法门"。刘师培、章太炎均曾为之作序。刘序认为，如果罗列的策略能够在中国推行起来，就会出现"握政之人，丧其所依"的局面，革命就大功告成了。他批评孙中山发动会党以进行武装起义的策略为"罔恤民劳"。章序的观点与刘序大体相近。他天真地设想，只要全体劳动者发动起来，"一市之间，闭门七日"，那么，不仅统治者的"馈饷役使"无人供给，而且连军队也将无法发挥作用，"虽有利器，且缩不前"了。这一时期，在东京的一些集会上，章太炎、刘师培、张继三人曾密切配合，多次宣扬过总同盟罢工。例如1907年11月，留日中国学生因收回苏杭甬路权事在东京集会，即首由章太炎建议运动省城罢市、罢工，次由刘师培声称"惟罢市、罢工尚为有益"，末由张继"申明无政府主义罢工之说"。

在"社会主义讲习会"诸人中，陶成章这一时期是主张武装起义的，但和孙中山在南方边境发动不同，他主张在浙江、江苏、安徽、福建、江西一带发动。为此，他于1908年春夏间积极组织五省革命协会。

双方在思想观点和斗争策略方面的分歧大体如上，这些分歧也是导致同盟会分裂的真正原因。关于此，日本人竹内善朔说："到了明治40年（1907年），张继、刘光汉①（当时都在二十四五岁左右）等优秀青年才受到社会思想的刺激，因而改变了过去指望通过'大陆浪人'取得日本朝野较著声望的政治家们对中国革命提供援助的那种想法，转而希望自己去掌握科学的、哲学的、条理清楚的革命原理，用以唤起人民大众的觉醒。据我看来，他们正是为了实现这个目的才开始面向社会主义。换言之，不依靠外力而要自力更生的这种愿望促使他们开始了社会主义的研究。而恰恰在这一点上，恐怕正是孙文和章炳麟及其他青年革命党员之间发生裂痕的原因所在。北一辉写的《支那革命外史》一书中也曾提到，这大概是明治40年孙逸仙从日本政府某机关得到五千日元（当时我们听说是犬养毅派人从中斡旋的）后离开日本的原因。《民报》社的人们都指责这件事，说孙文被收买了；其实，我们当时都有这样一种感觉；孙文看来，对于当时留日青年中的这种思想变化情况，继续在日本待下去也已无能为力了。因此可以说，当时的社会主义思想研究在一部分中国同志之间构成了发生内讧的原因。如果这种看法是对的话，这和日本社会主义者之间的派别问题如出一辙。可以说，思想的成长引起了他们之间的分裂，而且其中又掺杂了感情活动。"②竹内善

---

① 刘光汉，即刘师培。
② 《明治末期中日革命运动的交流》，日本评论社《中国研究》（五），1948年9月。

朔是幸德派的金曜讲演会成员，同盟会分裂的目击者，他的这段回忆为我们提供了理解这一段历史的第一手资料。

不难看出，"社会主义讲习会"诸人的观点中除谬误的成分外，也有若干合理的成分，但是，极端狂热的无政府主义把它们扭曲了。

无政府主义是一种小资产阶级思潮，这一阶级经常在"左"和右两极滚动。列宁指出：小资产者，在资本主义条件下，由于"经常受到压迫，生活往往陡然下降，所以容易激发一种极端的革命狂热，而缺乏坚忍性、组织性、纪律性和坚定精神"。"这种革命狂热动摇不定，华而不实"，"很快就转为俯首听命，消沉颓丧"。"社会主义讲习会"诸人生长于半殖民地、半封建的中国，亲身感受到了帝国主义的压迫，看见了或听到了日本、西欧资本主义发展所造成的各种罪恶，因此，对中国资产阶级民主主义革命的前途绝望。刘师培等认为，与其在中国发展资本主义，还不如保持封建主义。刘师培声称："若于政府尚存之日，则维新不如守旧，立宪不如专制"，"代议之制度，较之官吏之专制，其害尤深"。章太炎也表示，如果没有均配土田、官立工场、限制财产相续、解散议员等四条作为保证，那么，"勿论君民立宪，皆不如专制之为愈"。他说："盛唐专制之政，非不可以致理"，"今之专制，直刑罚不中为害，佗犹少病"。这就从"左"边滚到右边去了。

1907年冬，由于悲观失望，章太炎想到印度去做和尚。他先是通过清朝政府驻长崎领事卞绰昌向张之洞谋求路费，未成，又连续给短期归国的刘师培夫妇写过五封信，要他们和端方等联系。他没有想到，刘师培夫妇这时已决计叛变革命。到上海后，刘师培立即写信向端方自首。次年1月，张继因参加幸德派的第20次金曜讲演会，被日本警察追捕，辗转逃往法国。这样，"社会主义讲习会"就失去了一员干将。其后，刘师培夫妇回到东京，改出《衡报》，托名在澳门出版，继续高唱无政府主义，暗中则为清朝政府做侦探。4月，章太炎与刘师培、何震、汪公权之间因事吵翻，章太炎从刘、何的住处搬回了《民报》社。6月，发表《排满平议》，明确表示和无政府主义决裂，宣称"无政府主义者，与中国情状不相应，是亦无当者也"。这样，"社会主义讲习会"又失去了一员干将。此后，刘师培夫妇逐渐受到东京中国革命党人的冷落。在此期间，刘师培、陶成章之间也发生不和。这年11月，刘氏夫妇回到上海。为了制造混乱，挑拨关系，将章太炎要他们和端方等联系的五封信影印寄给了黄兴等人。黄兴当时"一笑置之"，但以后引发一场轩然大波。

同盟会的内部矛盾本来就相当复杂,由于出现了刘师培之流内奸,它就更加复杂化了。

二、再次"倒孙"风潮

同盟会中无政府主义派别的出现反映出革命派内部政治上、思想上的深刻矛盾。但是,除个别人与之稍有辩驳外,并没有形成一场是非明辨的论战。

从孙中山一面看,他对无政府主义的破坏性认识不足。曾经有人提醒他,无政府主义"其性质与同盟会之民生主义迥殊",但孙中山却回答说:"无政府论之理想至为高超纯洁,有类于乌托邦,但可望而不可即,颇似世上说部所谈之神仙世界。吾人对于神仙,既不赞成,亦不反对,故即以神仙视之可矣。"①

从"社会主义讲习会"一面看,由于张继出走,章太炎、陶成章和刘师培之间不睦,这个派别也已处于涣散状态,无法继续活动,更无力从思想上、理论上对同盟会进行新的攻击。除刘师培外,无政府主义的旗号也逐渐收了起来。

自1908年下半年起,同盟会内部矛盾的焦点转为经费问题。

章太炎等人在东京掀起的风潮严重地伤害了孙中山的感情,自此,他将全部心血和热情都浇注到了南洋方面。1907年8月,孙中山积极支持同盟会新加坡分会创办《中兴日报》,使之成为宣传革命和与改良派论战的新阵地。他不仅亲自为该报撰稿,过问编辑、财务、招股等事,而且多次表示,《中兴日报》的文章议论"颇惬人心","于大局甚为有关",维持《中兴日报》乃"吾党在南洋之极急务",要求南洋各地同志积极支持。

与此同时,孙中山又积极整顿南洋各地同盟会,并酝酿将它改组为中华革命党。1908年秋,他在新加坡建立同盟会南洋支部,订立分会总章十六条及通信办法三条,委胡汉民为支部长,统一领导南洋各地同盟会分会,以期互相联络,"协力相扶,同心共济"。通讯办法规定:

---

① 冯自由:《同盟会四大纲领及三民主义溯源》,《革命逸史》第三集,商务印书馆1946年版,第75页。

各团体间至少每两个月互相通讯一次,住址有移换时,须即时通知南洋支部,如有新团体成立,即由南洋支部发信通知。这样,南洋支部实际上形成一个与东京总部并峙的中心。

和南洋相反,东京同盟会总部愈来愈涣散,《民报》的问题也愈来愈多。

《民报》在归章太炎编辑后,逐渐倾向于谈国粹,说佛理。孙中山、胡汉民离日后,原主要撰稿人朱执信、汪精卫等也陆续离日,《民报》谈佛理的文章逐渐增多。1908年2月印行的第19号居然以首要篇幅刊登《大乘佛教缘起说》。有读者批评其为不作"民声",而作"佛声"。这种不满当然不会是个别的,因此,销数锐减,"印刷房饭之费,不足自资",窘迫得开不了伙,章太炎有时就靠啃几块"麦饼"过日子。其后,章太炎曾写过五六封信,打过三四次电报,呼吁南洋方面接济,据说,"或无复音,或言南洋疲极,空无一钱,有时亦以虚语羁縻,谓当挟五六千金来东〔相〕助,至期则又饰以他语,先后所寄,只银圆三百而已"。

为了维持《民报》出版,陶成章准备亲往南洋招股。对此,孙中山及东京部分革命党人均加劝阻,理由是"南洋同志甚少,且多非资本家","必无效果",建议在东京另筹。陶成章没有听取这一意见,于1908年9月南行。

陶成章南行的目的有二,除为《民报》募捐外,还要为筹备中的五省革命协会募集经费。到南洋后,陶成章向孙中山要求拨款三千元作为《民报》印刷费,并要求增加股款及维持费。据有关人士回忆:"孙中山四处张罗,无法筹措,乃出其手表等物,嘱往变款,以救燃眉之急",陶成章因此发生误会,与孙中山"争执不休"。此外陶成章又要求孙中山为他筹款五万元,以便"回浙办事"。对此,孙中山"推以近日南洋经济恐慌,自顾不暇,断难办到"。陶成章要求为他写介绍函去各地募捐,孙中山同意了。

"南洋经济恐慌"并非完全是孙中山的托词。自1907年黄冈之役起,至1908年5月河口之役止,孙中山共在南方边境发动了六次起义,用去近20万元,南洋华侨中有力捐款的同盟会员大都已成强弩之末;加上河口之役后,六七百名起义战士被法国殖民当局解除武装,强行押送至新加坡,再加上要解决他们的生活出路问题,经济更加拮据。10月16日孙中山致檀香山同志函云:"党中财政日困,虽香港一隅,或得檀埠同志之接济,而他方则无法可设也。"信中所言,应是事实。

由于在经费上没有得到孙中山的积极支持，陶成章决计"独自经营"。他制定了章程，开始以江、浙、皖、赣、闽五省革命军决行团为名进行筹饷。章程中，陶成章特别说明："本光复会，由来已久。乙巳夏，由总会长蔡、湖南分会长黄，从舆论众望，请孙中山先生为会长，开会日本东京，改名同盟会，而以本会附属之。但该时浙江内地，势力异常扩张，章程发布已久，更改为难，故内地暂从旧名。然重要事务员，均任同盟会职事，故又名浙江同盟会分会。"这段文字突出地夸张了光复会的作用。它绝口不提兴中会，把成立在前的华兴会说成是光复会的湖南分会，把光复会说成是同盟会的母体，显然都是在为重新打出光复会旗号做准备。稍后，陶成章即积极联络在南洋的李燮和等人，印制会章、盟书，雕刻图印等物，计划发展会员，建立组织。

南洋是同盟会的根据地。从兴中会起，孙中山就在南洋活动，当地华侨对同盟会是熟悉的，光复会则还是一个陌生的名词。因此，在一段时期内，陶成章还不得不仰仗孙中山和同盟会的威望，筹饷章程中，陶成章特别声明"本会既为同盟会分会，故本章程订立后，移知东京总部及南洋支部"，所得款数"亦移知东京总会及星洲分会"。但是，陶成章的募捐活动却一直进行得很不顺利。11月，陶成章到缅甸仰光，在《光华日报》上发表记述秋瑾、徐锡麟起义的《浙案纪略》以为宣传，临行时募得千元。12月6日，到槟榔屿，该地办事人声称，按章程，必须孙中山本人来运动方可，仅邀集三四人，认捐三百元。1909年1月23日，到坝罗，正值《中兴日报》代表到埠演说，言"《中兴报》事紧要"，并声言："陶君来此，不过来游历而已，并非筹款而来"。因此，亦仅认捐三百数十元。陶成章怀疑孙中山在"暗中设法播弄"，开始攻击孙中山。他在与人书中说："弟本不说中山坏事，盖犹为团体起见，不得不稍留余地，至是逼弟无可奈何，不得不略陈一二已。"其间，陶成章曾向孙中山索取介绍函至各地收款，被孙中山拒绝。

这以后，陶成章到爪哇，开始建立光复会组织。2月14日致李燮和等书云："前此寄上盟书、图章等物，未识已收到否？念甚。此次弟又携来2400张，如要用，可写信来爪哇，弟当寄上。"不久，各地分会陆续建立。新加坡参加者有许雪秋，文岛有李燮和及侨商曾连庆、蒋报礼等。许雪秋等原是同盟会会员，由于在黄冈起义失败后群居南洋，埋怨孙中山等"招待不周"，因此，积极支持陶成章别树一帜，并带动了

一批潮州、嘉应人加入。这样，南洋就有了两个并行的各成系统的组织，一个是同盟会南洋支部，一个是自称附属于同盟会总部的光复会。

光复会的传统活动地点在江、浙，陶成章在南洋树旗活动，明显地造成了和南洋支部争夺群众和影响的对垒局面。如果说，东京的"倒孙"风潮表现为对个人的不满，"社会主义讲习会"的建立表现为思想上的分歧，这一时期就进一步发展为组织上的对立了。

在树旗活动后不久，陶成章又在错误的道路上迈出了一大步。

在1909年5月间，陶成章就在文岛等地散布流言，声称孙中山将各处同志捐款攫为己有，河口起义所用不过千余元等等。9月，陶成章去到槟港，纠合李燮和、柳聘农、陈方度、胡国梁等七八人，以东京南渡分驻英、荷各属办事的川、广、湘、鄂、江、浙、闽七省同志的名义起草了一份《孙文罪状》，声言"磬南山之竹，书罪无穷；决东海之波，流恶无尽"，指责孙中山有"残贼同志之罪状"五条，"蒙蔽同志之罪状"三条，"败坏全体名誉之罪状"四条，并表示："恶莠不除，则嘉禾不长"，共提出要求九条，其主要者为：

1. 开除孙文总理之名，发表罪状，遍告海内外。
2. 另定章程，发布南洋各机关，令其直接东京总会。嘱令南洋支部章程一概作废。
3. 再开《民报》机头。
4. 兼于《民报》社内，附设旬报，凡《中兴日报》之所至，亦踪寻之而往。

《罪状》并诬蔑孙中山在香港、上海汇丰银行贮款20万；其兄在九龙起造屋宇，用款不足，孙中山电汇款项助建云云。其后，陶成章便带着这份《罪状》赶赴东京，要求同盟会本部开会讨论。

在东京的"倒孙"风潮之后，孙中山即不大过问同盟会本部和《民报》的工作，这是事实，但是《罪状》大部分属于诬陷。它得到了少数江浙人的支持，却遭到了黄兴等的坚决拒绝。黄兴一面向陶成章作调停、劝说，一面和谭人凤、刘揆一联名发表长达千余言的致李燮和等公函，逐条为孙中山申辩。

黄兴的调停、劝说、申辩都没能打动陶成章。在公布《罪状》的要求被拒绝后，陶成章便决定自行发表。他在与人书中表示："与中山已不两立","不若由二三人出面发表之,从此分为两歧罢了"。其后,便由陈威涛、魏兰将《罪状》油印百余份,寄给了南洋各报。

革命的首要问题是分清敌我,陶成章等把孙中山视为敌人,不顾大局,不顾影响,恶意诬陷,这是一个极为严重的错误。

陶成章等的行动迅速影响了章太炎。在公布《孙文罪状》的同时,章太炎也刊发《伪〈民报〉检举状》,再次参加了对孙中山的攻击。

《民报》于1908年10月遭日本政府封禁,1909年秋,黄兴在林文等帮助下筹备恢复。因为对章太炎主持时的《民报》不满,黄兴邀汪精卫到东京任编辑;又因避免日本政府干涉,托名以巴黎《新世纪》为发行所。

恢复《民报》本来是陶成章等在《孙文罪状》中提出来的"善后办法",但是,他坚持不能替孙中山"虚张声势",必须以革除其总理职务为先决条件。自然,这也遭到了黄兴的拒绝。因此,他便支持章太炎出面反对。章太炎多年困苦维持《民报》,一旦恢复,却被排斥在外,对此大动肝火。他指责续刊《民报》为伪《民报》,在《检举状》中攻击孙中山"背本忘初,见危不振",并主观武断地说:"夫孙文怀挟巨资,而用之公务者十不及一,《民报》所求补助,无过三四千金,亦竟不为筹划,其干没可知已。"① 没有任何根据,一个想当然的"可知已"就定了孙中山"干没"巨资的案!

对孙中山的公开诽谤为保皇派提供了炮弹。不久,《南洋总汇报》发表了《伪〈民报〉检举状》。其后,保皇派大规模地开展了对孙中山的攻击,各种秽词如水般泼来。他们辱骂孙中山为"马骗""棍骗",诬蔑其"假借革命名目,以为衣食饭碗之计",说是:"孙文腔中,何尝有一滴爱国之血,眼中何尝有半点爱国之泪,心中何尝有分毫爱国之思,不过口头禅焉耳!"②

和陶成章、章太炎相呼应,当时在法国的张继则写信给孙中山,要求他"退隐深山",或"布告天下,辞退同盟会总理"。③

这样,就出现了第二次"倒孙"风潮。

敌人的辱骂、镇压并不可怕,可怕的是同营垒人的反诬和倒戈。长

---

① 转引自《党人》,《新世纪》第117号。
② 介民:《敬告捐助革命军饷者》,加拿大《日新报》1911年4月26日。
③ 转引自孙中山《致张继函》,吴稚晖原藏,未刊稿。

期以来，孙中山把实际领导起义的责任交给了黄兴等人，而以在华侨中募集起义经费为己任。陶、章这两份材料的公布对孙中山工作所造成的困难是可想而知的。为了破坏孙中山赴美募捐，陶成章等甚至冒名作信，将攻击材料寄发美洲各华字日报。10月22日孙中山与王子匡函云："近接美洲来信，谓有人托同盟会之名，致书各埠，大加诋毁于弟，不留余地，该处人心颇为所惑云。此事于联络华侨一方面，大有阻碍矣！"但孙中山毫不灰心，一面要求吴稚晖在巴黎《新世纪》上撰写长文，"加以公道之评判"，一面对张继严正指出："此时为革命最衰微之时，非成功兴盛之候，是为弟冒艰危、茹困苦以进取之时代，非退隐之时代也。"他并愤愤地说："同盟会及太炎至今未自认过，则弟已不承认为彼等之总理者久矣。前去两年，两广、云南起兵，皆奉革命党本部之名义，并未一用同盟会名义也。"①

经历种种挫折而革命之志不挠，这是孙中山作为一个伟大人物的突出优点，但是，因章太炎等少数人而迁怒及于同盟会，仍然是以感情代替了理智。在很长一段时期里，东京同盟会员处于群龙无首的状态，国内各地同盟会分会也无人领导，在这方面，孙中山不无责任。

1910年2月，孙中山在旧金山建立同盟会分会，在誓词中将同盟会会员改称中华革命党党员，开始实现其酝酿已久的打算。同年秋，抵达槟榔屿后，又通知南洋各地同盟会分会，一律照改。但由于同盟会已在群众中留下深刻的影响，事实上难以执行，不久也就作罢。

得道多助，失道寡助。陶成章对孙中山的攻击激起了革命党人的义愤。东京方面，黄兴等决定不和章太炎计较，只在即将续刊的《民报》上登一启事，宣布章太炎为"神经症之人"。他要孙中山"海量涵之"，表示"陶等虽悍，弟当以身力拒"。为了给孙中山赴美活动扫除障碍，黄兴又函知美洲，指出有人从东京发函攻击孙中山，"用心险毒，殊为可愤"，要求美洲同志乘孙中山到美机会，同心协力，以谋团体之进步，致大业之成功。

安南方面，中国革命党人发表《河内公函》，详述发动云南、广西起义的情况，针对陶成章的诽谤，一一予以驳斥。

南洋方面，革命党人焚毁了陶、章散发的印刷品，派人调查，发现孙中山在九龙的家除几间旧房外，别无所有；孙中山的哥哥孙眉自己盖

---

① 《致张继函》，吴稚晖原藏，未刊稿。

了草房子在那里种地；于是，将实情公布，真相大白。

多年来，同盟会在其内部分歧中，既无同志式的讨论，又无思想上的必要交锋。现在交锋了，这对于澄清真相，维护孙中山的威望来说都是必要的，但是，这种交锋无助于填平双方感情上的巨大鸿沟。

在"倒孙"风潮的掀起者中间，刘师培的叛徒面目此时已经暴露。1908年冬，刘师培回上海后即出卖了同盟会会员张恭，不久，又投入端方幕中。1909年8月，端方由两江调直隶，报上发表了随员名单，刘师培赫然在内。在此情况下，人们不得不思考，和刘师培一度关系极为密切的章太炎是什么人？他为什么对孙中山如此攻击不遗余力呢？在未经冷静分析的情况下，东京革命党人公布了章太炎致刘师培、何震五函，指责章太炎为端方侦探。11月30日，《中兴日报》发表《章炳麟与刘光汉之关系历史》及《为章炳麟叛党事答复投书诸君》等文。12月，孙中山得悉保皇派报纸发表了章太炎的《伪〈民报〉检举状》，认为章太炎"破坏党事之心已不留余地"，要求吴稚晖将章太炎致刘师培、何震五函的笔迹照片寄给他，"以证明太炎之所为，庶足以破其言之效力"。不久，香港《中国日报》、巴黎《新世纪》、美国《少年中国晨报》先后发表了这五封信，《中国日报》声称章太炎受端方委任，担任解散革命党及常驻东京之侦探员，《新世纪》指责章太炎以"万金出卖一革命"。

将章氏五函的问题一下子提到如此的高度，当然也严重伤害了章太炎的感情。刚愎自负而又极易冲动的章太炎对此的态度是可以想象的。

在再次"倒孙"风潮中，思想分歧退居次要地位，但是，双方的关系则由彼此猜忌、怨憎发展为互相敌视和进行势不两立的攻击，分裂成为不可避免。

三、光复会的重建和倒退

陶成章到东京时做了两手准备：一手是争取黄兴，开除孙中山，另推同盟会总理，掌握同盟会的领导权；另一手是取消对同盟会形式上的附属关系，公开分裂，重建光复会山头。

在开除孙中山的要求被拒绝之后，陶成章便按第二手行事。他多次与李燮和、胡国梁等通函，声称同盟会东京总会已经"一败涂地，无可整顿"，必须"另行组织新机关"。他说："何妨另开局面乎？前次之

事,终算一场大悔气罢了!"① 在此同时,又积极争取章太炎,以光复会成立在先来打动他,说:"逸仙难与图事,吾辈主张光复,本在江上,事亦在同盟会先,曷分设光复会?"② 章太炎长期对孙中山不满,他的性格又一向是任情孤注,不考虑利害得失,对此自然表示同意。

1910年2月,光复会总部成立于日本东京,章太炎任会长,陶成章任副会长,章梓任庶务员,沈家康任书记员。由于基本群众在爪哇等地,因此,光复会在南洋设行总部,代行东京本部职权,以李燮和、沈钧业、魏兰为执行员,下辖各地分会,形成了所谓"以南部为根基,推东京为主干"的局面。

后期光复会收容了同盟会中包括原华兴会内对孙中山不满的分子,以同盟会的反对派面目出现,但是,比起同盟会,它在不少方面都倒退了。

章太炎是后期光复会中唯一的理论家。这一时期,他思想中的封建主义成分进一步向前发展。3月10日,他和陶成章在东京一起创办《教育今语杂志》,以"保存国故,振兴学艺,提倡平民普及教育"为宗旨。《缘起》中说:"恨欧学东渐,济济多士,悉舍国故而新是趋","同人有忧之,爰设一报",借以"明正道,辟邪词"。中国是个封建古国,清王朝是个实行高度封建专制主义的王朝,因此,在这一历史条件下,"欧学",即西方资产阶级上升时期的民主主义文化,仍然可以发挥其进步作用,但是,《教育今语杂志》却视为"邪词",要"辟"。在此之前,续刊《民报》正在介绍卢梭的《民约论》,《教育今语杂志》的出版可以说唱的是对台戏。同年由章太炎编辑的《学林》也一样充满了国粹气。该刊《缘起》说:"世人多急(利)近功,以古学不足治,惟异化之务",它号召"一二耆儒故老"们起来挽救即将"坠入粪壤"的"文武之道"。这里所说的"异化",指的是鸦片战争以来先进的中国人向西方寻找救国真理的热潮,所谓"文武之道",指的是长期成为中国人民精神枷锁的封建文化。在该刊第二期上,章太炎发表了著名的《秦政记》,歌颂"卓绝在上,不与士民等夷"的"天子",说是"人主独贵者,政亦独制"。同期发表的《非黄》则抨击"尚贤""任众"的民主政治,说是"诚听法,虽专任,与武断莫比;诚尚贤,虽任众,与武断奚分?"如果说,1908年

---

① 《致若愚、铁仙》,陶成章手札,未刊稿。
② 《太炎先生自定年谱》,未刊稿。

章太炎发表《代议然否论》，主张"代议政体，必不如专制为善"时，还曾经特别提出了一个"恢廓民权"的方案，那么，这一时期，他已经更多地神往于"王者一人秉权于上"的法家封建专制主义了。

陶成章是后期光复会的组织者和实际领导人。这一时期，他的活动逐渐向改良主义方向靠近。

前文指出，当张继等迷信"直接行动"——总同盟罢工时，陶成章仍然主张进行武装起义，但是，光复会重建后，他却抛弃了自己的主张。在《致石哥函》中，他说："夫我辈之目的，在一举覆清，若东放一把火，西散一盘沙，实属有害而无益。"又说："如不用暗杀，则用地方起兵，丧民费财，祸莫大焉！一有不慎，必引外国人之干涉，后事益难着手矣！"① 和人民群众缺乏充分的联系，实行单纯的军事冒险，这是同盟会所领导的武装起义的弱点，但是，这些起义毕竟打击了清朝统治，锻炼了革命者，教育了群众，不能称为"有害无益"，更不能称为"祸莫大焉"，至于所谓"必引外国人之干涉"云云，更是被革命派痛驳过的改良派谬论。

当时，国内各省革命力量迅速发展，他们武装反清的总目标一致，只在策略上互有歧异："有欲向云贵以进取者，有欲向两广以进取者，有欲向江浙以进取者，有欲向两湖以进取者，有欲向山东、河南以进取者，有欲向中央革命。"② 这本来并不难统一，对于上述各种力量，陶成章一概采取排斥态度，他说："如此纷纷之热心人各欲乞此总会以求运动整顿，其将奈之何哉！当是时也，不与则名不正，言不顺。欲与则无款以给之，即令有稍稍之款，与其一不与其二不可也，与其先不与其后不可也，全力助他人，未见他人之能集事，本己之方针，且先乱矣。秦末之项羽，隋末之李密，其失败皆因此也。"在陶成章看来，多一些人革命反而会造成麻烦，唯此一家最好，因此，他给光复会规定了"必不汲汲扩张"的关门主义方针。《浙案纪略》中，陶成章说："浙人素多个人性质，少团体性质，其行事也喜独不喜群。"这可以说是陶成章的夫子自道。

一不靠武装起义，二不靠全国各地的革命力量，陶成章靠什么"一举覆清"呢？他靠的是暗杀活动。光复会重建后，他曾建议集款数

---

① 陶成章手札，未刊稿。
②③《致石哥》，陶成章手札，未刊稿。

千金或万金，专办此事，以振动华侨，扩大影响。[3]甚至，他想入非非地提出了一个实行"中央革命"的妓院方略：收罗一批美女，在北京开设妓院，诱惑满族亲贵，席间放毒，一网打尽。

弱者和穷途窘促的人常常盼望奇迹。妓院方略的提出，说明了陶成章和同盟会分裂后，既软弱无力，又穷途窘促。

当然，生活中出现奇迹的可能并不大，这一点，陶成章完全明白。因此，他为后期光复会规定的方针是"专主个人运动，以教育为根本"，"察学生之有志者联络之"。据他说，如果能得到两三个有资本的学生的赞成，就于愿已足。光复会重建后，陶成章立即和章太炎编辑《教育今语杂志》，目的在此；随之，他在东京埋头编写小学历史、地理教科书，目的也在此。1911年初，他又曾计划到南洋找一个寺院住下，专力编撰教科书。《致柱哥》函云："盖弟近立定主意，不为虚耗金钱之事，更不为无益之举，而虚耗其精神，实事求是，以图渐进，不为躐等。"[1]

"虚耗金钱""无益之举"云云，指的都是武装起义，"渐进"云云，指的就是教育。"不为躐等"云云，完全是改良派的爬行哲学。和刘师培、章太炎一样，陶成章也经历了一个从"左"到右的转化。

反革命的暴力必须以革命的暴力去推翻。同盟会领导的武装起义虽然存在着种种弱点，但是，历史证明了，使清朝皇帝滚下龙座的还是武昌新军手中的枪炮，而不是陶成章的"教育根本"论。

在经费问题上，后期光复会也逐渐效法改良派。

同盟会解决经费问题靠在华侨中募捐，这使他们在一定的范围内还能联系群众。后期光复会成立后，陶成章主张靠经商，他说："历观万事，皆与财政相为因果，然财政之道，非自行筹划无由，此商业之所以不得不速为经营。"[2] 为此，他和李燮和等积极筹办商业公司，计划经营教科书籍、图画、科学仪器、体操、音乐用具、学校用品、衣衫、牙粉、肥皂等；并计划把《教育今语杂志》改变为广告机关。[3]这一套，都是流亡海外的改良派的做法。

由于分裂不得人心，光复会重建后不久即在各方面陷入困境。

首先是对孙中山的攻击不得不停下来。本来，陶成章已经编印好了

---

[1] 《致石哥》，陶成章手札，未刊稿。
[2][3] 陶成章手札残页，1910年。

《布告同志书》一册，"直言孙文种种之非"。由于舆论，包括光复会内部的强烈反对，仅散发了九册，不得不宣布"余皆不寄了"。

其次是陶成章视为"吾辈面目所存"的《教育今语杂志》停刊。陶成章原以为该刊发行后会"普及南方各地"，结果只售出了不到300本，大部分搁置在代办所无人问津，已销之款又迟迟收不到，因而"亏折甚巨"，"真正困难万分"。

再次是筹款门路均已断绝。据陶成章说：内地可筹之处，久已筹之一空；东京万无可筹，南洋呢？所筹之款又不见寄来，气得他准备发表声明，将不再向南洋各地募捐。

此外，商业活动也进行得极不顺利。陶成章《致柱哥》函云："祈老哥善自珍重，勿以经商目的之不能遽遂，多生烦懑，致生理有碍也。"

按照计划，陶成章还准备创办《光复报》与《光复杂志》，但都因找不到作文之人而告吹。据陶成章说：章太炎虽有几个弟子，但多半是为了学成后往内地当教员，"非特不肯作文，且亦不能请其作文"，其中虽有一二稍有志者，但"皆欲独善其身"，不愿意介入，章太炎本人呢？"乃其不肯作文何！"章太炎反对创办《光复报》和《光复杂志》。这一时期，陶、章之间也产生了某种矛盾。

革命需要团结，陶成章肆无忌惮的分裂行为使他陷入了四面楚歌中。在东京，他觉得"实在难以过日"；回南洋吧，当地同盟会员反对分裂的呼声很高，"风潮方作，来反遭忌"。一直踌躇到1911年4月，他才从东京回到南洋，已经是广州起义的前夜了。

在筹备广州起义过程中，黄兴电邀李燮和、王文庆、陈方度等参加，建议"捐除意见，同任艰巨"，主动向光复会伸出了合作之手。李燮和等积极响应。1910年10月，李燮和受槟港同志委托，参加了孙中山在槟榔屿召集的发难会议，会后随即回槟港传达，动员华侨捐款。经过几个月的努力，筹得17000余元，由李燮和、陈方度带给了黄兴。不久，胡国梁、柳聘农也带着募得的5000元赶到香港，向统筹部报到，一起参加了震惊中外的广州起义。

与此同时，陶成章也应李燮和、王文庆电召，到达香港，表示出和同盟会合作的意向。这样，在经过了长期的分裂之后，同盟会、光复会矛盾重重的关系出现了转机。但不幸的是，这一转机很快就消失了。

广州起义失败后，赵声极为悲愤。一日，胡汉民招饮，食后，赵声腹痛剧作，延医诊治，知为盲肠炎，经割治无效，于5月18日逝世。赵声先是光复会员，后加入同盟会，是在双方会员中都具有威望的革命者。对赵声之死，陶成章疑为胡汉民所毒，进一步加深了对同盟会的猜忌。其后，陶成章回到上海，在嵩山路沈宅开会时与陈其美发生冲突，陈其美掏枪欲打陶成章。数日后，陶成章匆匆离开上海，再返南洋。于是，旧矛盾之外又加上了新矛盾，同盟会、光复会之间的关系又增添了新的复杂因素，它埋下了辛亥革命后两会继续摩擦、龃龉、对立的种子。

通过以上分析，不难看出，同盟会的分裂是个复杂的历史现象，它是一系列政治、思想、策略分歧和人事纠纷发展的结果。既有其时代原因，也有其社会原因。

中国资产阶级民主革命发生于帝国主义时代，资本主义社会的腐朽、丑恶的一面早已暴露无遗，在欧美和日本，摆在日程上的已经是从资产阶级下面解放出来的问题。因此，在这一情况下，必然会产生对资产阶级民主革命的不满、怀疑以至绝望的情绪。同时，中国又是个小资产阶级极其广大的国家，在国际无政府主义思潮一度抬头的情况下，同盟会中有人受到这一思潮的影响是很自然的。中国同盟会的分裂发生于日本社会党的分裂之后，张继、刘师培诸人的行为不少是对后者的模仿。

"社会主义讲习会"诸人在反对帝国主义、实行土地革命和不能建立资产阶级共和国等问题上向同盟会提出了挑战。由于中国民族资产阶级的阶级局限和其由娘肚子里带出来的特殊软弱性，它无法解决这些问题。孙中山的三民主义在对改良派的论战中已经被证明了不是很有力的理论武器；在回答"社会主义讲习会"的挑战上，当然更加发挥不了多大作用。

"社会主义讲习会"诸人自身同样也解决不了这些问题。在书面上、口头上，他们可以连篇累牍、喋喋不休地发出极端革命的豪言壮语，沉溺于"无政府革命"的狂热幻想，然而却提不出任何切实可行的办法。在严峻的现实面前，他们很快就会暴露出墙上芦苇的劣根性。其中有些人就会向右转，倒向封建主义和改良主义，或颓唐，或倒退，或动摇，或叛变投降。

同盟会的分裂渊源于思想分歧，但是，在其发展过程中，思想分歧逐渐被掩盖起来，个人主义、宗派主义、分散主义、行会主义和山头主义逐渐上升，旧的感情上的裂痕和新的摩擦、猜忌、怨憎结合在一起，引发出新的攻击。终于愈演愈烈，一发不可收拾。

克服个人主义、宗派主义等倾向需要以大局为重的广阔胸襟和高度的组织观念，而这对世界上任何伟大人物来说，都是比较难以做到的。因此，在研究同盟会内部风潮与孙中山的关系问题上，就有人剖析了同盟会内部分歧与孙中山性格特征的内在联系，认为孙中山性格的否定规定性明显表现为偏激固执、我行我素等特点。由于他始终没有清醒地认识到自身的性格特点，没有从主观上尽量避免自身性格特征可能带来的负面影响，因此也就一直没有正确地、有效地建立起他在革命领导层中应有的伟岸形象。"无论对于孙中山的本人，还是整个革命事业，这都不能不说是一个遗憾。"①

同盟会内部分歧的激化和其上层出现的分裂，严重损害了革命党人的威信，极大地损害了革命团体的内部和谐，进而分散和削弱了革命政党的战斗力。这使当时孙中山在军事上迭遭失败的同时，又面临着另一个大的困难。它对孙中山和同盟会都是一个考验。孙中山经受了考验。他在这极端困难的时期，并没有被骂倒，被吓怕，依然毫不灰心，仍是孜孜不倦地策划筹款和再次起义的革命工作。他认为最艰难困苦的时代，就是要努力进取的时代，并大度地表示当前"胡氛黑暗，党内有哄"之时，既是"艰危困苦之时代"，也是"吾人当努力进取之时代"，只要"毅力不屈，奋勇向前，支撑得过此厄运，则以后必有反动之佳境来也"。② 孙中山愈挫愈奋，勇猛向前，他的这种坚强斗争意志和革命乐观主义精神，是非常难能可贵的。历史发展的事实证明，孙中山的确是在经历了一次又一次的考验之后，才赢来了革命的胜利和共和来临的"佳境"。

---

① 刘云波：《孙中山与同盟会上层的分歧》，《社会科学战线》，2001年第一期。
② 《孙中山致吴稚晖函》，胡汉民编《总理全集》，上海民智书局1930年版，第66—67页。

第七节　坚持武装斗争

一、革命风潮鼓荡全国

从义和团运动失败到辛亥革命爆发的十年中，中国人民反对清朝反动统治的斗争汹涌澎湃，发展很快。参加反抗斗争的群众非常广泛，农民、工人、手工业者、市民和商人等都越来越多地加入了斗争行列。

孙中山领导的民主革命，之所以能得到广大人民的同情和支持而迅速发展，是因为有了新的社会阶级基础。这个新的社会阶级基础就是资产阶级。在前面论述兴中会成立时曾提到，中国的民族工业在19世纪70年代就已经开始产生，随着民族工业的产生，新兴的资产阶级也开始出现。到了20世纪初年，由于外国资本主义侵入中国，使得民族资本主义工业随之也有了相应的发展。这个继续发展的趋势，到了1905年以后，就更加明显了。据不完全统计，1895年至1904年的十年间，全国新设厂矿为168家，而在1905年至1911年的六年间，新设厂矿就有322家；虽然它们主要是轻工业（如棉纺织、面粉、缫丝、火柴等部门）和小型企业（如煤矿），但由此而促进民族资产阶级力量的增长，却是一个明显的事实。这个新兴的阶级，在它的发展过程中，切身感受到帝国主义和封建主义的压迫和束缚，迫切要求经济发展上得到政治保障，因此，对于改革政治、夺取政权的斗争就特别关心。华侨资产阶级中有很多人出身小商人甚至工人，同国内封建统治阶级联系较少；同时由于他们接触了西方资产阶级文化，又受到外国人的歧视，痛恨清朝政府的腐败无能，有较高的革命情绪。孙中山所建立的兴中会，华侨占会员总数的78%，其中有48%是华侨资产阶级。孙中山进行革命活动和在沿海各地从事武装起义，都是靠华侨在经济上给予支持的。这个时期，各省蓬勃开展的反对帝国主义控制中国的铁路、矿产资源和倾销洋货的运动，也是在这一条件下发生的。资产阶级积极参加和领导了这个斗争。1903年至1904年间，京汉、津浦、苏杭甬等铁路线所经各省，先后提出收回自办的要求；湖北、湖南、广东三省要求从美帝国主义手里夺回粤汉铁路，各省群起响应。1904年冬和1905年春夏间，由于反对美帝国主义迫害华工、要求废止中美华工条约，以上海工商界为主的中国资产阶级，又发起了大规模的抵制美货运动，波及十多个省的大中小城镇。反美爱国运动在全国展开，给美帝国主义以有力的打击。

但是，新兴的资产阶级在国内外反动统治阶级面前，力量毕竟是弱小的。并且，这个阶级是具有两面性的阶级，一方面，由于它是半殖民地国家中的资产阶级，受着帝国主义的压迫，所以，在一定时期中和一定程度上，具有反对外国帝国主义和本国的官僚军阀政府的革命性。另一方面，也正是因为它是半殖民地国家中的资产阶级，他们在经济上和政治上是异常软弱的，所以又保持着对于革命敌人的妥协性。中国的民族资产阶级，即使在革命时，也不愿意同帝国主义完全决裂，并且他们同农村中封建地主阶级的地租剥削有密切联系，因此，他们就不愿和不能彻底推翻帝国主义，更不愿和不能彻底推翻封建势力。所以，反对反动统治的主要力量是农民和其他广大劳动群众。

农民一直是反对帝国主义和封建势力的主力军。这一时期，以农民为主体的劳动群众，踏着义和团勇士们的血迹，威武不屈地继续向着帝国主义和封建势力发起勇猛的进攻。抗捐、抗税和反对外国教会的斗争，在各省、县此伏彼起，连绵不断，几乎遍及全国。其中规模较大的是1904年7月江西乐平人民反对抽收"靛捐"的斗争。种靛农民和会党群众联合起来，在夏廷义的率领下冲入县城，夺取枪支，焚毁县衙门，捣毁盐卡、厘卡、统捐局和洋教堂，狠打帝国主义及其走狗，并且连续几天英勇地抗击了清朝政府调来镇压的反动军队。这次斗争坚持了半年之久，严重地打击了清朝统治者和外国侵略者。与此同时，大小规模的武装起义，也接二连三，层出不穷。例如，直隶（河北）人民在广宗县联庄会首领景廷宾领导下，于1902年以"扫清灭洋"为号召，掀起了冀、鲁、豫平原24州县的20万农民大起义。他们向清朝政府的贪官污吏和帝国主义教会、教士进攻，包围了威县、广宗、冀州、南宫、枣强、隆平、宁晋、柏乡等县，革命声威大震，反动派闻风丧胆。规模更大的是1903年到1905年广西全省几十州县人民的武装斗争。这

次起义，最盛时有汉、壮、苗、瑶等族数十万群众参加起义军，他们把清朝政府在广西的统治者打得焦头烂额，毫无办法，最后不得不向"洋主人"法帝国主义"乞援"，因此，引起了全国舆论的愤怒声讨，使帝国主义者也不敢妄动。孙中山从这次农民起义中受到很大鼓舞，他当时就满怀信心地指出："满清军队在任何战场上都不足与我们匹敌，目前爱国分子在广西的起义就是一个明显的例证。"[①]

在这一时期，中国工人阶级还没有作为一个觉醒的、独立的阶级力量登上政治舞台，但在逐步发展中，已和农民阶级一起成为反帝反封建斗争的重要力量。1897年在上海"租界"里，五千名小车工人为抗捐举行罢工，并以棍棒、扁担、砖瓦、石头作武器，和镇压他们的巡捕进行斗争。1903年，云南个旧锡厂工人为反抗法国侵略者修筑滇越铁路、侵占锡厂举行起义。他们提出"抗官仇洋"的口号，很快就攻占石屏、临安等地，发展到一万多人。1905年，汉口铜货工人三千多人，为反对资本家克扣工资进行罢工。在反帝反封建的战线上，这支新兴的社会力量，逐渐引起人们的重视。

还有，城镇手工业者和中小商人，多年以来被繁重苛刻的摊派所困扰，不能维持正常的营业，在全国许多地方也不断掀起抗捐罢市的斗争。

这些群众性自发的反抗斗争和武装起义，席卷全国，声势浩大，震撼着清朝政府的反动统治，有力地推动了革命形势的飞速发展。孙中山受到了国内这些劳动人民反帝反封建斗争的有力推动，从广西会党起义的烽火中，看到了美丽祖国"新纪元的曙光"；从各处蓬勃发展的群众斗争中，他得出了"中国现今正处在一次伟大的民族运动的前夕"的正确结论。孙中山认为，清朝统治已经像一座破房子，整个结构从根本上彻底地腐朽了，只要抽掉一根木头，或者挖去一块墙脚，就会整个倒塌下来。他庄严宣告："全国革命的时机，现已成熟。"在大变动即将到来的时刻，"只要星星之火就能在政治上造成燎原之势"，烧遍全国，就能推翻清朝统治者。[②] 因此，他在和改良派进行论战的同时，更积极地筹划武装革命斗争。

在半殖民地半封建社会的中国，帝国主义及其走狗都握有庞大的反

---

① 《中国问题的真解决》，《孙中山选集》上卷，人民出版社1963年版，第63页。
② 《中国问题的真解决》，《孙中山选集》上卷，人民出版社1963年版，第61—64页。

革命武装，人民大众要挽救祖国的危亡，只有拿起武器，采用武装革命的形式。孙中山作为民主革命的先行者，其最先进的一点，是他在中国资产阶级改良主义思潮泛滥之时，就揭举武装起义的旗帜。此后他一直把武装斗争放在重要地位，始终坚持武装起义的正确道路。正如他1903年在一封信中所说的，自己"向来专心致志于兴师一事"①，要用武装起义的手段推翻清朝的统治。在同盟会成立之后，孙中山在两条战线上领导着资产阶级革命的斗争：一方面领导了与改良派的论战，如前面之所述；另一方面就是指挥革命党人积极开展武装斗争。当时，他除了派遣一部分同盟会会员秘密回国，为准备武装斗争集结力量外，他本人也付出了大量的时间和精力，投入武装起义的种种筹备工作。他往来于日本、南洋、欧美各地，除了建立革命组织、宣传革命道理以外，还联络会党，筹措款项，目的都是为了组织起义。如果说，从孙中山组织兴中会起，就进行了几次反清的武装起义，那么到了同盟会时期，和兴中会时期相比较，是"更充满了武装起义的事迹"。他在1907年至1911年的四年中，领导革命党人连续不断地组织了八次武装起义。

二、萍、浏、醴起义

同盟会成立一个多月，孙中山于1905年10月7日就离开日本前往越南、新加坡等地，发展同盟会组织，并筹划在中国的华南地区发动武装起义。

1906年10月，孙中山回到日本东京，和黄兴、章太炎等同盟会领导人一起，制定了中华国民军政府的《革命方略》，它由11篇文件组成（1908年又增加两篇），包括《军政府宣言》、革命军和地方政权的建制、各项军政布告和《对外宣言》等，专供各地革命党人发动起义时动员群众、鼓舞士气、瓦解敌军和指导对外关系之用，从而再次体现了孙中山用武力推翻清政府的一贯思想，和显示了他的巨大决心。

当时，孙中山在东京的生活十分俭朴。据在其身边的同盟会员回忆说："他的生活和一般的平民一样，屋内的陈设，除了书籍和必须的用具以外，并无其他物。孙先生的服装很朴素、清洁。"有些青年同盟

---

① 《复黄宗仰望在沪同志遥作扫除保皇党声援函》（1903年），《国父全集》第三册，台湾1973年版，第31页。

员到他那里去，孙中山见他们穿的衣服带灰尘或是鞋袜脏了，就亲自替他们刷衣擦鞋。有亲身感受的梁瑞堂回忆说："这件事使我很受感动，至今还留下不可磨灭的印象。像孙先生这样一位当时已经著名的革命领袖，对于我这个当时还不到20岁的青年，如此亲切关怀，我和当时追随孙中山先生的许许多多同志一样，觉得他不仅是一位可尊敬的革命领袖和导师，而且又是一位和蔼可亲的父兄。"

这一时期，革命取得了迅猛的发展，正如孙中山所概括的："自革命同盟会成立之后，予之希望，则为之开一新纪元。……吾始信革命大业可及身而成矣。于是乃敢定立中华民国之名称，而公布于党员，使之各回本省鼓吹革命之主义，而传布中华民国之思想焉。不期年而加盟者逾万人。支部则亦先后成立于各省。从此革命风潮，一日千丈，其进步之速，有出人意表者矣。当时外国政府之对中国革命党亦多刮目相看。"

1906年春，长江流域洪水成灾，米价大涨，不少地区处于饥饿状态。东京同盟会总部派刘道一、蔡绍南回湖南运动军队，重整会党，做起义的准备。他们回到长江后，决定刘道一留驻长江，负责和总部联系，蔡绍南则前往江西萍乡一带联络会党。

蔡绍南到达目的地后，得到同盟会员、明德学堂学生魏宗铨的帮助，很快和萍乡、浏阳、醴陵一带的洪江会首领龚春台等取得了联系。

在湘赣哥老会和他们的共同策动下，12月4日，萍、浏、醴起义（史称"萍醴之役"，又称"萍浏醴起义"）全面爆发。贫苦农民、会党群众、萍乡安源矿工和部分防营兵勇参加了起义。起义军定名为中华国民军南军革命先锋队，龚春台为都督，蔡绍南为左卫都统领兼文案司，魏宗铨为右卫都统领兼钱库都粮司，廖叔保为前营统带，沈益古为后营统带。在所发布的《中华国民军起义檄文》中，列举了清政府的"十大罪状"，愤怒揭露清廷对外投降卖国、对内残酷压榨人民的滔天罪行，宣布革命宗旨是"破除数千年之专制政体"，"建立共和民国"，并"使地权与民平均，不致富者愈富，成不平等之社会"。并声言：未来社会的"幸福"，"不但在鞑房宇下者所未梦见，即欧美现在人民，亦未能完全享受"。[①] 这一檄文表达了以孙中山为代表的资产阶级革命派的全部纲领，使起义具有和旧式农民起义截然不同的新色彩。从檄文的主张中，可以明显看出同盟会员在这次起义中的影响。洪江会的义旗

[①] 中国近代史资料丛刊：《辛亥革命》（二），上海人民出版社1957年版，第477页。

一举,受到广大人民群众的热烈拥护,群众如潮水般涌来,发展很快,十天之内,队伍就扩大到三万多人,一度控制了四五个县,震动了长江中、下游各省。当起义消息传到东京时,在同盟会中引起了很大反响,会员们纷纷要求回国参加战斗,孙中山也认为"机不可失",他和黄兴立即派同盟会员宁调元、杨卓霖、胡瑛、孙毓筠等人,先后赶回国内,分赴苏、皖、湘、鄂、赣、粤各省组织起义,以声援萍、浏、醴起义。但各地起义还未发动,萍、浏、醴起义已在五万多清军的围攻下,英勇奋战二十多天,终以孤立无援,于是月下旬遭到镇压。

起义失败后,清军大举"清乡",搜捕革命群众,一直进行了三个月。12月下旬,同盟会员刘道一和会党领袖冯乃古等人被捕就义。1907年3月7日,魏宗铨也被捕杀。总计,起义军前后遇难者一万余人,群众被杀害者两万余人。

对于萍、浏、醴之役的失败和刘道一的死,孙中山极为沉痛,称此为"同盟会员之第一次流血"。特作七律诗志哀。诗云:

半壁东南三楚雄,刘郎此去霸图空。尚余遗孽艰难甚,惟与斯人慷慨同。塞上秋风悲战马,神州落日泣哀鸿。几时痛饮黄龙酒,横揽江流一奠公。①

在萍醴之役发生后不久,日本的个别报纸刊文诽谤孙中山是"叛徒",革命党人闻后非常气愤,并把这一情况告诉孙中山。孙中山微笑说:"常人毁誉无足轻重,吾党行事,一本义理,义理所在,虽毁何伤!我们革命目标既定,务使达到而后已,天下后世,自有定评。"

当时,在广西壮族流传的歌谣中,是这样概述孙中山的革命活动的:

多亏孙文倡导革命,
四处奔走救国救民。
他劝告老少齐参加,
恢复中华打倒满清。

---

① 这首诗,系由同盟会会员汤增璧代笔。

声势浩大的萍、浏、醴起义，表现了广大人民的革命积极性，农民、工人及其他劳动群众对清朝统治的仇恨已经达到了一触即燃的程度。他们欢迎先进的政治势力的领导，少数同盟会员的活动给起义带来了深刻的影响。这次起义爆发于中国腹心地区，虽然失败了，但其规模之大是前所未有的，因而在国内外引起巨大反响，革命派的士气也大受鼓舞。它告诉人们：如果革命党人集中力量在国内活动，深入到劳动群众中去，宣传革命纲领，施行正确的策略，反清武装起义的怒火并不难遍及全国。

三、起义起义再起义

（一）潮洲黄冈之役

萍、浏、醴起义失败后，清政府了解到同盟会是萍、浏、醴起义的策动者，便要求日本政府驱逐孙中山出境。1907年3月4日，孙中山被迫离开日本经新加坡赴越南。他于3月14日到达河内后，立即在甘必达街61号设立了领导西南武装起义的总机关，准备就近筹划广东、广西和云南三省的起义。他所以要选择两广和云南作为起义地点，是由于这些省份地处边境，群众基础好，易于发动；地域宽广，便于迂回作

◀ 1907年3月，孙中山派许雪秋负责筹划潮州黄冈起义。图为孙中山在新加坡晚晴园与黄冈起义筹备人员合影。左起：孙中山、张永福、萱野长知、陈涌波、林时塽、汤寿山。

战；而且从国外输送武器和人员也比较方便，"容易得到海外的接济"。他计划先夺广东，次取广西、云南，然后就可占领南部七省。长江流域和华北平原各省也会纷起响应。这样便能实现夺取全中国的革命目标。

在孙中山偕胡汉民、汪精卫、胡毅生、黎仲实等在河内设立起义的总机关时，窘于军款不足，他又想起在法国轮船上相遇的张静江。他先后两次给张发电，第一次写的"A"字，第二次写的"E"字。不久收到张静江汇来的一万法郎和五万法郎。之后，孙中山命胡汉民致函感谢，并详述军事用款计划。张静江回电说："我深信你必用于革命，所以愿尽力助你成此大业，你我既成同志，彼此默契，实无报告事实之必要。若被敌人所知，于革命进行有所不利。你能努力猛进，即胜于作长信。"信中充满对孙中山的信赖和崇敬之情。

黄冈是广东潮州府饶平县的一个大镇，地处岭东，市况繁荣，为闽、粤省交通要道。当地三合会势力很盛，其重要头目为许雪秋。

许雪秋（1875—1912年），为一华侨富商，喜击剑舞拳，与江湖会党有联系，有"小孟尝"之称。1903年受到福建人黄乃裳的影响，立志革命。1906年6月孙中山在新加坡时，吸收其加入了同盟会，并任命他为中华国民军东军都督，主持岭东一带军务，积极联络会党，准备在潮州起义。同年冬，在日本又派廖仲恺、乔义生、方汉成、方瑞麟、李思唐、张煊、方次石、邓慕韩、谢良牧，还有日本会员萱野长知、池亨吉先后前往协助。途经新加坡时，又选派了黄耀廷、邓子瑜、余绍卿等到广东惠州东江一带准备配合许雪秋并举。

许雪秋在他的家乡宏安，召集了一次军事会议，决定在1907年2月19日（正月初七）乘清军春节疏于防务，分头大举。派乔义生、李思唐、张煊、郭公接赴饶平县的浮山墟部署，计划至期夜袭潮州府，由

▲ 黄冈起义军起义誓师的情景。

黄伟斋率潮州城内十八馆党人为内应。余丑、余通、方汉成、方次石赴黄冈；黄德胜等赴惠来；罗飞雁等赴揭阳；谢良牧、李次温、李于伟等人计划埋伏于潮汕车站、蔡家祠、敌山台、潮安内城各处；陈芸生、萧竹荷担任运动揭阳清炮台兵反正。一切安排均已就绪，但至期因风雨大作，浮山党人时聚时散，黄冈一部也无法集合。许雪秋见时机已过，令各部暂行分散，候命进取。不料风声已被泄露，敌人四处搜捕党人，薛金福、黄志、张顺数人被捕遇害。许雪秋委派陈宏生进行安置。他与谢良牧、方瑞麟等到香港同盟会分部汇报并请示，冯自由

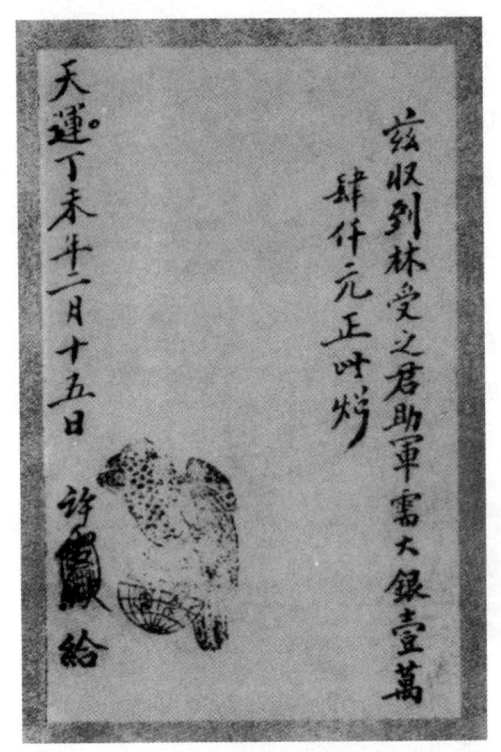

▲ 南洋华侨支持黄冈起义的捐款收据。

向河内发电向孙中山报告，孙中山电示："此后起事时期须与惠州及钦廉义师，约定同举，以便牵制清军，令雪秋万勿孟浪从事，致伤元气。"

许、谢、方等寓居香港阑桂坊等候惠州方面的消息。乔义生、池亨吉驻汕头幸阪旅馆传递情况。到了5月下旬，余丑、陈涌波来香港报告：黄冈同志又被清吏捕去二人，同志拟克日举义营救，许雪秋等听了也跃跃欲动。香港分部再三劝阻，让他们"静候总理命令，务与惠州、钦廉同时发动"。令余丑、陈涌波二人回黄冈设法制止。潮州总兵黄金福，接黄冈都司隆启报告说黄冈确有革命党聚众情形，即派守备蔡河宗带兵防范，并捕捉党人两名。余丑、陈涌波主张非速举事不能营救同志，遂聚众七百人，在6月21日晚9时，围攻黄冈协署，血战一天，城内各衙署皆为革命军占领，擒都司隆启。革命军仅亡二人，伤十余人。起义军顺利地占领黄冈后，成立了军政府，推举陈涌波、余丑为正副司令，同时以"广东国民军大都督孙"等名义发布檄文，宣布"各行店，照常交易，免除一切苛捐杂税"。

▲ 惠州黄冈起义秘密机关——黄冈挑水巷泰兴杂货店。

24日夜，余丑、陈涌波又率兵向黄金福大本营汫洲港进攻，激战两天，因清军援兵四集，革命党腹背受敌，加上械劣弹乏，孤立失援，队伍宣布解散。这时，许雪秋、乔宜斋、萱野长知正在汕头幸阪旅馆，策划丰顺、揭阳、惠阳、潮安各县响应。这时，清提督李准统兵到汕头，许雪秋还想轰击敌人兵船，因戒备严密，无从下手。于是，许雪秋又回香港，发电河内，向孙中山报告经过。之后，许雪秋到河内向孙中山说明起义失败原因："土炮不敌洋炮，为黄冈一役失败之主因。倘能从外国购运新式军械至惠州汕尾洋面，可预雇大贝船在海上收接，即在海丰、陆丰沿岸招集党人大举发难。"孙中山表示同意，派萱野回日本购买军械，命许雪秋等回香港继续策划。

10月7日，萱野来电："械已购妥，村田式快枪两千支，短枪三千支，日本古刀五十具，将校用刀二十具，民党领袖犬养毅赠古刀三具以壮声势。"香港分会派邓慕韩、陈二九到日本协助萱野启运。许雪秋、刘思永、谭剑英赴汕尾准备接迎。8日，萱野、邓慕韩、陈二九乘"幸运丸"自日本长崎起航，于12日船抵汕尾。但当船到岸时，未见帆船接应。三小时后，才见许雪秋驾一小舟，前来探视，萱野急命速备大船卸械。这期间由于许雪秋在汕尾、捷胜沿岸屡聚党人，风声四起，及械船驶近海岸时，围观群众竟聚一万多人。清碣石镇总兵吴祥达严加戒备，派小兵轮不断游弋侦察。萱野要把船驶往外海晚间再来，但船主因船中

还运有三井洋行煤炭,定要驶赴香港。等许雪秋租用帆船出海时,货船已经驶去。邓慕韩、陈二九、萱野到《中国日报》社同盟会支部找冯自由、胡汉民商量补救办法。议决该轮三日后煤炭卸竣,再由萱野率党人五百人乘原船赴惠州海丰洋面,将军械交该地同志,就在平海举事。这期间,香港当局得到广东督署照会要求扣留"幸运丸"。日本领事为免生交涉,令该船迅速回日本,近万元的军械由此化为泡影。海丰、陆丰起义计划落空。孙中山于26日在河内向萱野写了长信进行慰勉:"阁下之任务,以能使军械运至目的地,即为完全无阙,而许氏乃遇事仓遑,侦候不明,不知有兵舰,预备不周,不能雇备大船,报告不实,以至虽已运送到目的地之军械,而仍不得其用……而绝无所疑阁下之行事者也。……以后所倚托于阁下之事正多,愿阁下更为鼎力赐助是幸。"

这次潮洲黄冈起义,在清军大举进攻下,坚持战斗了五天,因粮械短缺而失败。27日,陈涌波、余既成等"为保存实力,以图再举",解散起义军。余等由海道潜赴香港。

(二)惠州七女湖之役

5月底,孙中山派在惠州地区策划起义的同盟会员邓子瑜等,听说黄冈之役已发动,并不知道黄冈之役已经失败,带领一部分会党武装于6月7日在归善(今惠阳)县七女湖响应。

邓子瑜是惠州归善人,在香港、新加坡经营旅馆业,与内地会党声息相通。孙中山派他协助黄耀廷在惠州等地的军务,负起惠州起义全责。5月,因潮州军事紧迫,他派陈纯、林旺、孙稳等到惠州归善、博罗、龙门分三路起事,结果只有归善一路有所发动。6月2日,在归善县的七女湖举义,劫夺了敌军防营,缴枪多支,击毙巡勇及水军巡舰哨弁多人。5日,进攻泰尾,清守兵望风而逃,又连占杨树、三达、柏塘、八子岭、公庄等地。义旗一举,

▲1907年6月,孙中山发动了惠州七女湖起义。图为起义直接指挥者邓子瑜。

各乡会党和群众纷至沓来欢迎，纷纷前来参加，声威大震。

其时，由于惠州府陈兆棠急电广州督署营务处求救，粤督周馥即调驻惠州东路巡防各营管带洪兆麟、李声振、吴鳌等部，又增调新会右营守备、中路巡防第十营管带钟子才援助。革命军只有二百余人横行于水口、横沥、三经、蔗浦等处。双方混战十多天，多次击败清军，敌人死伤甚多。革命军出入于山村路岔之中，使清兵疲于奔命。但终因寡不敌众，加以缺乏弹药，起义队伍迫不得已于6月19日将武器埋在地下后自行解散。

（三）钦州、廉州、防城之役

1907年春，广东的钦州、廉州（今均属广西壮族自治区）两地人民因反抗当地官府强行糖捐制度而发生暴动，官军开枪打死数十人，激起民愤，集结日众。粤督周馥派统领郭人漳率防军二营，标统赵伯先（赵声）率新军步队一营前往镇压。孙中山派邝敬川到廉州良屋与抗捐乡团首领刘思裕、黄世钦、唐甫珠接洽，晓以革命大义，并说明抗捐义举应与革命党一致行动，进行有计划、有组织的起义，不但可免受清军的攻击，还可完成光复中华的大业，刘思裕等欣然赞同。因清军统领郭人漳、标统赵伯先素与革命党有联系，孙中山遂派胡毅生到北海赵伯先营处约同郭、赵乘机举义，又派陈油持书给胡毅生令其转告郭、赵："钦、廉团兵已与党人联，勿相杀！"但陈油到北海时，郭、赵所部已开走，陈油未能追赶将信送到，故郭人漳不知内情，到了钦州米村，向乡团攻击，刘思裕等以为革命党已与郭人漳联系，未加防备，死伤甚众，刘思裕被害。胡毅生到河内时才知这是由于陈油未能将信送到造成的失误，导致自相残杀。

▲ 1907年4月，孙中山指示邓泽如为即将发动的钦州、廉州、防城起义筹款函。

孙中山命王和顺（1869—1934 年，字德馨，号寿山，壮族，广西邕宁人，原是提督刘永福部哨官，后参加反清会党，曾在南宁梧州起义，1906 年冬在西贡参加同盟会）为中华国民军南军提督，主持钦、廉军务。派黄兴、王和顺随胡毅生到北海与郭人漳、赵伯先两人联络。郭、赵二人表示："若有堂堂正正革命军起，必反戈相应。"黄兴随郭人漳营在钦州，胡毅生随赵伯先营在廉州，王和顺在各乡镇深入乡团联络，准备一致行动。孙中山素知钦、廉人民骁勇善战，决定派日本会员萱野长知携款回日本购买军械，准备大举。

钦州、廉州起义前夕，钦州乡团有六七千人，革命军两千人，准备反正的郭人漳、赵伯先所率新军有六千人，只待萱野所购武器一到，先占防城，再取东兴沿海一带作为革命根据地。东兴位于中国与越南交界处，仅一河之隔，桥南就是越南的芒街。当时的计划是："武器一到，则我党可成立正式军队两千余人，然后集合钦州各乡团勇六七千人，而后约合郭人漳、赵伯先二人所带之新军约六千余人，便可组成一声势浩大之军队。再加以训练，当成精锐，则两广尽可收入掌握之中。而后出长江以合南京、武昌新军，则破竹之势可成，而革命可收完全之效果矣。"但"不期东京本部之党员忽起风潮，而武器购买运输之计划为之破坏"。

王和顺于 9 月 4 日率领革命军攻防城。5 日，清军驻防城衡守营连长左营哨官刘辉廷、右营哨官李耀堂先后反正响应，革命军很快占领了防城，杀了县官朱鼎元等。随后留邝敬川率少数队伍驻守防城，即移师攻袭钦州府城及灵山等地。天将亮到达距钦州还有 40 里的涌口。中午，黄兴、郭人漳率卫队 60 人出城来迎。郭人漳表示："钦城不必战，晚来便得。"刘辉廷以郭言不足信，与王和顺商量，"宜将所部，改换郭之军服，疾进钦城东门，留郭与大队随后掩至，而占领之，乃上

▲ 1907 年 9 月，孙中山发动了钦州、廉州、防城起义。图为起义直接指挥者王和顺。

策之上"。王和顺以"黄兴与郭深交,且在郭部多时,尚无危险,不宜以不肖待人",又纵郭人漳回钦州。革命军9月6日晨4时从涌口出发,将近钦州,郭人漳派党人郭时安来说:"钦廉道王瑚及驻钦宋安枢部,已戒备,所部不能发动,请党军勿来起义。"等郭时安回城时,郭人漳勃然变色,指郭时安通敌,为了灭口将其杀掉。原来,郭人漳昨日出城,见涌口党军势弱,以为很难成事,不便与起义军为伍。起义军探悉郭人漳已无意反正,王和顺率起义军改道攻灵山,与清军激战,三日未克。他们先后发布了《告粤省同胞书》《告海外同胞书》及《招降满洲将士布告》三种起义文告,申明"以自由、平等、博爱为根本,扫专制不平之政治,建民主立宪之政体,行土地国有之制度,使四万万人无一不得其所",号召广东省同胞"共矢忠贞,以图大业",① 发展到三千多人。

孙中山得知占领防城后,立即从河内派人四出募款购械,准备接济。当时起义军并没有和当地农民的武装——抗捐队伍相结合,形成孤军作战的局面;加上清朝新军统领郭人漳一面称"赞成革命",一面又派兵袭陷防城,使起义军腹背受敌。尽管如此,起义军一直坚持到9月中旬,由于枪械弹和军需给养均发生困难,最后被迫退入粤、桂两省交界的十万大山中。

(四)镇南关之役

钦州、防城之役后,孙中山又和黄兴计划从越南袭取要塞镇南关(今友谊关),进攻广西。

镇南关介于中国、越南两国之间,为广西游勇活动的地方。孙中山为配合防城起义军进取西南,过去曾派革命党人往游勇中宣传革命思想,争取他们参加反清斗争,并取得了一些成果。9月,他又委派王和顺为镇南关都督,前往桂边那模村,同早与革命有联系的凭祥土司李佑卿联系,议定了攻取镇南关的计划。但李佑卿所部游勇不服从绿林出身的王和顺调动。王和顺无奈,不得已折返河内。

稍后,孙中山又改命游勇首领黄明堂为都督,以李佑卿为副都督,继续筹划起义。

黄明堂(1870—1938年),广东钦州人,壮族。他因愤于清政府腐败,投身会党,曾聚游勇数百人,呼啸山林,多次击败清军,其名不胫

---

① 香港《中国日报》,1909年9月28日。

而走。自受命于孙中山后，进行顺利，迅速与镇南关炮台守兵联络成熟了。

这次名震中外的镇南关起义，孙中山、黄兴、胡汉民更是直接投入了战斗。

12月2日，黎明前的黑暗时刻，黄明堂和另一游勇首领关仁甫迎着刺骨的山风，率领广西那模村游勇八十多人，携带快枪42支，由镇南关背面小路摸索着前进，向镇南关炮台迂回偷袭。他们攀登断涧危崖，直趋第三炮台，正在睡梦中的一百多名清兵，还没有弄清是怎么一回事，就成了俘虏。

游勇一鼓作气，加上内应守军配合，清军猝不及防，纷纷投降，相继又夺取了第二炮台。起义军占领了镇南、镇中、镇北三座山巅炮台。

阴霾的云雾终于被驱散了，淡淡的阳光从一条隙缝中照耀着高山，山下的清兵远远望见青天白日的旗帜在山顶上迎风飘扬，才知道镇南关最险要的三座炮台，已经落入革命军手中。

12月3日晨6时，孙中山、黄兴、胡汉民、胡毅生、池亨吉和法国退职炮兵上尉狄氏一行十人，即从河内搭火车北上，赶来参战。

孙中山自从离开日本到了河内，清政府便悬赏白银20万两索取他的脑袋，或以云南一省作为报酬要求法国政府逮捕、引渡孙中山。这样，在过去的二百多天里，孙中山一直幽居隐所，足不出户。今日，他对能亲临战场杀敌，深感欢欣。虽然这里山高林密，荆棘丛生，攀登时相当吃力，他依然兴高采烈地巡视起义军占领的炮台，并和起义军战士一一握手交谈。

孙中山在阵地上，时而开枪射击敌人，时而蹲在战士身旁，鼓励战士奋力作战，时而又跑去给战士递送枪弹，或者亲自动手发炮。他非常感慨地说："我反对清政府二十余年，今日得亲手发炮轰击清军耳！"①

当时，还有一座炮台仍在敌人手里，清兵向起义军开枪放炮，起义军的阵地上一时枪弹呼啸，硝烟弥漫，震天动地。突然，一颗炮弹打断了一位炮兵的手指。站在这位战士身旁的孙中山，连忙替伤员包扎伤口。

同时，孙中山又访问了炮台附近壮族聚居的弄尧村，向当地农民宣传革命，非常和蔼地对他们说："炮台现在是我们的了，大家可以上去

---

① 《胡汉民自传》，《革命文献》第三辑，台湾1955年版，第395页。

玩玩。我们不久一定能够推翻满清，那时大家就可以自由自在，不受压迫欺负了。"①

这次战役，起义军很快控制了镇南关，获得大小炮14门，步枪四百多支。他们以寡敌众，和几千敌人进行昼夜血战，打死清兵几百人。后来，因清军大批增援部队继续开到，而起义军不仅人数少，弹药也缺乏，实难长久支持。孙中山等审察形势，便决定下山，返回越南办理接济和增援事宜。

正当孙中山在河内洽谈借兵和准备购置军械时，起义军却在几天后经过浴血奋战失利，被迫于9日撤离镇南关，退往越南境内燕子大山去了。

（五）钦州、廉州、上思之役

孙中山"于离河内之际，一面令黄兴筹备再入钦、廉，以图集合该地同志；一面令黄明堂窥取河口，以图进取云南，以为根据之地"。他认为钦、廉会党勇气可用，决定命黄兴为总司令，统领镇南关及十万大山余众，再次在钦、廉地区发动起义，并命黄明堂等规划进取云南河口。因而，又有同年3月的钦州马笃山起义。

黄兴奉命后，在河内购得法商盒子炮百数十支，由冯自由在香港购买子弹，并函约钦州统领郭人漳接济弹药相机响应。黄兴率黎仲实、梁少庭、梁建葵、刘梅卿、李文光等及越南华侨同盟会员二百多人，于3月27日开向钦州，队伍过东兴附近的大路村，四处张贴"中华国民军南路军"总司令黄兴告示，乡民燃爆竹欢迎。

革命军于3月29日至小峰，清军管带杨某率600名清兵抵御，

▲ 1908年3月，孙中山发动钦州、廉州、上思起义。图为起义直接指挥者黄兴。

---

① 郑惠琪等口述：《镇南关起义见闻》，《辛亥革命回忆录》第三辑，中华书局1962年版，第435页。

革命军从山上田垄间，突然出击，打得敌军四处逃窜。4月初，革命军在马笃山一战获得大捷，以后转战钦州、廉州、上思一带。队伍扩大到六百余人，转战四十余日，后因弹尽援绝失利。郭人漳因部下多次接济弹药时，误受革命军攻击，对革命军顿生恶感，不但不再接济，反怀敌意，当革命军准备向广州宣化县进发时，因弹药不济，不能再战，只好令队伍分途解散，潜入十万大山，黄兴、黎仲实等先后回到河内。

此次起义，黄兴率数百人转战一个多月，所向皆捷，屡败清军，但队伍始终未能再扩大，是一支游离于人民群众之外的孤军。最后，因弹尽援绝，不得不率队退回越南。

（六）河口之役

河口地处中越边界，有滇越铁路经过，北可达昆明，清政府在此地建有炮台四座，重兵防守。孙中山的机关部设在河内，计划在云南发动起义，河口是必争之地。

云南河口起义的准备工作是与广西镇南关同时进行的。1908年4月，孙中山任黄明堂主持军事，由王和顺和关仁甫协助。

4月29日夜2时，黄明堂、王和顺、关仁甫率百余人袭取河口，清军防营一队全体士兵四百人反正，合并起来约五百人，向城里发起进攻，发动了云南河口起义。

起义军在当天凌晨4时，占领河口城，城内警兵也相继反正。清防务处督办官王玉帆率两营人据半山的炮台死守，并派人密赴老街向法国防营统领求援。法军统领答复：“此次起事，乃革命党，并非盗贼，不能如命。"革命军奋力攻山，清军有的投降，有的反戈助战。河口四座炮台都被革命军占领，得枪千余支，子弹二十万发。他们以中华国民军南军都督黄明堂名义发出安民布告，"居民悦服，远近归附者络绎不绝，数日内增加至千余人，声势大振"。革命军又分兵出击，先后占领南溪、新街等地。

孙中山在新加坡闻讯后，即电委黄兴为云南国民军总司令前往指挥。5月7日早，黄兴乘车到老街赴前敌督师，计划沿铁路督军进攻昆明。他到了河口后，见士兵疲惫不堪，又于11日返回河内，计划召集钦、廉党军二百人赴河口参加战斗。因为阻于投诚清军不听调度和黄明堂、王和顺等又指挥失灵，被迫又折回河内。

云南总督锡良见革命军声势日盛，大为恐慌。调临安道增厚、开广镇总兵白金桂督兵南下救援，并电奏清廷告急。清政府从各省调集重兵

▲ 1908年3月,孙中山在新加坡建立同盟会南洋支部,图为该部办事处。

进行围攻,法国殖民当局又禁阻起义人员和武器、粮食,从越南增援云南,使起义军陷入困境。他们坚持战斗了近一个月,终于失败。最后,黄明堂率领六百多名起义战士突围撤入越南境内,被法国当局解除武装,强行押送到新加坡遣散。

至此,孙中山在中国西南部亲自领导的六次起义都失败了。

自从1907年5月至1908年4月不到一年的时间里,孙中山接连在两广和云南三省所发动的这六次起义,并没有从根本上威胁到清政府的生存,也没有在更大的范围内扩大革命的政治影响,却使部分革命党人因革命的连续失败而产生了沮丧情绪,加深了他们对孙中山领导的怀疑和不满,这成为同盟会上层涣散和分裂的重要原因之一。不过,孙中山依然是败而不馁,一如既往,继续领导着革命派勇往直前地进行武装斗争。

四、广州新军之役

通过西南六次起义之后,孙中山等总结经验教训。他认识到过去偏重会党、战斗力不强的不当,便转而侧重于新军的策反工作,准备继续组织反清武装起义。

同盟会在广州新军中的活动,1908年时已逐步展开,同盟会员倪

映典（1885—1910年），字炳章，安徽合肥人，岳王会会员，与熊成基先后同学于安徽武备学堂和江南炮兵速成学堂，后任新军第九镇炮兵队官。1908年倪映典在安徽任炮兵管带，曾与熊成基计划在安庆运动军队起义，旋因避端方拘捕，南下广州，任新军炮兵排长。当时，广州新军中有一种演说历史故事的集会，名为"讲古仔"。倪映典就利用这一形式讲述岳飞、韩世忠、满清入关、扬州十日等史事。倪映典刻苦耐劳而又长于鼓动，"言至愤际，拍案几烂"。同时，朱执信也常只身潜入新军串联。他背后拖着一条大辫子，穿着父亲遗留下来的服装，宽袍大袖，招摇过市，无人怀疑其为革命党。他便以此为掩护，通过张醁村、姚雨平等在广东陆军中学、小学、讲武堂等处发展了不少同盟会员。到1909年春，广东新军步、炮、工、辎各营次第建立，成为一支可观的军事力量。赵声、朱执信、倪映典等决计以运动新军为第一步，在广州发动起义。

1909年5月，孙中山离开南洋赴欧洲筹募起义资金，将南洋党务委托给胡汉民，将军事策划委托给黄兴。其后，胡汉民赴港，嘱邹鲁等在广州界中策动起事。同年夏，倪映典、朱执信等在白云山能仁寺集会，举定干事员，分头运动，并于天官里寄园五号设立机关，专门联络新军弁目。由于各方面的积极努力，经过几个月的工作，广州新军加入同盟会人数已达三千余人。

10月，同盟会南方支部在香港成立，以胡汉民为支部长，倪映典为运动新军总主任。同时派姚雨平、张醁村运动广州附近的巡防营，朱执信、胡毅生运动番禺、南海、顺德一带的会党。1909年1月，倪映典到香港向南方支部报告，新军起义条件已经成熟，要求定于农历正月十五元宵节前后发难。南方支部电告远在美国的孙中山，要求筹汇两万元应急，同时电邀黄兴、谭人凤、赵声等来港主持。不久，孙中山复电，表示款可筹足，并嘱进行勿馁。黄兴、赵声等亦相继抵港。当时，孙武亦来港。孙表示，湖北已有共进会，如广东起义，湖北一定响应。此后，同盟会员、香港商人李海云捐献存款两万元，经费问题顺利解决。

正在弦满待发之际，一标三营队官罗嗣广查获士兵参加同盟会的证书，粤督袁树勋下令于2月8日将协司令部及各标、营子弹15万发暗运入城。次日，又发生了意外事件。

2月9日为农历除夕，下午5时，二标士兵吴英元等因取订刻的名

▲ 1909年3月2日，孙中山致函宫崎寅藏，告知几次起义失败及计划赴欧寻求支持诸事。

戳，与城隍庙绣文斋书店发生争执。警察出面干涉，于是发生互殴。警察逮捕士兵一人，另一人逃回报讯。新军百数十人持械入城，包围巡警一局，索回被捕士兵。当日夜，倪映典急至香港报告。黄兴、赵声、胡汉民等计议终宵，决定提前至2月15日（正月初六）起义。

次日春节，二标士兵数百人又执械入城，遇警兵即打，捣毁警局数处。袁树勋闻变，下令弹压。同日，协统张哲培等率宪兵到二标。一面召集士兵训话；一面命令队官卸去枪机，连同子弹一起运入城内。并传令各标，初二不准放假，初三阅操。同日夜，倪映典赶回广州，见到一发而不可收的局面，决定起事。2月11日（初二）晨，一标士兵得悉不准放假，全体大哗，夺门而出。后又传言宪兵攻营，纷纷闯入军械房，取械出防。下午，新军学兵营管带黄士龙在入城时被守城旗兵射伤，新军更为愤激。倪映典、谭瀛、黄洪昆等乘机鼓动士兵争往协司令部、讲武堂及各营夺取枪械子弹。倪映典并表示："此等机会，虽有钱亦买不来"，"只管放心放手做事，香港即时就有接济"。12日（初三）晨，倪映典进入炮、工、辎营，全军欢呼。8时，管带齐汝汉演说，要士兵勿受诱惑。倪映典连击三枪，齐汝汉倒地。另一队长也被倪映典击毙。其他两个队长惊惧自杀。于是，倪映典宣布起义，被推为总司令，率领起义军一千多人经沙河进攻东门。经过一年多的沉寂后，广州新军起义爆发了。

同日晨，李准、吴宗禹率防营两千余人向起义军进攻，在牛王庙一带布防。倪映典身穿蓝袍，手持红旗，驰驱往来。进至横枝冈，被吴部管带李景濂以磋商反正条件为名诱入营中。李景濂为同盟会员，倪映典

不疑有他，在出营时被乱枪击中。倪映典牺牲后，起义军勇猛前进，激战一时许，牺牲百余人。因子弹年前即已被缴，起义时每人只分得七粒，迅速打光，不得已向燕塘退却。当夜，一标步营起火。起义军以声东击西之法向吴军直扑，但被击败。

2月13日（初四），新军退守白云山一带，清军四出搜剿，起义军被俘百余人。另百余人在乡民掩护下，逃亡香港。

当新军起事时，城内宜安里等机关曾纵火响应，旋被扑灭。附城大塘、乐从各乡会党原拟同时发动，因事起仓促，新军已败，只得暂停进行。

在广州新军起义失败时，孙中山正在美国旧金山。1910年2月，他在该地华侨群众大会上发表演说，认为清政府已成"破屋漏舟"、"不可救药"，号召人们克服畏难心理，"速立志以实行革命"。① 同年3月，为了解决财政困难，他在洛杉矶（Los Angeles）曾与美人荷马里和布思举行多次会谈，制订了武装起义计划，委任布思为中国同盟会驻国外全权财务代办，通过布思向纽约财团洽商贷款三百五十万美元（此项贷款后未实现），以组织军队，训练军官，充实革命实力。

与此同时，孙中山连续发电报和长信给在香港的黄兴，提出在广东再次发动起义的计划。不久，当在香港的革命党人接读电报时，"靡不欢跃之至"。② 之后，孙中山又到了檀香山各埠发表演说，鼓吹再次起义。到5月末，孙中山离开檀香山，准备东返，就近领导国内的武装起义。在6月中旬行经日本时，曾化装秘密潜往东京，会见黄兴、赵声和各省在东京的部分革命党人，商议设立秘密机关，统一各省革命团体的行动。③ 后来，迫于日本政府不准停留，便于25日离开东京经香港前往南洋。

孙中山抵达庇能（即槟榔屿、槟城，位于马来西亚北部）之后，先后致函南洋各地革命党人，认为"机局大有可为，不可不乘时图大举"，并嘱告各地党人努力募集十万元作为经费。④ 同时，又函约黄兴、

---

① 新加坡《星洲日报》，1910年4月18、19日。
② 《黄克强先生上总理书》，1933年影印版。
③ 《致檀香山同志书》，载黄季陆编《总理全集》下册，"函札"，成都近芬书屋1944年版，第124页。
④ 邓泽如编：《中国国民党二十年史迹》，上海正中书局1948年版，第76—77页。

▲ 1909年12月25日，孙中山在纽约主持纽约同盟分会成立大会。会议选举周植生为会长。

胡汉民等到南洋来，"以商卷土重来之计划"。[①]

新军起义失败后，一些革命党人产生了悲观失望情绪，"举目前途，众有忧色"，有的忧郁成疾，有的急躁冲动，企图用暗杀方式和敌人拼个死活。孙中山于1910年11月13日，在英国海峡殖民地（今马来西亚）庇能特为召集同盟会的重要骨干和国内外的代表，举行秘密会议，鼓舞大家的斗志，部署下一次武装起义。黄兴、赵声、胡汉民及庇能、怡保、芙蓉和国内东南各省代表出席。

孙中山在会前和会议中，针对一些革命党人因西南多次起义——特别广州新军起义失败而情绪低落，对革命前途丧失信心的情况，豪迈地表示"一败何足馁"，他指出过去屡遭失败，"几为举世所弃，比之今日，其困难实百倍"，而当前"革命之风潮已盛，华侨之思想已开，从

[①] 《建国方略》，《孙中山选集》上卷，人民出版社1956年版，第181页。

今而后只虑吾人之无计划、无勇气耳！"他激励大家"鼓其勇气，乘此良机，重谋大举"，并表示："如果众志不衰，则财用一层，吾当力任设法。"① 强调只要做"充分的筹备"，革命一定会胜利的。会议经过充分的讨论，打消了一些革命党人的顾虑，统一了思想之后，决定仍从海外华侨中募集巨款，集中全党人力，在广州发动一次更大规模的起义。

会后，孙中山以通信方式运动各地同盟会组织及个人募捐经费，派赵声往香港联络广州新军，黄兴、胡汉民、邓泽如等分赴南洋各埠募款，还派人到各资本主义国家中购买武器，积极进行起义的准备工作。

同月中旬，孙中山又召集了槟榔屿的同盟会员和爱国侨胞开会，动员大家为革命捐款。他在会上发表演说，坚决表示要"尽倾吾党人材、物力以赴之"，"无论如何险阻，破釜沉舟，成败利钝，实在此一举"。号召大家"踊跃输将"，以尽"救国之责任"。② 即席认捐了八千余元。

不料，会后有人将他的演说内容向南洋英国殖民当局告密，英殖民当局便以"妨碍地方治安"为名，勒令孙中山出境。

自萍、浏、醴之役以来，孙中山不但在国内无法立足，在国外也没有安身之处。不仅槟榔屿各处禁止他停留，其他各地帝国主义或殖民当局也都禁止他入境，凡是邻近中国的地方，如日本、越南、南洋等地均不许他居留，正像孙中山自己所说的那样："东亚大陆之广，南洋岛屿之多，竟无一寸为予立足之地。"③ 迫不得已，孙中山只好委托黄兴去香港成立机关，主持广州起义的筹备工作；而他本人则于12月6日离开庇能，再度远涉重洋，前往美洲。

1911年春天，孙中山不辞劳苦地奔走于美国纽约、旧金山和加拿大的温哥华等地，向华侨宣传革命，积极募集款项。仅是这年3月份，在加拿大各埠就筹集了军饷达港币七万多元，占募捐总数的一半，居各地华侨为广州起义捐款的第一位。

---

① 《建国方略》，《孙中山选集》上卷，人民出版社1956年版，第180页。
② 杨权翔自述：《纪总理庚戌在槟城关于筹划广州举义之演说》，《建国月刊》第三卷第一期。
③ 《建国方略》，《孙中山选集》上卷，人民出版社1956年版，第181页。

第八节　可歌可泣的广州"三二九"起义

一、起义的准备工作

同盟会领导的历次武装起义中,最重要、影响最大的,无疑是1911年4月27日(农历三月二十九日)的广州起义,也就是通常所说的"黄花岗起义",或称"三二九之役"。孙中山说过:"是役也,集各省革命党之精英,与彼虏为最后之一搏。事虽不成,而黄花岗七十二烈士轰轰烈烈之概已震动全球,而国内革命之时势实以之造成矣。"①

这次起义,某种程度上可以说是1910年广州新军起义的继续。

在广州新军起义失败后的一年里,客观政治局势发展得很快。国内各种社会矛盾正在迅速激化,革命时机日趋成熟。但当时许多革命者对这一点的认识却十分不足。由于多次起义的失败,特别是广州新军起义的失败,他们沉浸在一片悲观失望之中。谭人凤说:"时在东同志概灰心,党事已无人过问。宋钝初亦拟避人避世,遁迹烟霞",②可是,孙中山却遇挫弥坚,毫不灰心。他号召人们克服危难心理,"速立志以实行革命"。他在1910年10月16日的信中,敏锐地指出了客观形势中有利因素的增长,提出再接再厉、重新组织起义的任务。他说:"乃者时机日逼,外而高丽既灭,满洲亦分,中国命运系于一线;内而有钉门牌、收梁税,民心大变,时有反抗。吾等新军之运动,已普及于云南、广西、三江、两湖,时机已算成熟。"③应该说,孙中山这种判断是正确的,也是难能可贵的。

11月13日,孙中山到了槟榔屿,约集黄兴、赵声、胡汉民等举行会

---

① 孙中山:《建国方略》,《孙中山选集》,人民出版社1981年版,第207页。
② 谭人凤:《石叟牌词叙录》,《近代史资料》,1956年第3期。
③ 孙中山:《致檀香山同盟会员函》,《孙中山全集》第一卷,中华书局1981年版,第486页。

▲ 1910年11月13日，孙中山在马来亚槟榔屿召集同盟会负责人会议，决定再次在广州发动起义。图为会议会址。

议，商量卷土重来的计划。当时不少人因起义失败，心情沮丧。加上新军亡命南来的很多，招待安插已弄得焦头烂额，进一步行动的费用又难以为继。这些严重的困扰更使他们堕于灰心丧气之中。孙中山却仍然从容镇定，满怀信心。如上节中所述，他热情地鼓励着大家，从而促使他的信念强烈地感染和鼓舞了大家。黄兴、赵声等都积极支持孙中山的主张。

再度发难的地点选择在哪里？这次会议前曾经过反复的斟酌，最后确定在广州，主要的着眼点仍是认为革命党人在广州新军中有着较好的基础。尽管广州新军起义失败后第一标和炮、工、辎等营都被解散，但赵声担任过标统的新军第二标以及第三标的一营并没有牵及，力量依然保持着，巡防队中也有一些革命党人。因此，在他们看来，在广州发难所能依靠的力量要比其他地区更为雄厚。

这年3月14日，孙中山曾从美国洛杉矶致电黄兴，28日又从檀香山给黄兴写了一封长信，提议在广东再次发动武装起义。5月13日。黄兴复信中就明确提出，起义地点仍应定在广州。他说：

弟与伯先意，以为广东必可由省城下手，且必能由军队下手。此次新军之败，解散者虽有一标及炮（二营）、工、辎四营之多，然二标及三标之一营皆未变动。现虽有议移高州之说，恐一时尚不能实行。而巡防队兵卒之表同情于此次反正者甚众。

故图广东之事，不必于边远，而可于省会。边远虽起乃败（以我不能交通而彼得交通故），省会一得必成。事大相悬，不可不择（此次新军之败，乃在例外）。

省城一得，兵众械足，无事不可为。①

9月4日，孙中山致书布思，催促他加快筹款，要求先支付五万美元，并且说："我党在广州新军中的地位已有所恢复，且在极短期内将较前增强。清廷所有其他军队的态度亦相同，皆急切期待发起总行动的信号。"第二天，他又致函荷马里："我确信，起事一开始即可先攻取广州。因为，自城内发起突击可以随时占领该城，此即能避免为准备起事后从城外进攻所引起的种种麻烦。夺取广州后，我们至少可获得十万支新式步枪、充足的弹药、数百门新式大炮以及兵工厂。此外，还可获得大量现款和物资补给。大多数领导人皆主张一开始即攻取广州，而极不愿意采其他行动。我亦认为此城自始即为我们进攻的主要目标，而且先攻此城比之后来攻取将远为容易。"

到11月13日的槟榔屿会议上，把在广州组织发动这个打算正式确定了下来。会上还决定：起义仍以新军为主要力量，另择革命党人五百名作为先锋。计划在占领广州后，由黄兴率一军出湖南以趋湖北，赵声率一军出江西以趋南京，长江流域各省乘此举兵响应，会师北伐。

1911年1月18日，黄兴抵达香港，受孙中山的委托主持这次起义的筹备工作。月底，成立了作为起义领导机构的统筹部，以黄兴为部长，赵声为副部长。下分八课：（一）调度课，负责运动新旧军队，由姚雨平任课长；（二）交通课，负责联络江、浙、皖、鄂、湘、桂、闽、滇各路，赵声兼课长；（三）储备课，负责购运军械，胡毅生为课长；（四）编制课，负责草定规则，陈炯明为课长；（五）秘书课，负责文件，胡汉民为课长；（六）出纳课，负责出纳财政，李海云为课长；（七）调查课，负责侦察敌情，罗炽扬为课长；（八）总务课，负责其他杂务，洪承点为课长。

---

① 黄兴：《复孙中山书》，《黄兴集》，中华书局1981年版，第17—18页。

于是，广州起义的具体准备工作紧锣密鼓般地进行着。

关于筹款工作进行的情况是：

槟榔屿会议前夕，孙中山就从槟榔屿分别致函布思、荷马里，委托他们在美国募款。会议结束后，黄兴更亲自奔走新加坡、暹罗、芙蓉、吉隆坡、怡保、霹雳、金宝等地，到处演说，进行筹款活动。胡汉民、邓泽如、姚雨平、谢良牧等也都分头从事筹款。美洲方面，则由陈耀垣、冯自由、黄芸苏等负责。

当时，筹款的工作相当艰难。邓泽如到马六甲向巨商谭佑初运动，"语革命事，极赞成。语筹饷，则以近状窘，不肯应。其他巨商多同"。在马六甲这样一个大埠只募得333元。黄兴因筹款所得与槟榔屿会议的要求相差太远，十分焦急，说："现在事势已迫。如英属不能筹足预定之额，则全局瓦解。""言毕泪下。"①

▲ 槟榔屿会议后，孙中山发往各地的筹款通知。　　▲ 南洋华侨郑螺生、李源水、李孝章捐款支持广州起义的收据。

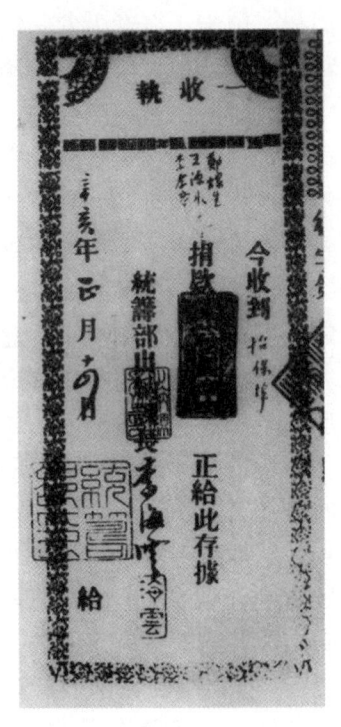

---

① 邹鲁：《广州三月二十九革命史》，上海民智书局1926年版，第9—10页。

后经多方奔走，才募得157213元，其中美洲77000元，英属南洋47663元，荷属南洋32550元。革命党人一无所有，单凭口舌向各方面动以大义，募集如此巨款，其艰难可想而知。

关于起义力量的准备问题，黄兴在起义失败后所写的报告中有一段很扼要的叙述："发动计策，原以军界为主要。从前运动在新军，此次调度处之设，则兼及巡防营、警察。但警察无战斗力，巡防营自正月举办清乡，驻省不常，故仍倚新军为主。新军有枪无弹，所有仅备操时数响之用。则必先有死士数百发难于城内，破坏满清在省之重要行政机关，占领其军械，开城门以延新军人，然后可为完全占领省会之计。"①

新军自1910年春节起义失败后，伤亡很多。但第二标因事先枪机全部被卸，没有参加这次起义，力量得以保存下来。这次计划既以新军为骨干，联络工作分三期进行：第一期，检核旧有同盟会员和各人情况，分别授予任务；第二期，调查官员中确有新思想和性质良好的，吸收他们加入同盟会；第三期对目兵中性质较好的，也吸收他们加入同盟

▲ 黄兴在起义前写给同志的绝笔书。

---

① 黄兴：《与胡汉民致谭德栋等书》，《黄兴集》，中华书局1981年版，第45页。

会，并且选出其中热心勇敢的为主动员，每队至少二十人。这项工作由统筹部调度课课长姚雨平负责。"时军纪甚严，官长兵士非例假及差遣不能外出。故联络接洽以星期日为最多。往往一日中一机关接洽者多至百数十人，势不能全引至机关中，故大队接洽之惟一地点为各茶楼与城隍庙。其有较重要之人须引入机关者，亦必先易外衣，以避耳目。入党手续，原只签盟单。此次联络军队，另每人给一元，令其影相存部，以坚其心。并云统将盟单相片寄存港中总部，实则恐防泄漏，随收随焚。"①

作为配合力量的，有巡防营、警察、民军等。巡防营的发动，也由姚雨平负责。"其运动方法：（一）选干练人员运动其毕业于讲武堂者；（二）运动其乡里族戚，促其倾心；（三）运动其失意将弁，动以利害。"其中尤以吴宗禹所统三营为重点。姚雨平曾亲自同该部哨官温带雄、陈辅臣、范秀山、范锦垄、哨长罗灿等商议举义。警察方面发动的重点是巡警教练所，因为该所有学生二百多人，集中一处，枪支也较多，可在发难时作为策应。民军方面，则由朱执信、胡毅生负责，联络对象有番禺的李福林等、南海的陆领等、三水的陆兰清等、顺德的谭义等。准备和省城同时发难，从四郊进攻广州，作为响应。

和以前几次不同的地方是：考虑到以往历次起义中，临时联络的军队、会党等常常不能听从指挥，所以这次又精选了一批能由起义领导机关直接掌握的骨干队伍，作为发难的先锋，称为"选锋"。人数最初定为五百人，后来又增加到八百人。其中包括：黄兴所部闽籍、川籍留学生，如林文（时塽）、方声洞、林觉民、喻培伦（云纪）、熊克武等；赵声所部皖籍党人，如宋玉琳等。起义前夕，这些选锋绝大多数已到香港、广州。他们的任务是要首先发难，打乱清朝在广州的指挥机构，夺取军械库，打开城门，引入驻在城外的新军，一举占领广州。这是整个计划中的一部分，并不是想单靠这支人数不多的小队伍的突然袭击来取得成功。

至于购买并运送枪械工作，他们事先估计"以有800人之选锋，则最少要有枪械600"，所以，在日本购买枪械628支，在越南西贡购买一百六十余支，在香港购买三十余支，姚雨平等还自己购买了一些。为了购买和运送枪械子弹，共用去65984元。

这些枪械子弹先从各地运至香港。然后，分别藏在头发包、米包、

---

① 邹鲁：《广州三月二十九革命史》，上海民智书局1926年版，第28页。

外国颜料罐头、嫁娶礼物等中，大量地秘密运入广州。在广州城内设立的作储存枪械子弹等用的秘密机关，据邹鲁《广州三月二十九革命史》一书的不完全记载，不下38处（临时寄居借用处还不在内）。

还有，对广州以外其他地区的联络工作，1910年5月13日黄兴复孙中山信中说："联络他省之军队及会党，此最宜注意者。"并且还提到了东北、浙江、湖北、湖南、云南等地。

对湖北的新军，他更给予很大的重视。这以前，谭人凤、赵声、林文、宋教仁、邹永成、刘承烈等曾经酝酿过成立中部同盟会的问题，后来因为"苦无款进行"而告停顿。1911年1月间，黄兴、赵声从香港函招谭人凤和林文去港。谭人凤"以两湖当冲要，非先示机宜不可，黄、赵韪之，乃于次日带2000金还"。黄兴还嘱以"湖北方面，居正可负责任"。并托他和刘承烈带信给居正说："吾党举事，须先取得海岸交通线，以供输入武器之便。现钦、廉虽失败，而广州大有可为，不久发动。望兄在武汉主持，结合新军，速起响应。"① 谭人凤到湖北后，给了居正活动经费600元，又给了孙武活动经费200元。接着，谭、刘两人又到湖南。当时焦达峰不在长沙。刘承烈的弟弟刘文锦在第二年回忆道："去岁二月间，家兄承烈随谭人凤君来湘，召集同志在路边井日本旅馆开会。""谭人凤君报告，黄先生将于三月间在广东起事，湖南当力谋响应。时文锦任马队排长，军界运动由文锦担任。绅学界运动由文君斐、曾君杰等担任。"②

此外，他们还派了郑赞臣在上海设立办事机关，与江苏、浙江、安徽的革命党人联系；派方君瑛等前往桂林，与广西新军军官中的革命党人方声涛、耿毅、何遂、赵正平、刘建藩等商议响应，以便连成一气。

可见，黄兴等在这次起义前对各方面的具体准备工作是考虑得比较周到，做得比较认真的，与以往历次起义相比有了很大的进步。

二、"碧血横飞，浩气四塞"

1911年4月8日（农历三月初十），各项准备接近就绪。在黄兴主

---

① 黄兴：《致居正书》，《黄兴集》，中华书局1981年版，第34页。
② 《长沙日报》，1912年11月14日，转引自毛注青：《黄兴年谱》，湖南人民出版社1980年版，第114页。

持下，召开了统筹部的发难会议，决定十路进攻计划。确定由赵声为总司令，黄兴为副司令，这是因为赵声曾任新军标统，有着更丰富的军事学识和指挥经验。据曹亚伯记载：

辛亥三月十日开发难会议于总机关部，列席者数十人，议决十路进攻。计划于下：一、黄兴率南洋及闽省同志百人攻总督署。二、赵声率苏皖同志百人攻水师行台。三、徐维扬、莫纪彭率北江同志百人攻督练公所。四、陈炯明、胡毅生率民军及东江同志百余人防截旗满界及占领归德、大北两城楼。五、黄侠毅、梁起率东莞同志百人攻警察署、广中协署，兼守大南门。六、姚雨平率所部百人占领飞来庙，攻小北门，延新军入。七、李文甫率五十人攻旗界石马槽军械局。八、张六村率五十人占龙王庙。九、洪承点率五十人破西槐二巷炮营。十、罗仲霍率五十人破坏电信局。此外，加设放火委员，入旗界租界九处，以备临时放火，扰其军心。其总司令则为赵声，副之者黄兴。①

发难日期原定在4月13日，但后来发生了两个情况：一个是美洲和荷属的大宗款项尚未到齐，从日本、越南购运的军械也大部分没有及时送达；另一个是8日突然发生了同盟会会员温生才自发地刺杀广州将军孚琦的事件，使清方严密设防。因此，几经周折，一再改期，原来的部署被打乱，参加起义的人数大减，使预定的作战计划无法付诸实施，被迫不得不放弃原定的进兵计划，又将发动起义的计划推迟到26日。

同盟会吸取了上一年广州新军起义时临事无人在现场指挥的教训，而赵声在广州认识的人又很多，不便过早露面，于是决定由黄兴在4月23日先进入广州。是日清晨，黄兴致书梅培臣等："事冗，无暇通候，罪过罪过！本日驰赴阵地，誓身先士卒，努力杀贼。书此以当绝笔。"当晚，黄兴到达广州，在越华街小东营五号设立起义总指挥部。

黄兴到达广州后，将起义时间改定为4月27日（农历三月二十九日）。确定这个日期的原因是："预计日本、安南之械此日方能运到分配，不能不展缓一日。其次则各路选锋齐集广州，若过迟延，非特四月初有

---

① 曹亚伯：《武昌革命真史》前编，中华书局1927年版，第295页。

新军二标退伍之讯，即机关秘密亦恐难保；经费支持，亦恐不继。此间既不能速、又不能迟之间，消息至微，所以决定三月二十九日也。"①

黄兴一到，广州起义机关中的空气顿时更加紧张起来。大家都明白，起义即将在这几天之内进行。这时，党人对起义的胜利还抱着热切的期望，心情十分兴奋，行动也更加缜密。原希望这一次能一举成功。但就在这时，整个环境却突然出人意料地恶化了。

4月25、26日，像晴天霹雳一样，从新军驻地突然传来消息：清方下令将新军的枪机全部缴去。军中本来就有枪少弹，现在连枪机也没有了，枪支成了废铁。同时，天字码头等处连续驶来的长头蓝布篷船中，都载着陆续调来省城的陆路提督秦炳直所部清兵。传来的消息越来越坏。很明显，起义的打算已被泄露，敌人已经作了严密的戒备。

这时，起义领导机关陷于进退两难的困境。起义的一切准备本已如箭在弦上，难以住手。现在，敌人显然有备，已经张开罗网，等候革命党人投入。原定的计划一下子全被打乱了。不少人认为：如果冒昧发动，无异自投罗网，已难取得预期的胜利。而这一切，又都来得那样突然。

当时坐镇城中、肩负指挥重任的黄兴已十分彷徨，而局势却还在继续恶化。"其后，城中站岗警察亦俱佩戴武装而大索城内住户。'党人已遍布城中'等等流言，几于尽人皆知。一两日来之风云，转瞬剧变。凄惨气象，已垂罩四城。到此确认吾党中必有侦探，已将事情告清吏矣。改期之说，已在一般同志考虑中。"② 接着，始平书院、三眼井等储存手枪、炸药等的重要据点相继遭到清方军警的袭击和破坏。有一次老喻（培伦）搬炸药入屋，李应生之弟闻警察自相语云："此物想又是那东西。"陈炯明、胡毅生、朱执信以及赵声的代表宋玉琳等也都主张缓期再举。

正是在这种极端危急的情况下，黄兴被迫在4月26日晨决定改期再举，"令各部即速解散，以免搜捕之祸"。随即致电香港总部："省城疫发，儿女勿回家。"暗示速即停止将在香港集合待命的大批党人继续派来广州。当天，城中数十秘密机关陆续收束，已经到达广州的选锋也开始分批撤回香港。

但是，黄兴的内心是异常矛盾、异常痛苦的。为了准备这次起义，

---

① 曹亚伯：《武昌革命真史》前编，中华书局1927年版，第302页。
② 陈春生：《广州三月二十九发难决定之经过》，载《革命之倡导与发展》中《中国同盟会（四）》，第144页。

动员人这样多，牵涉面这样广，大量军械弹药都已运入城内。所谓改期，其实何异取消？原先一切努力，至此全部付诸东流。特别是，在黄兴看来，以往起义的多次失败已使革命党人在海外募款的信用日益不佳。这次起义前后用款达十数万元。如果一无成效就自行解散，以后还有何面目去对这些资助革命的海外华侨？"人将疑其诳骗，是绝后来筹款之路也。"

因此，在势成骑虎的情况下，他决心拼个人的一死，来酬答一切。当改期的决定一作，他就对人说："我既入五羊城，不能再出去。余人可迈步出五羊城，惟我克强一人必死于此矣。"但是，抱有这种思想的不是黄兴一人。如林文（时塽）虽明知事机败露，难望有成，但看到黄兴的决心后，也表示："大举不成，尽可做一场大暗杀。克强既决志，吾人拢在一起同拼命耳。"喻培伦（云纪）也表示："非干不可，彼一人亦干。"参加选锋的人中，不少人远历重洋，潜返内地，本来就抱着必死的决心，不作生还的打算，这时也极力赞成。加上又传来消息：清方调来广州的巡防营中，也潜有党人，准备响应。于是，当天晚间，黄兴决心率领留剩在广州的一部分选锋孤注一掷，仍按原计划进攻两广总督衙门，并分兵一部分准备攻占大北门，接应驻扎在城外的新军入城。这时，"诸同志热度可沸，认定此处为大暗杀，非复为军事布置，人数多寡不必计算，临时能拾回多少便算一回事耳"。①

4月27日（农历三月二十九日）傍晚5时许，黄兴率领一百二十余名"选锋"（即敢死队）举事，全力攻两广总督署，广州起义（即黄花岗之役）爆发。

当时，黄兴一面电港促党人进省，一面因留在广州的人数已大减，只得将原定十路进攻的计划改为四路：黄兴攻两广总督署；姚雨平攻小北门，占飞来庙，迎新军与防营入城；陈炯明攻巡警教练所；胡毅生以二十余人守大南门。但香港总部得电，已来不及在举义前率众赶到；姚雨平、陈炯明、胡毅生三路又都没有动。结果，只剩下了黄兴一路孤军奋战。

黄兴担任进攻督署，所部主要是四川、福建、广东花县和华侨党人。是日发难时队员以白布缠臂为标志，足着黑面树胶鞋，以吹螺角为号。下午4时多，黄兴集众动员，随即发给每人大饼一个，毛巾一方和

---

① 陈春生：《广州三月二十九发难决定之经过》，载《革命之倡导与发展》中《中国同盟会（四）》，第146—147页。

枪械炸弹，装束起来。朱执信本来有其他任务，正好来到，就剪去长衫下半截参加。谭人凤从香港到广州，见到黄兴装束已定，正在分发子弹。他立刻告诉黄兴：香港党人来不及赶到，要求他缓期发动。黄兴顿足说："老先生毋乱军心。我不击人，人将击我矣！"谭人凤记述当时情形说："余乃整装向克强索枪。克强忽平心静气曰：'先生年老，后事尚需人办。此是决死队，愿毋往。'余曰：'群等敢死，余独怕死耶？'克强知余志不易夺，乃以两枪与之。误触机子，发一响。克强将枪夺去，连声曰：'先生不行，先生不行！'即派人送余返竞存（陈炯明）家。余时惭愧已极，盖恐事由我败也。"

下午 5 时 30 分，黄兴率队从越华路小东营指挥部出发，直扑两广总督衙门。林文等手执螺角司号，"一时呜呜声动，风起云涌，直扑而前"。

这几乎是一场处于绝望的战斗，而遭遇的却比想象中最坏的情况还要坏。当黄兴亲率一百二十多人扑入两广总督衙门时，等待着他们的只是一座早经有备、撤退一空的房屋。"死多人以攻入督署，空洞无一人。观其情形，有如二三日前去者。报纸所云藩司、学司适在开审查会者，皆是捏词。如两司在，必有轿及仪仗各物。今一切皆无，此中非又有一最密切之侦探报告，不能有如是之灵活。"撤出衙署时，林文看见开来的巡防营，以为是预先约定前来响应的，上去招呼，反被击毙。以后又开来一支巡防营，"见其并无相应之号，且举枪相向"，方声洞急发手枪，打死的却是据说事前有联系的军官温带雄，而负责联系巡防营的姚雨平等这时却不知道跑到哪里去了。

黄兴原来把最大的希望寄托在城外的新军身上。在冲出两广督署后，他从人数已很少的队伍中还抽出徐维扬率领花县党人四十人去进攻小北门，想接引城外的新军入城。万万没有想到：新军中的革命党人根本就没有接到何时起义的通知，根本没有做响应起义的行动准备。据新军中的党人回忆："至发难围攻督署时，吾等军中同志犹未知之。及知之，而北门城墙上八旗兵已满布枪炮口，且瞄准向吾军营房矣。吾军中平时不发弹药，此时望穿秋水，又不见接济到来，以是各同志只得袖手旁观，相对疾首而已。"不少人听到起义已发动的消息时，只能"相率登高探望火势，略大为之色喜，略减为之不悦，如此数次，火竟低灭，各皆丧气，而回至平地"。"双方失了联络：选锋同志在城内望燕塘，新军同志在燕塘望城内！"这是何等可悲的状况！其他原先联络的民军等也因宣布改期后已经遣散，没有来得及再集合起来。

241

结果，就成了一百多个"选锋"在城里左冲右突，孤军奋斗。许多人临事表现得十分勇敢。"朱执信兄攻督署时，奋勇争先，迥非平日文弱之态。在二门，为后列误伤肩际，仍偕克强（黄兴）攻出大南门，遇敌相失，幸遇其门生家入，易服走出。"黄兴冲出督署时，右手两个手指被敌人击断，仍领着队伍奋勇杀敌，且战且走，后在激战中同大队走失，回顾已不见一人，才避入一家小店，换了衣服，避至广州河南女同志徐宗汉所在的秘密机关。一臂已废的喻培伦胸前挂着满满的一筐炸弹，奋勇地向清军投去，敌人见之，无不丧胆。"其他队尚有五六十人成一队，熊克武、但懋辛、喻培伦、林尹民、林觉民等均在焉。比拟攻督练公所，未觅得其处，转攻观音山，三次扑上，终以人数太少而退。由是三五分离，彻夜巷战，或饮弹，或被擒，存者遂寥寥无几。"

香港总部接到黄兴仍决定发动的来电后，立刻由赵声、胡汉民率领在港党人二百余人乘夜轮赶去。4月28日早晨到达广州，分头上岸，才知道起义已在上一夜失败，广州的城门也已紧闭，无法再入城内，只得分别折回。赵声迷路，摸到河南的秘密机关，同黄兴相见。

这次起义失败时被捕的党人，已知的有31人。其中有林觉民、喻培伦、宋玉琳、陈可钧、李文甫等。他们在敌人审讯时，都表现得十分英勇，不屈就义。现仅以林觉民烈士为例：

林觉民，字意洞，福建闽县人。1900年入高等学堂，后曾在家乡与人开设小学和阅报所。1906年去日本自费留学。第二年，入庆应大学，专攻文科，并熟练地掌握了英、德两国语言。1911年接到黄兴、赵声等准备在广州发难的信后，离日赴港。4月23日晚，与林文、陈可钧等入广州。25日，他对同行的同志推心置腹地说："此举若败，死者必多，定能感动同胞。今日同胞非不知革命为救国惟一之手段，不可一日缓，特畏首畏尾，未能断绝家庭情爱耳。今试以余论，家非有龙钟老父庶母幼弟少妇稚儿者耶？顾肯从容就死，心之摧割，肠之寸断，木石有知，亦当为我坠泪，况人耶？推之诸君，家族情况莫不类此，甚且身死而父母兄弟妻子不免冻馁者亦有之。故谓吾辈死而同胞尚不醒者，吾决不信也。嗟呼，使吾同胞一旦尽奋而起，克复神州，重兴祖国，则吾辈虽死之日，犹生之年也。宁有憾哉？"赴义前，他又给妻子陈意映写了一封足垂千古的绝笔书：

意映卿卿如晤：吾今以此书与汝永别矣。吾作此书时，尚是世中一人。汝看此书时,吾已成为阴间一鬼。吾作此书,泪珠和笔墨齐下,不能竟书而欲搁笔,又恐汝不察吾衷,谓吾忍舍汝而死,谓吾不知汝之不欲吾死也,故遂忍悲为汝言之。吾至爱汝。即此爱汝一念,使吾勇于就死也。吾自遇汝以来,常愿天下有情人都成眷属,然遍地腥云,满街狼犬,称心快意,几家能彀?……吾诚愿与汝相守以死,第以今日事势观之,天灾可以死,盗贼可以死,瓜分之日可以死,奸官污吏虐民可以死。吾辈处今日之中国,国中无地无时不可以死。……今日吾与汝幸双健,天下人不当死而死与不愿离而离者,不可数计,钟情如我辈者,能忍之乎?此吾所以敢率性就死不顾汝也。……汝幸而偶我,又何不幸而生今日之中国!吾幸而得汝,又何不幸而生今日之中国!卒不忍独善其身。嗟夫!巾短情长,所未尽者,尚有万千,汝可以模拟得之。

这些和血和泪写成的文字中所表达的爱国的热忱、高尚的情操、革命豪迈决心,直到几十年后,依然能那样强烈地扣动着每个读者的心弦,给后人以深刻的教育和有力的鼓舞。

被捕后,林觉民的表现也异常英勇坚定。张鸣岐、李准等审讯他时,他侃侃而谈,"在堂上演说,至时局悲观处捶胸顿足,劝清吏洗心革面,献身为国,革除暴政,建立共和,能使将来国家安强,汉族巩结,则吾死瞑目矣"。最后,从容就义,年仅24岁。[①]

这是何等的英雄气概!而当时像这样的又何止林觉民一人。像林文、方声洞、喻培伦、陈可均等殉难的情节虽各有不同,但他们所表现的崇高的爱国思想和革命精神是相同的。在这次起义中,先后牺牲的共86人。这是孙中山所领导的第十次武装起义。

事后,收殓在战斗中牺牲和慷慨就义的72具尸体,由革命党人潘达微营葬在广州城外东北郊白云山麓的红花岗(潘改名为黄花岗),这就是中国近代史上著名的"黄花岗七十二烈士"。

这次起义集中了同盟会的精英,付出了惨重代价,虽告失败但其英勇事迹却极大地激励了中国人民,震动全国,影响很大。

孙中山在美国芝加哥得悉起义失败的不幸消息后,积极评价了这次

[①] 郑烈:《林觉民传》,《广州三月二十九革命史》,上海民智书局1926年版,第125—130页。

▲ 1938年8月，宋庆龄在广州向黄花岗七十二烈士墓敬献花圈。

起义，认为它使"革命之声望从此愈振，而人心更奋发矣"。①后来，他还作过进一步的评价，指出："是役也，碧血横飞，浩气四塞，草木为之含悲，风云因而变色，全国久蛰之人心，乃大兴奋，怨愤所积，如怒涛排壑不可遏抑，不半载而武昌之大革命以成。则斯役之价值，直可惊天地泣鬼神，与武昌革命之役并寿。"②又说："是役也，集各省革命党之精华，与彼虏为最后之一搏。事虽不成，而黄花岗七十二烈士轰轰烈烈之概已震动全球，而国内革命之时势实以之造成矣。"③由此可见，黄花岗之役和革命形势的高涨以及辛亥革命的爆发有着密切的关系。

自然，当时的革命者不是没有弱点的：他们还没有实行同工农的结合，因而力量是薄弱的；在起义的准备和组织中，也有许多不严密和不周全的地方。但是，当中华民族的生死存亡处在千钧一发时，尽管革命的力量一时还很小，他们却毅然决然、义无反顾地投入到了起义的准备和发动中。在起义前，相当认真地考虑了事情的各个方面，做了他们自以为能做的一切。而当起义即将发动、局势突然发生事先完全没有预料到的急遽恶化时，尽管起义的胜利已难以实现，他们仍然以大无畏的必死的决心进行发难，用自己的鲜血来鼓舞大众继续奋斗。对这样的革命者，我们是尊敬的，是深受感动的。至于他们的弱点和错误，"这是要从历史的条件加以说明，使人理解，不可以苛求于前人的"。

这次起义经过激烈战斗后，终因敌我力量的对比过于悬殊而失败

---

① 《复谢秋函》（1911年5月7日），《国父全集》第三册，台北1973年版，第150—151页。
② 《继承先烈遗志为国奋斗》，《孙文选集》下册，广东人民出版社2006年版，第127页。
③ 《建国方略》，《孙中山选集》上卷，人民出版社1963年版，第181页。

▲ 在黄花岗起义中被捕的部分革命党人。

了。但是烈士们所表现的崇高思想和英雄事迹迅速传遍全国。他们中不少人是留日学生，为了拯救祖国，不惜牺牲自己的一切，从容赴难，更对人们起了巨大的激励作用。

在同盟会和孙中山的影响下，其他革命党人在安徽、浙江、四川各地也先后发动了武装起义。主要的有：1907年7月，同盟会会员（兼为光复会会员）秋瑾、光复会会员徐锡麟在安徽举行的安庆起义；同年11月间，同盟会会员余英、熊克武等在四川泸州、成都、叙府发动的起义；1908年11月19日，光复会会员、新军队官熊成基在安徽安庆城郊率马、炮两营士兵千余人举行的起义。他们或者遭到了失败，或者未待发动即夭折，均未能成功。

孙中山直接或间接领导的这些武装起义虽然先后都归于失败，但革命烈士的鲜血终究没有白流，每次起义都在政治上、精神上给清朝政府以沉重打击，并使革命党的政治影响不断扩大，动员和鼓舞了广大人民群众，激发了革命热情，对全国范围内不断高涨的革命形势起了很大的促进作用。全国的人心从聪明俊达的青年学子赴汤蹈火的英勇行动中，无不感到震惊和兴奋，渴望着再举革命的早日来临，从而为武昌起义的

爆发和清朝统治的覆灭准备了条件。

革命必须团结各方面的力量，尤其要依靠广大工农群众的力量，否则必然会招致失败。孙中山所组织和领导的多次革命起义，都不是以发动群众为基础的。有的是利用会党力量和借助于当地人民群众自发的反抗斗争，派人前往领导，给予经济和军火的援助。如潮州、惠州、钦州、防城等各次起义。以孙中山为首的革命党人只是利用会党，把它当作单纯军事冒险的工具，很少对它进行改造，加上一部分会党的领导权掌握在地主分子手里，更没有通过它去发动群众、联系群众。有的则是组织小型敢死队，武装夺取个别战略据点。云南河口的起义，就是孙中山招集几百名革命者和会党群众进行的。黄花岗起义基本上也是这样。还有的是联系清朝政府的新军，单纯的军事暴动，与当地的群众没有联系。如黄兴等发动的广州新军起义。

时　间	名　　称	主要指挥者
1895年10月	广州起义	孙中山
1900年10月	惠州三洲田起义	郑士良
1907年5月	潮州黄冈起义	陈涌波、余既成
1907年6月	惠州七女湖起义	邓子瑜
1907年9月	钦州、廉州、防城起义	王和顺
1907年12月	镇南关起义	黄明堂
1908年3月	钦州、廉州、上思起义	黄　兴
1908年4月	河口起义	黄明堂、王和顺
1910年2月	广州新军起义	倪映典
1911年4月	广州三二九起义	黄　兴

▲ 孙中山发动和领导的十次武装反清起义简表。

总之，尽管发动这些起义的类型不一样，却有一个共同的特点，就是没有广泛发动和组织广大群众。孙中山等既没有建立起一支强大的、群众基础雄厚的革命军，也不知道军事斗争要和群众斗争并进的道理，不懂得去发动民主革命的主力军——农民，只是进行单纯的军事冒险。也正因为这样，起义的规模不大，群众基础不广，所以一经敌人调集兵力反扑，就形成众寡悬殊的不利形势，常常使自己处于孤军奋战的境地，结果都因寡不敌众而相继遭到失败。这不能不说是一个深刻的教训。

第三章

中国第一个总统（1911—1912）

第一节 辛亥革命

一、四川保路运动

孙中山领导的武装起义虽然连续遭到失败，但是在孙中山领导各次武装起义的同时，各地劳动群众由于不堪清朝政府的剥削和压迫，自发地进行反抗斗争和农民起义，此起彼伏，革命形势继续高涨。

1907年至1910年这一时期，长江中下游的湖南、湖北、江西、安徽和江苏等省的许多州县，先后发生饥民暴动。据不完全统计，大小共九十多起，影响较大的是1910年长沙的"抢米"风潮。湖南在前一年曾遭到水涝干旱，粮食歉收。但官绅富商以及外国洋行却乘机囤积居奇，哄抬粮价，以致米价由往年每升二十文左右飞涨到八十多文。这种被内外反动派扩大了的饥荒威胁，使得长沙市城郊的劳动人民以及外地流入的灾民，无法继续生活下去。4月初，成千上万饥民聚集起来，把全市一百多家米店的粮食通通抢光，放火烧毁了清朝巡抚衙门、帝国主义的教堂和洋行等。长沙以外的许多州县也相继发生抢米风潮。这一行动震动了全国。

1909年至1910年，全国各省普遍发生了反抗捐税的群众运动，"官逼民反""绅逼民变"的情况到处皆是，其中以1910年山东莱阳的抗捐斗争规模最大。五六万起义群众在联庄会首领、塾师曲诗文的领导下，组织武装，四处捉拿一贯横行乡里、强征暴敛的土豪劣绅。这个反抗的怒火，很快就延烧到附近的几个县。

当时，革命党人虽然没有自觉地去领导这些群众反抗斗争，但这种遍及全国城乡各地的人民反抗斗争，与孙中山领导的武装起义在客观上相互配合，彼此呼应，斗争烈火，燃烧不息，形成了迅猛发展的革命形

▲ 1911年8月清政府派端方为铁路大臣到四川查办保路风潮，端方奏调湖北部分新军入川，致使湖北地区清军兵力减弱。图为端方及其幕僚合影。

势，把清朝皇帝的宝座推向火山口上。

武装起义不仅动摇了清朝政府的反动统治，也极大地鼓舞了人民群众。许多工人、农民和知识分子，在历次起义斗争中英勇奋战和敢于牺牲的精神，博得了人民的敬仰和信赖，进一步激发了人民群众的革命情绪。当时陕西民间盛传这样的歌谣："不用掐，不用算，宣统不过二年半。今年猪吃羊，① 明年种田不纳粮。"这说明人民要求推翻封建剥削制度的愿望，和对革命的胜利抱着无限的信心。可以看出，一个全国性规模的革命风暴已经到来了。

在20世纪初年以后，为了对付日益高涨的革命洪流，清政府使用了反革命的两种手段：一面极力加强专制统治，增练新军，更加残暴地镇压人民；一面导演"预备立宪"丑剧，欺骗人民，抵制革命。但这种假立宪骗不了人民群众，却使资产阶级改良派欢欣若狂。以江苏大资

---

① 1911年（清宣统三年）是旧历辛亥年。按旧说，亥属猪。羊是洋的谐音。"今年猪吃羊"，意思是辛亥年驱逐外国殖民者。

本家张謇为代表的各省资产阶级上层分子和地方官绅，相继纠合，组成"预备立宪公会"等社团，一再向清政府请愿，要求早日赐予宪政。远在海外的康有为、梁启超等更喜出望外，把保皇会改称为国民宪政会，同国内的立宪社团一唱一合。他们反对革命，主张君主立宪，因此被人们称为立宪派。尽管立宪派再三发起请愿活动，叩头乞求开国会，成立责任内阁，但清政府却不肯交出丝毫的权力。1911年5月，清王朝组成了"皇族内阁"，将所有军政大权集中在皇室和贵族手中，所谓"立宪"完全是骗局。立宪派这才发现自己受骗和被愚弄，因而对清政府也产生了愤懑的情绪。

当中国社会内部的各种矛盾已经积累到一触即发的地步，只要有一个引发，大雪崩很快就会开始。四川保路运动，便成为这场大革命到来的导火线。

日暮途穷的清朝政府，越来越腐朽无耻。统治者大量出卖矿山和铁路的主权，以换取外国主子的欢心和支持。各地人民坚决反对这种卖国行为，纷纷要求收回权利。直隶省人民争回了开滦煤矿，山东省和云南省的人民也争回了本省的矿权。湖南、湖北、江苏、浙江、安徽、山西、河南和四川等省都争回和保住了一些铁路和矿山的权利。这场收回路矿运动是以反对帝国主义侵略为内容、具有相当群众规模的爱国运动。参加这个运动的社会阶层是比较广泛的。运动虽没有完全达到预期的效果，但也取得了一定程度的胜利。这大大激发了人们的爱国热情，使人们逐渐认识到：要救国，不能一味信赖政府，还要靠群众自己起来抵抗。这可以说是四川保路运动的前奏。

粤汉、川汉两条铁路，清朝政府本来已答应由政府监督、人民自办，并且从人民身上搜刮了大量的"股金"。1911年5月9日，离广州"三二九"起义只有20天，清政府悍然下令将各省已准交商办的铁路干线一律收归"国有"，企图用这一手段把全国铁路主权一股脑儿拍卖给帝国主义。这严重损害了民族资产阶级和地方士绅的利益。这一政策一宣布，就遭到湖南、湖北、广东和四川等省人民的坚决反对。资产阶级立宪派，利用人民的反帝、反封建要求，发起了保路运动，向清朝政府叩头请愿，乞求"收回成命"。

粤汉、川汉这两条铁路直接涉及的有湖北、湖南、四川、广东四省。它在广东境内的路程较短，因此，两湖和四川的反应更为强烈。后来，四川保路运动的规模和激烈程度又大大超过两湖地区，这有几个原

因：第一，当时各省铁路公司的集股中，四川的实收股额占第一位，是湖南的两倍半、湖北的近八倍。清政府将铁路收归国有后，又要将各省铁路公司已收的股金强行夺去。它在经济上给四川人民的打击远比其他任何一省更大。第二，从铁路股金的来源看，川汉铁路主要是靠"租股"，也就是在该年实收的租米中抽取百分之三，而且是强制性的。此外，如盐商、茶商等则由盐茶道劝导"认购"，其实也是摊派性的。因此，全省各界社会阶层几乎都同铁路有经济上的联系。"七千万人皆在股东之数，此种觖望之举，万心齐决，必至不可收拾，非少数人所能解譬"。① 这就使四川保路运动有着特别广泛的群众基础。第三，在宣布铁路收归国有后，最初坚持原商办铁路公司已收的股本一律不再发还，不久对广东允许发还，对湖南允许酌还，四川和湖北却不允发还，而湖北所收铁路股金额只及四川的八分之一，这就使四川民众更加感到不公和愤懑。此外，还有熊克武等多年努力，同盟会和遍布全省各县的哥老会（俗称"袍哥"）不少首领间早已建立联系。保路运动兴起后，会党分子大批参加保路同志会。同志军起义时，它的成员大多是会党分子，更加使清朝地方当局深感棘手。

与此同时，各省的广大人民突破请愿运动的形式，纷纷罢工、罢市、罢课和游行，掀起了激烈的反抗斗争。这次人民保路风潮以四川最为激烈。6月间，成都等地各阶层人民组织保路同志会，提出了"打倒卖国贼""打倒卖国机关"的口号。8月，成都举行数万人的保路大会，散发传单，号召罢市、罢课、停纳捐税以示抗议，各地人民闻风纷纷响应。9月7日，署理四川总督赵尔丰把保路同志会代表罗纶、蒲殿俊、颜楷、张澜、彭芬等人骗进督署，加以逮捕。这一无耻行为，立即激起了全城广大人民的愤怒。成都成千上万人民自发地前往督署抗议，要求释放各代表。号称"屠夫"的赵尔丰竟下令军警向手无寸铁的群众开枪，死难者有姓名可查的26人，受伤的人数就难以统计了。从城郊赶来支援的农民也有数十人被杀。整个成都陷入白色恐怖之中。

但是，在赵尔丰的疯狂镇压下，人民并没有屈服，斗争反而扩大了。本来，四川人民的愤怒已经日趋白热化，这样的大血案一发生，人们的愤怒再也无法抑制，革命党又乘此鼓动，促使整个四川都沸腾起来，各县人民纷纷举行武装行动，形成了波澜壮阔的全省规模的起义，

---

① 秦枬：《蜀辛》，《四川辛亥革命史料》（上），四川人民出版社1982年版，第369页。

猛烈冲击清朝政府在四川的统治。同时，国内各地群众反对清朝政府的斗争也不断高涨，1910年至1911年间，人民抗捐抗税和其他斗争就有二百多起，斗争的规模更大，范围更广，中国人民和清朝政府的矛盾空前激化，"山雨欲来风满楼"，革命有一触即发之势。

成都血案发生后，同盟会会员龙鸣剑、朱国琛、曹笃等立刻抓紧时机到城南农事试验场裁成木板数百片，上写"赵尔丰先捕蒲、罗诸公，后剿四川各地，同志速起自救"① 21字。"然后将木板涂以桐油，包上油纸，投入河中。这就是人们所乐道的"水电报"。这些"水电报"顺着河流向四面八方漂去，下游的人知道了成都发难的消息，纷纷揭竿而起。②而清军巡防营出城，肆行枪杀，蹂躏不堪，更迫使城外数十里各处纷纷起来自卫。

▲1911年9月7日，四川总督赵尔丰诱捕保路同志会会长蒲殿俊。当日，成都人民纷纷涌向总督府要求放人，赵尔丰下令开枪，造成"成都血案"。图为保路同志会会长蒲殿俊。

成都血案发生的第二天起，来自成都附近各县同志军开始包围成都。先是成都城南的华阳秦载赓等部，于9月8日早晨就开抵成都东门外。与此同时，成都西南的新津侯宝斋等部，在9月8日挺进成都南郊，和清军激战于红牌楼。接着，成都西北的郫县张达三等部也随着开抵成都西门外。此外，成都东北的广汉侯桔园（留日学生，同盟会会员）、绵竹的侯国治（哥老会首领，曾参加罗泉井会议）等起义后，切

---

① 熊克武等：《蜀党史稿》，《辛亥革命史丛刊》第二辑，上海人民出版社1957年版，第169页。

② 吴玉章：《从甲午战争到辛亥革命的回忆》，《吴玉章回忆录》，人民出版社1969年版，第66—67页。

断了成都经剑阁、广元同陕西相联结的交通线。从而形成了对成都的四面包围，迅速发展到很大的规模。

9月25日，从日本归国的同盟会会员吴永珊（玉章）和王天杰在荣县宣布独立，建立第一个县级的革命政权，成为成都东南农民军的中心，这件事比武昌起义还早半个月。

四川保路运动的发生，可以说是全国性危机的产物，人们对清政府的愤慨已经到了极点，整个局势一触即发。有人在9月16日给盛宣怀的私信中说："盖近年人心思乱，多因他政所召，不过借路发端。彼乱民志固不在争路，而争路诸人当奋争时，初亦不料乌合之众遂至于不可收拾也。"离开这个大背景，单就四川保路运动本身来考察，很难说清楚它为什么会这样发展并产生如此巨大的影响。而这次运动反过来又对全国的革命形势起了巨大的推动作用。在20世纪初年的中国，最能强烈地扣动人们心弦的是中华民族的生死存亡问题。保护铁路权益，是全国人民瞩目的异常敏感的问题。清政府偏要在这个问题上一味倒行逆施，把人们逼到别无他路可走的绝境。

四川是西南政治、经济、文化的中心。四川保路运动发展到大规模武装起义的地步，对全国的震动是巨大的。它成了一个突破口，使国内本已十分紧张的政治空气陡然更加紧张起来，直接成为武昌起义的导火线。

湖北的武汉，素有"九省通衢"之称，交通便捷，是资本主义工商业和近代新式教育比较发达的地区。人们无论是对时局的了解，还是对新思想的接受，都能得风气之先。湖北的新军有第八镇和第二十一混成协，由于原湖广总督张之洞对它的重视，成了南方各省新军中最精锐的一支。

这些新军是以西法操练的，其成员的文化程度比较高，家境比较贫穷，军队中的生活又很艰苦，容易受到革命思想的影响。此外，在起义前夕，由于长江中游连年水灾和铁路收归国有的刺激，湖北社会本已处在极度的动荡不稳之中。更为重要的是，在主观方面，湖北革命党人多年来在新军中的工作做得比较切实而深入。他们进行了长期艰苦的革命宣传和组织工作，掌握军队，积蓄力量，做好起义的准备。

湖北革命党人的活动在20世纪初年便已开始，最初出现的是一些革命小团体，如科学补习所、群学社、日知会等。这些组织虽然屡遭破坏，但革命志士们仍前仆后继，奋进不已。以后又先后成立军队同盟会、群治学社、振武学社等二十多个革命组织。到武昌起义前夜，逐渐会合成文学社和共进会（它们的主要领导人几乎全是同盟会会员）两

▲ 保路风潮与清军空虚，正是发动起义的大好时机。颇有革命基础的湖北两个革命团体——文学社和共进会加紧行动，秘密决定在中秋节（10月6日）举行起义，推举蒋翊武为军事总指挥，孙武为参谋长，刘公为民政总理。图为两团体策划武昌起义的地点——武昌雄楚楼。

大革命团体。

文学社和共进会的革命目标是一致的，又都在新军中秘密地发展革命力量，宣传革命道理和进行组织活动，工作都做得很深入，新军受到革命宣传的影响很大，不少人倾向革命。他们一个一个地夺取了阵地，在一万六千多人的湖北新军中，约有三分之一的士兵和一些下级军官加入了这个革命组织。武昌起义前夜，文学社和共进会的会员就达到五千多人，加上同情者已处于优势的地位，从而为武昌起义奠定了扎实的基础。军队中同革命为敌的不过一千多人。这支反动当局用来镇压人民的武装力量，终于悄悄地变成一支准备推翻反动统治的革命力量。当然，由于客观和主观方面的种种原因，士兵群众中本来有着不同程度的潜在革命要求。但如果没有革命党人这样艰苦长期的工作，如果不是采取了这切合实际的做法，也不可能出现湖北新军普遍革命化的重大结果。

同年9月14日，文学社和共进会实行了联合，取消原来的各自组

织和负责人名义，实行统一行动。之后，立刻派代表赴上海，请同盟会领导人黄兴、宋教仁、谭人凤来武汉主持起义活动。但他们三人一时都不能前来，而形势的发展已难以等待。9月24日，双方又集会，进一步筹划武装起义，并成立了领导起义的统一机构——军事总指挥部，推选文学社领导人蒋翊武为军事总指挥，专管军事；共进会领导人孙武为军政部长，专管军事行政；刘公为总理，专管民政。又在汉口设立政治筹备处，草拟文告，制定旗帜，并负责将来建立革命军政府的工作。

第二天，他们立即召开各部队近一百人的代表大会。文学社和共进会的重要分子几乎都参加了。会上，除通过军政府的重要组织成员外，还讨论了军事行动计划。刘复基根据武汉三镇地形和敌我双方力量配置，提出总动员计划的方案，大家讨论后通过。它的主要内容是：工程营首先发难，占领楚望台军械所；炮兵第八标从中和门入城，攻击总督衙门；对其他部队也规定了明确的行动目标和路线。

原定的起义日期是10月6日，也就是农历的中秋节。但正在召开各部队代表大会的那天，驻在南湖的炮队因一件小事发生冲突，引起清方的惊恐，已严密戒备。起义日期只得改在10月9日晚上。那天中午，孙武在汉口俄租界宝善里机关配制炸药时不慎燃烧起来。孙武烧成重伤，送入医院。俄国警察闻声赶来，在室内搜得大批革命文件、炸药等，还捕获刘公的弟弟刘同。蒋翊武得到消息后，感到情况紧急，立即在下午5时发出命令：在当晚12时举义；各军听到南湖炮声后，按规定目标发起进攻。命令中规定的各部队行动目标和刘复基在9月25日宣布的计划大体相同。可是不幸的事情相继发生：负责通知炮队的邓玉麟没有将命令及时送到，南湖炮队在午夜12时没有发炮为号，其他各部队无法行动起来；刘同被捕后，又将小朝街军事总指挥部地点供出，清政府在武汉三镇大肆搜捕革命党人，刘复基、彭楚藩等33人被捕。蒋翊武被迫在混乱中逃离武汉，孙武受伤住进医院，其他领导骨干或隐蔽或逃亡，武昌的起义活动顿时失去了总的指挥枢纽。

清政府在捕获刘复基等后，连夜审讯。彭楚藩、刘复基、杨宏胜三人都表现得十分英勇，坦然自称是"革命党"，并且痛斥审讯的清吏道："好！只管杀，我只怕你们也有这一日呢！"他们在审讯法庭上，慷慨陈词，坚贞不屈，怒斥清政府倒行逆施，祸国殃民。他们高呼"民国万岁！""孙中山和未死同志万岁！"口号，表现了革命党人的凛然正气。到10月10日清晨，三人相继被害，始终没有透露出一点起义的具体行动计划。

10月10日那一天，武昌城内城外的空气异常紧张。三烈士英勇就义的消息不胫而走。清政府军警继续进行搜捕。社会上还传闻革命党人名册已被搜去，将要按名捕拿，使新军内的革命党人处于人人自危的状态。如果再不坚决行动，无异坐以待毙。这天中午，工程第八营代表熊秉坤前往第二十九、第三十标等进行联络。其他各标、营的革命党人都跃跃欲试，纷纷秘密从事准备。清政府的镇压和恐怖手段，激起了革命党人的强烈反抗，就直接推动了这次起义的爆发。

▲ 1911年9月9日，清军大肆搜捕革命党人，蒋翊武被迫逃走，彭楚藩、刘复基、杨宏胜等数十名革命党人被捕遇害。图为被捕遇害的革命烈士彭楚藩。

二、武昌首义与各省响应

1911年10月10日，震撼中外的武昌起义（时为中国旧历辛亥年，所以又叫"辛亥革命"）爆发。

武昌起义是以士兵为主体的湖北新军的起义。平日被人轻视或忽视的小人物——新军士兵们，在历史的关键时刻挺身而出，演出了这样一场改变历史面貌的威武雄壮的活剧。

担当发难任务的是工程第八营。起义的时间定在晚上。

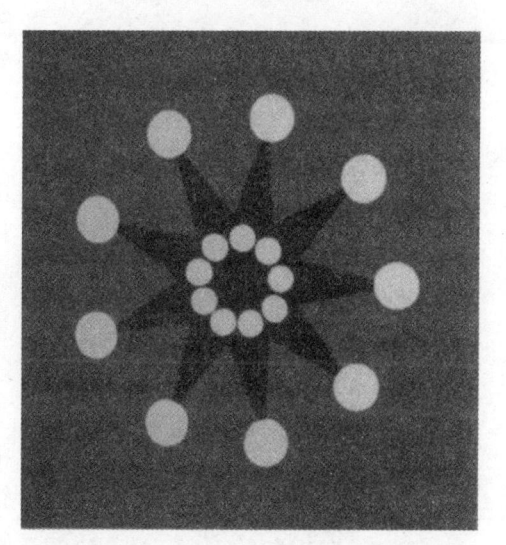

10月10日晚7时许，准备发难的紧张气氛已经笼罩营内。

▲ 武昌起义十八星旗。

后队二排长陶启胜听到风声，去该排三棚巡查，看到革命党人金兆龙正

在手擦步枪，便厉声喝问："哼！你们要造反？"金兆龙毫不畏惧，大声说："造反就造反！"回答得十分干脆。陶启胜上前扭住金兆龙。其他士兵发枪向前者射击。代理工程八营管带的督队官阮荣发和右队队官黄坤荣闻声赶来阻挡，被士兵击毙。营内人声嘈杂，官长纷纷逃避。随后他们鸣笛集合四十余人，把清政府发的肩章撕掉，臂缠白布，在熊秉坤、金兆龙的率领下，冲出营房。楚望台离工程营驻地只有一千多米，声息相通。这时，左队的马荣、罗炳顺等送来消息：楚望台党人听到工程营驻地的枪声后立刻起来响应，军械库已经得手。于是，局面便急转直下了。

熊秉坤率领一部分起义士兵进驻楚望台后，就在8时20分以总代表兼大队长的名义发布命令，规定起义部队称湖北革命军，以湖广总督督署为最大作战目标，分三路攻击总督督署。这是"因为参加革命的同志都知道，若不攻克督署都要杀头的，所以革命党人那时候只想要胜利"。①并且一定要在天明前把总督衙门打下来。他们最初以工程营为主力，分两路向督署进攻。但督署正面是一条狭窄的巷道，守军以机枪扫射，起义军进攻兵力难以展开，火力也不足，所以屡攻不克。炮八标入城后，立刻分据城门和蛇山等阵地，向督署发炮轰击。蔡济民等又洽商乾记衣庄，将所存衣被用煤油浇灌后加以燃烧，顿时火光冲天，督署目标明显，方便炮队瞄准，威力大增，督署被排炮轰成一片废墟。湖广总督瑞澂等清朝官员仓皇逃往停泊江面的"楚豫"号军舰，第八镇统制张彪率辎重营残部渡江退守。经过一夜激战，武昌清政府势力已基本被消灭，起义军完全

▲ 武昌起义地图。

---

① 朱峙山藏札·鲁祖轸的信，《湖北文史资料》第4辑，第171页。

控制了局势。第二天，"武昌已别成一世界。满城兵士皆袖缠白巾，威风抖擞"。①

武昌起义的第二天，同武昌隔江相对的汉阳和汉口随即光复。这里的驻军是新军第四十二标的第一营和第二营。文学社在这个标内有很大的力量，并建有文学社阳夏支部。他们一行动，汉阳和汉口便很顺利地光复了。汉阳有储存着大量军械和弹药、对局势举足轻重的汉阳兵工厂。再过一天，又攻占繁华的商业城市汉口。武汉三镇连成一片。它们的相继光复，进一步扩大了武昌首义的成果。在汉口还成立了军政分府，由刚出狱的文学社重要成员詹大悲任主任。

革命的根本问题是政权问题。如果单有武装起义的胜利而没有建立起牢牢掌握在革命党人手中的革命政权，革命胜利了也是不稳固的。湖北的革命党人当时还没有这样的认识。他们的认识比较幼稚，认为所要推翻的只是那个清朝政府，只要把它推翻，凡是表示赞成民国的汉人似乎都是一家人了。于是，在他们看来，"旧日官僚、政客、进士、举人都富有经验学问，而自觉能力薄弱，资望不够，盲目赞同。参加谘议局会议桌上的官僚，其声价反比多年革命老同志为高"。② 由于建立的是军政府，他们认为："中国人心理重视偶像，军人尤其重视军阶地位，倘不以一有名望的人出来号召，则不易成功。"③ 正是利用革命党人心理上的这种弱点，当第二天上午革命党人到谘议局商议建立军政机构时，一些谘议局议员和旧军官就提出推举新军第二十一混成协协统（相当于旅长）黎元洪来当都督，并且得到多数人的同意。

黎元洪在新军高级军官中被人们认为是比较开明的，对湖北保路运动曾表示同情，平时对士兵也比较宽厚，因而博得不少新军士兵的好感。但他原来是坚决反对革命的。工程营发难后，曾派人到第二十一混成协联络。派去联络的人员被捕后，黎元洪亲手把他杀害。直到炮八标入城后，向该协轰击，内部士兵也准备发动，黎元洪才慌忙逃避到黄土坡的该协参谋刘文吉家中。但他派回家中搬运积蓄的伙夫被起义军俘获，起义军就把他从刘家搜出，以后送到谘议局。尽管如此，黎元洪仍不愿出任都督。当时在场的李翊东有一段生动的回忆："是时，黎面色

---

① 胡石庵：《湖北革命闻见记》，《辛亥革命在湖北史料选辑》，第15页。
② 温楚珩：《辛亥革命实践记》，《辛亥首义回忆录》第一辑，中华书局1961年版，第61页。
③ 杨玉如：《辛亥革命先著记》，科学出版社1957年版，第72页。

惨白，张皇失措，众即言举黎任都督，用都督黎名衔出示安民，要黎承认。黎畏缩舌颤曰：'莫害我，莫害我。'翊东见黎坚不肯认，手柄长枪法之曰：'你做满清这大的官，应该杀的。我们今天不杀你，反举你做都督，你还不干。你这生成的奴性，还想戴满清的红顶子，我把你杀了，再来举人。'黎益瑟缩不语，在场者均色变，群起阻止。哄声言曰：'不要放枪。'翊东乃又曰：'不管他承认不承认，把告示用都督黎的名衔张贴出去就是了。'于是将告示贴出。置黎于楼上一室内，以执戈者守之。此乃当年之真相，回忆及之，犹如昨日。"[1] 布告上的"黎"字还是李翊东代他签上的。布告贴出后，产生的影响很大。一些人看后惊慌地说："想不到黎协统也是革命党。"[2] 这在当时也起了一些安定人心的作用。同时，革命党人还采取许多措施来提高黎元洪的声望和地位。随着革命形势在全国的迅速发展，黎元洪的态度也有了变化，对充当湖北军政府都督越来越起劲了。

后来，黎元洪利用职权，大干坏事。他利用扩军的机会，大量起用旧军官，逐步排挤革命党人，又挑拨和扩大革命党人的内部矛盾，用共进会打击文学社，用孙武逐走蒋翊武、刺杀张廷辅，又利用共进会内部的黄申芗逐走孙武，把湖北军政府的权力逐步集中到他自己手里，武昌起义在湖北取得的成果终于被断送掉了。这是十分惨痛的教训。

"革命党举义成功"的捷报，立即飞传中国大地，震撼了大江南北。10月13日，上海的《民立报》上发表于右任所写的短论说："秋风起

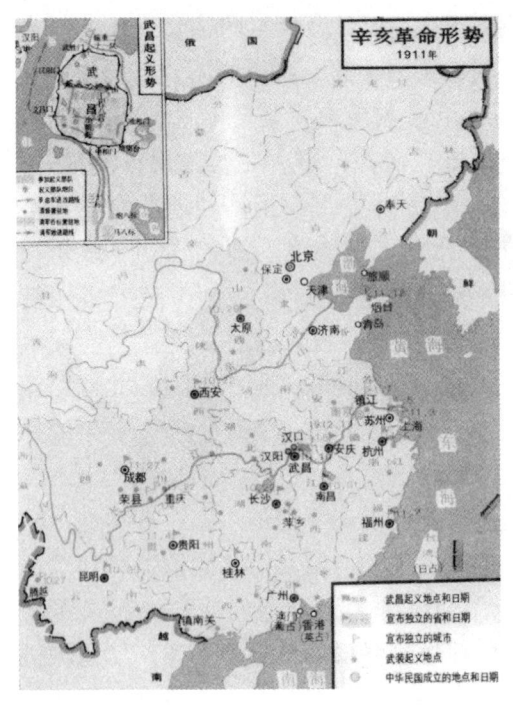

▲ 辛亥革命形势。

---

[1] 李翊东：《书吴醒汉〈武昌起义三日记后〉》，《辛亥革命武昌首义史料辑录》，第80—82页。
[2] 胡赞：《辛亥史话》，《辛亥首义回忆录》第一辑，中华书局1961年版，第211页。

兮马肥，兵刃接兮血飞，蜀鹃啼血兮鬼哭神愁，黄鹤楼头兮忽竖革命旗！""呜呼，蜀江潮接汉江潮，波浪弥天矣。吾昨日登吴淞江口而俯视长流滚滚者皆血水也。此三日间，天地为之变色矣。噫！革命党者，万恶政府下之产儿，故有倒行逆施之政府，欲求天下不乱而不得。"次日该报的第一版上又刊出"黎元洪小照"和"黎元洪小史"。武昌顿时成为全国万众瞩目的革命中心。

随之，散布在各地的革命党人以及和同盟会有联系的革命小团体，接着便乘胜在各省领导或积极发动新军、会党起义，促使革命形势在全国范围内飞速发展。在10月10日之后，仅仅九天之内，先后宣告独立的就有湖南、陕西、江西、山西、云南五省，简直使人目不暇接。

在10月间宣布独立的六个省中，湖北、湖南、江西三省连成一块，山西、陕西两省也连成一块。如果加上同志军声势日盛的四川，七个省便彼此连接，在南方凝聚成一股巨大的力量。湖北首义不再是孤立的。其他各省闻风后也正跃跃欲试。清政府已处在风雨飘摇之中。接着，革命的浪潮就向华东和华南迅猛扩展了。

到11月下旬，仅一个多月，全国24个省区中已有14个省先后宣布独立、光复，脱离了清王朝的统治，其他各省区的反清斗争也在激烈地进行。革命浪潮以不可遏制的强大威力将清王朝的反动统治顿时冲成了土崩瓦解的局面。

辛亥革命，这次以士兵为主体的湖北新军的起义，成为了在短时间内席卷全国的革命大风暴。这场大风暴，为中国的进步打开了闸门，使反动统治秩序再也无法稳定下来，从而对中华民族解放运动产生了深远影响，极大地改变了中国历史的面貌，开辟了民族民主革命的新纪元。谚云："事过百年而后定。"在辛亥革命已过百年之际，我们应当实事求是地追念辛亥革命及其领导人孙中山的伟绩和功业，予以公允的评价。

三、辛亥革命的世界意义

孙中山领导的辛亥革命，是中国民主革命时期的一次具有伟大历史意义的革命运动，是20世纪中国的一个伟大事件，是中国政治现代化——民主政治的源头。它在中华民族振兴的进程中，具有不可磨灭的历史功绩。

这场革命，不但推翻了帝国主义的走狗清朝政府，埋葬了在中国绵延两千多年的封建君主制度，实现了中国国家体制的一次重大变革，破天荒地建立了一个民主共和国；同时，也大大提高了中国人民的民主主义觉悟，促进了民主精神的高涨，为中国民族资本主义的发展创造了条件。虽然由于时代条件的限制和资产阶级的软弱，它没有完成反对帝国主义、反对封建主义的任务，又是一次不彻底的革命，但它的胜利和失败，给此后的新民主主义革命提供了经验教训，开辟了前进的道路。

辛亥革命是标志中国历史发展转折的一座里程碑，是中华民族历史发展的一个新开端。

列宁对辛亥革命和孙中山曾给予很高的评价。他将孙中山和西方资产阶级的代表人物作了鲜明的对比，将帝国主义国家的资产阶级和被压迫国家的民族资产阶级严格区分开来，确切地指出了20世纪初中国民族资产阶级的进步作用。他说："人们自然可以把亚洲这个野蛮的、死气沉沉的中国的临时大总统与欧美各先进文明国家的总统比较一下。那里的共和国总统都是资产阶级的奴仆、走狗或傀儡，那里的资产阶级已经腐朽透顶，从头到脚都沾满了脏污和鲜血——不是皇帝们的鲜血，而是为了进步和文明在罢工中被枪杀的工人的鲜血。那里的总统是资产阶级的代表，那里的资产阶级则早已抛弃了青年时代的一切理想，已经彻头彻尾娼妓化了，已经完全把自己卖给百万富翁、亿万富翁和资产阶级化了的封建主等等了。这里的亚洲的共和国临时大总统是充满着崇高精神和英雄气概的革命的民主主义者，这种精神和气概是这样一个阶级所固有的：这个阶级不是在衰弱下去，而是在向上发展；它不是惧怕未来，而是相信未来，奋不顾身地为未来而斗争；它憎恨过去，善于抛弃死去了的和窒息一切生命的腐朽东西，决不是为了维护自己的特权而硬要保存和恢复过去的东西。"他高度赞扬孙中山是"不愧为法国18世纪末叶的伟大宣传家和伟大活动家的同志"。①

1911年爆发的辛亥革命，距今已过百年。回眸返思，这场革命不仅是中国历史的重大转折点，它推倒封建帝制，建立民主共和，开辟了民族民主革命的新纪元，而且它"给亚洲带来解放，使欧洲资产阶级

---

① 《中国的民主主义和民粹主义》，《列宁选集》第二卷，人民出版社1972年版，第424—425页。

的统治遭到破坏"，① 是在世界历史发展进程中占有重要地位的历史事件，即对世界的历史也有其独特地位和伟大贡献。

首先，辛亥革命是中国和亚洲历史上一场真正的革命。

在中国和亚洲历史上，真正以革命手段变革社会制度和社会生产方式的伟大斗争，是从孙中山领导的辛亥革命开始的。在辛亥革命以前，任何其他阶级以及其革命斗争，都不具备社会制度和社会生产方式发生根本变革的革命意义，只是从辛亥革命开始才出现严格意义的两大社会经济——资本主义经济与封建地主经济，两大社会制度——民主共和制度与封建君主专制制度的生死大搏斗。辛亥革命推翻了清王朝的反动统治，结束了延续两千一百多年的封建帝制，建立了资产阶级民主共和的中华民国，是中国近代史上的一次飞跃，立下了前所未有的丰功伟绩，奠立了伟大的历史丰碑。

辛亥革命有别于此前中国历史上的其他革命运动，它以全新的姿态开始了改天换地的斗争。这首先表现于这场革命是由先进阶级所领导的，当时，中国民族资产阶级作为新的社会生产方式的政治代表和独立的政治领导力量登上历史舞台，成为全国各革命势力的领导中心，决定着近代中国的历史进程，这是中国历史上所没有过的大变化。其次，同盟会作为一个新型的、统一的、全国性的政党而出现，掌握了革命的领导权。政党是近代资本主义经济和政治发展的反映，同盟会代表着人民大众要求扩大国内统一市场、建立共和国的最高利益，成为革命的领导核心，这与狭隘的封建行帮组织和农民的会党组织有着明显的区别。再次，三民主义——民族、民权、民生主义作为一个比较明确、比较完整的民主革命纲领而出现。它不仅要求彻底推翻清王朝，而且要在这个基础上建立全新的、议会制的民主共和国，发展资本主义大工业，变半殖民地半封建的旧中国为独立自由的新中国。这是历史的巨大进步。

在中国近代史上，曾经出现过诸如太平天国、戊戌变法、义和团运动等颇有影响的革命斗争和革新运动，但就其历史地位来讲，都难以与辛亥革命相提并论。

由农民阶级领导的太平天国革命运动，坚持斗争14年，纵横18省，光复六百多个城市，控制了大半个中国。它还建立了农民的革命政权——太平天国，颁布过《天朝田亩制度》，主张"有饭同食，有衣同

---

① 《新生的中国》，《列宁全集》第十八卷，人民出版社1972年版，第395页。

穿，有钱同使，无处不均匀，无人不饱暖"；抗击了外国资本主义强盗与本国封建主义的反动联盟，有力地冲击了半殖民地和封建的统治秩序，取得了中国旧式农民战争所能达到的最高成就。太平天国所取得的丰功伟绩，在世界农民运动史上也有很高的历史地位。可是，太平天国运动毕竟是一次单纯的、缺乏先进阶级领导的旧式农民战争，处于小生产者地位的农民阶级，无从认识社会发展的客观规律，无从提出科学的革命理论，无从制定以先进的社会制度取代落后反动的社会制度的革命纲领，因此，也就无从反映时代的需要，无法将革命引向真正的胜利。其最后的归宿，或则黄袍加身，自成帝王；或则为他人利用，成为改朝换代的工具，革命终归以失败而告终。

由资产阶级维新派领导的、具有比较明显的近代斗争格局的戊戌变法运动，为了挽救民族危机、谋求国家独立和资本主义的发展，维新志士们努力学习西方，传播近代自然科学知识和社会政治学说，仿效日本、德国、英国的君主立宪模式，努力改造中国，反映了在中国刚刚出现的新的资本主义经济和新的资产阶级的利益和愿望，在当时的历史条件下，具有进步意义。但是，不成熟的经济形态和不成熟的阶级力量，决定了这场革新运动只能在封建统治阶级所允许的狭小范围内进行，资产阶级（这里主要是指由地主、商人转化而来的资产阶级上层）渴望分享政权，却又想继续维持皇统；要求发展资本主义，又不敢触动封建土地所有制；亟呼救亡图存，又不敢公开反对帝国主义侵略者；企求社会各阶级的支持，却又与农民阶级和其他革命势力处于对立地位。总之，只求有限的改良，而反对任何政治的、经济的、思想的革命。结果，地主阶级顽固派稍一反击，戊戌六君子就被送上了断头台，康有为、梁启超等维新派领袖被迫出逃，百日维新终归昙花一现而彻底失败。

义和团运动是一次以农民为主体的反帝爱国斗争，英勇抗击了包括英、法、德、日、俄、美、意、奥在内的八国联军的侵略，沉重打击了殖民主义者瓜分中国的狂妄野心，充分表现出中国人民不可侮的反抗精神，为中华民族获得解放奠定了一块重要基石。但是，义和团运动在反对外来侵略的同时，排斥一切西方文明和科学技术，盲目地打出"扶清灭洋"的旗帜而被封建统治者所利用。这种近似愚昧而有违历史发展的做法，终于招致彻底的失败。

从上述比较中可以看出，在中国共产党出世以前的近代中国，只有辛亥革命才是一场真正的社会、政治和思想大革命。辛亥革命敢于把神圣不可侵犯的皇帝拉下马，把反动的封建帝制扫进历史垃圾堆，这是中国历史上开天辟地的革命壮举。中国人民为了打倒皇帝斗争多年，只是到了孙中山和革命党人手上才得以实现，这是十分了不起的历史功业。辛亥革命所开创的民主共和道路，为时代发展所必需，任何逆历史潮流而动的帝制小丑，都将被历史车轮碾得粉碎。辛亥革命是旧民主主义革命发展的最高峰，它将彪炳千秋，永垂史册，而享有崇高的历史地位。值得指出的是，辛亥革命是在世界上人口最多的、惨遭所有殖民帝国蹂躏的国度里爆发，它不仅摧毁了中国的封建帝制，同时冲击了殖民地半殖民地的统治秩序，敲响了帝国主义奴役被压迫民族的丧钟。因此，辛亥革命的枪声，不仅震惊了受帝国主义奴役的大众，也震动了寰球16万万的全人类。辛亥革命是继英、法资产阶级革命之后，世界历史上最伟大的历史事件。

其次，辛亥革命是殖民地半殖民地国家民族民主革命的伟大先导。如同孙中山是革命的伟大先行者一样，辛亥革命也是中国和殖民地半殖民地国家民族民主革命的伟大先导。这种先导作用全面体现于政治、经济、思想文化各个方面，它的成功与失败的历史经验和教训，至今仍然激励和鞭策着中国人民和经济欠发达地区人民前进，并为后人的革命斗争提供历史借鉴，成为人类的宝贵遗产。

在政治方面，辛亥革命创造了不少成功的经验，诸如通过政党来组织阶级队伍，建立革命的领导核心；创造阶级的主义（革命理论）和制定革命纲领，以明确革命方向和指导革命斗争；引进西方革命学说，大造革命舆论，以宣传新制度的优越性，批判旧制度的落后性；坚持暴力斗争，用武装的革命反对武装的反革命等等。辛亥革命以后，孙中山组织了资产阶级内阁，建立了国会——临时参议院，颁布了《临时约法》，创立了中华民国，开创了民主共和的政治新局面。所有这些，不但保证了革命的顺利发展，而且给中国人民和世界被压迫民族以巨大影响。从某种意义上讲，中国和"第三世界"革命党人的革命本领很多都是从孙中山那儿学来的。辛亥革命所开辟的为争取民族独立和人民民主的革命方向，顺应历史潮流，合乎人民需要，始终激励着中国人民和世界劳苦大众。凡是孙中山革命事业的继承者，都十分尊重辛亥革命的开创作用，并将沿着孙中山所开辟的反帝反封建的革命道路，努力实现民族独立和人民民主。孙中山所梦寐以求的"天下为公""世界大同"

的局面，必将在全世界逐步实现。

在经济方面，辛亥革命开创了中国近代化的第一次腾飞，把一个贫穷落后的农业国家引向近代工业化的发展道路。大家都熟知，革命的最终目的是为了最大限度地解放生产力，发展社会生产，以满足广大人民更高层次的生活需要。孙中山发展社会经济的伟大抱负及其所做的不懈努力，将愈来愈受到后人的尊重，并愈来愈具有重大的现实意义。

早在19世纪末兴中会成立时，孙中山就响亮地提出了"振兴中华"的口号，指出"是会之设，专为振兴中华，维持国体起见"，"以申民志，而扶国宗"。"兴中会"取名亦寓意于此。同盟会纲领进一步提出民生主义，充分认识到解决土地问题是资本主义发展的关键，把经济建设与变革国体摆到同样重要的地位。南京临时政府成立后，孙中山颁布了一系列奖励工商业发展的规章制度，鼓励人民兴办实业，从事农垦；奖励华侨回国投资；要求各省成立实业公司，鼓励民间成立实业团体。在革命政府的奖励、推动下，一个兴办近代工业的热潮迅速在全国范围内兴起。

孙中山怀抱对人民疾苦的深切同情，以"拯斯民于水火"为己任，把人民的吃饭、穿衣问题，列为改革民生的首要课题。为此目的，孙中山进而提出"耕者有其田""节制资本"的口号，并为造就"十万人以上之大资本家"和"数十个上海"大工业城市，实现工业近代化和成为世界"第一大国"而作出不懈的努力。在孙中山亲自制定的《实业计划》蓝图中，其规模之宏大，计划之周详，实在令人钦佩。它以发展交通为重点，提出建造中央、东南、西北、西南、东北、高原六大铁路干线，包括近百条铁路线，总计长10万英里；同时修建公路100万英里，疏通现有运河两条，新开运河两条；在中国中部、北部、南部新建三大港口。计划通过这些交通线，把沿海港口和内地重镇、工业区和农业区、原料产地和工业城市、边疆和内陆统统联结起来，使中国成为一个交通发达、经济繁荣的强大国家。此外，还具体规划实现农业近代化，广泛采用农业机械和先进农业生产技术；发展近代采矿业、钢铁业、机器制造业和各种轻工业。孙中山所制定的《实业计划》，是改造中国小农经济、实现中国工业化的伟大蓝图，是"振兴中华"之希望。

为了实现这一计划，孙中山锐意改革，在坚持独立自主、不失主权、不用抵押的原则下，主张对外实行"开放主义"，利用外国资本、人才和方法，输进外国机器的科学技术，以"造成中国之社会主义"，即发展中国机器大工业,"突驾"欧美日本。孙中山的伟大构想和抱负,尽管由于客观条件的限制和主观上存在不少不切实际之处,最终未实现,但他那种为了摆脱帝国主义奴役而亟求自立于世界民族之林的炽热的爱国情怀,那种为广大人民生计而勇于开拓的不屈不挠的战斗精神,以及为振兴祖国而大胆进行经济改革所开创的工业近代化的建设道路,无不反映了人民的愿望和民族的需要,深深地影响着当时和后世,具有不可估量的生命力。事实证明,孙中山所确立的"扶助农工",发展经济的道路,是世界被压迫民族求得解放的必由之路。

在文化思想和社会风尚方面,辛亥革命开创了一代新风,资产阶级的自由、平等、博爱新思想,开始吹拂古老的中国大地。近代新文化冲破"忠君尽道"的封建专制文化的桎梏,人们开始用新的道德观念和新的价值观念思考问题和认识社会,封建道德日益为人们所遗弃。南京临时政府三令五申,宣布政府官员都是"人民公仆",革除等级森严的"大人""老爷"称谓,改以"先生""同志"相称。通令剪除发辫,废除跪拜礼而改以握手和敬礼……处处体现出自由、平等、民主的精神,反映了新时代的精神风貌。

总之,辛亥革命所开启的政治民主化和经济近代化的斗争,不仅是中国历史上的伟大壮举,同时也是世界物质文明和精神文明不断进步的重要表现。

第三,辛亥革命是亚洲民族解放运动的典范。

孙中山是真诚的爱国者,同时也是亚洲民族解放运动的伟大旗手和世界被压迫民族的精神领袖。从他投身革命的那一天起,就把中国革命与亚洲乃至世界被压迫民族的解放斗争紧密地联系在一起。早在1897年,当孙中山首次与日本志士宫崎滔天畅谈革命旨趣时,即"显示出深山虎啸的气概",赢得宫崎的景仰。孙中山表示,他之所以兴起革命,既是为了"拯救中国四亿的苍生",更是为了"雪除东亚黄种人的耻辱,恢复和维护世界的和平和人道",是为中国、为亚洲、为全人类的解放而抗争。宫崎大为折服,认为孙中山的革命主义,已"接近真纯的境地"。孙中山是无与伦比的"东洋的珍宝"。[①] 以后,孙中山进而提出"亚洲门罗主义"的口号和"大亚洲主义"的主张,呼号亚洲人民团结起来,为民族的独立解放共同斗争。为此目的,孙中山奔走于亚

---

① [日]宫崎滔天著、林启彦改译:《三十三年之梦》,花城出版社、香港三联书店1985年版。

洲各地，与日本、菲律宾、越南、朝鲜、印度、马来亚、缅甸、泰国的革命志士建立普遍的联系，宣传革命主张，组建各种反殖民主义的联合团体，支援各国民族民主革命运动。所有这些，在亚洲各国产生了极其广泛和深远的影响，赢得了亚洲人民的尊重和崇仰，公认他是"东方被压迫革命民众的首领""东方民族解放之父"和"世界被压迫民族、世界被压迫阶级的救主"。

孙中山还深深知道，中国革命的成功，是东方被压迫民族解放的关键。为此，他屡败屡起，致力革命，为亚洲人民做出榜样。辛亥革命的胜利，不仅标志着中国历史上一个前所未有的新时代到来，也标志着亚洲和世界历史上结束殖民统治、获得民族独立的新曙光的出现。诚如孙中山在1904年《中国问题的真解决》一文中所预言："一旦我们革新中国的伟大目标得以完成，不但在我们的美丽的国家将会出现新纪元的曙光，整个人类也将得以共享更为光明的前景。普遍和平必将随中国的新生接踵而至，一个从来也梦想不到的宏伟场所，将要向文明世界的社会经济活动而敞开。"孙中山的期望，现在已在亚洲和世界上开花结果而日益成为现实了。

我们还应看到，辛亥革命本身在近代亚洲民族解放运动中所具有的崇高历史地位。从1905年开始，亚洲各国先后掀起具有资产阶级性质的民族解放运动，其中影响较大的有1905年至1911年的波斯革命、1905年至1908年的印度反英斗争、1908年至1909年土耳其革命、1908年至1913年的印度尼西亚革命民主运动等，所有这些斗争都在不同程度上具有反抗外来侵略、要求民主改革的民族民主运动的性质。但是，只要稍加比较就不难看出，这些斗争无论从革命的发展程度或它所取得的成就来看，都无法与辛亥革命相比拟。

我们说辛亥革命是亚洲民族解放运动发展的最高峰，例如在政治纲领上，别的国家只一般地提出反对封建专制的口号，而同盟会所揭示的三民主义则要激进得多，具有较高的民主性，又直接与建立资产阶级民主共和国相联系。再如在革命政党的建设上，亚洲各国大多未建立严格意义的资产阶级统一政党，而同盟会则要成熟得多，同时涌现了像孙中山、黄兴等具有很高威望的革命领袖人物。在斗争手段和规模上，亚洲各国大多采取和平请愿方式，而中国同盟会则发动了十次武装大起义，形成了全国规模的革命运动，并最终以革命手段推翻了清王朝。在革命成果方面，亚洲个别国家虽然早于19世纪末就建立过资产阶级共和国和颁布过宪法，但它很快遭到镇压而沦为帝国主义的殖民地，革命领导人亦随之屈服，革命成果烟消云散。而更多国家的民族解放斗争，则处于以争取社会改良、实行君主立宪的低级发展阶段。在亚洲，唯有孙中山领导的辛亥革命进入了革命的高层次，取得了结束封建帝制、建立中华民国、颁布《临时约法》的重大胜利，从而具有划时代的世界性意义。对此，列宁高度评价说："中国人民的革命斗争具有世界意义，因为它将给亚洲带来解放，使欧洲资产阶级的统治遭到破坏。"在20世纪初叶，以辛亥革命为代表的亚洲觉醒，以及欧洲无产阶级革命的蓬勃开展，标志着世界历史进入了一个新的阶段。

毋庸讳言，辛亥革命最终还是失败了，革命的成果全部被中外反动派所破坏，中国的民族独立和人民民主并没有出现，反帝反封建的革命任务没有完成，中华民国只不过是一块空招牌。失败的原因是多方面的，诸如中外反动派的力量过于强大，资产阶级力量过于软弱，加之革命党本身不够坚强有力，主义不够完善等等。辛亥革命后，孙中山几经努力，领导和发动"二次革命"、开展护国、护法斗争，但由于对工农发动不够，流于单纯的军事冒险，结果屡遭挫折，直到最后转而寻求工农的支持，实行联俄、联共，重新解释三民主义，国民革命才出现新的转机。不幸的是，由于孙中山的过早病逝，中国的革命大业，未能由他亲手实现，因此而抱终天之恨。所幸孙中山的后继者，十分尊重孙中山和辛亥革命的开创和先导作用，秉承"革命尚未成功，同志仍须努力"的遗志，将革命进行到底，取得了令世人瞩目的一个又一个的重大胜利。

我们是历史主义者，承认历史的客观存在。中国近代史有如一根链条，链链相联结，链链相互影响和推动着，不断把改造旧社会建设新社会的任务向前推进。而辛亥革命则是这一历史链条中不可分割的重要组成部分，起着承前启后的巨大作用。可以毫不夸张地说，没有辛亥革命的成功与失败，中国社会不会发生以后的根本性的变化，也就不可能有今天的新中国，也就不可能有今天的"中国民族得自由独立于世界"的国际地位。

第二节 "革命时代的政府"

一、就任临时大总统

武昌起义爆发的时候,孙中山正在美国北部科罗拉多州(Colorado)辛劳地进行宣传革命和筹募革命经费等活动,对武昌起义并无预闻。10月11日,他行抵该州的丹佛城(Denver),第二天从美国报纸上欣然得悉"武昌为革命党占领"的意外成功消息后,心情非常欣喜和激动,立即中止了在美国各埠继续演说筹款的计划。

当时,孙中山本想由太平洋回国,亲自指挥革命战争,"以快生平之志"。可是,考虑到成立共和国将要碰到外交、财政等方面的困难,尤其担心帝国主义某些国家可能联合起来干涉革命,所以他认为当时最主要的工作,不在"疆场之上",而在"樽俎之间",应该周旋于列强各国,办理外交,以断绝清政府的后援。所以,他要黄兴赶赴汉口主持军事,自己则暂留国外,致力于外交活动。

孙中山天真地设想中国革命能够争取帝国主义的同情,得到帝国主义的帮助。在他看来,当时"列强之与中国最有关系者有六焉:美、法二国,则当表同情革命者也;德、俄二国,则当反对革命者也;日本则民间表同情,而其政府反对者也;英国则民间同情,而其政府未定者也。是故吾之外交关键,可以举足轻重为我成败存亡所系者,厥为英国。倘使英国右我,则日本不能为患矣。"[①] 因此,他把外交重点放在英国,同时也努力争取其他列强对中国革命的支持。所以,便决定径往纽约转赴英国进行外交活动,争取外国的同情和帮助,而不再同清廷发

---

① 《孙文学说——行易知难〈心理建设〉》,《孙文选集》(上),广东人民出版社2006年版,第103—104页。

生关系。他要等这一问题得到解决后回国。

孙中山在往纽约途中，10月14日，曾写信给英国金融界代表，呼吁伦敦、纽约、旧金山、新加坡、西贡和马来亚等地财政金融资本家给予中国革命以财政上的支持。同时表示："共和国承认满洲政府给予外国人的一切特权和租让权。"① 20日，到达纽约。他向美国的一些政界和财界人士介绍了中国革命宗旨，争取他们的同情和帮助。② 他还托人转告日本驻美代理大使埴原，希望日本能同情中国革命，不要支持清政府。

11月11日，孙中山从纽约抵达伦敦。他在伦敦积极地进行了一系列外交活动。先通过美国人荷马里介绍，与四国（英、美、法、德）银行团主任会晤，就停止对清政府贷款问题进行商谈，未获结果。又委托维加炮厂经理道森（A. T. Dawson）就此问题向英国外交大臣葛雷（E. Grey）进行交涉，要求英政府："一、止绝清廷一切借款；二、制止日本援助清廷；三、取消各处英属政府之放逐令，以便予取道回国。"英国政府对于这三项要求，在口头上表示同意，实际上不过是表面应付。孙中山还以革命政府的名义，分别与四国银行团和英国汇丰银行代表商洽贷款，他们以未曾建立"正式政府"为理由，都拒绝了。

孙中山在英国进行了上述外交活动后，感到"个人所能尽义务已尽于此矣"，便于11月中旬，自伦敦取道巴黎归国。同月21日到巴黎后，他分别拜访了法国参议员、前外交部长毕盛（S. Pichon）和众议院一些议员，表达要求法国政府承认中华民国的愿望。还与法国东方汇理银行总裁西蒙（S. Simon）举行会谈，提出"重新掌握海关及其税收""取消厘金"等主张，并要求能贷款给中国革命政府，遭到了拒绝。他又谋求与当时正在巴黎的俄国外交部长萨佐苏诺夫晤面，也被拒绝。

这段期间，国内革命形势有了飞跃发展，同时也出现了复杂的情况。一方面，随着武昌起义成功后，宣布独立、响应起义的地区越来越多，光复各省都督府准备举行代表会议，商讨组织民国临时政府，在酝酿过程中发生了争权夺利的现象；另一方面，清政府组成了新内阁，在向南方用兵的同时放出和谈气球。南方的立宪派和旧官僚则极力从革命

---

① 《俄罗斯报》，1911年10月18日，转引自《中国辛亥革命论文集》，第260—261页。
② 廖单子：《辛亥前美洲之革命运动》，转引自《中华民国开国五十年文献》第一编，第12册、第482—483页。

内部攫取权力，并与清政府新内阁暗中勾结。在这历史转变的重要关头，孙中山在接到国内一再敦促他速回的电报后，便匆匆离开巴黎，于同月24日从马赛港乘船东归，以求力解危局，早奠国基。

12月25日，孙中山在经历了16年的海外流亡生活和艰苦斗争之后，回到祖国，到达了上海，受到了黄兴、陈其美、黄宗仰、汪精卫等人和各界代表的热烈欢迎。

由于孙中山为革命作出巨大贡献，在革命党人和全国人民群众心中享有崇高的威望和影响，他的归来受到热烈的欢迎。当时，中外许多报纸都盛传他带有大批款项并购了军舰回国，孙中山坦然告诉中外记者说："予不名一文也，所带者革命精神耳。"并指出，"从前种种困难虽幸破除，而来日大难尤甚于昔。今日非我同人持一真精神、真力量以与此困难战，则过去之辛劳将归于无效"。

孙中山从遥远的海外归来，给革命带来了一股朝气，激发起新的热情，也使革命派的声势大振。许多团体都纷纷致电南京各省代表团，要求选举孙中山为大总统，"以救国民"，表示这是"兆众一志，全体欢迎"。① 同盟会上层领导人黄兴等，更是一致同意由孙中山出任总统。各

▲ 1911年12月29日，17省代表在南京选举临时大总统，孙中山以16票的绝对多数票当选。图为当时17省代表选举中华民国临时大总统合影。

---

① 《民立报》，1911年12月28日。

省代表们为了组织临时政府、选举大总统，曾从上海到武汉，又从武汉到南京，一直争论不休。孙中山的到来，使围绕总统人选问题展开的各种议论一扫而光，纷争戛然停息，他成了众望所归的合适的总统人选。

12月29日（农历十月初一日），各省代表开会正式选举临时大总统，到会者共17省45人。由浙江省代表汤尔和为主席，广东省代表王宠惠为副主席，江苏省代表袁希洛为书记。会议首先将头天晚上预备投票结果揭晓，有候选资格的为孙中山、黄兴、黎元洪三人。选举以每省一票为原则，共17票。按临时政府组织大纲第一条规定，满投票人数三分之二以上的当选。选举结果，孙中山得16票，黄兴得一票。孙中山以超过投票总数的三分之二以上，当选为临时大总统。

▶ 1912年1月1日，孙中山在南京宣誓就任中华民国临时大总统，宣告中华民国临时政府成立。（杨松林、毛岱宗画）。

中国有了一个共和政权的大总统，这在中国几千年文明史上是一件破天荒的大事，是中国历史发展进程中一次重大飞跃。它标志着在中国延续两千多年的封建君主专制制度的终结和民主共和制度的诞生。这是以孙中山为代表的革命党人十多年来前仆后继英勇奋斗结出的硕果。孙中山成为了中国第一个大总统，许多革命党和人民群众都沉浸在欢乐之中，并对祖国的前途产生无限的期望。

各省代表会选出临时大总统后，立即决议，由各省代表特派汤尔和、王宠惠、陈陶怡三人去上海欢迎孙中山到南京就职。孙中山得知当选的消息后，即电各省代表会表示接受。

1912年1月1日上午10时，新从海外归来的孙中山乘坐专车离开上海，前往南京就任中华民国第一任临时大总统。事前，孙中山嘱咐陈其美准备一切，并告诉他："我辈革命党，全不采仪式，只一车足矣。"

▲ 1912年1月1日，孙中山在就职仪式上宣读的《大总统誓词》。

陈预备了专车并且亲自护从。同行的有各省代表会临时议长汤尔和、副议长王宠惠和孙中山的军事顾问荷马里等数十人。上海一万多人到车站送行。当天下午，车抵南京下关，受到各省代表和广大群众热烈欢迎，礼炮齐鸣，"共和万岁"之声响彻云霄。专车随即由下关入城。城内万人空巷，欢声雷动。"人们为欢迎他而做了许多准备，部队排列在自火车站至总督衙门全程为六英里的道路两旁。但新总统没有下火车改乘汽车，而是把他的车厢调到通往城内的铁轨上，坐火车前往总督衙门。"下午6时15分专车到达总督衙门车站，孙中山等下车后就前往设在前两江总督衙门也就是曾是太平天国天王府的临时大总统府，由黄兴、陈其美和海军代表护送他入府。

当晚，举行庄严而朴素的大总统就职典礼，由徐绍桢担任司仪员。典礼开始时，鸣礼炮21响。代表会公推景耀月致颂词。孙中山宣读《临时大总统誓词》：

倾覆满洲专制政府，巩固中华民国，图谋民生幸福，此国民之公意，文实遵之，以忠于国，为众服务。至专制政府既倒，国内无变乱，民国卓立于世界，为列邦公认，斯时文当解大总统之职。谨以此誓于国民。①

孙中山正式就任临时大总统的当天，就发布《临时大总统就职宣

---

① 《孙中山全集》第二卷，中华书局1982年版，第1页。

言》和《告全国同胞书》。宣言明确地指出："临时政府，革命时代之政府也。"它的任务是："尽扫专制之流毒，确定共和，普利民生，以达革命之宗旨，完国民之志愿。"规定对内的方针："民族之统一""领土之统一""军政之统一""内政之统一""财政之统一"。对外的方针是："满清时代辱国之举措，及排外之心理，务必一洗而去之。持平和主义，与我友邦益增亲睦，将使中国见重于国际社会，且将使世界渐趋于大同。"

▲ 1912年1月1日，孙中山在就职仪式上发布的《中华民国大总统孙文宣言书》。提出民国建设的主要任务是实现民族、领土、军政、内治和财政的"五统一"。图为《中华民国大总统孙文宣言书》。

宣言发布后，孙中山下令定国号为"中华民国"。并且在1月2日发布《改历改元通电》，规定"中华民国改用阳历，以黄帝纪元四千六百九年即辛亥十一月十三日，为中华民国元年元旦"。

孙中山任临时大总统后立即开展组织政府的工作。但原来《临时政府组织大纲》中只规定设大总统，而没有副总统；行政部门只设外交、内务、财政、军务、交通五部，不能适应客观形势的要求。于是，又根据宋教仁的提议于1月2日修正中华民国临时组织大纲，在大总统以外加设副总统，而对行政各部不加限制。

▲ 中华民国临时大总统印。

成立政府需要设立参议院作为立法机关。因此，通电各省根据临时政府组织大纲第八条"参议院以各省都督府所派之参议员组织之"和第九条"参议员每省以三人为限，其派遣方法，由各省都督自定之"的规定，抓紧成立参议院。同时，根据临时政府组织大纲第17条"参议院未成立以前，暂由各省都督代表代行职权"的规定，选举赵士北、马君武为临时正、副议长。1月3日，由各省都督代表组成的临时参议院举行副总统选举会，黎元洪以全票当选。孙中山出席了这次会议，并提出中央行政设立各部及其权限案，在获得通过后立即提出国务员九人的名单由会议审查。孙中山最初所提九人的名单是：

▲ 1912年1月28日，孙中山出席临时参议院成立典礼后留影。前排右三起：胡汉民、魏宸组、赵士北、孙中山、黄兴、蔡元培。

陆军总长	黄　兴	海军总长	黄钟瑛
外交总长	王宠惠	司法总长	伍廷芳
财政总长	陈锦涛	内务总长	宋教仁
教育总长	章太炎	实业总长	张　謇
交通总长	程德全		

这个名单中，虽然重要各部都由同盟会会员担任，但也安排了立宪派人和旧官僚占有不少席位。名单提出后，一部分代表反对宋教仁、王宠惠、章太炎，也有人主张改任伍廷芳为外交总长的。根据讨论情况，黄兴与孙中山相商，"以钝初（宋教仁）主张初组政府，须全用革命党，不用旧官僚，理由甚充足。但在今日情势下，新旧交替，而代表会又坚持反对钝初掌内务，计不如部长取名，次长取实，改为程德全掌内务，蔡元培掌教育，秩庸（伍廷芳）与亮畴（王宠惠）对调"。① 孙中山不完全同意黄兴的意见，说："内政、教育两部依兄议，外交问题，我欲直接，秩老（伍廷芳）长者，诸多不便，故用亮畴（王宠惠），

▲ 1912年1月9日，孙中山、黄兴与参谋部人员合影。

---

① 居正：《梅川日记》，大东书局1947年版，第72页。

可以随时指示，我意甚决。"黄兴根据孙中山的意见再同代表会商，得到代表会的一致同意票。接着，又任命胡汉民为总统府秘书长，黄兴兼参谋总长，并委任了各部次长。这样，内阁的最后名单就确定了下来：

陆军总长　黄　兴　　次长　蒋作宾
海军总长　黄钟瑛　　次长　汤芗铭
外交总长　王宠惠　　次长　魏宸组
内务总长　程德全　　次长　居　正
财政总长　陈锦涛　　次长　王鸿猷
司法总长　伍廷芳　　次长　吕志伊
教育总长　蔡元培　　次长　景耀月
实业总长　张　謇　　次长　马君武
交通总长　汤寿潜　　次长　于右任

这个名单，从形式上来看，各部总长名额的分配是革命派、立宪派、旧官僚三种势力的联合，由同盟会会员任总长的只有陆军、外交、教育三个部；但"部长取名，次长取实"，各部次长除汤芗铭外都是同盟会的重要骨干，实权主要掌握在革命党人手中。它是一个以革命派为

▲ 1912年1月5日，孙中山与部分内阁成员合影。左起：吕志伊、于右任、居正、王宠惠、孙中山、黄钟瑛、蔡元培、海军代表、马君武、王鸿猷。

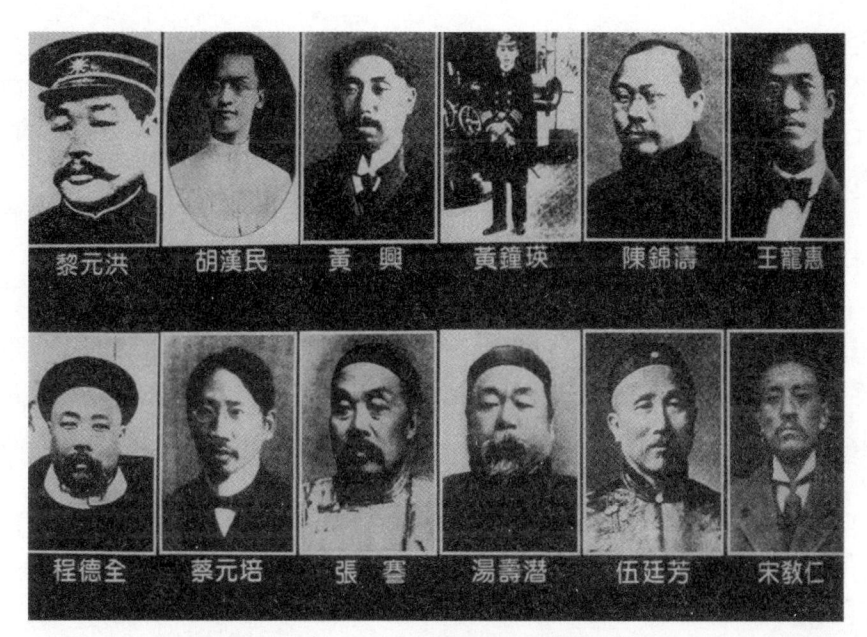

▲ 南京临时政府重要成员。

▲ 1912年1月21日，孙中山召开首次国务会议。左起：海军总长黄钟瑛、教育次长景耀月、教育总长蔡元培、财政总长陈锦涛；右起：财政次长王鸿猷、外交总长王宠惠、陆军总长黄兴。

主体的政权。各部的实际情况是："张、汤仅一度就职，与参加各部会议，即往住上海租界。程因于租界卧病。伍以议和代表不能管部务，故五部悉由次长代理，部长负责者黄、王、蔡耳。"所以，从实质上看，南京临时政府是一个由革命派居于主导地位的民主共和政府。

代表会议还选举黎元洪为临时副总统。稍后，各省代表会改组为临时参议院，推举林森为议长。

南京临时政府的成立，是孙中山领导人民多年奋斗的结果，是中国历史上第一个共和国政府，它在中国近代史上是具有重大意义的历史事件。同年2月12日清朝皇帝溥仪在全国革命怒涛中，被迫写下退位诏书，宣布退位。专制、卖国的清帝国终于被推翻，自秦始皇以来绵延二千一百多年的君主专制制度也就最后结束。从此，打开了民主共和的大门，世界的东方升起了第一面民主共和国的旗帜。古老的中国开始了历史的新纪元。

二、临时政府的立法建制和除旧布新

立法建制是南京临时政府成立后的一项艰巨和重要任务，因为这不仅是奠定民主共和国政治体制的根本大计，而且也是健全革命和民主性质的临时政府以争取最后埋葬清王朝所必不可少的保证。因此，以孙中山为首的南京临时政府成立后，在一面与袁世凯进行议和，一面准备北伐的同时，也抓紧进行立法建制工作。

南京临时政府的立法建制工作，首先是通过立法程序，用法律形式，把民主共和国的国体和政体确立起来，以固国基，以防后患。

1月，制定了《修正中华民国临时政府组织大纲》和《中华民国临时政府中央行政各部及其权限》，明确规定南京临时政府的构成形式，确立了这个政体的民主共和国性质。在《修正中华国临时政府组织大纲》中，规定南京临时政府是由立法机关参议院和行政机关——临时大总统、副总统和国务员组成。临时大总统由参议院选举产生，对参议院负责，是临时政府的首脑。

在《中华民国临时政府中央行政各部及其权限》中，具体地规定中央行政共设陆军、海军、外交、司法、财政、内务、教育、实业、交通等九个部，各部设总长一人，次长一人；次长由大总统简任，次长以下各员由各部总长按事之繁简酌定人数；各部局以下各员，均由各部总

▲ 1912年孙中山自题勉词（此件悬挂于南京总统府孙中山办公室内）。

长，分别荐任、委任。各部由临时大总统统辖，对临时大总统负责。

为了健全临时政府的法制，在南京临时政府成立后，在各部之外，设置了法制局（后改称法制院），由宋教仁任局长，负责法制的编订工作。南京临时政府为宣布法令，发布中央及地方政事，又设置公报局，以但焘为局长，负责编印《临时政府公报》。《公报》每日出一期，并规定政府对各地所发出的令示，或宣布法律，凡登《公报》者，公文未到，以《公报》到后有效；凡各官署皆有购阅公报之义务。《临时政府公报》自1912年1月29日创刊，很少间断，共出版了58号，最后一号在4月5日出版。它的出版，在临时大总统的南京临时政府内部各部门、各省都督府，起指导工作和互通情报的作用。

《中华民国临时政府中央行政各部及其权限》虽然规定了中央行政机构应设哪些部门及其权限，但并未规定各部的具体官制及官吏任免手续。为了加强各部的行政建设，孙中山责成法制局拟就"各部官制通则"二十一条与各部的"官制"各若干条，咨参议院议决。同时又要求法制局"拟定任官状纸及任官规则"，颁布施行。

由于孙中山对各部的行政建设极为重视，要求十分具体，所以南京临时政府各部门工作人员虽然很少，但各项工作都井井有条，效率很高。

建立健全的各级行政机构是完善行政领导的一个重要方面，但行政体制确立后还有一个如何选拔各级官吏的问题。孙中山领导下的南京临时政府认识到这一问题的重要性，努力想做到任人唯贤。孙中山将法制局汇总拟出的"文官考试委员官职令""文官考试令""外交官及领事官考试委员官职令""外交官及领事官考试令"各草案，立速咨参议院"提前议决，以便颁布施行"。在咨文中，孙中山说："任官授职，必赖贤能；尚公去私，厥维考试。兹当缔造之始，必定铨选之程。"又说："昨据内务部函称，各处待用之士，荟萃金陵，而各省办事人才，反觉缺乏，则文官考试实难再缓等语。按之现在情形，诚如该部所

▲ 中华民国临时大总统纪念章。

▲ 中华民国成立的各种纪念章、纪念币。

云。"可见，孙中山领导下的南京临时政府对改革官制，选拔人才，十分重视。但当时孙中山已经辞职，袁世凯已窃取临时大总统的职位，一个月之后，孙中山解职，临时政府北迁，这些法令，自然也就不可能施行。

其次，孙中山在就任临时大总统后，为了捍卫革命的胜利果实，建立一个基础牢固的民主主义的共和国，保证新生共和国的革命和民主的性质，在短短三个月时间里，他领导南京临时政府曾接二连三地制定和颁布了有利于民主政治和发展经济的法律和政令达三十多件，并推行有关措施，努力清除封建专制余毒，保障民主政治，维护人民权利，促进社会生产力和发展资本主义。

这些法律和法令，包括的范围甚广，现仅就其主要的方面予以概述：

首先，在整饬武装力量方面。

当时，南京各军云集，成分庞杂，在外滋扰不少。1912年1月16日，临时大总统发布严加约束士兵的命令说："江宁光复以来，秩序紊乱，至今尚未就理。顷闻城乡内外，盗贼充斥，宵小横行，夜则拦路夺物，昼则街头卖赃，或有不肖兵士，借稽查为名，私入人家，擅行劫掠，以至行者为之戒途。此皆兵士约束不严，警察诘奸不力所致。"同一天，孙中山又直接命令陆军部"迅切颁行军令，责成各军司令官以下将校切实奉行"。

为了整饬军队，建立起首都的革命秩序，孙中山下令设立南京卫戍总督，直隶于临时大总统，并任命徐绍桢为卫戍司令。1月15日，颁布《南京卫戍条例》，规定卫戍总督的任务是："任卫戍上之警备，并监视卫戍地内陆军之秩序风纪及保护陆军诸建筑物。"为了完成上述任务，驻屯在南京卫戍地的宪兵，南京卫戍进内的要塞，均归南京卫戍总督管辖；所有驻南京卫戍地的军队，如果出于卫戍勤务的需要，卫戍总督得加以指挥。"南京卫戍总督，当卫戍线内，若有骚乱，不及通告陆军部参谋部时，得以兵力便宜行事。"在卫戍总督府下，分区设立司令官，负责保卫治安，维持秩序。

1月30日，南京卫戍总督徐绍桢会同在南京各军司令官，包括浙军第一师长朱瑞、铁血军总司令范光启、沪军先锋队司令官洪承点、光复军司令李燮、南京宪兵司令茅迺封、粤军司令姚雨平、江宁警察总监吴忠信和卫戍总督府下所辖各分区司令官等20人开会议决维持治安

办法，并发布告示，颁行军律若干款。2月4日，陆军部又颁行维持地方治安临时军律12条，规定任意掳掠、强奸妇女、焚杀良民、擅封民屋财产、硬搬良民箱笼及银钱者枪毙；勒索强买、私斗伤人者抵罪；私入民宅、行窃、赌博、纵酒行凶者罚。

南京卫戍总督的设置，陆军部维持地方治安临时军律12条的颁布和执行，大大有助于南京革命秩序的建立。南京临时政府在整肃军队纪律的同时，也注意加强军政的统一领导和部队本身的建设。临时政府除设陆、海军部之外，为加强北伐的准备，又由临时大总统简任黄兴兼大本营兵站总监和参谋部总长，钮永建为参谋部次长兼大本营兵站次监，蓝天蔚为关外都督兼北伐第二军总司令，谭人凤为北伐招讨使。为健全军队建设，临时政府颁布了一系列的条例和章程，如《南京卫戍分区司令官条例》《陆军部军衡局关于人员职守及办事细则暂行章程》《陆军部陆军军官学校教育方针》《陆军暂行给予令》《宪兵暂行服务规则》《勋章章程》《陆军军官暂行条例》《陆军编制表》《陆军人员补官任职令》《陆军人员免职令》等，力图使军队建设有章可循。

整编军队，是南京临时政府面临的严重任务。当时云集南京的部队，不仅有浙军、沪军、光复军、苏军、粤军、赣军、海军陆战队，而且还有革命党人组织的各种名目的敢死队、义勇队，如范光启的铁血军、林宗云的女子国民军等，人数不下30万众。要整编这样一支庞杂的军队，是件很不容易的事情。但是，黄兴领导下的陆军部克服了种种困难，终于把这支涣散纷乱的军队整编成为"悉符章制"的21个师。应该说，临时政府在这方面做出了很大的成绩。

可以说，南京临时政府在整顿军队方面，进行了艰巨的工作，取得了很大的成绩。诚然，这支队伍，随着南京临时政府的结束除保留下了少数的编制（如第八师）外，多数被遣散，但这并不影响说明南京临时政府在这方面表现出来的不畏艰难、积极进取的革命精神和组织才能。

其次，建立参议院工作。

参议院为立法机关，在南京临时政府中占有极重要的地位。南京临时政府成立后，立即着手临时参议院的建立。根据《修正中华民国临时政府组织大纲》的规定，"参议院以各省都督府所派之参议员组织之"，"参议员每省以三人为限，其派遣方法，由各省都督自定之"。所以，在各省代表会选出临时大总统后，即致电各省都督府说："临时政府依次成立，代表责任已毕，立须组织参议院。据临时政府组织大纲，参议院由每省都督派遣参议员三人组织之，即请从速派参议员三人，付与正式委任状，克日来宁。参议员未至之前，每省暂留代表一人以至三人，驻宁代理其职权。"①

可是，事实上各省派遣的参议员，由于道路暌隔，并不能如期到宁。"而会议事件，不容延搁，乃先由各省代表员暂行代理。除星期停议及特别开议外，每日会议两小时。其后各省所派参议员陆续抵宁，乃于正月二十八日正式成立开会。次日选举林森为正议长，陈陶怡为副议长。然仍有数省未到者。计已到者为广东、湖北、湖南、浙江、江苏、安徽、江西、山西、福建、广西10省，共参议员30人。未到会以代表员代理者，为贵州、云南、陕西、四川、奉天、直隶、河南七省，共代理12人。"②

临时参议院正式成立时，议员到会的计17省38人。在四十多名参议员中，同盟会籍的参议员占三十余人，即占四分之三以上。临时参议院的正式成立，加强了南京临时政府的立法机构，它对于临时政府立法建制工作起了积极作用。不过，由于同盟会本身的解体，尽管同盟会籍参议员在临时参议院占绝对多数，可是他们其中不少人不但没能起议会党团作用，反而在许多问题上同孙中山为首的南京临时政府作难。

临时参议院正式成立时，孙中山率各行政官员莅会，并致祝词，说明了他对临时参议院的期望：

呜呼！破坏之难，各省志士先之矣；建设之难，则自今日以往，诸君子与文所黾勉仔肩而弗敢推谢者也。矧为北虏未灭，战云方急，立法事业，在在与戎机相待为用。破坏、建设之二难，毕萃于兹。诸君子勉哉！各尽乃智，竭乃力，以固民国之始基，以扬我族之大烈，则不徒文一人之颂祷，其四万万人实嘉赖之。③

第三，关于司法制度方面。

改革旧的并建立新的司法制度，是南京临时政府立法建制中的一项重

---

① 《民立报》，1911年12月31日。
② 《东方杂志》，1912年第12号《临时政府成立记》。
③ 《祝参议院开院文》（1912年1月28日），《孙中山全集》第二卷，中华书局1982年版，第44—45页。

▲ 为解决财政问题，1912年2月2日，南京临时政府发行的"中华民国军需公债"。

要任务。关于这方面的工作，首先是从废止刑讯体罚入手的。刑讯是一种封建性的残暴野蛮的方法。3月初，孙中山命令内务、司法两部通饬所属禁止刑讯。在命令中，他有力地揭露并谴责了清朝统治者刑讯的残暴。指出"刑罚之目的是维持国权、保护公安"，而"非快私人报复己私，无非以示惩创，使为后来相戒"。他申明"对于亡清虐政"，"于刑讯一端，尤深恶痛绝，中夜以思，情逾剥肤"。为此，他命令内务、司法两部转饬所属，"不论司法、行政各官署，审理及判决民、刑案件，不准再用笞杖、枷号及他项不法刑具。其罪当笞杖、枷号者，悉改科罚金、拘留"。[①]

---

① 《令内务部司法部通饬所属禁止体罚文》，《孙中山全集》第二卷，中华书局1982年版，第225页。

根据孙中山的命令，内务部除令京内所属官厅照办外，即咨请司法部速令各审判厅一律遵令办理。要求："无论行政司法，一律停止刑讯，以重人权，而免冤谳。"接着，司法部也咨各省都督停止一切刑讯，传达孙中山的命令，要求"转饬所属府厅州县行政、司法各官吏，嗣后不论何种案件，一概不准刑讯"。

几天以后，孙中山听到"上海南市裁判所审讯案件，犹用戒责，且施之妇女"，认为"上海开通最早、四方观听所系之地"，尚且如此，其他各地官吏可想而知。于是再次命令内政、司法二部通饬所属禁止体罚。他指出："近世各国刑罚，对于罪人或夺其自由，或绝其生命，从未有滥加刑威，虐及身体，如体罚之甚者。盖民事案件，有赔偿损害、回复原状之条，刑事案件，有罚金、拘留、禁锢、大辟之律，称情以施，方得其平。"贪图迅速结案，逾越法律，擅用职权，乱施体罚，造成冤狱，是司法人员所不应采取的错误办法。并指出，体罚制度早已为世界各国所摒弃，中外所讥评。前清末叶，对体罚虽亦悬为禁令，但徒具虚文。今民国虽已成立，难保各级官吏在审讯时不"犹蹈故习"，乱施体罚。为此，他命令迅速通饬"不论司法行政各官署，不准再用笞杖、枷号及其他不法刑具，其罪当笞杖、枷号者，悉改科罚金、拘留"。

孙中山在一再下令禁止刑讯的同时，对于改革司法官制也十分重视。由于这些都牵涉到人民的生命财产和权利，所以采取非常慎重的态度。这可从他批示宋教仁转呈江西南昌地方检察长郭翰所拟各省审检厅暂行大纲的请文中看得十分清楚。他说："查司法官制与中央地方官制相辅而行，现在中央地方官制尚未颁布，关于名称细节，不必遽拟更张。且所改审厅检厅各名目，尚欠妥协。四级三审之制，较为完备，不能以前清曾经采用，遂尔鄙弃。该检察长拟于轻案采取二审制度，不知以案情之轻重，定审级之繁简，殊非慎重人民生命财产之道。且上诉权为人民权利之一种。关于权利存废问题，岂可率尔解决。应候将该检察长所拟大纲清折发交司法部，于编订司法官制草案时借备参考可也。此批。"[1]

3月，司法部拟出"临时中央裁判所官职令草案"上报总统府，孙中山转令法制局审定。同时，内务部警务局局长孙润宇也拟出《律师法草案》，呈请孙中山批示。孙润宇在呈文中指出："自光复以后，苏沪各处，渐有律师公会之组织，于都督府领凭注册，出庭辩护，人民称

---

[1] 政协广东省文史资料委员会编：《辛亥革命资料》，广东新华书店1962年版，第266页。

便，足为民国司法界放一线之光明。然以国家尚无一定之法律巩固其地位，往往依都督之意向，可以存废。故各处已设之律师机关，非但信用不昭，且复危如巢幕。"孙中山对此极为重视，在批示中说："查律师制度与司法独立相辅为用，夙为文明各国所通行。现各处纷纷设立律师公会，尤应亟定法律，俾资依据。"

司法的健全与否，与司法人员的质量是有极大关系的。3月26日，孙中山曾咨请参议院议决法制局所拟定的《法官考试委员官职令》和《法官考试令》，坚持主张"所有司法人员，必须应法官考试合格人员，方能任用"。

由上可见，孙中山领导的南京临时政府，对于改革旧的与建立新的司法制度、制定各种法律都是十分重视的。

南京临时政府在司法制度上所做的这些改革虽只是初步的，但它表现出来的法制观念和主张，具有革命性与民主性，客观上有助于保护人民的某些权益。

第四，关于保护人民权利和革除社会恶习。

孙中山在就任临时大总统后，根据资产阶级"自由、平等、博爱"和"天赋人权"的原则，先后发布了许多关于保护人民权利和革除社会恶习方面的法令，力图使人民能够从封建旧制度的桎梏下解脱出来。在保护人民权利方面，孙中山多次发布命令，宣布所有人民享有国家社会的一切权利，私权如私人财产所有权、居住、言论、出版、集会、结社、信教的自由；公权如选举权、参政权等等。

2月3日，内务部根据孙中山的命令发布了"通饬保护人民财产令"五条。并由居正签发通电各省都督认真执行。这五条的头两条是："（一）凡在民国势力范围之人民，所有一切私产，均应归人民享有；（二）前为清政府官产，现入民国势力范围者，应归民国政府享有。"其余三条规定对清朝政府官吏的财产视其政治态度而区别情况给予保护或没收。3月28日，孙中山解职前夕，根据"各省光复以来，各地方行政长官及带兵将领，良莠不齐，每每凭借权势，凌轹乡里"，抢夺财物，甚至任意捕人，谋害人命的情况，再次致电各省都督保护人民的生命财产。要求"一面出示晓谕，人民有受前项疾苦者，许其按照临时约法来中央平政院陈诉，或就近向都督府控告。一经调查确实，立予尽法惩治，并将罪状宣示天下，发昭儆戒"。

为了保护民权，3月2日，孙中山还命令内务部严禁贩卖人口。命令说：

> "自法兰西人权宣言书出后，自由博爱平等之义，昭若日星。""今查民国开国之始，凡属国人咸属平等。背此大义，与众共弃。为此令仰该部遵照，迅即编定暂行条例，通饬所属，嗣后不得再有买卖人口情事，违者罚如令。其从前所结买卖契约，悉与解除，视为雇主雇人之关系，并不得再有主奴名分。此令。"[①]

孙中山久居海外，深知海外华侨的状况，特别对国内穷苦同胞被西方殖民主义者贱价买去做苦工的非人生活，痛心疾首。为了禁止贩卖"猪仔"，保护华侨，他在3月19日，一面命令广东都督严禁再有买卖"猪仔"的事情发生，指出对奸徒拐贩，"本总统痛心疾首，殷念不忘"。"禁止'猪仔'出口，尤为刻不容缓之事。"一面命令外交部妥筹禁绝贩卖"猪仔"及保护华侨的办法。在事实上，当时孙中山领导下的南京临时政府在实践上已在"实力推行"努力保护华侨的外交政策了。

1912年2月19日（农历正月初二），荷属爪哇岛泗水华侨集会升旗鸣炮庆祝中华民国的成立，遭到荷兰殖民主义者派马队武装干涉，强迫下旗，撕烂国旗无数，并当场有三人被击毙，十余人受伤，百余人被捕，书报社被封，外埠来电被截。华侨罢市抗议，荷兰政府出动军警强迫华侨开市，又逮捕四百余人，华侨先后被捕者达两千余人。事情发生后，荷属巴达维亚、泗水华侨急电南京临时政府，要求迅速同荷兰政府严重交涉，"存国体以慰华侨"。

在社会各界的愤怒声援下，南京临时政府外交总长王宠惠于2月26日"电荷兰外交部，要求赔偿损失，辞极激昂"。

经过反复交涉，荷兰政府不得不接受惩办凶手、礼葬死亡华侨并抚恤其家属、医治受伤华侨、赔偿华侨财产损失、对华侨与荷兰人同等待遇等条件。

自从鸦片战争以来，历次对外交涉，清朝政府一向屈辱忍让，残民卖国。这次对外交涉能取得较好的结局，实在是民国成立后在外交上的

[①] 《令内务部禁止买卖人口文》，《孙中山全集》第二卷，中华书局1982年版，第156页。

重要成果。

为了保护民权，孙中山还通令改变所谓"贱民"身份，允许他们享受一切公私权利。通令说：

> 天赋人权，胥属平等。自专制者设为种种无理之法制，以凌轹斯民，而自张其毒焰，于是人民之阶级以生。前清沿数千年专制之秕政，变本加厉，抑又甚焉。若闽粤之蛋户，浙之惰民，豫之丐户，及所谓发功臣暨披甲家为奴，即俗所称义民者，又若薙发者并优倡隶卒等，均有特别限制，使不得与平民齿。一人蒙垢，辱及子孙，蹂躏人权，莫此为甚。当兹共和告成，人道彰明之际，岂容此等苛令久存，为民国玷。为此特申令示，凡以上所述各种人民，对于国家社会之一切权利，公权若选举、参政等，私权若居住、言论、出版、集会、信教之自由等，均许一体享有，毋稍歧异，以重人权而彰公理。①

在保护人权方面，南京政府还宣布赋予广大妇女以同男子完全平等的各项权利。晚清以来，妇女自求解放的运动本已经迅速地开展起来。武昌起义以后，许多妇女更加积极地起来参加社会政治生活。她们有的组织"女子后援会""女界协赞会""女子募饷团"，为革命军筹募军饷；有的组织"劝募手工业御寒品会"，为革命军劝募手工御寒品；有的参加红十字会；有的组织妇女军事团体，如女子国民军、女子北伐光复军、女子军事团等；有的组织政治团体，如女子参政会、中华女子共和协进会、神州女界共和协济会等组织，有的还上书临时大总统孙中山要求参政。对于广大妇女的这种男女平权的要求，孙中山极力加以支持。1912年3月4日，他在复"女界共和协济会"的信中说："来书具悉。天赋人权，男女本非悬殊，平等大公，心同此理。自共和民国成立，将合全国以一致进行。女界多才，其入同盟会，奔走国事，百折不回者，已与各省志士媲美。至若勇往从戎，同仇北伐，或投身赤十字会，不辞艰险；或慷慨助饷，鼓吹舆论，振起国民精神，更彰彰在人耳目。女子将来之有参政权，盖所必致。"据此，临时参议院通过了女子有参政权的议案，破天荒地宣布赋予几千年来备受歧视的妇女以参加各级政权的权利。尽管由于封建传统观念的影响，

---

① 政协广东省文史资料委员会编：《辛亥革命资料》，广东新华书店1962年版，第302页。

妇女参政问题未能实现，但南京临时政府的民主精神也于此可见。

在除旧布新方面，南京临时政府发布了许多改革社会恶习的政令。这些政令有：(1) 严禁鸦片。3月2日，孙中山发布了严禁鸦片的命令，号召"各团体讲演诸会，随分劝导，不惮勤劳，务使利害大明，趋就知向，屏绝恶习，共作新民，永雪亚东病夫之耻，长保中夏清明之风"。接着，又于3月6日命令内务部，"著该部悉心筹划，拟一暂行条例，颁饬遵行"。同时，孙中山深知鸦片祸华的根源在于英国通过中英《南京条约》使鸦片贸易合法化。中英既订有条约，不能单独禁止售卖。要严禁吸食鸦片，必须同时禁种、禁吸、禁运、禁售，否则无效。为此，孙中山在解职后仍为禁烟问题致电伦敦各报表示"予切愿以人道与真理的名义"，希望英国能"停止不仁之贸易"。

(2) 改变称呼。3月2日，孙中山致内务部令，说："官厅为治事之机关，职员乃人民之公仆，本非特殊之阶级，何取非分之名称。查前清官厅，视官等之高下，有大人、老爷等名称，受之者增惭，施之者失体，义无取焉。光复以后，闻中央地方各官厅，漫不加察，仍沿旧称，殊为共和政治之玷。嗣后各官厅人员相称，咸以官职，民间普通称呼则曰先生、曰君，不得再沿前清官厅恶称。"①

孙中山一向认为官吏应该是人民的"公仆"，自称是"为众服务"的公仆，自然不能容忍在建立民国后仍让人民用"大人""老爷"来称呼官吏。自称是"为众服务"的公仆，用官职来相称，比起带有强烈封建气味的"大人""老爷"的称谓还是要进步一些。

(3) 限期剪辫。"编发之制"是清朝反动统治的一个重要象征。清初入关时，为建立自己的统治，曾颁布薙发令，强迫汉族人民遵从。"留头不留发，留发不留头。"许多人曾为此丧生。这种野蛮落后的习俗，不仅形象丑陋，"腾笑五洲"，且"易萃霉菌，足滋疾病之媒"。因此，武昌起义以后，各地人民纷纷自动剪辫。孙中山当选临时大总统之日，南京不少市民曾剪去辫子，以表祝贺。孙中山就职临时大总统后，在3月5日发布剪辫的命令："凡未去辫者，于令到之日，限二十日，一律剪除净尽，有不遵者，(以) 违法论。该地方官毋稍容隐，致干国纪。"②

---

① 《令内务部通知革除前清官厅称呼文》，《孙中山全集》第二卷，中华书局1982年版，第155页。
② 《命内务部晓示人民一律剪辫令》(1912年3月5日)，《孙中山全集》第二卷，中华书局1982年版，第177—178页。

(4) 禁止赌博。3月5日，临时政府内务部曾分咨各部及各省都督，指出"赌博为巧取人财，既背人道主义，尤为现时民生多所妨害，亟应严切禁止，为我共和国民祛除污点"。要求"无论何项赌博，一体禁除。凡人民宴会游饮集合各场所，一概不准重蹈赌博旧习。其店铺中有售卖各种赌具者，即著自行销毁，嗣后永远不准出售。责任各该地方巡警严密稽查。倘有违犯，各按现行律科罪，以绝赌风而肃民纪"。

(5) 禁止缠足。3月11日，孙中山命令内务部通饬各省劝禁缠足。内务部根据孙中山的命令，在通饬各省咨文中，曾提出下列要求："已缠者，令其必放，未缠者，毋许再缠。倘乡僻愚民，仍执迷不悟，则或编为另户，以激其羞恶之心，或削其公权，以生其向隅之感。"有的人并拟出妇女缠足收税章程呈报财政部，要求对缠者课以重税。由此可见人们当时对缠足的深恶痛绝。

(6) 废止跪拜。跪拜之礼是一种封建落后的礼节，反映了封建主义的长幼尊卑之序，同资产阶级的人权学说是不相容的。南京临时政府虽然没有公开发布命令废除这种礼节，但孙中山在当选临时大总统时曾向各省代表会议提出废止跪拜礼，普通相见时一鞠躬，最敬礼为三鞠躬，当经全体决议通过。从这以后，行鞠躬礼逐渐通行。

(7) 树立新风。中国人民长期饱受封建主义统治的苦难。临时政府成立后，孙中山力图树立起廉洁奉公的新风。孙中山一生奔走革命，生活极为俭朴。在他的倡导下，临时政府上至大总统下至一般职员，都实行低薪制，每人只领军用券30元。食宿全由政府提供，"亦一律齐等，满清官僚习气，扫荡无遗"。临时政府还"扫除了中国旧官场讲排场、摆架子的恶习，也减除了一些官僚式的繁文缛节，无论官阶大小都着同样制服"。孙中山十分重视培养民主的作风，处处以平等待人。这种例证，不胜列举。例如，某日，年过八旬的萧姓盐商为了瞻仰大总统的风采，专程从扬州到南京总统府求见，传达室不予通报，老人坚持不走。孙中山知道后，立即召见。老人至，孙中山含笑起立相迎，正准备同他握手，老人突然放下手杖，行三跪九叩首的拜见君主的大礼。孙中山连忙将他扶起，请他坐下，亲切地和他谈话。告诉他："总统在职一天，就是国民的公仆，是为全国人民服务的。"老人问道："总统若是离职后呢？"孙中山回答说："总统离职以后，就和老百姓一样。"老人告辞时，孙中山亲自送到门口。这时，老人高兴极了，笑着说："今天我总算见到民主了。"

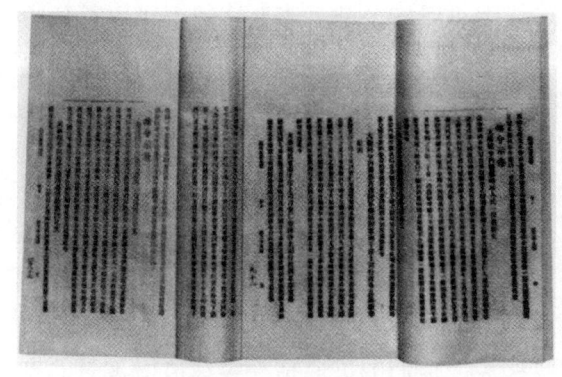

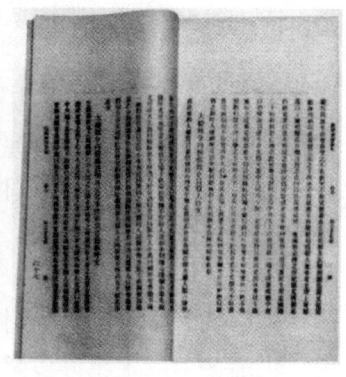

▲ 孙中山发布的关于剪辫、禁止买卖人口、禁止缠足令（部分）。

　　传统和习俗是一种巨大的历史惰力。即使是一种陋习，一旦形成，要革除它，也很不容易，往往需要经过很长的时间，多次的冲击，直到社会生活条件发生根本的变化，才能彻底改变。例如，缠足这种恶习，尽管在戊戌维新运动时康有为等已组织过"放足会"，许多先进的人们不断地提倡，南京临时政府曾明令禁止缠足，可是，直到抗日战争时期，在一些偏僻地区，中国共产党所领导下的抗日根据地民主政权还不得不签署禁止缠足的命令，并组织放足队，宣传动员放足。

　　但尽管如此，南京临时政府在除旧布新方面所公布的各项政令，提倡的廉洁奉公、平等待人的新风，还是有力地触动了封建社会的陋习，具有解放思想、移风易俗的作用，对以后历史的发展有着深远的影响。

　　第五，关于财政制度方面。

　　南京临时政府一成立，便面临极为严重的财政困难。孙中山在《临时大总统宣言书》中说："此后国家经费，取给于民，必期合于理财学理，而尤在改良社会经济组织，使人民知有生之乐。是曰财政之统一。"所以，尽管遇到极大的困难，但临时政府还是努力来这样做的。

　　首先，临时政府坚持货币制度的统一。1月下旬，南京江南造币总理余成烈、协理林景上书临时大总统孙中山，提出请厘定币制，明确南京造币厂为"全国鼓铸之总机关"，应归财政部管理。孙中山肯定了南京造币厂应归财政部直辖的建议，以财政部名义，正式委任余成烈、林景二人分别为总理、协理。

　　此外，3月9日，孙中山批准了临时政府为改良币制，还准备创造条件，"采取本位之成法"。并为"新吾民之耳目"计，还拟另刊新模，鼓铸纪念币。

为了统一财政，临时政府在中央发行公债后不允许地方再发行地方公债。当中央公债发行后上海都督府仍刊登发行公债广告时，孙中山当即批示："中央公债票既发行，上海公债票应即停止，自是正办。为此令仰该都督，即行转饬上海财政司，将上海公债票即日停止发行。"

为了健全财政制度，财政部在2月下旬咨各省都督划分收支命令机关和现金出纳机关的权限。并实行财政预算制度，十分认真地按法律手续办事。

南京临时政府始终为财政所困，财政部在三个月的东张西罗的处境中，仍能努力制定出许多财政法规，他们的进取精神实在值得称赞。这些财政法规，袁世凯上台后虽未认真施行，但对后人却有借鉴意义。

第六，关于发展实业工作。

制定并颁行一系列保护并促进农工商业发展的章程、则例，以促进社会生产的发展，是南京临时政府立法建制的又一个重要方面。临时政府特设实业部，负责管理农工、商矿、渔林、牧猎及度量衡事务，监督所辖各官署。并要求各省迅速建立实业司，负责推动全省实业的发展。

3月初，实业部制定了商业注册章程颁行全国，由实业部负责办理注册手续。制定这个商业注册章程的目的是"恤商"，革除清朝政府对商民敲骨吸髓的弊政，"减其征额"，注重公司的财产，保障其权利，"上以裕国课之支艰，下以顺商户之呼恳"。章程规定，除准许集资公司注册外，对独资的商号，也准许自由注册，以期"与共和政体宗旨不悖"。

临时政府为了鼓励民间工业的发展，还直接推动发起组织"中华民国工业建设会"。并且对于有利于国计民生的工矿企业，一经申请，无不予以批准立案。其中包括煤矿、铁路、航运、银行、军械制造、保险公司、各种类型的工厂如缝工、皮工、铁工、鞋工、磨面、轧米、榨油、工艺、屯垦、渔业等。如有侵夺私产、破坏营业的事件发生，立即命令有关部门，认真查处，妥为解决。

在大力提倡发展工商业的同时，临时政府对农业的恢复和发展也很重视。3月13日，孙中山曾令内务部通饬各省慎重农事。命令说：

"军兴以来，四民失业，而尤以农民为最。""国本所关，非细故也。方今春阳载和，正届农时，若不亟为筹划，一或懈豫，众庶艰食，永怀忧虑，无忘厥心。为此令仰（该）部迅即咨行各省都督,饬下所司,劳来农民,严加保护。其有耕种之具不给者,公田由地方公款、私田由各田主设法资助,俟秋成后计数取偿。各有司当知此事为国计民生所系,务当实力体行,不得以虚文塞责,勉尽厥职,称此意焉。"[1]

此外,临时政府还提倡垦殖事业,对申请垦辟荒地者予以批准,并加以鼓励。

可见,临时政府虽为时暂短,处境极为困难,但它在恢复和发展农工商业方面还是全力以赴的。

第七,关于文化教育方面。

南京临时政府成立时,正值战争期间,各地学校大多停办。因此,如何改革旧的教育制度和教学内容,使它们适合共和制度,并让各级学校有所依据,迅速开学上课,便成为一项急不可缓的任务。

蔡元培任教育总长后,认真研究各国教育制度,结合中国的具体情况,制定并在1月19日颁布《普通教育暂行办法》14条,又在2月1日颁布《普通教育暂行课程标准》11条,规定学堂改称学校,监督堂长一律改称校长;各科教学内容必须合乎共和民国的宗旨;禁止小学读经、废除旧时的奖励出身。并且,规定小学、中学、师范学校各种暂行课程表,令各校遵行。其中规定,"初等小学校之学科目,为修身、国文、算术、游戏";"师范学校之学科目,为修身、教育、国文、外国语、历史、地理、数学、博物、理化、法制、经济、习字、图画、手工、音乐、体操。女子加家政、裁缝。视地方情形得加设农工商业之一科目"。同时,对高等教育的改革也很注意。废止《大清会典》《大清律例》《皇朝掌故》《国朝事实》及其他有碍民国精神暨非各学校应授之科目;前清御批等书,一律禁止滥用。

为了普及教育,临时政府还极力提倡社会教育,在拟订教育部官制时,特设立社会教育司,同普通教育司、专门教育司并立,使社会教育第一次在教育行政上有了专门的机构。2月2日教育部通电各省要求推行社会教育,并指出社会教育当今的急务,应从宣讲形势入手。宣讲标准,大致应专注此次革新的事实,共和国民之权利义务及尚武实业诸

---

[1] 《令内各部通饬各省慎重农事文》,《孙中山全集》第二卷,中华书局1982年版,第233—234页。

端,而尤注重于公民之道德。

为了推行社会教育,清除封建积习,蔡元培和李石曾、刘冠雄、黄恺元、汪精卫、宋教仁、钮永建、蔡席东、戴天仇、魏宸组、曾昭文、范熙绩、王正廷等26人,在1912年2月23日发起组织"社会改良会",并发表宣言,要求人们具备共和思想要素。宣言说:"尚公德,尊人权,贵贱平等,而无所骄谄,意志自由,而无所谓徼幸,不以法律所不及而自恣,不以势力所能达而妄行,是皆共和思想之要素,而人之所当自勉者也。"宣言还指出:"数千年君权、神权之影响,迄今未沫,其与共和思想抵触者颇多",主张"以人道主义去君权之专制,以科学知识去神权之迷信";"互相策励,期以保持共和国民之人格,而力求进步"。

"社会改良会"的章程规定,它的宗旨是"以人道主义及科学知识为标准而改良现今社会之条件"。它列举需要革除的社会种种恶习共36条,诸如不狎妓;不置婢妾;实行男女平等;提倡废止早婚;承认离婚、再嫁之自由;不得歧视私生子;提倡少生儿女;禁止对于儿童之体罚;不赌博;在官时不受馈赠;提倡以私财或遗产补助公益善举;婚、丧、祭等事不作奢华迷信等举动;养成清洁之习惯;日常行动不得妨碍公共卫生(如随地吐痰及随意抛掷污秽等事);不可有辱骂、喧闹、粗暴之行为;戒除有碍风化之广告(如卖春药、打胎等)及各种印刷品(如卖春画、淫书等)等等。

临时政府成立后,为了巩固新的共和制度,冲击旧的封建习惯势力,转变社会风气,树立精神文明,自然是十分必要的。蔡元培等人所发起的"社会改良会",正是适应了这种客观历史要求。对于根深蒂固的旧习惯势力,仅凭少数人的号召,自然不可能产生多少实际效果,但它毕竟表现了革命党人的革新精神,对旧的愚昧落后的社会习惯势力,起了一定的冲击作用。

最后,尤为重要的是关于国家的根本大法的制定和颁布。

制定和颁布《中华民国临时约法》,是南京临时政府在立法建制方面最重要的成就。它是辛亥革命的一项积极成果,也是中国历史上的一个创举,在中国宪政史上具有划时代的意义。

《临时约法》由参议院主持制定,自1912年2月7日至3月8日,经过一个多月的紧张讨论,通过二读、三读手续,最后通过,由孙中山以临时大总统的名义于3月11日正式颁布。

▲ 1912年3月,孙中山颁布由临时参议院通过的、具有临时宪法性质的《中华民国临时约法》(部分)。

《临时约法》全文分七章,共56条,除在总纲中规定"中华民国之主权,属于国民全体"外,并通过具体条文保证人民应享的民主权利,如"中华民国人民,一律平等,无种族、阶级、宗教之区别";人民有人身、居住、财产、言论、出版、集会、结社、通信、信仰等的自由,有请愿、选举和被选举等项权利。还规定"中华民国以参议院、临时大总统、国务员、法院,行使其统治权"。建立了资产阶级民主共和制度,确立了立法、行政、司法三权分立制和实行责任内阁制。从实质内容来看,这部约法是要通过法律形式,确保在中国建立一个实行议会民主和责任内阁制的民主共和国。

这部《临时约法》和前述的临时政府组织法相比,有一个很大的不同,即不是采取总统制,而是采取内阁制。《临时约法》在参议院、大总统、国务员三者的关系中规定,参议院有广泛的权力,国务员负有实际的责任,而临时大总统的权力则受到多方面的限制。孙中山原来是反对内阁制、主张总统制的,这时他同意《临时约法》将总统制改为内阁制,显然是出于限制袁世凯专权以保障民国的目的。

从《临时约法》各章各项的规定,可以明显地看出它是根据美、法等资本主义国家的立法、行政、司法"三权分立","代议政治"等原则而订立的。《临时约法》的精髓在于它通过立法程序,确立了资产

阶级共和国的国家政治制度和政权的组织形式，以及人民的民主权利。《临时约法》宣告民主共和原则的正义性和中华民国的合法性，彻底判决中国两千多年来封建君主专制制度的死刑，开创了中国民主政治的新局面，在中国近代政治史上有着划时代的意义。同时，《临时约法》关于人民权利和自由的一系列的规定，对于促进人民的觉醒，使民主共和的观念深入人心，鼓舞人民起来为维护自己的权利而斗争，也有着极其重要的作用。

这部约法虽然有不少缺点和不够完善的地方，但毫无疑问，它是带有革命性和民主性的国家根本大法，在那个时期是一个比较好的法规。它是资产阶级共和国的标志，是以孙中山为首的民族民主革命党人心目中的一面旗帜。从此，在广大人民群众的头脑里确立了民主共和国的观念，曾自称为"天子"的皇帝在人民心目中成了非法的东西。以后，围绕着对《临时约法》是贯彻施行，还是破坏和废除这一根本问题，孙中山为首的革命党人同袁世凯及其后继者之间，开展了长达多年的错综复杂的斗争，使任何帝制复辟都只能是一出短命的丑剧。

孙中山领导的南京临时政府在处境极为困难的短短的三个月，由于时间短暂，难以施展抱负、留下了很多遗憾，但他却作出了许多前人没有做过的事，作出了超常的贡献。他以极大的热情，努力立法建制，制定了许多法律和制度，力图做到有法可依、有章可循、坚持法治；并采取了许多具体措施，除旧布新，进行改革。这是很值得称赞的。尽管南京临时政府采取的这些政策，大多未能贯彻实行，但它仍有重要的历史意义和借鉴作用。孙中山的公仆意识和总统业绩也不会因其任期之短暂而暗淡。

三、平民总统

孙中山以实际行动表明，他所主持的南京临时政府是一个崭新的清明廉洁政府。

当时，孙中山日夜萦怀的是国家的统一、富强和人民的幸福安乐，丝毫没有考虑个人的权势和享受。他信守所有大小官员都是国民的公仆，深深思虑如何才能不负国民之所望。他廉洁奉公，不谋私利，自己的言行活动均同往昔，仍和普通人民一样，没有任何特殊的地方，被人们赞誉为可敬的平民总统。

在刷新吏治方面，孙中山决心要扫除封建帝王奢华铺张和官吏贪污腐败的陋习，并以身作则，作出了很好的榜样。他力主崇尚简朴廉洁，不讲排场，早在其被选举为临时大总统之初，在与上海英文《大陆报》记者谈话中，就强调艰苦朴素，说南京新政府不需要建筑华丽的宫殿，如无适当的房子，搭盖棚厂也没有什么不可以的。当时临时大总统府及他的官邸，就利用南京旧两江总督衙门（曾为太平天国天王府）老屋，不再新添建筑；他在西部一座黄色平房内办公，西花园东北角一座简陋的小楼房内居住。他衣着朴素，穿的是一件粗陋的呢大衣（现保存在广东中山市翠亨村故居纪念馆），饮食节俭，不抽烟、不喝酒，在平日视察市政、访问民众以及近途开会，喜欢便装步行，不愿乘车或骑马，处处以人民公仆自居，厌恶旧官吏讲排场摆架子和一些繁文缛节的陈规陋习。他出席各种会议时，不特置台上座位，仅坐在会场前列。张继追忆说："诸同志仍呼为'先生'，甚少呼大总统者，气度使然，并非有人教之也。""他与平民在一起，从来不摆官架子，没有官僚脾气。他做了大总统后，华侨仍可当面直呼其名——孙文，而不以为忤，依旧亲切地招待他们。华侨们偶有争议，在大庭广众之前，可以放大炮，而他处之泰然，让他们心中有话，和盘托出。其所以如此，因为他一切举措都是公而无私。"

孙中山认为搞革命必须论功以赏，用人"唯才能是称"，[①] 坚决反对用人唯亲，不徇私情，拒绝安排乡亲和私人朋友出来做官。他哥哥孙眉在孙中山爱国主义精神影响下，过去几乎把家中全部资产献出，是位对革命有功的人。1912年2月，广东都督一职空缺时，广东党军及社会团体纷纷向孙中山发出一百多封电报，推荐孙眉继任广东省都督。广东教育厅长蔡元培也热心支持此议。而孙中山非常了解自己哥哥所具有的优秀条件，认为："家兄质直过人，而素不娴于政治，一登舞台，人易欺以其方。粤督任重，才浅肆应，决非此宜。"认为孙眉不适宜担任此职，坚决不同意授予官职，并于同年2月21日亲自致电孙眉劝阻。稍后，老兴中会员、幼年同乡好友杨鹤龄以对革命作出过贡献之功，再次函请谋求官职，孙中山在批复来信中说："真革命党，志在国家，必不屑于升官发财，彼能升官发财者，悉属伪革命党。"恳切地开导这位昔年"四大寇"之一的挚友抛掉急功近利的情绪。

---

① 孙中山：《复蔡元培函》（1912年1月12日），原件南京中国第二历史档案馆藏。

孙中山"不治家产",了无积蓄,清贫度日,也不为家人谋取特权。在临时大总统府内,从总统、总长到一般职员,无论官职大小,待遇一律平等,除了食宿由政府供给外,每人每月都只领津贴费30元军用券,不准特殊。①

当时在总统府内,一般人每餐菜金都在三元以上,而孙中山吃的是四角钱左右的豆芽之类的素菜。一天,南北议和代表伍廷芳、唐绍仪到总统府谒见,商谈国事直至夜间。在留伍、唐二人用膳的桌上,除了几碟普通的菜外,别无佳肴。唐绍仪生活奢费,每日仅烟酒费二三十元,乍见此粗劣菜食,无法下筷,又不好意思退席,托辞对伍廷芳说:"今天是我吃斋日,不能吃荤,只可陪食。"孙中山随吃随谈,也不强让。就连教育总长蔡元培也是自己洗衣服。②财政总长陈锦涛曾对人说:"余为部长,不如前清之司员华贵多矣。"③孙中山常常对同志进行民主精神教育,书写"自由""平等""博爱"等横幅送人。他和一些担任重要职务的革命党人,工作极为繁重,生活都十分简朴。

同年3月初,同盟会在南京召开大会,孙中山准备到会讲话。因为他是便装步行去的,被门前警卫拦住,告知:"今天孙大总统来这里,别人不让进去。"孙中山说:"孙大总统不也是一个普通人吗?他只不过是众百姓的公仆。"说完把名片拿出来。那个士兵惊吓得不知所措,孙中山却点头微笑着走进了会场。

在总统府内有外国朋友送给总统的13匹马,编为13个号;还有友人送的一辆黑色汽车;侍从队有24辆自行车,备总统外出时卫士使用。一天早上,孙中山与总统府建筑科长唐斌及随从七人,骑着洋马到中华门外雨花台视察炮台。孙中山骑的是性格驯良的七号马,他穿着普通制服,出城时市民没发现,可是出城后被大家知道了,人们便立即在马路上、店门口、城楼上挂满了旗帜。唐斌陪孙中山走上雨花台,想去看一座前清遗留下来的炮台,但那里也聚集了许多群众。孙中山不愿惊动大家,回头就走。他从雨花台上往下一看,见城里挂满了旗帜,便勒住马,指着城内问唐斌:"这是干什么?"唐斌回答说:"说是欢迎总统的。"孙中山感慨地说:"我个人的行踪不必去惊扰众人,我们还是改

---

① 任鸿隽:《记南京临时政府及其他》,《辛亥革命回忆录》(一),中华书局1960年版,第431页。
② 《蔡元培向校役脱帽鞠躬》,香港《大公报》,1980年3月7日。
③ 《胡汉民自传》,《革命文献》第三辑,台湾1955年版,第438页。

道走吧。"看完炮台，准备进城，到了中华门外的郭家花园（明初郭子兴的花园），被群众发现，一齐拥过来，将他团团围住。群众频频点头行礼。这时，城外的警察分局姚局长和王巡官率人赶来维持秩序，王巡官拔出指挥刀挥舞要驱散群众。孙中山当即叫护卫队长郭汉章去制止王巡官，并告诉他说："对待老百姓不能这样。"围观的群众越来越多，齐呼"大总统万岁，万万岁！"孙中山看到老百姓对自己是这样热烈爱戴，知道一时不容易从中华门进城，便轻声地用广东话对郭汉章说："我们能不能从旁的城门进城。"郭汉章随即在马上对群众说："请让开一条路，大总统还到制造局去看看。"随即群众让出一条路，他们就绕道从通济门进城回到了总统府。

　　凡此种种充分说明，孙中山确是充满着民主精神的革命民主主义者，不愧为一位体现国民公意的好总统。南京临时政府也正因为有孙中山为首的一批革命党人在其中承担重任，才出现了以前中国历史上任何一个政权从未有过的新气象，表现出鲜明的革命民主的性质。孙中山所表现的为国为民的革命精神和廉洁奉公、不谋私利的崇高品质，委实令人钦佩，值得人们崇敬和学习。

第三节 被迫让位

一、同盟会的涣散

同盟会本来就是一个松懈的团体，它自成立以来，对于"驱除鞑虏，恢复中华，创立民国，平均地权"的政治纲领，就一直未达到思想认识上的一致，出现了政见分歧、争执不断的情况。到1907年初，又因经费问题，光复会的章太炎等人对孙中山大加攻击，并要求免去孙的职务。风波虽被劝止，但章太炎等对孙中山的攻击却有增无减。光复会中原来就有人（如徐锡麟）拒绝加入同盟会而分裂出去。他们另树光复会的旗帜，表明同盟会早已开始分裂。到武昌起义之后，同盟会的组织由于妥协和各种遭遇，以及内外敌人的拉拢、瓦解活动，很快走向涣散，处于四分五裂，各自为政的状态。例如，同盟会四川支部不经本部同意，径自改为"共和党"；孙武、刘成禺等联合一些旧官僚和立宪党人发起组织了"民社"；景耀月、欧阳振声等，联络"国民共进会"等组织成了"统一共和党"等等。

特别是章太炎在武昌起义后，于11月间回到上海，12月1日发表宣言，"承认武昌为临时政府"，并认为不必等孙中山归国，说什么"有欲待孙君归国始正名号者，此无异儿童之见"。他并且"倡言若举总统，以功则黄兴，以才则宋教仁，以德则汪精卫"，极力贬斥孙中山。

当时，黄兴在汉阳，曾就扩大同盟会问题征求章太炎的意见，章太炎则回信以"革命军起，革命党消"告之。接着，12月8日，刘揆一又发表了同盟会、宪政分会、宪友会、辛亥俱乐部一律取消的主张，这就更加速了同盟会的解体。

1912年1月3日，南京临时政府刚成立，章太炎即正式脱离同盟会，在上海组织中华民国联合会（后又改名为统一党）。章太炎自任会长，以程德全为副会长，接着又推张謇为"特务干事"。① 章太炎在联合会第一次大会讲演中说："中国本因旧之国，非新辟之国，其良法美俗，应保存者，则存留之，不能事事更张也。"② 4日，他创办《大共和日报》，并在发刊词中宣扬"专制非无良规，共和非无秕政"。南京临时政府已经公布自1912年起改用阳历，他却在《大共和日报》第2号上以"本社社长"的名义，发表《宣言》说："今日南北未一，观听互殊，岂容遽改正朔。况此次参事会，大半即各省都督府代表之变名，既非国民公选，何有决议改历之权。故在议员未选，历书未颁，对于此等少数空言，断难遵行，愿全国人民审思之，愿各代表反省之。"

1月14日，陈其美指使蒋介石暗杀光复会领袖陶成章在上海广慈医院，从而促使章太炎和同盟会的矛盾更加扩大。章太炎在3月时又将中华民国联合会改名为统一党，并在改党大会的演说词中说："本党宗旨，不取急躁，不重保守，惟以稳健为第一要义。"③ 还在统一党发表的《宣言书》中声称："本党本集革命、宪政、中立诸党而成，无故无新，惟善是一。只求主义不涉危险，立论不近偏枯，行事不趋狂暴，在官不闻贪佞者，皆愿相互提携。"

章太炎还在《自定年谱》中讲述当时建立统一政党时的情况："初，同盟会著籍者不过2000人，自南都建立，一日附者率数千。武昌诸将，同盟会、共进会分处其半，以与南府不合，复立民社，与同盟会新附者竞。余亦暂集人士为统一党，……"当联合会改为统一党时，其组织力量是："本部会员，现已达700余人，南方各省，大抵皆已设支部，北方亦可渐次扩充。"

总之，章太炎在辛亥革命后已明显右倾。不论联合会或统一党，都不过是一种官僚、政客、立宪派的大杂烩。因此，它对南京临时政府的许多改革措施，无不加以反对。孙中山主张建都南京以牵制袁世凯，章太炎也极力反对。他公然为袁张目说："逊位以后，组织新政府者，当为袁氏，若迫令南来，则北方失所观望"；④ "袁公已被选为大总统，大

---

① 章太炎说："特务干事，即领袖之异名，国有大疑，即当咨访。"见《与张季直先生书》，载《大共和日报》第2号，1912年1月5日。
② 《大共和日报》第2号，1912年1月5日。
③ 《大共和日报》第53号，1912年3月3日。
④ 《致南京参议会书》，《时报》，1812年2月13日。

总统之所在，而百僚联袂归之，此自事理亦然"；"袁公既被举为临时大总统，则名实自归之矣，何必移统一政府于金陵"。3月下旬，在南京的四川籍革命党人召开四川革命烈士追悼会，孙中山亲往参加，而章炳麟却送来了一副对联，其中上联是"群盗鼠窃狗偷，死者不瞑目"，"但当时鼠窃狗偷的大半还是立宪党人，而章炳麟不正是和他们沆瀣一气吗？他反对建都南京，认为南京并非龙盘虎踞，难道北京果真就是龙盘虎踞的地方吗？很明显，章炳麟为了反对孙中山先生，已经实际上站到袁世凯那方面去了"。①

　　早在武昌起义后不久，立宪派与同盟会就展开了新的竞争。

　　当时，湖北、湖南、贵州等独立省份相继出现立宪派与革命派争夺领导权的事件。张謇、赵凤昌、汤寿潜等江浙立宪派阴谋在上海组织一个由他们控制的"专为对付独立各省"的临时中央政府。与此同时，在舆论上，他们群起攻击同盟会"执政权而家天下"，并与同盟会的分裂派联为一气，掀起一股解散同盟会的浪潮。1911年12月12日，章太炎针对在鄂同盟会员谭人凤等电请各省同盟会主要负责人前往武昌组织临时政府的主张，极端错误地提出一个"革命军起，革命党消"的口号，说什么"革命军起，革命党消，天下为公，乃克有济"。又说："以革命党人召集革命党人，是欲以一党组织政府，若守此见，人心解体矣。诸君能战即战，不能战，弗以党见破坏大局。"此论一出，全国的立宪派分子和旧官僚们如获至宝，竞相传播，恨不得同盟会的解散，即刻见诸事实。张謇致函黄兴说："统一最要之前提，则章太炎所主张销去党名为第一，此须与中山先生早及之。"那个从床底下拉出来当了湖北都督的黎元洪更是推波助澜，大加发挥，进一步提出了"革命党消"的要求。于是，在这片喧嚣声中，同盟会面临着一场新的严峻的考验。

　　当时，同盟会多数领导者和同盟会员的头脑是不清醒的，认识是错误的。他们所注意的只是争取立宪派乃至旧官僚参加革命，而对如何巩固和加强同盟会的革命领导作用则缺乏起码的认识和重视。上海的陈其美就是这方面的代表。他在张謇等人的拉拢和影响下，成了立宪派的亲密合作者。宋教仁虽然主张保证革命党人的领导地位，但由于他与赵凤昌、张謇、熊希龄等人"相结纳"，其结果亦不能不与主观愿望相反。

---

① 吴玉章：《辛亥革命》，人民出版社1969年版，第152页。

特别是，对于"革命军起，革命党消"的叫嚣，黄兴固然拒绝采纳，却抵制不力，而宋教仁则随声附和，声言他"将选择同盟会中稳健分子，集为政党，变名更署，与同盟会分离"。张继、景耀月等同盟会重要活动分子更是"主张甚力"。景耀月公开表示："凡他之团体或个人其奔走社会、在各方面竭诚运动者，皆寄托共和建设之健全分子"，因此同盟会应"易名改组"，"以招纳热心革命与运动共和之贤豪者"。谭人凤这时也态度一变，说什么"同盟会于未革命以前极为重要，今既革命，凡属国民皆应一体致力于国家，不必各立党派，各存党见"。同盟会的机关报《民立报》甚至公开鼓吹说：只有解散同盟会，才能"拯救党派分歧的中国"。这些事实说明：在立宪派和旧官僚的进攻面前，同盟会已濒于总崩溃的边缘。

当然，这不是说同盟会内部没有不同意见。比如，对拥戴黎元洪为都督的问题，就有人提出应改由同盟会员担任。居正、田桐等为解决两湖地区最高领导权的问题，还邀请一般同志开秘密会议，由居正提议，拟公推黄兴为湖北、湖南大都督。其中有同盟会员极力附和，等等。但是，这种不同意见仅仅是局部的、分散的，而且由于得不到大多数革命党人的支持，它始终没有在同盟会内部取得支配地位。

此外，革命党人既害怕群众，又不相信自己的力量，企图依靠立宪派头面人物的"威望"来进行"有秩序"的革命，这也是原因之一。胡汉民在谈到黄兴这时的政治倾向时，就曾说道：黄"未尝治经济、政治之学，骤与立宪派人遇，即歉然自以为不如。还视同党，尤觉暴烈者之只堪破坏，难与建设"。又说："既引进张（謇）、汤（寿潜），为收缙绅之望，杨度、汤化龙、林长民等方有反革命嫌疑，亦受克强庇护，而克强之政见，亦日以右倾。"黄兴这一思想演变，在很大程度上也反映了革命党人当时的精神状况。

还有，由于武昌起义的胜利，同盟会内居功骄傲、争权夺利的思想急剧地膨胀起来，内部矛盾日趋尖锐。他们为了取得某种地位，拿原则做交易，以求得立宪派、旧官僚的支持，就是势所必然的了。宋教仁为了达到当总理的目的，到处奔走，甚至要章太炎为他公开鼓吹。胡瑛被委任营口都督后，竟"对镜顾影自豪，喃喃说道：周公瑾年少膺都督，我胡经武今日亦足比拟，何让前贤！"就是一般会员，也有的认为"河山由我光复，权利自应我享"，有的"借同盟会三字铺叫声势，冀可因利乘便"。这就不仅为立宪派和旧官僚提供了攻击的口实，更为其拉

拢、利用提供了可乘之机。正如孙中山后来所说："维时官僚之势力渐张，而党人之朝气渐馁，只图保守既得之地位，而骤减冒险之精神；又多喜官僚之奉迎阿谀，而渐被同化矣！"

不过，孙中山这时还是比较清醒的。12月25日，他从国外回到上海后，目睹同盟会被人利用的严重事实，愤然表示："革命之目的不达，无和议之可言。"并强调指出："本会持三大主义倡导于世，今民族主义、民权主义二者虽已将达而欲告成功，尚需多人之努力。况民生主义至今未少着手，今后之中国首须在此处着力。"随之，为了整顿同盟会，他召开了有旅沪各省分会部分负责人出席的本部临时会议，改订了同盟会暂行章程，发表了宣言。宣言分析了当时的形势，着重指出：由于同盟会内部不统一，"贪夫败类，乘其间隙，遂作莠言，以为鼓簧，汉奸满奴则又冒托虚声，混迹机要，在临时政府组织之际其祸乃大著"。同盟会"灵敏机关，剔其败类"，实为"今日之急务"。为此革命党人必须"先自结合，以成坚固不拔之群"，然后"广益其结纳，罗致硕人，以闳其力"。宣言还特别批判了"革命军起，革命党消"的论调，指出："此不特不明乎利害之势，于本会所持之主义而亦懵之，是儒生闻茸之言，无一粲之值。"最后重申：革命党人的责任，决不限于推翻清政府，即"不卒之于民族主义，而卒之于民权、民生主义"，"必完全贯彻此三大主义而无遗"。

孙中山这次整顿同盟会的努力，形式上收到了一定效果。宋教仁、张继等人放弃了"变名更署"的主张，表示继续留在同盟会内。张继还在给章太炎的复信中说："同盟会之变名更署，钝初主张甚力，后乃悟名目上之问题特朝三暮四之术耳。吾隶于同盟会，学从其朔，在我个人顾名思义或藉可保持革命精神。"但是，整个说来，对于同盟会怎样造成"灵敏机关"，革命党人如何成为"坚固不拔之群"，除在组织上决定暂时停止吸收会员外，孙中山并没有提出更有力的措施。这样，同盟会固然保住了它的形体，却未能从根本上发生新的转机。

首先，在组织南京临时政府的过程中，同盟会上层领导人的意见仍极不一致。宋教仁不顾孙中山的反对，坚持主张责任制。选举临时总统时，作为湖南代表的谭人凤拒绝投孙中山的票。同时，对于孙中山主张继续北伐的正确意见，黄兴、胡汉民特别是汪精卫都极力反对，最终迫使孙中山妥协，以"虚位以待之心"，企望通过袁世凯迫使清帝退位，达到"和平之目的"。

其次，同盟会内各行其是的状况丝毫没有改变。如同盟会四川支部不经本部同意，径自改为"共和党"，又如在定都问题的激烈争论中，李烈钧、孙毓筠、蒋尊簋等无视孙中山建都南京的提议，联电主张定都北京。而南京临时参议院，"固多同盟会会员，而与政府终不免形格势禁"。这种情况，多年后孙中山仍为之愤慨不已，说："予为民国总统时之主张，反不若为革命领袖时之有效而见之施行矣。"

最后，组织上的分裂有增无减。孙武、刘成禺、时功玖等因在南京临时政府中未得到安排，对黄兴有意见，便纠合一些旧官僚和立宪党人于1912年1月20日发起组织"民社"，推黎元洪为首领，主张建都武昌，公开与南京临时政府相对抗。与此同时，景耀月一面拒绝就任教育次长，一面与欧阳振声、殷汝骊等以"共和统一会"为中心，联络"国民共进会""政治谈话会"合组成"统一共和党"，宣称"以巩固全国统一，建设完美共和政治，循世界之趋势，力图进步为宗旨"。此外，云南支部张儒澜、李金木等一部分会员，也发起成立了"中华民国联合会"云南分会，与同盟会相分离。

同盟会在南京临时政府期间所以益形分崩离析，除了政见分歧、地域观念、宗派思想和权力分配不均等种种因素外，仍与革命党人的思想认识密切相关。孙中山曾说过："自己已执政权，倘又立刻组织同盟会，岂不是全国俱系同盟会，而又复似专制？"同盟会著名的政论家徐血儿在回顾这段历史时，也说："当时同盟会以天之骄子，首执国政，有组织政党内阁之势与组织政党内阁之力而不为者，非弗善政党内阁也，不欲以政权私于一党，而博揽群贤以共治也。"正因为这样，孙中山想依靠南京临时政府来推行同盟会的革命方略，在实际上也就只能成为一句空话。

革命形势的迅速发展，要求革命政党加强统一领导，以适应千变万化的复杂局面。同盟会却恰恰相反，在革命紧要关头更加涣散了。

1911年武昌起义后不久，同盟会本部发表宣言，虽然指出了"元凶尚在，华夏未清"，应"长驱河朔"，以"建立民国"，但却表白革命党人将于"功成事遂"之后引退，"散处朝市或悠悠林野"。[①] 同年12月，同盟会本部在上海召开临时会议，旅沪各省分会负责人也参加。如上所述，这次会议事实上并没有阻止"意见不相统属，言论歧为万途"的现象继续发展，相反，却更加严重了。

---

① 《同盟会本部宣言书》，《民立报》，1911年11月24日。

黄兴是同盟会中的军事领袖。他在南京临时政府期间，和孙中山配合得基本上是不错的。在许多重大问题上，他都支持了孙中山。他在临时政府中，任陆军部总长，"兼参谋总长，军事全权，集于一身，虽无内阁之名。实各部之领袖也"。但是，这样一个重要领导人，在民国建立初却有了功成隐退的思想，他在一封致袁世凯的电文中说："吾辈十余年兢兢业业以求者，真正之和平，圆满之幸福。今目的已达，掉臂林泉，所得多矣。"① 他在1912年39岁生日时写的诗中，也道出了这种心情："三九年知四十非，大风歌罢不如归。"② 在黄兴看来，只要把满人统治换成汉人统治，革命就算达到目的，就可以"大风歌罢不如归"了。这样，当然就失去了对袁世凯的戒备。在孙中山主持南京政府期间，他是力主和袁世凯妥协的。南北议和，政权"统一"于袁世凯手中，黄兴负有一定的责任。

　　在对待袁世凯的问题上，孙中山后来在思想上也很混乱。2月17日，他在复谭人凤及《民立报》馆的电中，解释让位于袁世凯的原因时说："吾党不必身揽政权"；又说："总统不过国民公仆，当守宪法，从舆论。文前兹所誓忠于国民者，项城亦不能改。"遵守民主制度，把自己视为"公仆"，这是对的；但是，认为任何人，包括袁世凯，也能像自己一样"守宪法，从舆论"，这就大错特错了。

　　综上所述，同盟会在辛亥革命后已处于四分五裂、十分涣散的状态，而孙中山也无力改变这种状态。处于这种状态的革命党，当然不可能制定坚定的反帝政策、土地政策和镇反（镇压反革命）政策，因而也就不可能领导南京临时政府走向胜利。

　　孙中山在后来解释这段历史时曾沉痛地说："局外人不察，多怪弟之退让。然弟不退让，则求今日假共和，犹未可得也。盖当时党人已大有争权夺利之思想，其势将不可压。弟恐生出自相残杀之战争，是以退让，以期风化当时，而听国民之自然进化也。"③

　　太平天国农民起义失败于领导集团的内讧，辛亥革命失败于同盟会组织的涣散。同样，都是领导问题。这些深刻的教训，对孙中山后来的转变是有教益的。

---

① 《临时政府公报》第24号《附录》。
② 黄一欧：《回忆先君克强先生》，《辛亥革命回忆录》（一），中华书局1961年版，第137页。
③ 《孙中山全集》第三卷，中华书局1984年版，第126页。

二、让位袁世凯

孙中山担任临时大总统后，面临的斗争任务非常艰巨。其中，解决临时政府的财政危机，是很紧迫的问题。武昌起义爆发后，一贯敌视中国革命的外国帝国主义，借口保障外债偿付，乘机完全攫夺了中国海关税收，不让有一文钱供临时政府支配。各省地方税收，为数不多，供应各地军政府尚嫌不够，更谈不上接济中央革命政府了。依靠华侨赠款和国内民众的捐助，数目毕竟有限，不能最终解决问题。所以，临时政府刚成立，就迅速出现巨大的财政需要和严重的财政困难。他们面对严重的财政危机，不仅难以支付下属十余万部队的军饷，连临时政府本身的日常开支也无法保证，一度竟出现了财政部金库只剩下十元钱的危急局面，时刻面临着军队解散和政府崩溃的危险。

▲ 以拥护共和要挟清政府的袁世凯。

比财政危机更使孙中山难以招架的，是对付来自各方面的要他把总统职位让给袁世凯的强大压力。武昌起义爆发后，清政府为了挽救它的颓势，在帝国主义的授意下，被迫起用一度解职在家的袁世凯，任命他担任了掌握军、政大权的内阁总理，负责镇压革命。野心勃勃的袁世凯，在帝国主义的支持下，乘机大施诡计。他一方面借革命力量的声势，逼清王室退位；一方面派重兵直逼武汉三镇；同时又放出和谈的口风，逼迫革命派妥协，企图一箭双雕，既夺得清朝政府的最高权力，又迫使革命派屈服。

在袁世凯软硬兼施的进攻面前，又加上立宪派人和一部分旧官僚的鼓动下，有些革命党人堕入了迷雾。他们错误地把袁世凯看作是可以争取的力量，同意如袁世凯帮助推翻清王朝，就推举他担任共和国大总

▲ 宣告退位时的溥仪及其父亲摄政王载沣。

统,以求尽快结束战争,换取革命的早日"成功";并在1911年11月30日至12月3日在汉口举行的独立各省代表会议上,通过了相应的正式决议。紧接着,又在上海开始了南北议和。这样,当孙中山从欧洲回到国内,就发现自己被置于一个十分被动的境地,一方面他被各省代表推举为南京临时政府的领袖;另一方面又被作为过渡阶段的政府首脑看待。各省代表原先通过的正式决议依然有效,孙中山暂时只是"虚位以待",只要袁世凯反戈倒清,总统职位仍将由袁世凯担任。

袁世凯(1859—1916年)是近代中国反动的封建买办势力的代表人物之一。他出身于河南项城的一个大官僚地主家庭。他的伯祖父、父亲、叔父都是镇压捻军农民起义的刽子手。在1895年,他接受清朝政府的命令训练反革命武装——"新建陆军",从而逐步掌握了军权。后来,他要弄卑劣的两面派手法,破坏了资产阶级改良主义的戊戌变法,又依靠新式的反革命武装,在山东勾结德国侵略军,血腥地镇压反帝爱国的义和团运动。他还利用职权,将津浦、苏杭甬铁路出卖给德国、英国,进行种种卖国活动,成为帝国主义的忠实走狗。

袁世凯因镇压义和团反帝爱国运动有"功",被清廷拔擢为直隶总督、北洋大臣,主持编练北洋常备军(简称"北洋军"),成为清政府中最有实力的人物。1908年,光绪、慈禧太后相继死去,次年袁世凯被逐回原籍"养病"。武昌起义爆发后,清朝政府为了挽救它的颓势,在帝国主义列强的公使团授意下,起用袁世凯为湖广总督,"兼办剿抚事宜"。接着,帝国主义又配合袁世凯,迫使清政府再三让步,任命他为内阁总理,向他交出一切军政大权。

孙中山对袁世凯的印象素来不好，觉得此人"狡猾嬗变"，"可能迟滞革命行动"，[1] 甚至认为他是一个"巨奸大憝"，[2] 是一个靠不住的危险人物，他很不赞成将革命政权拱手让给这样一个阴险的人。回国之初，他曾明确表示要把革命进行到底，决不中途妥协退让，并且还积极着手组织北伐。但是，当时的客观形势已不是孙中山所能左右了。他所面对的，是拥有强大的武装又有丰富统治经验的袁世凯。早在武昌起义前，袁世凯就已形成了自己的政治和军事势力，他不仅控制着清政府赖以统治的支柱——北洋六镇新军，手下有一批为其效劳的满洲贵族和汉族官僚，具有极其狡猾的政治手腕，而且得到帝国主义的欣赏。

辛亥革命爆发后，帝国主义列强看到清朝政府难以再维持下去，便决定采取"换马"的办法，抛弃清政府，扶持袁世凯作为他们统治中国的新的代理人。帝国主义的这种态度，终于迫使载沣不得不违心地起用袁世凯，使其得以东山再起。在这以后，帝国主义不仅在整个南北议和过程中暗中为袁世凯出谋划策，而且公开告诉革命党人，只有让袁世凯当大总统才能得到他们的认可。

与此同时，资产阶级立宪派见武昌起义后革命的风暴迅速发展，清政府的覆灭已不可挽回。为了阻止革命的深入发展，和革命派争夺权力，也愿意支持袁世凯出来控制局面，以造成有利于自己的形势。

上述情况对资产阶级革命派造成很大压力，特别是帝国主义对袁世凯的支持，对革命派的压力最大。因为自中日甲午战争以来，帝国主义与中华民族的矛盾一直在发展着。帝国主义随时可能瓜分中国这一可怕的阴影，时时笼罩在所有爱国者的心头。资产阶级革命派在武装推翻清王朝的斗争中，十分害怕帝国主义干涉中国革命。武昌起义爆发后，湖北军政府发布的一份文告，就曾告诫人们不要冒犯洋人，认为"若是害了外人，各国都来与我们为敌，那就不得了呢"。这样，在人们普遍害怕帝国主义干涉中国革命，希望尽快地建立共和政府，并取得帝国主义承认的情况下，帝国主义明白表示只有袁世凯做总统才会得到他们的承认，这也造成了孙中山回国后，就被置于十分被动境地的局面。再加上当时同盟会的涣散状态，也对孙中山极为不利。

---

[1] 陈三井：《法文资料中所见的孙中山先生》，载黄季陆：《研究中山先生的史料与史学》，台北1950年版，第284页。

[2] 全国政协文史资料委员会编：《辛亥革命回忆录》（一），中华书局1960年版，第200页。

武昌起义前夕，由于一连串起义的失败，同盟会的力量损失很大，内部团结也趋于涣散，对武昌起义的爆发，思想准备不足，再加上革命党人对起义后迅速发展的革命形势缺乏应付的经验，没有能够牢牢地掌握住革命的主动权。相反，企图通过让位袁世凯，以求早日结束战争，使革命早日"成功"，以换取革命的廉价胜利的想法，在革命阵营内部占据了上风。"当时南京政府从中央到地方，从派系到政界，差不多都是坐南向北，认为只有利用袁世凯推翻清政府于革命有利。"有人甚至这样逼问孙中山："你不赞成和议，难道是舍不得总统这个职位吗？"

▲ 孙中山与袁世凯任命的内阁总理唐绍仪在总统府前合影。

当时的形势，确实使孙中山除了同意向袁世凯妥协，没有其他选择的余地。况且孙中山本人也在一定程度上存在着害怕帝国主义干涉的恐惧心理。他在美国听到武昌起义的消息后，不是立即回国领导革命，而是先赴欧洲从事外交活动，认为对英国外交的成败，将决定革命的存亡，一个重要原因就是因为他害怕中国革命会因帝国主义的干涉，而遭受太平天国那样的失败。回国以后，他的这种担心并未消除。与此同时，孙中山对袁世凯的反革命的真实面目当时还缺乏足够的认识，他又想到利用袁世凯，"使推翻260余年贵族专制的满洲，则贤于用兵10万"，① 而避免流血，结束战争。加上孙中山对袁世凯这个"汉人"也抱有一些幻想，认为"贼（袁世凯）本汉族，人情必思宗国，而总统复非帝王万世之比，俯与迁就，冀其自新"。② 从这样考虑出发，孙中山主观上并不怎么反对通过议和，利用袁世凯迫使清廷退位，来达到"建立民国"这一目标。加上当时的形势，他敌不住来自各方面的压力，终于被迫同意如果清王室退位和宣布共和，他将把总统职位让给袁世凯。

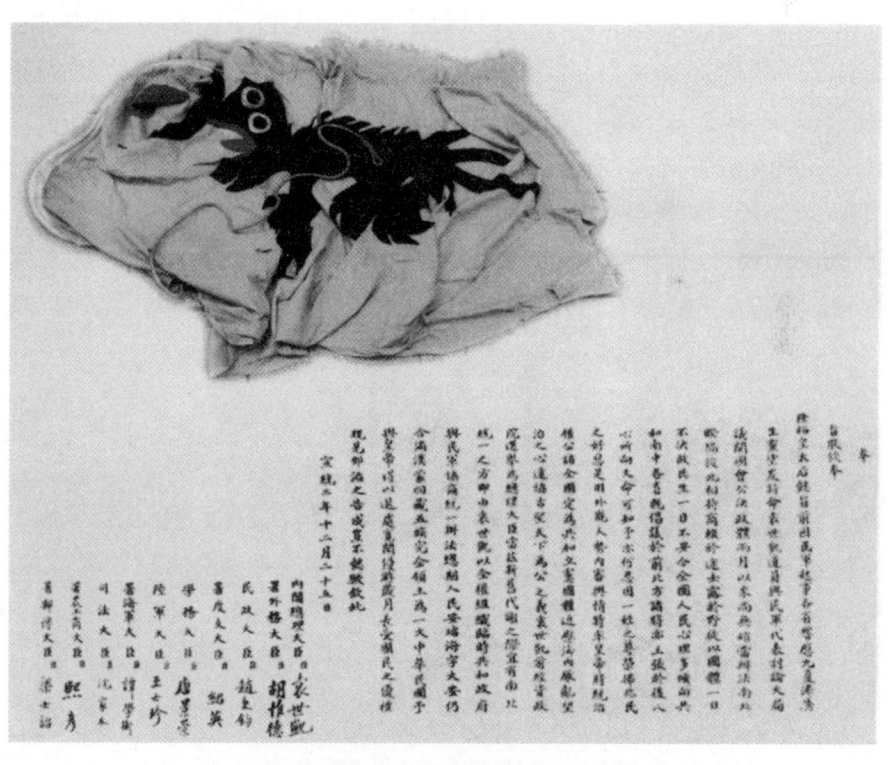

▲ 图为清朝的龙旗和清廷颁布的退位诏书。

---

① 《胡汉民自传》，《革命文献》第三辑，台北1955年版，第426页。
② 《孙文选集》中册，广东人民出版社2006年版，第523页。

1912年2月12日，迫于革命形势和在袁世凯的催逼下，清王朝颁布了退位诏书，宣告了这个统治中国二百六十多年的封建王朝的覆灭。接着，袁世凯向南京临时政府虚伪地宣布，他承认共和制度，保证"永不使君主政体再行于中国"。13日，孙中山履行自己的诺言，向临时参议院提出辞职。14日，得到临时参议院的批准。

　　孙中山虽然被迫同意将总统职位让给袁世凯，但他仍抱有戒心。为了防备袁世凯撕毁协议，背叛共和，他在提出辞职的同时，附加了三项条件："（一）临时政府地点设于南京，为各省代表所议定，不能更改；（二）辞职后，俟参议院举定新总统亲到南京就任之时，大总统及国务各员乃行解职；（三）临时政府约法为参议院所制定，新总统必须遵守颁布之一切法制章程。"[①]孙中山的目的，是想通过这些条件，把袁世凯调离经营多年的京津老巢，迫使他到革命力量相对集中的南京就任，并用《临时约法》来加以约束，以防止袁世凯上台后，推翻民主共和，实行专制独裁。

▲ 1912年3月25日，孙中山与唐绍仪及南京总统府职员合影。

---

① 《临时大总统咨参议院辞职文》，《临时政府公报》第17号，1912年2月20日。

奸诈的袁世凯当然知道孙中山的用意,他一面推三托四,迟迟不肯南下,一面暗中指使亲信在北京制造"兵变",乘机散布自己一旦南下,北方必定发生大乱的论调,作为他不去南京就职的借口。帝国主义也再次公开出面支持袁世凯,纷纷以保护使馆为名,调兵入京,故意制造紧张空气,对孙中山施加压力。许多立宪派人和旧官僚也都为袁世凯帮腔,连一些革命党人也随声附和,主张允许袁世凯在北京就职。孙中山又一次陷于孤立被动境地,不得不再次让步。3月10日,袁世凯在北京宣誓就任临时大总统。4月1日,孙中山正式辞去临时总统职务。第二天,临时参议院又通过了将临时政府迁往北京的决议。这样,辛亥革命的胜利成果——南京临时政府,仅仅存在了三个月就不幸夭折。

▲ 1912年4月1日,孙中山与内阁成员赴参议院举行正式解职礼时合影。前排左二起:居正、黄钟瑛、黄兴、唐绍仪、孙中山、王宠惠、蔡元培;二排左二胡汉民、左五林森、左六徐绍桢。

辛亥革命的果实,被大野心家袁世凯篡窃后,意味着大地主大资产阶级的独裁统治又在中国开始建立起来。"中华民国"成为一块空招牌,新瓶装旧酒,"内骨子是依旧的",中国的半殖民地半封建社会并没有改变,帝国主义和封建主义这两座大山依旧沉重地压在中国人民头上。

辛亥革命并没有出现孙中山所预想的"中华民国将永久存在",[①]

---

① 孙中山:《中华民国》(*The Chinese Republic*),纽约《独立杂志》1912年9月英文版。特引自陈福霖:《美国〈独立杂志〉所刊孙中山先生的三篇著作》,《研究孙中山先生的史料与史学》,台北1975年版,第334页。

"此后社会当以工商实业为竞点,为新中国开一新局面"① 的美妙情景。它没有能解决中国社会的两大主要矛盾,整个中国仍然处在帝国主义和封建主义的压迫之下,没有完成反帝反封建的革命任务,没有给中国带来独立、民主和富强。

辛亥革命之所以得此结果,既是时代条件所局限,也是由于中国民主革命者在经济上和政治上的软弱。他们缺乏反对帝国主义、反对封建主义的足够的勇气,不敢也不能提出明确的反帝、反封建的战斗纲领,甚至幻想与革命敌人妥协来实现中国的民主政治。当时孙中山并没有认识到帝国主义的阶级本性是不会改变的,因此对帝国主义抱有幻想,常常向这个或那个外国垄断资本集团寻求友谊,呼吁援助。软弱的中国民主主义革命者在辛亥革命时期的对外宣言中,总是表示承认帝国主义在华既得利益,期望以此换取帝国主义的"中立"以至"援助"。他们又与农村中的封建剥削阶级有着千丝万缕的联系,非常害怕并且极力压制

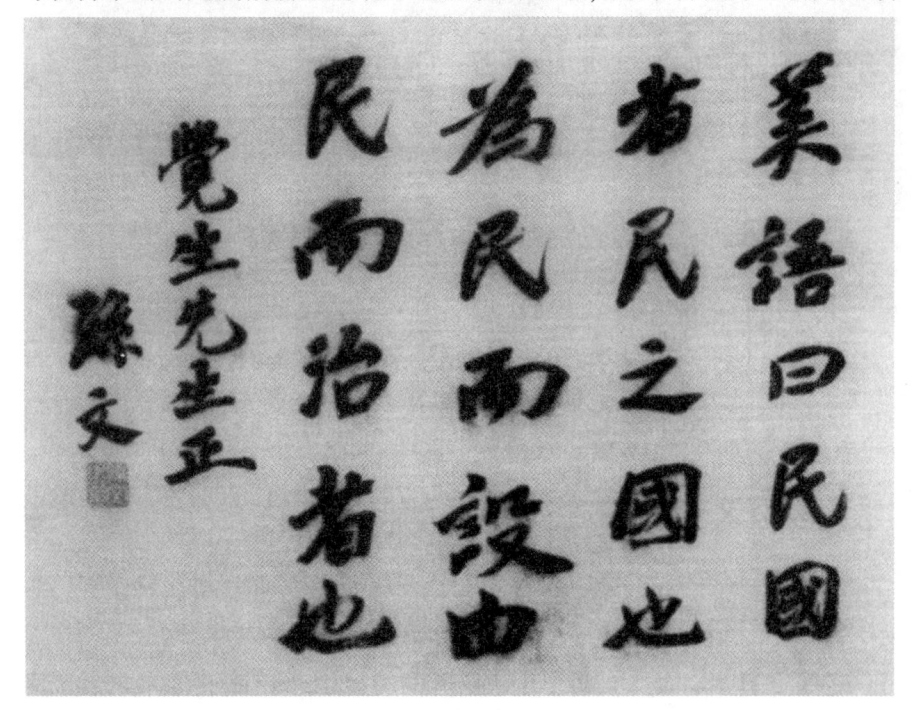

▲ 孙中山为内务部次长居正题词。

---

① 《自巴黎致民国军政府盼速定总统电》(1911年11月16日),《国父全集》第三册,台北1973年版,第163页。

农民群众起来革命。孙中山虽然提出了"平均地权"，但是，在他掌握政权的时候并没有主动地实行过土地制度的改革。南京临时政府成立之后，不仅没有发布分配土地的命令，反而三令五申保护地主阶级，让他们参加各级政权。有些地方的革命党人，甚至利用暂时掌握的政权，严令禁止并且出动军队镇压贫苦农民的抗租斗争，极力维护封建剥削制度的根基。国民革命需要一个大的农村变革。辛亥革命没有实现这个变革。

此外，他们在武昌起义后大讲"咸与维新"，对混入革命阵营里的大批反革命分子，缺乏警惕；对打着"共和"旗号，钻进革命政权内部摘桃子的改良派，居然不念旧恶，握手言欢；即令像袁世凯这样的反动头子，仅只口头上承认共和，便可以化敌为友，甚至把大总统的位置让给他。这样，自然就不能真正发动广大的人民群众——首先是农民群众，进行革命斗争。因此，在国内外反动势力猖狂反扑面前，他们没有可以依靠的力量，最后只有退却和妥协，丧失了政权。

应该指出的是，辛亥革命的悲剧性结局，是由于当时的历史环境和时代条件所决定的，而在形成孙中山终于"让位"给袁世凯的这一历史事件中，有许多不利的条件，却是由于革命党人主观认识上的错误，思想上、组织上准备不足和缺乏实践经验造成的。从武昌起义到孙中山"让位"这段历史为时不到半年，但它的内容却极为丰富。其中有着丰富的经验教训可以总结。

农民群众起来革命。孙中山虽然提出了"平均地权",但是,在他掌握政权的时候并没有主动地实行过土地制度的改革。南京临时政府成立之后,不仅没有发布分配土地的命令,反而三令五申保护地主阶级,让他们参加各级政权。有些地方的革命党人,甚至利用暂时掌握的政权,严令禁止并且出动军队镇压贫苦农民的抗租斗争,极力维护封建剥削制度的根基。国民革命需要一个大的农村变革。辛亥革命没有实现这个变革。

此外,他们在武昌起义后大讲"咸与维新",对混入革命阵营里的大批反革命分子,缺乏警惕;对打着"共和"旗号,钻进革命政权内部摘桃子的改良派,居然不念旧恶,握手言欢;即令像袁世凯这样的反动头子,仅只口头上承认共和,便可以化敌为友,甚至把大总统的位置让给他。这样,自然就不能真正发动广大的人民群众——首先是农民群众,进行革命斗争。因此,在国内外反动势力猖狂反扑面前,他们没有可以依靠的力量,最后只有退却和妥协,丧失了政权。

应该指出的是,辛亥革命的悲剧性结局,是由于当时的历史环境和时代条件所决定的,而在形成孙中山终于"让位"给袁世凯的这一历史事件中,有许多不利的条件,却是由于革命党人主观认识上的错误,思想上、组织上准备不足和缺乏实践经验造成的。从武昌起义到孙中山"让位"这段历史为时不到半年,但它的内容却极为丰富。其中有着丰富的经验教训可以总结。